总主编简介

朱福惠,湖南娄底人,1961年7月生。武汉大学法学博士,现为厦门大学法学院教授,宪法与行政法专业硕士生、博士生导师,兼任厦门大学社科处处长、中国法学会宪法学研究会副会长、中国比较法学会理事。主要学术成果有:《宪法与制度创新》(法律出版社2000年版),《宪法至上——法治之本》法律出版社2000年版),《宪法学专论》与刘连泰、周刚志合著,科学出版社2007年版),《宪法学原理》主编,中信出版社2005年版)。

作者简介

莫于川,中国人民大学法学院教授、博士生导师,法学博士,中国人民大学宪政与行政法治研究中心执行主任、中国行政法研究所所长,中国法学会行政法学研究会副会长暨政府法制专业委员会副主任。

厦门大学法学院公法系列

总主编：朱福惠

柔性行政方式法治化研究
——从建设法治政府、服务型政府的视角

莫于川 ◎ 等著

撰稿人：

莫于川　余凌云　王宇飞　康枫翔

田文利　林鸿潮　哈书菊　禹竹蕊

曹海青　郭庆珠　王　晨

厦门大学出版社　国家一级出版社
XIAMEN UNIVERSITY PRESS　全国百佳图书出版单位

厦门大学法学院公法系列

总主编：朱福惠

柔性行政方式法治化研究
——从建设法治政府、服务型政府的视角

莫于川 ◎ 等著

撰稿人：

莫于川　余凌云　王宇飞　康枫翔

田文利　林鸿潮　哈书菊　禹竹蕊

曹海青　郭庆珠　王　晨

厦门大学出版社　国家一级出版社
XIAMEN UNIVERSITY PRESS　全国百佳图书出版单位

总 序

将法区分为公法与私法被认为是大陆法系国家的传统,是区别于普通法系的主要标志之一。学术界对法是否应当被区分为公法与私法存在争议,虽然有法学者认为公、私法的区分是没有必要的,但多数学者对公、私法的区分持肯定态度,如日本学者美浓部达吉曾极力主张公、私法区分,他认为:"现代的国法,是以区别其全部为公法或私法为当然前提的,对于国家的一切制定法规,若不究明该规定属于公法或私法,而即若明瞭其所生的效果和内容,盖不可能。"将法区分为公法与私法的必要性及区分的标准已经得到国际著名法学家的论证,无需赘述。事实上,从实在法的角度来观察,公法与私法的区分是可行的;从法治与宪政建设的角度来观察,区分公法与私法具有积极作用。

宪法与行政法被认为是狭义上的公法,以调整公权力与公民之间的关系并规范、约束政府权力为基本目标,充分体现公法原则在建构宪政体制方面的必要性。改革开放以来,随着法治建设的深入,我国的宪法与行政法得到前所未有的发展。宪法的四次修改,有力地推动了我国宪政与人权保障事业发展;《行政处罚法》、《国家赔偿法》、《行政复议法》、《行政许可法》等法律的制定与实施,在依法行政、建设法治政府的过程中也起到了至关重要的作用。可以说,我国社会的进步在很大程度上也是公法发展的结果。

与公法的发展相适应,公法研究也成为显学。越来越多的学者致力于从事宪法与行政法的研究,围绕我国法治与宪政建设的基本理论与实践问题进行了长期而深入的探讨,产生了大量的学术成果,受到理论界和政府部门的高度重视。这些研究成果或者在宪法学与行政法学基础理论方面有新的突破,或者在我国立法、行政和

司法实务方面提出了建设性的建议和方案,具有重要的学术价值和应用价值。

厦门大学出版社近年来致力于法学研究成果的出版,尤其对宪法与行政法领域的研究成果表现出浓厚的兴趣,希望国际、国内的宪法与行政法学者慷慨赐稿,他们将以严谨求实的态度做好编辑工作,期望此举能够为宪法与行政法学研究尽其微薄之力。

厦门大学法学院的宪法与行政法学研究起步较晚,迫切需要国内外同行的关心与支持。这套丛书既有宪法与行政法学界一流学者的著作,更多的则是中青年学者的著述,期待这些著作的出版能够促进我国宪法学与行政法学研究的进一步繁荣,加强宪法学与行政法学同行的交流和学术争鸣,促进厦门大学宪法学与行政法学研究的发展。

朱福惠

2010年5月12日

序

拿到书稿,不胜惊喜,因为对"柔性"行政方式(或曰非权力行为、非强制性行为)的法治化研究,是这几年来我在行政法学研究中所最为关注的题目之一。

在行政管理实践中,行政管理方式正在发生巨大变化,以说服、教育、引导、指导、契约等为特点的"柔性"管理方式迅速发展。这一行政管理方式变化的起因,柔性行政方式的特点、性质、程序、功能,其与传统的以命令、处罚、强制、审批等"刚性"行政方式为主的管理模式的关系与差异等问题,如何从理论上加以总结、剖析和阐释,发现这一变化的规律,进而根据法治的要求进一步推动行政管理模式的改革,成为行政法理论工作者的关注焦点和学术职责。这几年,很多行政法学人对此倾注了很大精力,莫于川教授是其中潜心研究、倾心投入并取得不凡成就的最为执著的学者。这本《柔性行政方式法治化研究》正是他几年来关于柔性行政方式研究的理论结晶。

本书分为上下两篇。上篇是对柔性行政方式的理论分析。作者对行政方式的转变,从世界历史和中国现代法治发展两方面进行了梳理,将我国柔性行政方式的发展放在现代市场经济和民主法治发展的大背景下进行观照,认为世界范围内从秩序行政模式向服务行政模式的转变,并非偶然,除了应因于经济和社会发展外,还在于现代宪政国家为彰显人性尊严的理念和公民参与行政的价值追求。柔性行政方式在我国的发展,正是我国建设法治政府、服务型政府的必然产物。由此足证行政方式的变化是社会发展的客观规律的反映,我们的任务是正确认识这种变化,掌握发展规律,使行政方式的改革能更好地适应中国的经济发展和建设服务型政府的需要!

下篇是对当前中国正在发展的柔性行政方式的总结和探索。莫于川教授的学术研究活动,始终反映着他的关注实践、重视实证研究的细致周详的学术风格。他对柔性行政的研究,始于行政指导,他曾在深入理论研究的同时,投身于实践建设,以泉州工商为试点,深入实践,推动了工商管理部门"行政指导"的发展,取得了丰硕的成果。在本书的撰写过程中,他和他的研究团队重视理论与实务相结合,运用规范分析与实证研究的方法,实际考察了行政民主化潮流对现代法制带来的巨大影响,剖析与归纳了当前最重要的在实践中运用较多的十二类柔性行政方式,即行政指导、行政计划(规划)、行政契约、行政服务、行政给付、行政资助、行政奖励、政府采购、行政经营、行政协调、行政调解、行政道歉等,包括其含义、类型、功能和程序,以及其在实务中的问题、矛盾和法治化对策,可以说是迄今在这个领域中最系统、丰富的理论探索成果。

柔性行政方式的研究方兴未艾,对于柔性行政方式的概念、类型、功用、条件、利弊和法治化路径等方面,也许有许多不同见解,这是学术繁荣的必然反映。本书对于当前行政改革所具有的理论参考和实证启示意义是引人注目的,它将有助于推动建设以人为本的政府机关,实现和谐互动的政民关系,对于促进我国的经济发展与法治政府、服务型政府建设,具有重要的实践和理论价值,无疑,它也将为行政公务人员、法律工作者以及法学理论工作者提供可贵的理论借鉴和学术参考。

在我国"十二五规划"开局之年的新春,就看到莫于川教授带着一批年轻的法律学人,为我们贡献了一份珍贵的新年礼物,欣喜之际,我愿意向一切关心法治政府建设的朋友们,推荐这份优秀的理论成果,并借以表达我对行政法学前景的庆幸之忱!

应松年

2011 年新春于北京世纪城

目　录

总序
序 ………………………………………………………………… 应松年(1)

Ⅰ. 绪 篇

从建设法治政府、服务型政府的视角看柔性行政方式 ……………… (1)

Ⅱ. 上 篇

第一章　行政法的民主化发展趋势分析 ………………………………… (17)
第二章　我们要努力建设什么样的政府
　　　　——从行政法治视角看行政革新的基本目标 ……………… (35)
第三章　建设法治政府、服务型政府的艰巨历史使命………………… (53)
第四章　建设法治政府、服务型政府与行政管理革新
　　　　——应以法治和发展的眼光审视当下的行政管理新举措 …… (71)
第五章　建设法治政府、服务型政府须更新法制观念………………… (97)
第六章　参与行政与行政法制模式变革…………………………………(106)
第七章　公民参与权利与依法共同治理…………………………………(118)
第八章　柔性行政方式及其法治化路向…………………………………(146)

Ⅲ. 下 篇

第九章　行政指导及其法治化……………………………………………(158)

1

第十章　行政计划(规划)及其法治化……………………………(188)
第十一章　行政契约及其法治化……………………………………(206)
第十二章　行政服务及其法治化……………………………………(228)
第十三章　行政给付及其法治化……………………………………(251)
第十四章　行政资助及其法治化……………………………………(274)
第十五章　行政奖励及其法治化……………………………………(292)
第十六章　政府采购及其法治化……………………………………(304)
第十七章　行政经营及其法治化……………………………………(325)
第十八章　行政协调及其法治化……………………………………(344)
第十九章　行政调解及其法治化……………………………………(362)
第二十章　行政道歉及其法治化……………………………………(378)

Ⅳ. 附　录

逐步走向民主化——新中国行政法六十年发展的基本路向…………(394)

后记…………………………………………………………………(416)

绪 篇

从建设法治政府、服务型政府的视角看柔性行政方式

一、《全面推进依法行政实施纲要》提出的理论和制度框架

（一）全面推进依法行政的现实意义和指导思想

1. 全面推进依法行政的现实意义

党的十一届三中全会以来，我国社会主义民主与法制建设取得了显著成绩。党的十五大确立依法治国、建设社会主义法治国家的基本方略，1999年九届全国人大二次会议将其载入宪法。作为依法治国的重要组成部分，依法行政也取得了明显进展。1999年11月，国务院发布了《国务院关于全面推进依法行政的决定》（国发[1999]23号），各级政府及其工作部门加强制度建设，严格行政执法，强化行政执法监督，依法办事的能力和水平不断提高。党的十六大把发展社会主义民主政治、建设社会主义政治文明，作为全面建设小康社会的重要目标之一，并明确提出"加强对执法活动的监督，推进依法行政"。与完善社会主义市场经济体制、建设社会主义政治文明以及依法治国的客观要求相比，依法行政还存在不少差距，主要是：行政管理体制与发展社会主义市场经济的要求还不适应，依法行政面临诸多体制性障碍；制度建设反映客观规律不够，难以全面、有效地解决实际问题；行政决策程序和机制不够完善；有法不依、执法不严、违法不究现象时有发生，人民群众反映比较强烈；对行政行为的监督制约机制不够健全，一些违法或者不当的行政行为得不到及时、有效的制止或者纠正，行政管理相对人的合法权益受到损害得不到及时救济；一些行政机关工作人员依法行政的观念还比较淡薄，依法行政的能力和水平有待进一步提高。这些问题在一定程度上损害了人民群众的利益和政府的形象，妨碍了经济社会的全面发展。解决这些问题，适应全面建设小康社会的新形势

和依法治国的进程,必须全面推进依法行政,加快建设法治政府。在此背景下,我国于2004年出台了《全面推进依法行政实施纲要》,这是具有重大而深远意义的纲领性行政法律文件。2008年,我国推出了《国务院关于加强市县政府依法行政的决定》。2010年,我国出台了《国务院关于加强法治政府建设的意见》。

2. 全面推进依法行政的指导思想

全面推进依法行政,必须以邓小平理论和"三个代表"重要思想为指导,坚持党的领导,坚持执政为民,落实科学发展观,忠实履行宪法和法律赋予的职责,依法保护公民、法人和其他组织的合法权益,转变政府职能,创新管理方式,降低管理成本,提高行政效能,增强透明度、执行力和公信力,推进物质文明、政治文明和精神文明协调发展,全面建设小康社会。

(二)全面推进依法行政的基本原则和基本要求

1. 依法行政的基本原则

(1)必须坚持党的领导、人民当家做主和依法治国三者的有机统一;

(2)必须把维护最广大人民的根本利益作为政府工作的出发点;

(3)必须维护宪法权威,确保法制统一和政令畅通;

(4)必须把发展作为执政兴国的第一要务,坚持以人为本和全面、协调、可持续的发展观,促进经济社会和人的全面发展;

(5)必须把依法治国和以德治国有机结合起来,大力推进社会主义政治文明、精神文明建设;

(6)必须把推进依法行政与深化行政管理体制改革、转变政府职能有机结合起来,坚持开拓创新与循序渐进的统一,既要体现改革和创新的精神,又要有计划、有步骤地分类推进;

(7)必须把坚持依法行政与提高行政效率统一起来,做到既严格依法办事,又积极履行职责。

2. 依法行政的基本要求

(1)合法行政。行政机关实施行政管理,应当依照法律、法规、规章的规定进行;没有法律、法规、规章的规定,行政机关不得作出影响公民、法人和其他组织合法权益或者增加公民、法人和其他组织义务的决定。

(2)合理行政。行政机关实施行政管理,应当遵循公平、公正的原则。要平等对待行政管理相对人,不偏私、不歧视。行使自由裁量权应当符合法律目的,排除不相关因素的干扰;所采取的措施和手段应当必要、适当;行政机关实施行政管理可以采用多种方式实现行政目的的,应当避免采用损害当事人权益的方式。

(3)程序正当。行政机关实施行政管理,除涉及国家秘密和依法受到保护的商业秘密、个人隐私的外,应当公开,注意听取公民、法人和其他组织的意见;要严格遵循法定程序,依法保障行政管理相对人、利害关系人的知情权、参与权和救济权。行政机关工作人员履行职责,与相对人存在利害关系时,应当回避。

(4)高效便民。行政机关实施行政管理,应当遵守法定时限,积极履行法定职责,提高办事效率,提供优质服务,方便公民、法人和其他组织。

(5)诚实守信。行政机关公布的信息应当全面、准确、真实。非因法定事由并经法定程序,行政机关不得撤销、变更已经生效的行政决定;因国家利益、公共利益或者其他法定事由需要撤回或者变更行政决定的,应当依照法定权限和程序进行,并对行政管理相对人因此而受到的财产损失依法予以补偿。

(6)权责统一。行政机关依法履行经济、社会和文化事务管理职责,要由法律、法规赋予其相应的执法手段。行政机关违法或者不当行使职权,应当依法承担法律责任,实现权力和责任的统一。依法做到执法有保障、有权必有责、用权受监督、违法受追究、侵权须赔偿。

(三)全面推进依法行政的目标和法治政府要件

1.全面推进依法行政的目标

《实施纲要》确定的全面推进依法行政的目标是:经过10年左右坚持不懈的努力,基本实现建设法治政府的目标(一般认为,有无远大目标,对一件事的最后结果有很大影响)。具体表现为七个方面:

(1)政企分开、政事分开,政府与市场、政府与社会的关系基本理顺,政府的经济调节、市场监管、社会管理和公共服务职能基本到位。中央政府和地方政府之间、政府各部门之间的职能和权限比较明确。行为规范、运转协调、公正透明、廉洁高效的行政管理体制基本形成。权责明确、行为规范、监督有效、保障有力的行政执法体制基本建立。

(2)提出法律议案、地方性法规草案,制定行政法规、规章、规范性文件等制度建设符合宪法和法律规定的权限和程序,充分反映客观规律和最广大人民的根本利益,为社会主义物质文明、政治文明和精神文明协调发展提供制度保障。

(3)法律、法规、规章得到全面、正确实施,法制统一,政令畅通,公民、法人和其他组织合法的权利和利益得到切实保护,违法行为得到及时纠正、制裁,经济社会秩序得到有效维护。政府应对突发事件和风险的能力明显增强。

(4)科学化、民主化、规范化的行政决策机制和制度基本形成,人民群众的要求、意愿得到及时反映。政府提供的信息全面、准确、及时,制定的政策、发布的决定相对稳定,行政管理做到公开、公平、公正、便民、高效、诚信。

(5)高效、便捷、成本低廉的防范、化解社会矛盾的机制基本形成,社会矛盾得到有效防范和化解。

(6)行政权力与责任紧密挂钩、与行政权力主体利益彻底脱钩。行政监督制度和机制基本完善,政府层级监督和专门监督明显加强,行政监督效能显著提高。

(7)行政机关工作人员特别是各级领导干部依法行政的观念明显提高,尊重法律、崇尚法律、遵守法律的氛围基本形成;依法行政的能力明显增强,善于运用法律手段管理经济、文化和社会事务,能够依法妥善处理各种社会矛盾。

2.法治政府的构成要件

建设法治政府是一个宏大的社会工程,一般认为至少需要如下六个相辅相成、互系互动、有机构成的要件:(1)限制行政权力,建设有限政府;(2)保障市场自由,建设法制统一政府;(3)实行政务公开,建设透明、廉洁政府;(4)遵行正当法律程序,建设公正、诚信政府;(5)更新管理理念和方法,建设服务、效能政府;(6)完善监督与责任机制,建设责任政府。

二、行政改革创新的表现——正发生系统深刻的制度变迁

(一)传统行政法制模式的理念及其特点

传统的行政法律理念认为,由于政府是社会的"家长",理想的行政管理活动要素是:单一主体(行政机关),单一功能(通过管理实现行政秩序目标),单方意志(我命令——你服从),单一行为(许可、处罚、强制等管制性或曰强制性的行政行为),单一标准(国会制定的法律,即古典的"依法行政"),单一后果(或者合法或者违法)。故在整个行政管理过程中,行政相对人仅仅是行政管理对象,被动地扮演被管理者的角色,没有积极参与管理过程的任何权利和权力可言,也没有能够体现民主权利和权力的行政管理制度安排。

(二)行政法制出现了民主化发展的潮流

随着20世纪下半叶在世界范围内出现的民主化潮流及其对各领域的影响,现代行政管理和行政法制实践中越来越多地增加了民主因素,公民参与行政成为新的制度价值追求和民主判断标准,逐渐显现出行政法制民主化发展的趋向,对经济、政治、文化与社会生活的发展不断产生重大影响(20世纪90年代以来还受到注重行政成本效率分析和行政方法更新的新公共管理、公共

治理潮流的影响)。

从国外行政法制的发展轨迹来看,直接体现现代参与民主精神的行政法律制度不断出现,如立法参与,执法参与,审议会,陈述申辩,听证,民意测验……

(三)我国行政法民主化发展的制度表现

30年来我国行政法制和行政法学发展的速度很快、成绩斐然,特别是行政法民主化进程的制度表现丰富多彩,均可视为行政管理和行政法制的民主性逐步增强的成果。例如,被授权组织、受委托组织、特邀监察员等主体制度的发展;行政契约、行政指导、行政奖励等行为制度的发展;公开、告知、听证、公民参与等程序制度的发展;代表评议、行政申诉、行政复议、行政诉讼、行政赔偿、行政补偿等监督与救济制度的发展。这些制度直接赋予和保护公民的民主权利和其他合法权利,或者通过制约行政权力保护公民的民主权利和其他合法权利。

对此,还可分别从行政立法、行政执法、监督救济等角度,来具体考察我国行政法民主化发展和民主行政法的制度表现:

1.行政立法方面。以2002年1月1日起施行的关于行政立法程序的3个行政法规为例,可以看出已有一些法定化的行政立法民主程序制度创新(此前于2000年7月1日起施行的《中华人民共和国立法法》第58条、第74条等法律条款也作了类似规定):(1)起草行政法规时应广泛听取公民和社会组织的意见(包括立项计划征求意见),可采取座谈会、论证会、听证会等多种形式;如果送审时缺乏听取意见情况的说明,将面临缓办或退回起草部门的后果(《行政法规制定程序条例》第12第、第16条、第18条的规定)。(2)重要的行政法规送审稿,经报国务院同意向社会公布,广泛征求意见(《行政法规制定程序条例》第19条的规定)。(3)统一审议机关应当就行政法规送审稿涉及的主要问题听取公民和社会组织的意见(《行政法规制定程序条例》第20条的规定)。(4)统一审议机关可就涉及公民和社会组织切身利益的行政法规送审稿召开听证会听取公民和社会组织的意见(《行政法规制定程序条例》第22条的规定)。(5)规章的制定也有与此相似的具体规定(如《规章制定程序条例》第14条、第17条、第19条、第21条、第22条、第23条的规定)。

2.行政执法方面。狭义的行政执法是指行政机关依法采取的直接影响行政相对人的权利与义务以及对行政相对人权利义务的行使和履行强制进行监督检查的行为。行政执法作为与行政相对人的合法权益最直接相关、最经常性的管理活动,特别易于伤害到行政相对人的合法权益,故须做到主体合法、内容合法、程序合法,这是依法行政的内在要求。近些年来在这方面已出现较多的制度创新,使得刚性为主的传统行政管理方式发生了民主化转型,成效日益凸现。例如:(1)行政处罚。行政相对人对于行政处罚享有陈述权、申辩权、要求告知权(也即执法者的告知义务)、要求听证权、复议申请权、诉讼请求权、提出赔偿权等一系列合法对抗权利(《行政处罚法》第5条、第6条、第31条、第32条、第41条、第42条的规定)。(2)各地在行政管理、行政审批改革中出现的创新方式。部分行政管理事务民营化、告知承诺、登记制。① (3)作为替代和补充手段的其他柔软灵活的新型行政方式的积极采用。包括行政指导、行政契约、指导性行政计划等非权力强制性的行政管理方式和手段,它们在施行过程中有公众参与、政民互动与合作的许多机会。

3. 监督救济方面。加强对行政权力的监督和对行政相对人的权利救济,已逐渐成为人们的共识,近些年来这方面的法律制度发展比较快。例如:(1)代表评议、人民建议征集、人民来信来访、一般行政申诉等监督与救济制度;(2)各地、各领域(工商、公安、建设、城管等)的特邀行政执法监督员制度;(3)人民法院开设专门网站公开涉外案件裁判文书(WTO透明度原则要求通过审判改革增加行政审判工作透明度),接受民众和其他社会成员的监督。

这些制度或者直接赋予和保护公民的民主参与权利和其他合法权利,或者通过制约行政权力保护公民的民主参与权利和其他合法权利。正是在此类公众参与行政管理制度的推进过程中,中国的行政民主化程度得以逐渐提高,参与式行政法制模式也逐渐生长发展起来,从而有助于实现建设法治政府和服务型政府的宏大目标。

(四)我国行政法民主化发展的宏观背景

中国正在快速崛起,正处于抓住一切有利条件和潜在有利条例(包括沉着应对金融危机冲击)发展成为经济大国的历史机遇之中,这被称为加速发展步伐的战略机遇期。2008年北京奥运会,5·12汶川地震、4·14玉树地震的举国抗震救灾,2010年上海世博会、广州亚运会、GDP总量超过日本,2020—2030年GDP总量超过美国成为世界第一经济体,都是或者将是标志性事件。

十七大对我国发展提出五大方面的新要求。其中之一是:扩大社会主义民主,更好保障人民权益和社会公平正义;公民政治参与有序扩大;依法治国基本方略深入落实,全社会法制观念进一步增强,法治政府建设取得新成效;

---

① 某些行政管理事务的民营化及其法治化是一个世界潮流,近些年来在许多国家和地区(包括转型发展中的国家和地区)进展很快。

基层民主制度更加完善;建设服务型政府(政府提供基本公共服务的能力显著增强)。

三、行政改革创新的趋势——走向法治政府和服务型政府

(一)关于行政改革创新的基本判断

1. 政府角色,正由单纯的秩序维护者、管制者、司令员、传统家长,转变为服务者、服务员、合作伙伴。这种转变,源于和得益于人们的观念变化。服务型政府的理念也逐渐形成共识。

2. 政府职能,由崇尚简单或迷信全能,转变为主张适度。"管得最少的政府就是最好的政府",这是简单;"从摇篮到坟墓",由政府包办一切,就是全能。这些想法和做法都不适当,政府职能应当适度,政府的服务职能也应当适度。

3. 政府规模,由追求极小或者安于庞大,转变为保持适中。与政府职能应当适度相适应,政府规模也应当适中。适中规模、适度职能的政府是最有效的,也是比较理想的。这里所说的规模,不单纯是指工作人员是多少,主要是指由政府支配消费的资源量是多少。我在15年前曾经发表一个研究结论:政府所支配的财富即政府自身消耗的以及用于转移支付即二次分配的财富加在一起,占全部新增社会财富的30%到40%之间的政府,是比较理想和适中的规模。这种适中规模的政府简称为"中政府",既有必要的调控能力,也不会制约企业、市场、社会的活力。而大于或者小于这个比重的分别是"大政府"和"小政府",都有明显的缺陷和弊端。

4. 行政模式,正由集权行政、消极行政、管制行政、命令行政,转变为民主行政、积极行政、给付行政、指导行政。这一转变进程正在一波三折地逐渐推进。

5. 行政方式,正由单一、单向、强制,转变为多样、互动、柔性。由此使得行政生态变得更加柔和、灵活、丰富、和谐。相应的,政企关系(以及政府与市场、与社会的关系),也由对立、疏远或者胶着,转变为指导、服务与合作。官民协作、PPP等等新机制不断出现、迅速发展。

6. 行政法制,正由管制型、秩序型、命令型、一味赋权型或一味控权型,转变为服务型、给付型、指导型、权力与权利平衡兼顾型。

7. 行政法学,由机械行政法学、静态行政法学、单纯工具行政法学,转变为能动行政法学、动态行政法学、综合功能行政法学。

8. 行政法的基本原则,已从单一的行政合法性、行政合理性两大原则,扩展为行政合法性、行政合理性、行政公开性、行政应急性、行政效率性、行政民

主性、行政信赖性、行政服务性等多项原则,体现了行政法基本原则体系丰富化的进程。特别是增加了行政服务性原则,这是很有必要而且可行的,它有丰富的法治基础,也是行政法基本原则体系丰富化进程的又一个表现。

(二)关于行政改革创新的基本界限

行政机关推进行政管理改革创新的时候,应否有一些原则来约束它的行为?或者说应否有一定的界限?笔者认为是有的。创立新制度、完善新机制、采用新方法,会涉及一些必要的底线规则,总体上可概括为四句话(四项重要原则):

1. 对于公民来说属于赋权性、授益性、可选择性的制度规范可以宽松一点。

2. 对于公民来说属于禁止性、限权性、损益性的制度规范则应非常谨慎和严格对待之。

3. 创新举措的出发点、目的性必须正当,必须坚持以人为本,实现私益与公益、公平与效率、自由与秩序的兼顾平衡。

4. 创新举措的社会效果应有助于贴近其出发点和归宿点,动机与效果统一。

这几条原则,行政机关的革新举措与之符合者就应坚持实行,不符合者就应改正或摒弃。否则,就会像一些事例表现出来的,改革创新变了味,偏离了正确方向,民众反映强烈,政府形象受损。

(三)关于行政改革创新的若干亮点

主要包括:(1)行政指导、行政契约等柔性管理方式;(2)公共应急法制的快速发展;(3)行政公开法制的稳步发展;(4)行政救济制度的深入发展;①(5)政府机关的行政服务职能、职责的更多要求和体现;(6)地方的行政改革创新层出不穷,应更多关注和研究。

我国正处于深化改革、法制革新的关键时期,任务繁重、矛盾交织、利益冲突,非常需要按照《宪法》第3条第4款的规定,在中央的统一领导下充分发挥地方的主动性、积极性。尽管过去人们常讲要发挥两个积极性(一个是中央的积极性、一个是地方的积极性),但实际上地方的积极性调动得很不够,特别是

---

① 在行政救济制度创新方面,运用协调、调解、和解方式,多元化解决行政争议也值得关注(民事案件、刑事赔偿案件已运用,行政案件也可用,一些法院也在做协调和解并取得积极效果),信访制度的法治化革新也应受到关注(例如可以借鉴日本的行政苦情处理制度)。

对于地方的主动性基本上不怎么讲。宪法对此讲得很明确,地方政府有这样的职权和职责,应在经济和社会管理领域主动地进行改革创新,发挥出主动性、积极性以及创造性。30多年的改革实践证明,改革智慧和创新的源泉在地方、在基层、在民众之中。当年土地承包制度在凤阳的探索,土地出让制度在深圳的推出,都是这样的。我国在改革实践中不断发展着有限的地方自治制度,在单一制的大前提下呈现出地方制度多元化、多样化的发展趋势。通过地方、局部的试点,积累经验加以完善,继而在全国、全局加以推行,其成本低、风险小,是制度创新的最佳路径选择,具有重大的改革方法论意义。尤其在当下各方面矛盾突出、政治体制改革与行政革新举措不断推出并时常引发争议的社会转型新时期,仍然要给地方试误空间,对于不断出现的行政管理革新提法、举措,一定要用发展和法治的眼光来看待、冷静和宽容的态度来对待,正确对待认真负责的地方推进改革者及其革新举措;同时,改革的主事者也应更加严谨、更加审慎地对待改革创新工作,更加充分、更加细致地准备改革创新的总体方案和具体操作方案,经得起时间考验,这是法治原则下推进改革的最好态度。

(四)关于行政改革创新的完善建议

1. 要以法治和发展的眼光来看待、以宽容和冷静的心态来对待当下的行政管理新举措及其争议,需要重新认识政府角色;

2. 内容丰富的行政改革创新是在宏大复杂的背景下进行的,最主要的背景因素是经政改革的深化、科技革命的影响、观念更新的力量;

3. 我国行政改革创新的动向,是在以人为本的前提下走向柔性管理、高效管理和方法创新,重点是行政管理方式方法的创新发展,相对而言这是成本低、风险小、效率高、成效稳健、易达共识的路径选择;

4. 行政改革创新应坚持法治原则和实践标准等基本界限,防止借创新之名行营私、懒政之实;

5. 行政公务人员要善于学习,善待原告,更新观念,树立法治必成的信念和历史唯物主义的法治发展观。

四、提出"服务型政府"理念的宏观背景和多重意义

(一)从"管理型政府"向"服务型政府"转变是时代的要求

自20世纪下半叶开始,人类社会开始了迈向后工业社会、经济与社会民主化的进程,社会治理主体呈现出多元化的趋势,原有的政府单一治理主体的局面逐渐被打破,从而要求政府重新定位,告别管理型政府而走向服务型政府。建立服务型政府就意味着政府由原来的控制者,改变为引导者和服务者,意味着施政目标由行政机关和专家决定,转到由民众希望和合法期待来决定,政府从以控制管理为要务转变为以提供服务为要务,管理目标由经济领域更多地转移到公共服务领域。服务型政府适应了我国工业化与后工业化两个过程一起走的现实,是一种更理性、有效率的政府模式。从管理型政府向服务型政府的转变,是政府管理模式的革命性改变,是对管理型政府的否定和扬弃。

(二)"服务型政府"概念的提出是中国学者的理论贡献

1938年,德国行政法学家厄斯特·福斯多夫在其代表性作品《当成是服务主体的行政》一文中最早提出了"服务行政"一词,后经台湾学者陈新民在《公法学札记》一书及其他一些相关文章中进行介绍与解读,陆续在大陆理论界得到引述和阐发。在中国大陆,学界在对西方"服务行政"概念进行借鉴的基础上,顺应时代要求地提出了"服务型政府"的概念,作出了自己的理论贡献。

"服务行政"概念的使用可以追溯到1995年。在这一时期,关于"服务行政"的论文主要是围绕我国市场经济体制改革的基本议题,所探讨的是由原来的计划经济向市场经济转变过程中关于行政法的定位和作用问题。也就是说,"服务行政"这个概念更多的是在行政法的语境中而得到理解和使用的。①

张康之教授在1998年发表的一篇学术论文中较早地提出了"服务行政模式"建构问题。② 其论述体现了两个理论层面的内容:第一,建构"服务行政模式"是人类行政发展的历史必然性所决定的,是在"管理行政模式"取代"统治行政模式"之后的又一次革命性的历史运动;第二,行政改革的目标就是走向"服务行政模式",只有致力于建构"服务行政模式",才能使行政改革合乎历史发展的必然趋势,才能积累改革的成就而不至于陷入所谓"循环论"窠臼中去。

2002年,作为中国政府改革的目标选择,行政法学界明确提出了"服务型政府"的概念,将其表述为"在公民本位、社会本位理念指导下,在整个社会民主秩序的框架下通过法定程序,按照公民意志组建起来的以为公民服务为宗旨并承担着服务责任的政府"③。

---

① 参见程倩:《"服务行政":从概念到模式——考察当代中国"服务行政"理论的源头》,载《南京社会科学》2005年第5期。

② 参见张康之:《行政道德的制度保障》,载《浙江社会科学》1998年第4期。

③ 参见刘熙瑞:《"服务型政府"——经济全球化背景下中国政府改革的目标选择》,载《中国行政管理》2002年第7期。

(三)建设"服务型政府"正逐渐成为以人为本的施政理念

在学者们的理论探索基础上,在积极参考学习西方的同时,建设服务型政府逐渐成为结合中国国情、具有中国特色的政府创新目标。中国共产党第十六次代表大会以来,以建设服务型政府为目标的政府改革思路逐渐明晰。

2002年召开的党的十六大第一次把政府职能归结为经济调节、市场监管、社会管理和公共服务四项内容。

2003年突发的"SARS疫情",使中央和地方各级领导深切地认识到,推动经济发展绝不能以忽略社会发展、牺牲民众利益为代价,坚定了"以人为本"、科学发展的行政改革决心。

2004年2月,温家宝总理在中央党校省部级领导干部"树立和落实科学发展观"专题研究班结业式上正式提出"建设服务型政府"的要求。

在2005年《政府工作报告》中,温家宝总理提出"努力建设服务型政府,创新政府管理方式,寓管理于服务之中,更好地为基层、企业和社会公众服务"。

2006年10月,中国共产党第十六届六中全会通过《关于构建社会主义和谐社会若干重大问题的决定》,进一步明确要求"建设服务型政府,强化社会管理和公共服务职能",这样,服务型政府第一次被写入执政党的指导文件中。

2007年10月15日,胡锦涛总书记在中国共产党第十七次全国代表大会的报告中再次把"加快行政管理体制改革,建设服务型政府"作为发展社会主义民主政治的重要内容而予以强调。

服务型政府体现了我国人民主权国家的性质,彰显了政府"以人为本"的施政理念,体现了全心全意为人民服务的主导行政价值观。在这样的背景下,如何面对、理解、回应、推进这一社会改革实践,并为其提供法律制度保障,已成为行政法学界无法回避的时代使命。

(四)行政民主化和民主行政法是建设服务型政府的法治保障

1. 行政民主化和民主行政法的理念与制度表现

传统的行政法理念认为,由于政府是社会的"家长",理想或标准的行政管理活动要素是:单一主体(行政机关),单一功能(通过管理实现行政秩序目标),单方意志(我命令——你服从),单一行为(许可、处罚、强制等管制性或曰强制性的行政行为),单一标准(国会制定的法律,即古典的"依法行政"),单一后果(合法或者违法)。故在传统的行政管理过程中,行政相对人只是作为单纯的行政管理对象,扮演非常被动的角色,没有积极参与管理过程的任何权利和权力可言,没有体现民主权利和权力制约的行政管理制度安排和法律制度选择。

行政法的民主化进程也就是行政民主性逐步增强,行政法的专制主义缓和、退缩的进程。近些年来我国行政法民主化发展的制度表现丰富多彩。例如,被授权组织、受委托组织、特邀监察员等主体制度的发展;行政指导、行政契约、行政资助、行政奖励等行为制度的发展;告知、听证、证据、公民参与等程序制度的发展;代表评议、行政申诉、行政复议、行政诉讼、国家赔偿等监督与救济制度的发展。这些制度或者直接赋予和保护公民的民主权利和其他合法权利,或者通过制约行政权力保护公民的民主权利和其他合法权利。

2. 行政民主化和民主行政法的宪政基础和法律基础

我国2004年修改宪法首次把"国家尊重和保障人权"以及相应的重要原则、制度(例如国家补偿、社会保障的原则和制度)载入现行宪法,使得公民基本权利获得更全面、更明确的宪法保障,进一步体现了在宪法层次为人权和公民基本权利的保护提供更全面、更明确、更有力的制定法依据这一修宪目标。这对于我国人权法制和行政法治的发展具有深刻影响,提出了更高要求。其中,我国行政法行为理论与制度的民主化发展趋势是:行为方式的多样化、柔软化、简便化、规范化、高效化,在增加行政行为理念的现代性基础上形成广义的行政行为概念。除了行政机关制定规则和执行规则等传统行政行为将继续发展以外,行政指导、行政契约、行政资助、行政奖励等柔软、互动的新型行政方式方法,正在广泛地发展运用。

3. 行政民主化和民主行政法的本质特点

当代行政法的民主性逐步增强的过程,表现形式丰富多样。特别是在中央提出要全面推进依法行政、努力建设法治政府和服务型政府的背景下,认真研究这一过程中表现出来的行政民主的发展特点,揭示出行政法制的民主精神之演进规律,在立法、执法、司法、守法、法制监督、法律救济等环节更有针对性地采取制度创新和方法创新措施,切实推动新时期我国行政法的民主化发展进程,回应对公共服务需求不断膨胀的客观现实,这在我国民主政治发展出现新机遇的形势下具有重大的实践指导意义。

各种体现民主精神的行政管理和行政法律的制度创新和方法创新,能够有力地推动行政法制根据经济与社会发展的客观要求而逐步得到完善,这在形态上表现为由传统行政法发展到近现代行政法再发展到当代行政法的过程,实质上也就是行政法的民主性逐渐增强,由行政专横逐步走向行政民主与法治的过程。简言之,我国行政法民主化发展的本质是:专制行政法(秩序法、管理法、规制法、单向法)→民主行政法(给付法、服务法、放松规制法、双向参与法)。所谓民主行政法,狭义上是指具有高度民主性的行政法制,广义上是指具有高度民主性的行政法文化系统,包括体现民主精神的行政法理念、规范、制度和环境,这正是服务型政府的法治保障。

五、建设服务型政府的稳妥路径选择:推动行政方式法治化

(一)如何认知和建设服务型政府,人们见仁见智

追求和建立一个优良政府、善治政府,始终是人类的美好愿望与理想。建设服务型政府是一项重要、迫切和复杂的社会系统工程。但是,服务型政府的概念虽已提出若干年了,总体来说已被学界接受,但至今关于服务型政府的提法还存在认识分歧,远未形成普遍共识。这些不同意见表明,即便建设服务型政府已成为时代大潮和发展趋势,如何形成更广泛的共识仍是一个重大课题。

不仅如此,就服务型政府概念本身的内涵而言,学术界尚未形成定论。服务型政府是全新的政府职能配置、机构重组、管理方式方法和行为模式的革命。有学者认为服务型政府是建立在一系列相互关联的先进服务理念基础之上的政府模式。此外,还有诸多学者从政府职能转变及其调整、实践操作或综合概括等角度,提出了不同的服务型政府概念。

更进一步,关于如何建设服务型政府,学界和实务界的观点更是见仁见智、众说纷纭。基于地方政府创新实践,人们把我国的服务型政府建设概括为发展型、保障型、参与型、竞争型等四种模式。实现服务型政府目标的基本途径是政府创新,具体包括理论创新和实践创新;而且服务型政府要求行政体制和机制转变,也就是结构功能和运行方式的转变,强调政府为所有人服务,为一切对象服务;等等。上述关于服务型政府内涵及其建设路径的争论,内涵各异、外延有别、取向不一,但各有道理、各有所长、各有局限。

值得注意的是,虽然有的学者已经指出行政管理体制和机制的转变对于建设服务型政府的功用非同一般,但是具体如何转变,尤其是当今行政实务界已经自觉或不自觉地践行着各种新型行政方式,这对于建设服务型政府究竟起着何种作用,及其自身存在什么问题,虽有相关论述,但大多处于语焉不详、不成体系、深度不够的状态。服务型政府的行政方式及其法治化这一行政法课题,迄今尚无系统深入的研究。建设服务型政府不仅是一种理念,更是一项制度创新和系统工程,它要求政府从施政理念、管理体制、运行机制、行政方式等各个方面,实现从传统向现代的转型和变革,而行政方式的革新发展是这一

宏大工程的重要基础环节。① 正是在此背景下,2008年全国行政法学年会还特意将"服务型政府与行政法"作为年会主题展开研讨,旨在推动和深化相关研究,从根本上改变政府面貌。

(二)推进传统行政方式的民主化,有利于建设和谐社会

当代行政管理模式的发展趋势是从消极行政转向积极行政,从管理行政转向服务行政,从集权行政转向民主行政,从高权管理转向良善治理,从刚性管理方式转向刚柔相济且以柔性管理方式为主,人们应当正确认知、积极顺应这一发展趋势。行政管理方式可分为两大基本类型:一类是传统的刚性管理方式,另一类是当代新型的柔性管理方式。其中,传统刚性行政方式包括行政命令、行政征收、行政征用、行政许可、行政检查、行政处罚、行政强制等等,此类刚性管理方式好似重拳出击,或可立马见效、立显权威,但也易于激化矛盾、小事变大,强化行政机关与行政相对人之间的对立和冲突,而这种对立和冲突原本多是人民内部矛盾,因此刚性管理方式亟待且正在作出顺应当今行政民主化潮流的调整转变。本课题针对传统管理方式"缺乏民主性、平衡性和灵活性"的缺陷进行系统研究和民主改造,以期达到缓和社会矛盾之效果,有利于构建和谐社会。

(三)探索新型行政方式的法治化,有利于建设法治国家

作为现代行政法学重要范畴的非权力行政方式,也即本课题重点研究的柔性管理方式,如行政指导、行政合同、行政规划、行政资助、行政奖励、行政调解等等,是随着经济与社会的复杂多样化和民主化潮流,在行政模式由管理行政、秩序行政向给付行政、服务行政转变过程中开始出现并日益增多的行政方式类型。此类柔性管理方式作为行政管理方式创新成果,与刚性管理方式相对应、相配合,体现了广泛参与、两造互动、平等协商、自由选择等行政民主性的基本要求,发挥出特殊的行政管理功效,近年来在行政实务中运用得越来越多、越来越广,产生了有助于实现行政管理目标的积极效果,有助于形成行政机关与行政相对人的和谐关系。但如处理不好,也会表现出不自觉、不规范、

---

① 法学界对服务型政府的政府行为方式从不同角度作了探讨。安徽大学程雁雷教授在提供给全国行政法学研究会2008年年会的《服务型政府的法治基础》一文中认为,服务型政府的法律特征之一是政府行为方式的多元化:行政指导、行政合同、政府采购等非强制性行政方式被广泛运用于各个行政领域,以私法的方式实现行政目的是一种普遍的行为方式。吉林大学的刘雪华在《论服务型政府建设与政府职能转变》中也提出建设服务型政府要求改进政府管理方式,由微观干预性的管理方式向宏观调控性的管理方式转变,由单纯行政性的管理方式向综合性(经济手段、法律手段、行政手段)的管理方式转变。

正负面效应交织、法治化程度较低的问题。以行政指导为例,它作为最具代表性的新型柔性管理方式,具有及时灵活、广泛适应、便于操作、易见成效等特点,日益受到各地、各领域的行政机关和行政公务人员的高度关注、尝试运用,发挥出特别显著的行政服务职能作用。例如,工商行政管理机关近年来积极推行行政指导的柔性管理方式,取得了构建服务型工商机关、提高工商监管水平、实现和谐工商的积极效果。其他行政管理领域如质监、城管、环保、卫生、税务、海关、公安、教育、科技、旅游等领域,近年来也广泛运用行政指导,同样取得了改善政府与民众关系、提高行政服务水平的积极效果。但是,由于以行政指导为代表的新型行政方式是行政改革创新进程中出现的新生事物,运用比较分散、不够规范、缺乏经验,立法建制水平不高,存在一些特殊的问题、困难和矛盾,亟须将其纳入法治化轨道。

(四)按照建设服务型政府的要求推动行政方式法治化的总体思路

首先,研讨服务型政府的基本理念、理论基础、构建原则和法律制度。在梳理服务型政府建设的历史脉络的基础上,恰当定位服务型政府的内涵和外延,明确服务型政府的理论基础和构建原则,服务型政府的主体、行为、程序、监督、救济等基本制度构成,明确建设服务型政府的基本方向和重点目标。

其次,研讨传统的行政方式(可谓之"存量行政方式")的民主化改造路径。除了研究行政命令、行政征收、行政征用、行政许可、行政确认、行政检查、行政处罚、行政强制、行政监察、行政复议等传统行政方式的基础理论、功能价值、程序制度、监督制度、救济制度外,还要逐一分析它们在建设服务型政府框架下的长短优劣及法治化路径。

再次,研讨新型的柔性行政方式(可谓之"增量行政方式")的法治化路径。如行政指导、非拘束性计划也即行政计划(规划)、行政契约、行政服务、行政给付、行政资助(扶助、补助)、行政奖励、政府采购、行政经营、行政协调、行政调解、行政道歉、公共设施建设(开发)与提供服务等一系列新型行政方式的特点、类型、功能和局限性,及其形成背景、现实需要、积极成效与现存问题,特别是将其纳入法治化轨道的基本路径,以适应建设法治政府和服务型政府的法制保障需要。

最后,以国际眼光和比较的方法,通过对具有代表性的国家和地区的建设服务型政府的基本做法和经验进行考察研究,对服务型政府的行政方式进行多角度、多层次、多元化的比较法研究,在重新认知和改造传统行政方式的基础上,提升对于新型的柔性行政方式的特点和发展规律的认识水平,探寻建设服务型政府框架下行政方式改造和创新及其法治化的基本路向。

本书就是循此思路,在上篇系统地研究了柔性行政方式应运而生、迅速发展的宏观背景和理论基础,下篇逐一分析讨论了十二种比较常见的柔性行政方式,着重讨论了其制度架构和法治化路,希望有助于人们深化对这一行政法新现象、新领域的认识。

上篇

第一章 行政法的民主化发展趋势分析

宪政价值追求和实践发展的一个重要领域是行政民主,而行政民主在制度层面往往表现为行政法的民主化。① 行政法的民主化发展趋势或曰民主因素增强趋势乃是值得关注的现象,民主行政法是行政民主最可靠的制度保障。在实施依法治国方略、推进依法行政方针的过程中,应认真研究我国行政法的民主化发展趋势,通过观念更新和制度创新,努力建构我国的民主行政法,这是新时期中国宪政与行政法治建设的重要任务。

一、民主的一般理念与行政法的民主化发展

(一)民主的一般理念

从希腊雅典的城邦民主政治开始,人类社会已有 2500 年的民主历史,具有自治成分的民主理念与制度安排在这一历史长河中可谓沉沉浮浮,犹灭又生,以各种形态一直与我们的实际生活发生密切关联。但何谓民主,何谓古典民主,何谓现代民主,则始终见仁见智、众说纷纭,显然这是一个永恒无休的

---

① 英国学者莱维利(J. Lively)在《论民主》一书中(牛津布莱克维尔出版公司 1975 年版,第 30 页),将民主的最基本观点梳理为 7 个方面即 7 大特征,其中第一个方面是"所有的人都应当参与立法、公共决策、法律应用以及政府行政过程,就此而言,所有的人都应当参与统治",第二个方面是"所有的人都应当作为个人参与重大决策的制定过程,换言之,参与制定公共法律和决定公共政策实务的过程"。这说明行政管理和行政法治过程中的公民直接参与,在当代宪政民主和行政民主中具有非常重要的地位,必然成为重要的探索实践领域。转引自[英]戴维·赫尔德:《民主的模式》,燕继荣等译,中央编译出版社 1998 年版,第 3~12 页。

话题。①

笔者认为,宪政视野中的民主理念大致可通过如下四个表达式加以理解:

(1)古典民主＝多数决定(多数人的统治)

(2)现代民主＝多数决定＋尊重少数

(3)现代民主的功能＝保障人民权利＋控制国家权力＋平衡人民权利与国家权力的关系

(4)现代民主体系中的人民权利＝更多的民主选择权＋更多的公共参与权

伯利克里演说(修昔底德的《伯罗奔尼撒战争史》作了转述)曾对公元前5世纪希腊雅典的古典民主形态进行了史诗般的描述,成为美国建国之父们的思想源泉。其描述的雅典民主的要素和表现,概括起来有:人民主权,人人平等,广泛的自由(包括政治生活、日常生活、表达思想),遵守公共规范,关心公益,有知情权,有权管理国家和公共事务,积极参政议政……而在现代社会生活中,人们常常是在不同维度或多个维度上使用"民主"(democracy)这个词汇,故民主形态非常多,例如,政治民主(政治、行政和法律上的平等,是一种宏观民主),经济民主(关心和反映的是财富平等),工业民主(共同决定、工人自治等,是一种微观民主),社会民主(包括基层民主,托克维尔将其定位为一种生活方式)……其中的政治民主的规范形态也可称之为宪政民主,这是一个包容性很大的广义概念。影响这种政治民主(宪政民主)的架构和建构进程的因素包括:选举,政党(领袖),司法系统,政府机构,军事力量,警察机构,媒体,企业,公民,等等。

世界上民主国家的数量,1896年为10个,一百年后(1996年)就达到100个。民主原则和程序(包括非政府组织方式)现已扩展到了国际组织和国际关系(责任和透明度)等领域。为什么会出现这样的发展趋势?前英国首相丘吉尔有一句名言:"民主不是一种有效率的体制,但民主胜过任何一种有效率的体制。"原因在于,民主能够提供一种合法性,民主是合法性的基础。对于行政法的民主化,当作如是观。②

市民社会的演进对于民主制的发展和维持具有根本的重要性。而市民社

---

① 参见[英]约翰·邓恩:《民主的历程》,林猛等译,吉林人民出版社1999年版,原序第2～3页。

② 例如,现在经常运用的人民代表和人民群众定期评议行政机关和行政首长的做法,就具有类似于全民公决的功能。

会的发育非常不易,须与民主化进程、法律制度发展进程、个体利益和群体利益实现过程结合起来,经历漫长的人类社会自然历史过程。① 所谓市民社会,是指一种独立的社会自我组织,它的组成成分自愿地在一种受到合法限定的国家—社会关系背景下从事公共活动,以实现个人、群体和国家的利益。②

一般认为,传统的民主可分为两大类:(1)个体自由化的"风险性的"参与式民主。这种民主的表现形式,例如古希腊城邦国家的民主集会上常见的分配土地、取消债务等政治口号,这种民主形式常常会严重威胁到财产权利。(2)逐渐御用化的"安全的"代议制民主。这种民主长期居于主导地位,影响至广、至巨、至深。但18世纪的大卫·休谟、亚当·斯密等思想家,却对代议制民主抱持一种怀疑态度。因此,约翰·斯图尔特·密尔在《代议制政府》中曾非常精辟地说过一段话:"我们要防止我们的权利和利益不受政府的侵害,不受那些影响和操纵政府的人的侵害,就只有充分地参与到政府行为的决定中去。"③对此可理解为两层含义:一是民众有权选定一个政府来实施行政管理以满足公共管理需求;二是民众有权在政府实施的行政管理行为过程中直接发挥作用。

当代美国著名政治学家罗伯特·达尔的三次民主转型理论值得关注。他提出的民主转型轨迹大致是:直接民主理念→间接民主理念→综合民主理念(直接参与民主的选择性回归)。对此,也可通过以下表达式来理解:(1)古典浪漫的直接(当家)民主→(2)现代实用的间接(代议)民主→(3)当代高效的综合(多元)民主。上述第二种民主形态即现代实用的间接(代议)民主也被美国政治学家本杰明·巴伯称为"弱势民主",第三种民主形态即当代高效的综合(多元)民主则被本杰明·巴伯称为"强势民主"。换言之,这种综合民主=间

---

① 因此,拉尔夫·达伦多夫爵士在《欧洲革命反思录》(纽约:时代书社1990年出版)中有如下名言:一个国家用6个月可创造出政治民主,用6年可创造出市场经济,用60年方可创造出市民社会。转引自[日]猪口孝、[英]爱德华·纽曼、[美]约翰·基恩:《变动中的民主》,林猛等译,吉林人民出版社1999年版,第141页。
② 转引自[日]猪口孝、[英]爱德华·纽曼、[美]约翰·基恩:《变动中的民主》,林猛等译,吉林人民出版社1999年版,第145页。
③ 转引自[美]罗伯特·达尔:《论民主》,李柏光等译,商务印书馆1999年版,第60页。

接民主+较多的直接参与民主。①

近现代比较著名的直接民主形态有：巴黎公社（法国）、召回官员（美国俄勒冈州1908年实行15%选民可废除所选政府官员）、乡镇会议（美国许多地方实行，由30%~90%选民投票决定乡镇政策）、定期均分土地（俄国）、全民公决（瑞士为代表），等等。这里重点考察一下全民公决这种民主形态。全民公决作为当代最高等级的直接民主形态，分为具有法律效力的全民公决和咨询性的全民公决。应当指出，实际上全民公决并不是对代议制的否定，而是对代议制的一种补充。总体而言，全民公决具有逐渐发展的趋势，可用于解决违宪审查机制的最大合法性基础问题（判断国会或全国人大的法律、决定的正当性问题）。对此可从如下两个方面看：(1)从数量看：19世纪，全球每年0.74次全民公决；20世纪初，全球每年1.9次全民公决；20世纪50年代，全球每年8.1次全民公决；20世纪80年代，达到全球每年16.8次全民公决；而且至今还在发展。(2)从分布看：作为起源地的瑞士在18世纪占全球每年全民公决总数的74%，到20世纪80年代下降到40%；而发展中国家从20世纪初每年0.1次全民公决，发展到20世纪80年代每年4.3次全民公决。当然，即便是全民公决这种高级民主形式，其不足和弊端也非常明显：一是突出的成本和效率问题，此问题往往是无法回避、有时甚至是难以克服的一个制约因素；二是大众情绪中的随众选择后果，如1978年美国加利福尼亚州关于是否削减50%房产税的公决实践，由于随众选择心理作用导致州财政危机的公决后遗症；三是被少数人操控，如乌克兰1991年3月和12月的两次关于是否独立的全民公决结果大相径庭，由前一次70%的反对票到后一次90%的赞成票，形成不合常情的巨大反差；四是利益集团抵制，如20世纪90年代中期澳大利亚塔斯马尼亚州州长提出的关于是否取消上议院的全民公决这一倡议遭上议院强烈反对而被搁置（该州长认为全州人口仅46万，却有上下院议员54名，机构过于庞大）。② 可见，直接民主形式的发展趋势和负面效应，都必须予以充分认识，并积极加以应对。

---

① 参见[美]本杰明·巴伯：《强势民主：新时代的参与式民主》，加利福尼亚大学出版社1984年版。转引自[美]乔·萨托利：《民主新论》，冯克利等译，东方出版社1998年版，第145页。

② 参见何包钢：《直接民主理论、直接民主诸形式和全民公决》。该论文收入刘军宁等编：《公共论丛·直接民主与间接民主》，生活·读书·新知三联书店1998年版，第16~23页。

直接参与式民主在20世纪后期重新回归、出现新一波的更高形态的发展,其条件和背景之一是电子通讯技术革命。所以,美国著名学者约翰·奈斯比特在《全球困境》(1995年)中指出:"有了电子革命,无论代议制民主还是规模经济都显得过时。现在,每个人都可以实现一种有效的直接民主。"网络时代提供了更深程度、更低成本、更高效率的行政民主参与的可能性。

应指出,从经典民主概念中挖掘出的最重要的现代内涵之一是程序民主。约瑟夫·熊彼特在其名著《资本主义、社会主义与民主》中的表述是:民主政治的核心程序是被统治者通过竞争性的选举来挑选领袖,这是一种关于作出政治决定的民主制度安排,它能有效地克服仅从民主目的和民主价值出发考虑问题的古典民主观的缺陷。① 20世纪90年代中期进行的一项跨法律文化实证研究结果也表明,在各种民主化程度的国家,人们尊崇的诸多法律价值中最受尊崇(受调查者给予评分最高)的法律价值都是程序公正。② 实际上这种程序民主理念,也逐渐反映到行政法的民主化进程中来了。

还应看到,由托克维尔提到罗伯特·达尔给予精辟阐述的"以社会制约权力"的多元民主理念,也对古典民主的"以权力制约权力"作出了重要发展。③ 这种带有相对直接民主色彩的民主理论,也逐渐反映到行政法的民主化发展进程中来并发挥特殊作用,成为其一个重要的理论支撑。

(二)传统行政法模式与行政法的民主化发展

1.传统行政法模式。传统的行政法理念认为,由于政府是社会的"家长",理想或标准的行政管理活动要素是:单一主体(行政机关),单一功能(通过管理实现行政秩序目标),单方意志(我命令——你服从),单一行为(许可、处罚、强制等管制性或曰强制性的行政行为),单一标准(国会制定的法律,即古典的"依法行政"),单一后果(合法或者违法)。故在传统的行政管理过程中,行政

---

① 参见[美]亨廷顿:《第三波——20世纪后期民主化浪潮》,刘军宁译,上海三联书店1998年版,第4~5页。

② 该项调查涉及调查者所划分的民主化程度不同的美国、法国、西班牙、匈牙利、波兰、保加利亚等6个国家,每个国家约800名调查对象,调查内容包括法律价值、社会信念、民主化等3个大项14个小项的指标体系。这项调查的基本情况反映在美国新罕布什尔大学两位学者艾伦·S.科恩教授、苏珊·O.怀特教授合撰的《法制社会化对民主化的效应》一文中,该论文原载于《国际社会科学杂志》1998年第2期,收入中国社会科学杂志社编:《民主的再思考》,社会科学文献出版社2000年版,第168~207页。

③ 参见[美]罗伯特·达尔:《民主理论的前言》,顾昕等译,生活·读书·新知三联书店1999年版,第206页。

相对人只是作为单纯的行政管理对象,扮演非常被动的角色,没有积极参与管理过程的任何权利和权力可言,没有(似乎也无需)体现民主权利和权力制约的行政管理制度安排和法律制度选择。

2.行政法的民主化发展。随着20世纪下半叶在世界范围内出现的新一波民主潮流及其对各领域的影响,现代行政管理和行政法制实践中越来越多地增加了民主因素,特别是直接民主因素,公民参与行政成为新的制度价值追求和民主判断标准,逐渐显现出行政法制民主化发展的趋向,对经济、政治、文化与社会生活的发展不断产生重大影响。① 从国外行政法律制度的历史发展轨迹来看,在民主新理念的引导下,直接体现现代参与民主精神的行政法律制度不断出现,如:立法参与、执法参与、审议会、陈述申辩、听证、民意测验……不难看到,这一系列民主化跃迁中,有相当一部分是行政程序和权利救济程序方面的制度创新。

二、从行政法民主化的角度透视修宪的亮点

(一)人权入宪的含义和人权误区

现今人们对于人权和公民的基本权利,一般都作广义的理解。公民的基本权利概括起来有六大类:一是平等权,包括法律适用上的平等与法律内容上的平等,形式上的平等与实质上的平等,这是基本权利体系中首要的、基础性和前提性的权利;二是政治权利,包括选举权与被选举权、表现自由、监督权等等,这是公民追求社会发展、实现高层次需求的重要渠道;三是精神、文化活动的自由,包括宗教信仰自由、文化活动自由、通信自由与秘密等等;四是人身自由与人格尊严,这是最古老、最经典的基本权利,也是易于受到伤害的一类基本权利;五是社会经济权利,包括财产权、劳动权、休息权、生存权、受教育权等等,这是发展较快、范围较宽、类型较多的基本权利;六是获得权利救济的权利,包括申告权、求偿权、求助权等等,这也是现代发展迅速的一类权利,也是基本权利的保障机制。这些权利群构成了我国公民的基本权利体系。从这个角度理解,实际上我国宪法早已对人权有所规定和保护,也即人权早已入宪。我们现在所说的"人权入宪",乃是一种比喻的说法,特指2004修宪首次把"国

---

① 按理说,行政机关不是直接体现民意的代议机关,行政机关依法设立、依法运行、依法承责,即便没有行政相对人参与行政管理过程的制度安排,也具有"天生的"正当性与合法性。但是,现代行政法学认为,公民参与行政能够提高行政管理和行政法制的民主程度,从根本和长远来看,有利于提高行政管理的质量和效率。

家尊重和保障人权"以及相应的重要原则载入现行宪法,使得公民基本权利获得更全面、更明确的宪法保障,进一步体现了在宪法层次为人权和公民基本权利的保护提供更全面、更明确、更有力的制定法依据这一修宪目标。这对于我国人权法制和行政法治的发展具有深刻影响,提出了更高要求。

由于对人权存在许多认识误区,我国曾长期在人权问题上采取消极被动的排斥态度,这严重制约了人权事业的发展。从改革开放三十多年来我国法制建设的实践来看,在公民基本权利的法律保护方面已经取得不小的成绩和进步,但同时还存在社会反映强烈和深层次的许多问题,大大影响了党和政府与人民群众的关系。例如,在就业平等权的实现方面,一些国家机关和党群组织在招录工作人员的过程中存在户籍、学历、性别、身高、相貌、是否乙肝病毒携带者等诸多方面的歧视,而且产生了恶劣的负面导向作用,以至一些企事业单位甚至将胖瘦、血型、是否抽烟、能否喝酒、性开放态度都作为歧视的理由。实际上,此类现象的深层原因,犹如过去长期存在的家庭出身、本人成分歧视一样,是封建主义残余在作祟。

(二)人权入宪是2004修宪的最大亮点

2004年3月我国现行宪法第四次修改与以往历次修宪相比,突出地强调了现代宪法的核心价值理念,即通过民主和法治的力量来保障公民权利、规范国家权力(重点是规范行政权力)。2004修宪注重对公民权利保护制度的宪法调整,反映了政治文明建设的要求。可以说,将国家尊重和保障人权写入宪法是2004修宪的最大亮点,更加突出地宣示了我国宪法的人权关怀。这在本次通过的14条宪法修正案中表现为:

1.关于三个文明协调发展的规定。2004修宪在"序言"第七自然段明确提出政治文明,要求三个文明(物质文明、精神文明、政治文明)协调发展,这为保障公民政治权利的实现、为深化和系统地推进政治体制改革提供了更明确的宪法依据,也将积极有力地推动行政法制改革与发展。不如此,经济体制改革的成果,建立和发展社会主义市场经济体制的努力,也将付诸东流。

2.关于国家尊重与保障人权的规定。尽管目前来看这一规定也许宣示意义大于操作意义,但它无疑有助于推动我国行政法的民主化进程,对行政立法、行政执法、行政司法、监督与救济等行政管理和行政法制全过程都会产生强有力的深刻长远的影响。

3.关于财产权受到尊重和保护的规定。财产权是一项基本权利。由于种种原因,过去对私有财产的尊重和保护远远不够。这次修宪宣示"公民的合法的私有财产不受侵犯",有很大的进步意义,也是依法行政、执政为民、以人为本、建设服务型政府的体现;虽与一些法治国家相比还有差距(例如没有明确规定公益征收征用财产的具体补偿原则),但为完善土地、私有财产的征收征用补偿制度提供了重大机遇。制定专门的国家(行政)补偿法典理应尽快提上议事日程。

4.关于国家鼓励、支持和引导非公有制经济发展的规定。宪法中原先已有国家对私营经济实行引导、监督和管理的规定。这次修宪实际上将国家对非公有制经济的政策作了很大调整,增加了鼓励和支持其发展的规定。因此,今后必须进一步改善有关非公有制经济发展的行政管理环境和法制环境。这也是国家尊重和加强保护私有财产权的体现。

5.关于建立健全同经济发展水平相适应的社会保障制度。救济权利也是非常重要的基本权利,需要加以特别保障。现在我国已有实力对社会主义福利政策加以重大调整。这关系到每一个公民的利益。

6.关于"戒严"改为"进入紧急状态"。突发事件导致公共危机,需要行使行政紧急权力,甚至需要暂停公民某些基本权利的行使,这使得公权力侵害人权和基本权利的风险加大(涉及平等、政治、精神文化、人身自由、社会经济、权利救济等一系列基本权利),故须完善相关行政法制,特别是尽快制定出我国的突发事件和紧急状态处置法。

2004修宪将"国家尊重和保障人权"写入宪法,通过增加人权保障条款,从宪法层面为人权保障提供了更明确的制定法依据,这对于我国人权事业包括人权法制的发展,同时对于我国行政民主和行政法治的发展都具有重大而深远的意义,无疑有助于推动我国行政法的民主化进程,对行政立法、行政执法、行政司法、监督与救济等行政管理和行政法制全过程也许都会产生强有力的深刻长远的影响,对我国行政法基础理论和基本原则的发展也会带来深刻长远的影响。简言之,这有利于推动宪政建设与法治政府建设。

三、我国行政法民主化发展的制度表现和背景分析

(一)近些年来我国行政法民主化发展的制度表现

"行政法的民主化进程"也可表述为"行政法的专制主义缓和与退缩进程"。近些年来我国行政法民主化发展的制度表现丰富多彩,均为行政民主性逐步增强的成果。例如,被授权组织、受委托组织、特邀监察员等主体制度的发展;行政契约、行政指导等行为制度的发展;告知、听证、证据、公民参与等程序制度的发展;代表评议、行政申诉①、行政复议、行政诉讼、国家赔偿等监督与救济制度的发展。这些制度或者直接赋予和保护公民的民主权利和其他合法权利,或者通过制约行政权力保护公民的民主权利和其他合法权利。

(二)我国行政法民主化发展的背景分析

行政法的民主化发展需要有持续的动力,这种动力来自何处?笔者认为,这种动力主要来自内外两个方面:一是在公共管理权力上的个体差别引发内心冲动产生欲望和动力(例如普遍社会心理形成的导向作用、"适度社会差别"产生的激励作用);二是全球性社会发展与变革(包括宪政演进与深化体制改革)获得的发展动力。具体背景包括:

1. 体制改革提供的行政法民主化发展的条件

(1)关于经济体制改革与我国行政法的民主化发展。这是最根本、最有力的推动力。而市场导向改革的焦点在于如何使所有企业真正成为独立的市场主体。可以说,关于经济体制改革特别是企业改革的诸多努力都是围绕这一点进行的,实行、发展、完善社会主义市场经济这一国家政策走向从根本上推动着行政法的民主化。

(2)关于政治体制改革与我国行政法的民主化发展。依法治国方略的确立和入宪,要求各种组织包括执政党要在宪法下活动;党内政治生活民主的提倡和发展,必然影响到行政民主化。这些对于各级党委和国家机关的行为约束理念和机制产生了很大影响。

(3)关于行政体制改革与我国行政法的民主化发展。例如,关于行政执法责任制的试点推行,决策、执行、监督的行政功能三分制的改革试点,关于公务员制度的建立、调整和完善,行政程序和救济程序中的行政相对人权利保障制度创新,都是这方面的突出表现。

2. 社会转型发展和制度变迁的综合影响评价

一是人权和宪法规定的基本权利受到更大、更多的重视和保护。例如,我国不但加入了相关的两个国际公约,而且2004年修宪还专门增加了人权条款,公民的合法财产权、土地使用权、行政补偿请求权、紧急状态下的实体和程序权利等等也都明确载入宪法。

二是改变高度集权集中的观念和体制(计划经济、官本位制)具有深远的

---

① 这里的行政申诉泛指各级政府和行政机关的信访处理、上级行政机关和行政首长直接处理对下级行政机关的投诉、行政首长公开电话和定期接待公民投诉、某些地方试行的专设政府机构接待外商投资企业投诉等行政救济制度。

意义。

三是普法宣传教育活动持续开展,公民权利观念特别是参与意识的逐步增强,都是我国行政法文化转型发展的要求和表现。

许多学者认为,行政法处于转型发展的过程中,转型发展呈现出如下行政法类型演化轨迹:管理行政法→控权行政法→平衡行政法。而平衡行政法无疑也应是一种民主行政法,是一种体现公民与政府、公民权利与公共权力之间平衡制约关系的行政法系统。我国的特殊性在于,行政法的控权法阶段在我国很短促、很模糊、不成熟(当然不存在已缺少发展空间的问题),从某种意义上说我们是从管理法直接跨向平衡法,因此我国民主行政法的生长具有特殊的法文化环境,还处于初步发展阶段,许多问题和矛盾需要加以特殊的应对,才能满足行政法制现代化的内在要求。

3. "人权入宪"对我国行政法民主化发展的影响

2004年3月14日由第十届全国人大第二次会议通过的14条宪法修正案,是我国现行宪法的第四次修改。与以往历次修宪相比,这次修宪特别关注对人权和公民基本权利的宪法保护,高调地宣示了我国宪法的人权关怀,及时地反映了政治文明建设的要求,突出地强调了现代宪法的核心价值理念——保障公民权利,规范国家权力(重点是规范行政权力)。可以说,"人权入宪"是2004年修宪的最大亮点。

现今人们对于人权和公民的基本权利,一般都作广义的理解。公民的基本权利概括起来有六大类:一是平等权,包括法律适用上的平等与法律内容上的平等,形式上的平等与实质上的平等,这是基本权利体系中首要的、基础性和前提性的权利;二是政治权利,包括选举权与被选举权、表现自由、监督权等等,这是公民追求社会发展、实现高层次需求的重要渠道;三是精神、文化活动的自由,包括宗教信仰自由、文化活动自由、通信自由与秘密等等;四是人身自由与人格尊严,这是最古老、最经典的基本权利,也是易于受到伤害的一类基本权利;五是社会经济权利,包括财产权、劳动权、休息权、生存权、受教育权等等,这是发展较快、范围较宽、类型较多的基本权利;六是获得权利救济的权利,包括申告权、求偿权、求助权等等,这也是现代发展迅速的一类权利,也是基本权利的保障机制。这些权利群构成了我国公民的基本权利体系。从这个角度理解,实际上我国宪法早已对人权有所规定和保护,也即人权早已入宪。我们现在所说的"人权入宪",乃是一种比喻的说法,特指2004年修宪首次把"国家尊重和保障人权"以及相应的重要原则(例如,国家依照法律规定保护公民的私有财产权和继承权、国家对征收征用私有财产和土地给予补偿等原则)

载入现行宪法,使得公民基本权利获得更全面、更明确的宪法保障,进一步体现了在宪法层次为人权和公民基本权利的保护提供更全面、更明确、更有力的制定法依据这一修宪目标。这对于我国人权法制和行政法治的发展具有深刻影响,提出了更高要求。关于"人权入宪"对我国行政法发展趋势的影响,可以从更广的维度来加以观察:

(1)关于我国行政法基础理论的民主化发展。"人权入宪"以后,行政法的民主化趋势将日益受到学界关注和研究,行政民主论应当且有可能成为21世纪我国行政法学的基础理论之一而发挥应有的指导作用。有关课题研究和理论创新的要点是:从当今世界民主化潮流的角度审视现代行政法的民主性问题,分析民主化潮流对行政法治进程的影响;探讨行政民主的基本概念、演进历程和各国特点,以及行政民主的理论构造、制度安排和制约因素;探讨我国行政法的民主走向和行政民主原则的确立,行政民主原则的含义、构成、成本和作用,及其在行政法制诸环节的运用和难题;进而探索在民主精神引导下进一步推动我国行政法(学)的观念更新与制度创新。

(2)关于我国行政法基本原则的民主化发展。我国行政法基本原则的发展问题已有许多讨论和共识,"人权入宪"以后将引起更大关注并进入基本原则体系的主要有:(1)行政应急性原则。它在行政法制运行全过程都起着指导作用(例如常规状态下的应急机制建设),是不应当被遗忘和抛弃的领域。(2)行政公开性原则。这涉及现代行政管理和行政法制运行的一个基本要求——全要素、全过程的公开透明,也是法治政府的本质特征之一。(3)行政信赖(利益)保护原则。这既是建设法治政府和诚信政府的要求,也是改善政民关系、实现行政法主体各方利益平衡的要求,从大的方面说,还是执政为民、以人为本的要求。

(3)关于我国行政法主体理论与制度的民主化发展。基本趋势是行政主体的多元化、分散化、社会化。转型发展过程中出现的复杂多样化的行政管理组织形态,或者说公权力组织形态,亟须从理论和操作上得到廓清,更多的组织形态将会具备行政被告资格。涉及的理论问题和实务问题非常多,例如审议会、非政府组织的角色和职责等等,都涉及公民参与权利的实现。这方面的理论与实务发展,将有赖于并有助于廓清公共行政与行政法的关系,也有赖于并有助于行政组织人员法的发展。

(4)关于我国行政法行为理论与制度的民主化发展。基本趋势是行为方式的多样化、柔软化、简便化、规范化、高效化,行政行为理念将增加现代性,形成广义的行政行为概念。可以预料,行政机关制定规则和执行规则等传统行政行为将继续发展以外,行政指导、行政合同、服务行政、给付行政、政府采购、公民参与行政等柔软、互动的行政方式方法,将获得更快的、规范化的发展。

(5)关于我国行政法监督救济理论与制度的民主化发展。行政法制体系中的监督救济要素和过程,将出现多元化、多样化、系统化、便民化、民主化的发展趋势。比较突出的如,规范化的行政怨情(苦情)处理制度,人大监督专员制度,抽象行政行为司法审查,更加人性、公平、便民的赔偿制度和补偿制度。

(三)我国行政法学界对民主性的关注

我国行政法学界对于行政民主转型和行政法的民主化发展的认识是逐渐统一和深化的。随着行政契约、行政指导、行政奖励、行政公开、行政参与、民主监督等一系列体现行政法的民主性逐渐增强的制度发展,行政法学者突破传统行政法观念的束缚,勇于理论创新,逐渐开展了类型化、系统化、专门化的学术研究,取得了日益显著的成绩,指导和促进了我国行政法治的发展。30年来除了出版、发表了与行政法民主化有关的一批学术专著、学术论文、研究报告和翻译文献之外,我国内地培养的硕士生、博士生撰写的学位论文也对行政法的民主化发展给予了较多关注。① 例如,在我国内地6所重点高校2004年底以前通过答辩的90篇撰写行政法研究题目的博士学位论文中,就有24篇的研究选题与行政法的民主化现象有关,约占四分之一强,而且总体而言20年来这一比重逐渐增大。其具体情况可参见本章附表一:《我国部分高校行政法专业博士学位论文选题方向统计分析》。

四、我国行政法民主化发展的积极意义和制约因素

(一)我国行政法民主化发展的积极意义

1. 性质定位

这一制度变迁的实质在于:各种体现民主精神的行政管理和行政法律的

---

① 这一研究结论来自中国法学会行政法学研究会主编、中国政法大学出版社2005年出版、由笔者具体组织编写的《行政法学博士、硕士学位论文目录索引(1985 - 2004)》。该《索引》收集学位论文的时间范围是1985年5月至2004年12月31日,地域范围是在中国内地的教学科研单位获得博士学位和硕士学位者,内容范围是以行政法学研究方向的博士、硕士学位论文为主,兼及其他专门研究行政法题目的学位论文,也即收录全国范围内已经毕业的广义行政法学研究题目的博士学位论文和硕士学位论文。共收录33所高等院校和科研机构的法学博士学位论文90篇,同等学力法学博士学位论文2篇,教育学博士学位论文2篇,法学硕士学位论文1143篇,法律硕士学位论文426篇,同等学力法学硕士学位论文43篇,管理学硕士学位论文1篇,教育学硕士学位论文6篇,共计3373篇。

制度创新和方法创新能有力地推动行政法制根据经济与社会发展的客观要求而逐步得到完善,这在形态上表现为由传统行政法发展到近现代行政法再发展到当代行政法的过程,实质上也就是行政法的民主性逐渐增强,由行政专横逐步走向行政民主与法治的过程。可用一个简单公式来表达:行政法制＋行政民主＝行政法治。①

简言之,我国行政法民主化发展的本质是:专制行政法(秩序法、管理法、规制法、单向法)→民主行政法(给付法、服务法、放松规制法、双向参与法)。所谓民主行政法,狭义上是指具有高度民主性的行政法制,广义上是指具有高度民主性的行政法文化系统,包括体现民主精神的行政法理念、规范、制度和环境。

2. 实践意义

推进依法行政的过程也是现代行政法的民主性逐步增强的过程,其表现形式丰富多样,值得研究。特别是在中央提出要全面推进依法行政、努力建设法治政府的背景下,认真研究这一过程中表现出来的行政民主的发展特点,揭示出行政法制的民主精神之演进规律,在立法、执法、司法、守法、法制监督等环节更有针对性地采取制度创新和方法创新措施,切实推动新时期我国行政法的民主化发展进程,这在我国民主政治发展出现新机遇的形势下(标志是明确提出实施依法治国方略、全面推进依法行政、建设社会主义政治文明、以行政改革为重点来推进政治体制改革),具有重大的实践指导意义,也是发展社会主义政治文明的题中应有之义。

3. 理论意义

在"依法治国、建设社会主义法治国家"作为执政党领导人民治理国家的基本方略正式提出并载入现行宪法后,依法治国、建设法治国家、依法行政、实现行政法治等理念逐渐成为我国人民的共识和共同愿望;而实践证明依法行政是依法治国的一个重点和难点,全面推进依法行政的过程也是现代行政法的民主性逐步增强的过程,是社会主义政治文明发展建构的过程。这方面的研究成果将有利于我国行政法学科体系的转型发展,使这一薄弱环节尽快得到加强,以适应当今世界出现的民主化潮流。从方法论的角度看,在行政法学体系中,行政法——政治分析的发展,能为行政法制实践中民主因素的增长特别是民主行政法律制度创新提供更有力的理论指导,从而有可能形成"民主行

---

① 这基于笔者认为,法制是中性的,民主既是运行方式也是价值判断,所以,法治＝法制＋民主。

政法"的新研究领域和"行政民主论"的基础理论。

（二）我国行政法民主化发展的制约因素

历史事实表明，从行政专制到行政民主、行政法治乃是一个渐进发展和多有曲折的长期过程，各种制约和障碍因素甚多，每前进一步都需要付出相当的代价，且易变形走样。其深层原因在于传统政治文化、行政文化、法文化以及现行体制运作所提供的发展背景，产生的影响可谓广泛、深刻、持久。

以对行政权力的监督救济法律体系为例，可以看得比较清楚：一是监督不全、乏力、无权威（集体滥用权力难以落实责任等等）；二是人大的监督作用和力度远不到位；三是行政专门监督（特别是监察监督、审计监督）的缺位、萎缩、弱化、虚化、边缘化；四是司法监督力度不足，司法救济范围太窄（仅限于一部分人身权、财产权），以及对抽象行政行为的监督制约机制不健全；五是行政相对人的知情权和获得救济权的法律保护机制不完善；六是公民与社会监督弱化，表现为选举罢免权废置、批评权虚化、投诉无用、立案难，媒体的社会责任、监督权与合法权利保护机制不完善；等等。

五、我国行政法民主化发展的现实课题和前景展望

（一）我国行政法民主化发展的现实课题

在行政法的民主化方面，需要我国行政法学界共同努力加以认真研究的现实课题有：(1)从当今世界民主化潮流的角度审视现代行政法的民主性问题，分析民主化潮流对行政法治进程的影响；(2)探讨行政民主的基本概念、演进历程和各国特点，以及行政民主的理论构造、制度安排和制约因素；(3)探讨我国行政法的民主走向和行政民主原则的确立，行政民主原则的含义、构成、成本和作用，及其在行政法制诸环节的运用和难题；(4)探索在民主精神引导下进一步推动我国行政法的观念更新与制度创新，特别是探索建立和完善我国人大监督专员、行政怨情申诉、行政指导、行政合同、公民参与行政、行政赔偿、行政补偿等制度的可行路径。

（二）我国行政法民主化发展趋势展望

"人权入宪"以后，从宪政建设和法治政府建设的角度看，21世纪前中期我国行政法在增强民主性方面将出现一系列值得关注的、深刻持久的如下变化：

1.关于我国行政法基础理论的民主化发展。"人权入宪"以后，行政法的民主化趋势将日益受到学界关注和研究，行政民主论应当且有可能成为21世纪我国行政法学的基础理论之一而发挥应有的指导作用。有关课题研究和理

论创新的要点是:(1)从当今世界民主化潮流的角度审视现代行政法的民主性问题,分析民主化潮流对行政法治进程的影响;(2)探讨行政民主的基本概念、演进历程和各国特点,以及行政民主的理论构造、制度安排和制约因素;(3)探讨我国行政法的民主走向和行政民主原则的确立,行政民主原则的含义、构成、成本和作用,及其在行政法制诸环节的运用和难题;(4)探索在民主精神引导下进一步推动我国行政法(学)的观念更新与制度创新。

2. 关于我国行政法基本原则的民主化发展。我国行政法基本原则的发展问题值得讨论。"人权入宪"以后引起更大关注并纳入行政法基本原则体系的主要有:(1)行政应急性原则。它在行政法制运行全过程都起着指导作用(例如常规状态下的应急机制和项目建设),是不应当被遗忘和抛弃的领域。(2)行政公开性原则。这涉及现代行政管理和行政法制运行的一个基本要求——全要素、全过程的公开透明,也是法治政府的本质特征之一。(3)行政信赖(利益)保护原则。这既是建设法治政府特别是诚信政府的要求,也是改善政民关系、实现行政法主体各方利益平衡的要求,也是执政为民、以人为本的要求。

3. 关于我国行政法主体理论与制度的民主化发展。"人权入宪"后的基本趋势是行政主体的多元化、分散化、社会化。转型发展过程中出现的复杂多样化的行政管理组织形态,或者说公权力组织形态,亟须从理论和操作上得到廓清,更多的组织形态将会具备行政被告资格。涉及的理论问题和实务问题非常多,例如审议会、非政府组织的角色和职责等等,都涉及公民参与权利的实现。这方面的理论与实务发展,将有赖于并有助于廓清公共行政与行政法的关系,也有赖于并有助于行政组织人员法的发展。

4. 关于我国行政法行为理论与制度的民主化发展。"人权入宪"后的基本趋势是行为方式的多样化、柔软化、简便化、规范化、高效化,行政行为理念将增加现代性,形成广义的行政行为概念。可以预料,行政机关制定规则和执行规则等传统行政行为将继续发展以外,行政指导、行政合同、服务行政、给付行政、政府采购、公民参与行政等柔软、互动的行政方式方法,将获得更快的、规范化的发展。行政行为和柔性行政方式的程序制度及其法律规范,也将获得更大的发展。

5. 关于我国行政法监督救济理论与制度的民主化发展。行政法制体系中的监督救济要素和过程,将出现多元化、多样化、系统化、便民化、民主化的发展趋势。出现的创新制度如,规范化的行政怨情(苦情)处理制度,人大监督专员制度,抽象行政行为司法审查制度,更加人性、公平、便民的行政赔偿制度和行政补偿制度。

六、结语：不断走向民主化方向的中国行政法

概括而言,这里概要地提出如下命题和观点作为批评的靶子,渴望大家批评,促使我国行政法的民主化发展趋势和民主行政法的稳健发展受到应有关注：

1. 当今世界的民主化潮流对行政法制建设产生了越来越多、越来越深的影响,行政管理和行政法制实践中越来越多地增加了民主因素,逐渐显露出行政管理和行政法制民主化发展的趋向；同时这种现象也对一个国家和地区的经济、政治、文化与社会生活的发展不断产生重大影响。

2. 从行政专制到行政民主是一个渐进发展和多有曲折的长期过程,各种制约和障碍因素甚多,每前进一步都需要付出相当的代价。

3. 行政民主是宪政民主的组成部分,行政法治是宪政的组成部分,全面推进依法行政的过程实质上就是行政管理和行政法制的民主性逐步增强的过程,其目标是实现行政的民主化和法治化；行政民主是行政法治的基础,行政民主论应当成为现代行政法的理论基础之一；民主精神是宪政和行政法治的正当性灵魂。

4. 从行政法律制度的历史发展轨迹来看,直接体现现代民主精神的行政法律制度越来越多地出现,促使行政法律制度不断完善,更加适应经济与社会发展的客观要求,形成具有较高民主性的行政法制,包括体现民主精神的行政法理念、规范和制度所形成的系统,也即民主行政法,这是宪政发展在行政领域的具体体现。

5. 对行政法领域的民主问题,行政民主性原则作为现代行政法的基本原则在行政法制诸环节的运用和难题,人们的关注和研究还远远不够,系统和有分量的成果尚不多见,未能给行政法制实践提供更多的理论指导。

6. 行政法——政治分析方法的运用,能为行政法律制度实践中民主因素的增长特别是民主制度创新提供更多的理论指导。这方面的系统研究成果将有利于我国行政法学科体系的转型发展和不断完善,也有助于其他部门法的制度建构和理论发展。

7. 在行政管理模式转向服务行政、给付行政、指导行政,全面推进依法行政、建设法治政府的宏观背景下,应认真研究这一过程中表现出来的行政民主的发展特点,揭示出现代行政法律制度的民主精神之演进规律。

8. 在此基础上,应当从立法、执法、司法、守法、法律监督、法制宣传教育等现代行政法律制度诸环节更有针对性地采取制度创新和方法创新举措,重点

就能否建立与如何完善我国人大监督专员制度、行政怨情申诉制度、行政指导制度、行政合同制度、公民参与、政民合作（PPP机制）、行政公开制度的理论与实践开展实证对策性研究，提出有助于推进行政法制改革和相应政策调整的基本思路和参考方案，切实推动我国行政法的民主性逐渐增强。

附表一：我国部分高校行政法方向博士学位论文有关民主选题论文统计分析

年份	中国社科院	中国人民大学	北京大学	中国政法大学	武汉大学	苏州大学	与行政法民主化有关的选题数
1992	公务员制度						
1993		公务员制度	行政处罚	国家赔偿			
1994		地方政府					
1995		行政程序					
1996		行政立法					
1997		行政契约	平衡论，政府宏观调控	行政诉讼价值，行政审判权，行政诉讼证据			2
1998	行政法理念		平衡论，控权论				1
1999	行政许可	行政法治主义，行政处罚	国家与社会的关系，行政相对人，行政程序	行政程序，行政诉权			3
2000		行政处罚，行政指导	政府干预	诉讼主体，举证责任	行政救济		1

续表

年份	中国社科院	中国人民大学	北京大学	中国政法大学	武汉大学	苏州大学	与行政法民主化有关的选题数
2001		行政主体,行政公开	行政法治主义,行政法学实证论,政府激励管制,行业组织,非强制行政行为,行政奖励,纠纷解决机制		行政不作为,诉讼先行程序,司法审查强度	行政权的正当性	6
2002	行政公开	紧急状态	行政法史,行政法学范式,互联网与行政法,WTO规则与行政法,经济行政法		行政法基本原则,行政契约理念,行政行为效力	行政法史,行政行为效力,行政立法权,行政程序法,经济行政法	3
2003		行政程序,行政公开,行政侵权,行政救济,行政诉讼	行政法理念,行政过程,行政法社会化,社团治理,制约激励机制	行政诉讼目的,行政诉讼类型,司法审查标准		新型行政行为,行政补偿	4
2004		抽象行政行为,行政许可,行政紧急强制,行政程序,行政诉讼,行政补偿	行政相对人,行政规划,社团自治,金融行政法,行政行为审查	行政处罚证据,行政诉讼目的,行政行为可诉性,行政诉讼当事人,国家补偿		行政指导	4
合计	4	23	31	19	5	8	24

注:与行政法的民主化有关的研究选题篇数所占比重为26.6%(24篇÷90篇),约占博士学位论文的四分之一强。

第二章 我们要努力建设什么样的政府

——从行政法治视角看行政革新的基本目标

我国多年的经济体制改革和对外开放取得举世公认的巨大成就之后,当下正在深化改革、扩大开放、加快现代化建设步伐。这一进程中必须大力推进政治文明建设和政治体制改革,其中的一台重头戏就是要切实转变政府职能、深入推进行政改革,或称之为行政管理体制改革。胡锦涛同志曾强调指出:我国行政管理体制改革尚不完全适应经济社会发展的新形势,要在坚持党的领导、人民当家做主和依法治国的有机统一的前提下,从现实国情、客观要求、人民利益出发,努力拓宽视野、转变观念、创新思路,加快转变政府职能,改进行政管理方式,加强行政法制建设;要通盘规划、突出重点、精心部署,坚定不移和积极稳妥地继续推进行政管理体制改革,由此推动经济社会发展转入以人为本、协调持续发展的轨道;行政管理体制改革要有利于建立完善的社会主义市场经济体制,有利于抓好执政兴国的第一要务——发展,有利于充分调动广大民众的积极性、主动性、创造性,有利于增强全社会的创造活力,有利于巩固和发展民主团结、生动活泼、安定和谐的政治局面。①那么,这样一项政治性、政策性和社会性极强的宏大改革工程,其基本目标是什么?这无疑是需要认真思考的问题。②

---

① 胡锦涛总书记在 2005 年 12 月 20 日中共中央政治局第 27 次集体学习会上的讲话,参见《人民日报》2005 年 12 月 22 日第 1 版报道文章。

② 河北省邯郸市推行行政权力公开透明运行的行政改革经验,为此提供了有价值的思考素材。该市梳理出市长的职权事项约一百个并加以公布,全市梳理并确定各方面行政权力两千多项并加以公布,其定量化的行政改革工作富有启发意义,令人印象深刻。可参阅 2006 年 1 月以来许多媒体的报道(例如,中央电视台新闻联播节目 2006 年 2 月 14 日、15 日的连续报道)。

柔性行政方式法治化研究——从建设法治政府、服务型政府的视角

一、行政管理体制改革的民主化、科学化、亲民化、法治化的趋势

1. 传统行政管理体制的突出弊端

作为上层建筑的行政管理体制,是政治体制的重要组成部分,与经济基础联系紧密。在传统计划经济时代,我国实行高度集权的行政管理体制,那时的市场是不按市场规律运行的不自由的市场,企业是不具有独立的市场主体生命和经营自主权的政府机关附属物,一切听命于全能的政府机关发号施令。因此,传统计划经济时代被形容为"只有工厂没有企业"的官本位时代,属于指令、秩序型的行政管理体制。

一般而言,与注重效率、成本、创新的私人行政相比,公共行政往往表现出低效、粗放、保守、自我扩张、不重成本、忽视科学的品格,这样的行政管理易于异化为压迫社会成员、扼杀创新活力的保守专制工具。因此,为增强行政管理工作的科学性,需要学习私人行政特别是企业管理的经验。

在我国,从根本上说,政府产生于民众,一切工作的宗旨都应当是为人民服务。但在传统行政管理体制下,行政主体垄断单一,权力与责任脱节,政府机关实际上具有独特的地位和运行机制甚至某些特殊利益,往往以维护行政管理秩序为由,高高在上地运用高权对行政相对人进行强制性管理,与行政相对人之间极不平等,张力很大,行政服务未必成为政府机关的基本品格和职能。

传统行政管理体制下和转型过程中,行政过程不够透明,暗箱操作大量存在,必然产生许多腐败现象,以至于滥用权力和权钱交易现象比较普遍、难以克服,这也是一个突出的弊端。

嗜好集权、忽视科学、秩序为本、缺乏透明等特性,成为传统行政管理体制为人诟病的一些突出弊端。这与在发展现代市场经济和民主政治的背景条件下,人们对于行政管理体制的要求相去甚远,必须予以改革。

2. 行政管理体制改革的基本趋势和基本精神

现代行政管理体制改革的基本趋势是民主化、科学化、亲民化、法治化。由此形成的现代行政管理体制,比较符合现代市场经济和民主政治包括现代政府制度的本质要求,而且体现出如下基本精神:

其一,体现民主精神。自由和平等是民主的两大内涵。之所以说现代市场经济也是民主经济,就在于它以现代自由企业制度和平等的市场机制为基本属性。与现代市场经济相适应的行政管理体制也必然要求民主化:政府行使有限的权力、做分内的事情、扮演指导者和服务员的角色,履行经济调节、市

场监管、社会管理、公共服务等基本职能;行政相对人的主体地位和财产权利、人身权利、参与权利受到充分尊重和保障,各项行政民主制度逐步扩大并有效实施。

其二,体现科学精神。科学合理地配置和调整政府职能,注重运用现代科学方法技术,推动行政管理理念与方法创新,打造方法好、效能高、规模适中的政府机关,这是现代行政管理体制的基本品格。例如,在行政管理和法制实践中,行政指导、行政契约、行政奖励等非强制性行政方式的积极采用,电子政务的全面推行和电子政府的稳步建立,更加注重权利与义务、权力与责任、规范与效果、成本与效益的协调和平衡,就是科学精神在行政领域的表现。

其三,体现服务精神。由单一的秩序目标、管理职能,发展到助成目标、服务职能,这是现代政府不断扩展社会属性方面职能的具体表现,也是公共管理运动的世界发展潮流的重要内容,有助于形成以人为本的良好政民关系。就我国各级人民政府和行政机关的本质来说,也符合其根本宗旨——全心全意为人民服务——的基本要求。实际上,它是亲民化政策取向的必然要求和价值体现。

其四,体现法治精神。现代法治社会要求对行政权力进行有效监督。监督对象和监督主体都应具有广泛性:各级政府和行政机关及其行政公务人员都应纳入监督视野接受全方位的监督;不仅拥有国家权力的国家机关,而且政党组织、社会团体、企事业单位、大众传媒和公民个人都有权依法监督政府,形成完整的监督网络体系;最基本、最简明、最有效的监督方式,是行政的公开、透明和法治化。这是现代宪政和行政法治的基本要求,能够保证行政权力(它是最主要的公权力)行使过程受到有效控制,人们将其比喻为"阳光之下少霉菌"。

概言之,走向民主化、科学化、亲民化、法治化的我国行政管理体制改革,其基本目标可以概括为:按现代市场经济和民主政治的要求重新定位政府角色而形成有限政府;着力打造方法好、效率高、柔性管理的行政机制而形成有效政府;通过强化公共服务职能、转向服务行政模式来改善政民关系而形成亲民政府;将行政权力掌控者和权力行使过程全部纳入公共监督视野而形成透明政府。这一比较具象的认知,也可换成一种比较抽象的表述,即我国行政管理体制改革的基本路向和最终目标,就是形成以人为本、平等互动、彼此信任的政民关系,建成体现上述基本精神的现代法治政府和服务型政府。①

二、有限政府——按现代市场经济和民主政治的要求定位政府角色

1. 扭曲的政企关系及其他关系

行政权力是一柄双刃剑。从消极的角度来说,它是一种支配着最大量的社会资源的公权力,具有易于滥用、追求扩张、破坏市场机制、伤害公民权利的特性,故过去曾将行使行政权力的政府比喻为"必要的罪恶"。在我国,传统行政管理体制下的政府机关,手伸得很长很长,职能和权力几无边界,管了许多不该管也管不好的事情(当然也常常"荒了自己的地"),成了包打天下的"英雄"。

例如,就政企关系而言,在传统计划经济体制下的政企关系是扭曲的,政府机关俨然是企业的"家长",随意发号施令,权力扩张严重,企业只能听命于政府,不能成为真正的市场主体,因而缺乏生命活力;反过来,真正应由政府管理的公共事务,却又疏于管理、无人管理。于是造成"市长抓生产经营、厂长管社会治理"这样一种政府与企业严重错位的不正常现象。

我国正在发展现代市场经济,而现代市场经济是高效经济,具有合理配置

---

① 国务院把全面推进依法行政、基本实现建设法治政府的目标确定为:(1)政府与民众、与企业、与市场、与社会的关系基本理顺,政府的经济调节、市场监管、社会管理和公共服务四大职能基本到位,政府机关之间的职能和权限比较明确,新的行政管理体制基本形成,新的行政执法体制基本建立;(2)立法、行政立法和制定其他行政规范等制度建设,符合宪法和法律规定的权限和程序,充分反映客观规律和最广大人民的根本利益,能为三个文明协调发展提供制度保障;(3)法律规范得到全面、正确实施,法制统一,政令畅通,行政相对人的合法权益得到切实保护,违法行为得到及时纠正、制裁,经济社会秩序得到有效维护,政府应对突发事件和风险的能力明显增强;(4)科学化、民主化、规范化的行政决策机制和制度基本形成,人民群众的要求、意愿得到及时反映,政府提供的信息全面、准确、及时,制定的政策、发布的决定相对稳定,行政管理做到公开、公平、公正、便民、高效、诚信;(5)高效、便捷、成本低廉的防范、化解社会矛盾的机制基本形成,社会矛盾得到有效防范和化解;(6)行政权力与责任紧密挂钩、与行政权力主体利益彻底脱钩,行政监督制度和机制基本完善,政府的层级监督和专门监督明显加强,行政监督效能显著提高;(7)行政机关工作人员特别是各级领导干部依法行政的观念明显提高,尊重法律、崇尚法律、遵守法律的氛围基本形成,依法行政的能力明显增强,善于运用法律手段,依法妥善处理社会矛盾。可见,建设法治政府的目标与本文所讨论的建设有限政府、有效政府、亲民政府、透明政府的行政管理体制改革目标是基本一致的。参见国务院于 2004 年颁布的《全面推进依法行政实施纲要》第 3 条的具体规定。

资源、刺激微观活力的强大功能,可以带来迅速增加社会财富总量、充分满足人们物质需求的效果,堪称是人类历史上迄今为止已被实践证明了的最有活力和效率的经济运行机制;同时,现代市场经济还是一种民主经济,因为它具备民主的两大基本内蕴——自由和平等,而民主是保证现代市场经济持久活力和效率的关键因素。① 因此,市场经济条件下的行政管理体制,也应具备高效和民主的基本品格,才能与之协调互动,推动经济发展和社会进步。具体到这里,就是要形成民主型的经济行政关系,政府与企业处于平等互动关系,政府在市场、企业面前,手不能伸得太长,让市场机制充分发挥作用,作为市场主体的企业有充分的生产经营权利和自己的利益追求。

不仅如此,在传统行政管理体制下,由于行政权力一枝独大的政治文化传统,政府机关与其他国家机关之间的关系也不正常。例如,个别地方政府超越职权出台(或转发)包含"赦免民营企业家原罪"内容的红头文件,一些地方政府首长责令当地人民法院采取不予立案、强迫原告撤诉等措施来配合政府搞土地开发、强制拆迁,不少地方出现政府机关假借公共利益之名压价征用、变相剥夺农民土地以及由行政首长直接批出土地的现象。这些做法就摆错了行政机关与立法机关、与司法机关之间的关系,摆错了行政首长与行政机关之间的关系,严重侵害了公民权益,跨越了权力边界,大大损害了政府形象和权威,而这主要就是由于缺乏法治主义观念特别是权力界限意识所致。在强调依法行政的背景下,必须廓清政府机关的权力边界,要求政府机关进行自我约束,依照法定的权限和程序行使行政职权,注意上下左右不越界。

2.对政府职能的反思和调整

从政府制度史来考察,总体而言,政府职能经历了由很少到很多再到较多(职能范围比较适度)的变化过程。众所周知,自20世纪中叶,许多西方国家为了解决市场失效的问题,由政府伸出"看得见的手"对市场、企业进行干预,并以凯恩斯主义作为理论支撑逐步强化形成了政府干预传统。但是,由于许

---

① 支撑现代市场经济的支柱有二:一是实行自由企业制度;二是发挥市场机制的作用。虽然,所谓"自由",亦是相对的,所谓"市场是天生的平等派"(马克思语),起着配置资源的基础作用,亦不排除"可见之手"的作用,但毕竟自由与平等这两大要素的支撑作用,却是不可忽视的。因此我们说,现代市场经济既是高效经济也是民主经济,同时民主经济又是高效经济的一种长远保障因素。由于现代市场经济具有高效率和民主性这样的品格,并且具有开放性和普适性的特点(尽管它也有相当的局限性),因而当今世界除极个别国家外,几乎所有国家和地区都先后走上市场经济道路,出现了市场经济一体化、经济全球化的趋势。

多行为的后果是极为复杂和难以预测的,知识和能力并非无限的政府只能在一定范围内控制这些后果且不稳定;加之作为现代政治选择物的政府往往有为特殊利益集团谋利的动力和压力,所以政府在弥补市场失效方面并非万能。

因此,在现代市场经济条件下,需要进一步明确市场与政府各自的功能,更科学地界定市场与政府的作用领域,使政府在新的社会条件下扮演好自己的角色,把市场失效和政府失效都降到最低限度。而这正是近几十年来经济行政民主化、柔软化潮流的一个重要背景和动因。这一时期,许多国家都在重新检讨对市场作用和政府作用的认识和政策,不同程度地进行着调整和改革(例如日、美等国的行政改革和放松规制等举措),对政府职能和角色更趋向于采取一种较为现实合理的态度。①

经济行政管理的上述调整和改革措施在实践中收到了相当的成效。从当今主要发达市场经济国家的情况看,其市场体系和功能日趋完善,起着基础性调节作用,政府在经济与社会管理中积极履行服务职能、职责,并注重干预和引导的平等性、柔软性、科学性和有效性,扮演领队和顾问的角色,实行一种积极而民主的服务行政模式(也称为给付行政模式)。

因此,在我国发展市场经济、推动民主政治、促进社会转型、新的行政管理体制形成的过程中,还必须适应经济体制和行政模式转换的世界潮流,对政府职能作进一步反思和调整。

3.行政民主化潮流的积极影响

政府角色问题,还可从行政民主化的世界潮流这一视角来观察分析。随着一波又一波的民主化浪潮,西方民主在20世纪下半叶演进到一个新阶段——当代民主阶段。进入这一阶段的西方民主,在形式上主要表现为直接民主因素大大增加和扩展,具体表现为由普选制、利益集团和新闻舆论三位一体、有机配合地形成当代西方直接民主、半直接民主的机制,其与原有的间接民主相结合而形成民主的当代形态;在内容上则主要表现为民主的因素增多、范围扩大、程度加深和步子加快,即由单纯的政治民主扩展到社会民主、经济民主和管理民主,由单纯的宏观民主扩展到微观民主,由单纯的横向民主扩展到纵向民主,出现了更多内容和更广领域的民主生活,开始形成比较健全的参

---

① 参见王雅琳:《西方有效政府职能理论的研究与思考》,载《现代经济探讨》2004年第1期。

与、竞争、制衡、法治等四大民主机制,取得了前所未有的民主发展成就。① 这一民主化潮流影响到经济与社会发展的各个方面,在此背景下也就出现了行政民主化的主客观要求。

在社会主义市场经济条件下,按照经济、政治、社会关系民主化的要求,政府的主要职能应当是经济调节、市场监管、社会管理、公共服务。为此,必须摒弃全能政府的角色,以转变政府职能为重点,继续推进政企分开、政资分开、政事分开、政府与市场中介组织分开,加强和完善宏观调控,减少和规范行政审批,把政府职能切实转到经济调节、市场监管、社会管理、公共服务上来。这些要求和工作目标,可以概括为按现代市场经济和民主政治的要求重新定位政府角色,打造有限政府。

三、有效政府——着力打造方法好、效率高、柔性管理的行政机制

1. 行政方法创新的必要性

传统的一般行政管理具有明显的纵向管理的特征,主要表现为"命令指挥——听命服从"的关系,尽管它也可能具有"依法行政"的外壳,但这种管理方式在本质上是一种统制行政。

当今政府失效的一个主要原因在于其方法不当而非其目的不当,所以要采用适应市场经济发展要求的方法手段来克服现代官僚主义。政府机关应采取积极灵活、注重效益、减少风险、适应时代发展要求的方法手段,来充分运用和合理配置其掌握的社会资源,并积极引导和影响社会资源的合理配置,以达到提高行政效率和质量,促进经济与社会发展的目标。②

从行政法理的视角来看,无疑应对行政权力必须加以有效约束,同时也应保障行政权力有效行使,这是现代行政法治的基本要求。前已述及,在现代市场经济条件下,行政权力运行应"适度",也即政府在发挥职能过程中既不越位也不缺位,绝不侵入社会自主调整的领域,通过提供优质高效的公共服务来完成应有职能,此谓有限政府。同时,从方法论的角度来看,在以政府干预来弥补市场不足的时候,行政权力的运行不应只是单一方式的强制性管制,行政管

---

① 参见应克复等:《西方民主史》,中国社会科学出版社1997年版,第10～12页;[美]乔·萨托利:《民主新论》,冯克利等译,东方出版社1998年版,第9～15页。

② 有的美国学者将此称为建立一种新型高效的行政模式——"企业化政府"。此说当否姑且不论。参见[美]戴维·奥斯本、特德·盖布勒:《改革政府——企业精神如何改革着公营部门》,周敦仁等译,上海译文出版社1996年版,译序第4～8页,前言第5～8页。

理方式还应符合柔和、弹性、协调的要求,才能实现政府治理的稳定高效化。

所谓"柔和",要求政府机关在行政管理过程中尽可能采用非权力强制性的新型行政方式,如行政指导、行政契约、行政资助、非拘束性行政计划和规划、行政信息服务等柔性手段,充分发挥行政机关的引导作用,调动行政相对人的积极性;所谓"弹性",要求行政机关在行政管理过程中要充分发挥灵活性和积极性,及时灵活地适应不断变化的社会关系,在法律允许的范围内尽可能创造更好的社会环境,为行政相对人提供更好的服务;所谓"协调",要求行政机关在行政管理过程中尽可能征求和听取行政相对人的意见,让行政相对人尽可能参与到行政管理过程中来,并促使行政相对人主动配合行政机关的行为以提高行政效率(其理论基点在于"相对人协助行政"既是其权利也是其义务)。

简言之,按上述要求来弥补政府干预不足或政府干预过度的缺陷,即以积极而又柔和的行政管理方式来调整经济与社会生活,尽力改变"市场调节和政府干预双重失效"的状况,这将成为经济行政民主化潮流中一个重要的行政现象。

2.行政干预方式的有效性

从我国的情况看,在经济体制改革和行政模式转型的过程中,许多政府机关在经济与社会管理中开始注重行政干预方式的有效性,借鉴市场机制来克服机械式行政官僚主义的弊端。这是因为,随着企业的市场主体地位的普遍确立,随着科学技术特别是信息技术的发展(例如管理网络社会和建设电子政府等公共行政理念和方法技术创新带来的机遇和挑战),随着知识经济和社会需求的发展,市场的力量进一步增强,而市场意味着选择、竞争和机会。人们认识到,处于这样一个市场经济迅猛发展的社会环境中的政府,必须重视利用市场机制,才能最有效地实现行政目标;同时,也正因为存在许多缺陷和弊端的市场有着巨大力量,才更需要政府的引导和适当的调控,这样人们才能在市场的汪洋大海里趋利避害、不迷失方向。可以说,在我国逐步确立和发展现代市场经济的条件下,政府机关在行政管理过程中积极采用具有柔软灵活特点的行政方式,这是面向现实和未来、适应市场经济和社会发展趋势的一种比较理性的行为选择,也是方法创新的要求和表现,有助于提高政府管理的有效性。

行政管理方式的上述调整变化在实践中收到了显著成效。从当今主要发达市场经济国家的情况看,政府在经济与社会管理中扮演领队和顾问的角色,不但积极履行服务职能,而且注重政府干预和引导的平等性、柔和性、科学性和有效性,实行一种积极而民主的服务行政模式。

3. 行政机构改革的科学性

同时,在行政管理体制改革的大背景下,从行政组织法的角度来看,必须逐步完善政府机构设置,实现机构职能、编制、工作程序的法定化,提高行政效率,降低行政成本。这就必然要求努力建设"有效政府"而不纠缠于"强政府"或"弱政府"之争①,并且政府规模也会因此趋于适中而成为"中政府",不宜是"大政府"或"小政府"。

这里所谓"中政府",是笔者于十多年前提出的一个概念,是指政府规模比较居中适度,它是相对于"大政府"或"小政府"而言的。这里的大、中、小,以政府支出(含转移支付)占 GDP 的比重作为划分标准,大于 40% 的是"大政府",小于 30% 的是"小政府",居中的是"中政府"。笔者一直认为,从行政实务和行政法理来看,与当代经济社会发展的行政管理需求最相适应的,不是"大政府",也不是"小政府",而是"中政府"。从如何配置公共资源及其效率高低的角度来看,"中政府"可能是最理想、最现实、最合算、最有效的政府规模。②

4. 管理机制创新的现代性

在传统的行政管理过程中,行政相对人只是作为单纯的行政管理对象,扮演非常被动的角色,没有积极参与管理过程的任何权利和权力可言,也没有体现民主权利和权力制约的行政管理制度安排。随着世界范围内出现的新一波民主潮流及其对各领域的影响,现代行政管理实践中越来越多地增加了直接民主因素,民意表达、公民参与成为新的制度价值追求和民主判断标准,逐渐显现出行政民主化发展的趋向,对经济、政治、文化与社会生活的发展不断产生重大影响。③ 而从国外行政法治的当代发展轨迹来看,在民主新理念的引导下,直接体现"参与民主"精神的行政法律制度不断出现,例如立法参与、执

---

① 关于"强政府"或"弱政府"之争,参见世界银行编写组:《1997年世界发展报告——变革世界中的政府》,蔡秋生等译,中国财政经济出版社1997年版,绪论、第一部分和第二部分,第1~78页。世界银行编写组的观点是不要拘泥于"强政府"或"弱政府",只要是"有效政府"就好。

② 参见莫于川:《中政府:我国城市政府组织法制的理性选择》,载《现代法学》1995年第2期。

③ 按理说,行政机关不是直接体现民意的代议机关,行政机关依法设立、依法运行、依法承责,即便没有行政相对人参与行政管理过程的制度安排,也具有"天生的"正当性与合法性。但是,现代行政法学认为,公民参与行政能够提高行政管理的民主程度,从根本和长远来看也有利于提高行政管理的质量和效率。

法参与、陈述申辩、审议会、听证会、民意测验等等。这一系列民主化跃迁中,有相当一部分是行政程序和权利救济程序方面的制度创新。

因此,需要完善行政管理决策机制,坚持实行民主集中制,健全对涉及经济社会发展全局的重大事项决策的协商和协调机制,健全对专业性、技术性较强的重大事项决策的专家论证、技术咨询、决策评估制度,健全对与群众利益密切相关的重大事项决策的公示、听证制度,推进行政管理决策科学化、民主化。同时,要加快建立权责明确、行为规范的行政执法体制,保证各级行政管理机关及其工作人员严格按照法定权限和程序行使职权、履行职责。

政府不是社会上的无赖,而应是最讲诚实信用的正式组织机构,政府机关的行为应有连续性和可预期性,不能朝秦暮楚、随意改变;即便出于重大公共利益的考虑需要征用财产、调整政策、改变行为(例如收回政府机关颁发的许可证照),也应按照信赖利益保护原则,对合法权益受到影响的行政相对人给予公平补偿。① 这是因为,行政相对人出于对政府机关的信任,按照政府机关的意愿去行动,难免付出一定代价,也会形成一种信赖利益。这种信赖利益应当受到政府机关的尊重和保护,一旦受损,应予补救。这也是提高政府管理有效性的重要方面。

四、亲民政府——通过强化公共服务职能来改善政府与人民的关系

1. 行政服务职能与服务行政模式

在传统计划经济时代,政府俨然是企业、市场、社会的主宰者,政府机关与行政相对人之间是一种不平等关系,习惯于以行政计划、行政审批、行政强制等体现单方意志的强硬手段来实施行政管理、维持行政秩序,形成行政两造之间的极大张力,这成为行政管理的一种基本模式。随着市场导向的经济体制改革不断深入,转变政府职能、满足民众需求、建设服务型政府(也即亲民政府),就成为改革和完善行政管理体制的重大课题。行政机关应当改进管理方式,顺应由秩序行政、指令行政转向服务行政、指导行政这一时代潮流,积极向行政相对人提供信息、政策、专业技术等方面的指导、帮助和服务。这种服务行政模式,同我们国家、政府全心全意为人民服务的宗旨也是一致的。

---

① 所谓公平补偿,是指一种运用或贴近市场机制的、得到公正评价的补偿原则。它要求在行政相对人受到行政伤害而运用补偿机制给予补救时,原则上应当按市场标准和法定程序,事先与行政相对人商定补偿标准和方式。

2. 从行政服务的理念看服务行政模式

行政机关为公众提供行政服务,也是一种新的理念。正式提出"服务行政"概念与理论的是厄斯特·福斯多夫(Ernst forsthoff)。福斯多夫于1938年发表《当成是服务主体的行政》一文,明确提出了"服务行政"概念,认为生存照顾乃是现代行政的任务。① 福斯多夫在提出"服务行政"的概念之初,以行政对公民的"生存照顾"为核心来建构服务行政的内容体系,所阐述的"生存照顾"内容比较狭窄,存在时代局限。② "虽然福斯多夫所提出的'生存照顾'概念……已不能再享有最高学术价值之评价,但并不妨碍现代国家及行政已经融入深厚的'服务'观念。今日,当民众及学术界无不认为国家应该是一个服务全民的'服务国家'……由狭义的'治安'行政,到有'对价'性质的公用事业服务……到完全由国家(行政)单方面提供之救济性服务……都可以包括在现代'服务国家'的服务范围之内。"③可见,服务行政的理念被越来越多的人和国家、地区认同,其内涵也随着时代的发展而逐渐扩展。

20世纪后期西方各国掀起一场市场化导向的公共行政改革浪潮,形成了一场持续至今的新公共管理运动,其重要价值取向之一是实现由"以政府为中心"的强调管制模式向"以满足人民的需求为中心"的公共服务模式转变。这种公共行政服务满足了对公民主体性地位的认可和尊重,以及市场经济条件下市场主体对行政行为目标多元化的需求,促进了公平、正义、自由、秩序等基本社会价值的实现。在服务行政理念下,政府体制的运行更多地采用市场竞争模式和弹性政府模式(出现了所谓"政府的公司制管理"、"市长经理制"等等),政府不再是公共权力资源的唯一垄断者,对于社会可自行调节的领域,原来的政府职能交给社会中介组织去实施和管理,提倡社会自治,尽可能避免国家权力在服务行政中可能出现的异化。

---

① 参见陈新民:《公法学札记》,中国政法大学出版社2001年版,第48页。

② 1938年福斯多夫提出的"生存照顾"的概念排除了传统干涉行政(治安行政),以及属于公权力单方面提供给公民的灾难性的"济助"之纯"给付"行为。公民接受服务是以"对待给付"(交费)为前提的。福斯多夫在1959年撰文提出了生存照顾的"辅助性理论",生存照顾是当社会不能凭己力维持"稳定"时,国家才扮演的一种"国家补充功能"。福斯多夫舍"行政补充功能"不用,而是用"国家补充功能",已经认为生存照顾已非"行政"权力的独揽任务,概念有所发展。参见陈新民:《公法学札记》,中国政法大学出版社2001年版,第84~86页。

③ 陈新民:《公法学札记》,中国政法大学出版社2001年版,第89页。

3. 从助成行政的角度看服务行政模式

现代服务行政的领域不仅限于国家的"生存照顾"。为了适应现代工业社会的生存方式,公民要求国家提供更多的服务,政府采取更多的、全方位的服务措施,如建立妥善的公用事业、社会救济、文教事业等,来满足人们的生活所需;同时,服务于经济的建设与发展也成为服务行政的重要内容,此可谓助成行政。因为国家经济之繁荣或衰退,往往是国家命脉及民生福利所系,振兴国家的经济,成为政府责无旁贷的任务之一。

事实上,我国近年来通过行政资助的方式,由行政主体提供津贴以奖励私人企业的发展,或提供信息、技术、贷款等经济辅导措施来扶持其发展,已经成为非常普遍的行政现象,成为服务行政的重要环节。

需要指出,服务行政以助益于、造福于民众为目的,主要表现为形成性的授益行为,属于助成行政,故以国库行政的非强制方式提供服务为主;但是,为实现服务行政目的,服务行政也可以采用权力强制性的行政方式,例如以行政决定强制公民入学等。①

4. 从现实基础的变化看服务行政模式

历史上这种由"秩序行政"模式向"服务行政"模式的转变和服务行政本身内容的演绎,最终确立现代服务行政的内涵和理念,绝不是偶然的,除了社会、经济发展变化的原因之外,还有着更深刻的现实基础。这可从一般和具体两个角度加以观察分析:从一般的视角而言,现代宪政国家的公权力要遵循和彰显人性尊严的理念,行政权力属于国家公权力的一种,同样要树立人性尊严的理念,行政服务理念可以看做是人性尊严理念在行政领域具体化的体现;从具体的视角而言,主要是从行政自身的特点分析,最根本的原因在于现代行政管理和行政法制实践中越来越多地增加了民主因素,特别是直接民主因素,公民参与行政成为新的制度价值追求和民主判断标准,因此服务行政的实质就是民主行政。

世界范围内行政权力运行机制的转变,对我国行政管理实务与理论也发生了深刻影响,我国行政管理体制改革必然汇聚到这一潮流之中。在传统计划经济体制下,政府机关对可支配资源的垄断性占有,行政运行模式是一种典型的管制行政。实行现代市场经济以后,政府必须从管不了也管不好的领域退出来,行政管理必须更有效地回应公民的需求,更多地强调社会公众的意志并对社会公众负责,逐步形成"服务行政"的管理模式。通过经济、政治、行政

---

① 参见陈新民:《中国行政法学原理》,中国政法大学出版社2002年版,第30页。

体制改革,强调社会调节机能的发挥,将一部分政府职能转移给行业协会和社会中介组织去行使,力图改变原来政府机关既做裁判员又做运动员的混乱局面,使行政权力的运行立足于为经济与社会发展提供良好环境和服务。

5. 从服务行政法的角度看服务行政模式

服务行政成为公共行政的重要内容,还不可避免地引起行政法内容和价值取向的重大变化:一是行政法的价值取向更加强调行政的公共服务职能,弱化行政权力的管制职能,提倡行政管理方式方法的创新,日益广泛地采用一些非强制性的行政管理行为方式;二是由原来的权力本位转变为权力与权利平衡基础上的权利本位,强调以人为本、尊重人权,重视对公民权利的保护和对国家权力的控制,呈现出行政管理和行政法制的民主化发展趋势。从这个意义上说,有关服务行政的法律体系也就是民主行政法,行政民主是其核心价值所在。

适应现代社会的需要,建构以民主价值为核心的服务行政法律体系,是我国当下法治化进程中的一个重大现实课题。这可从如下两点来理解:其一,它是市场经济条件下形成稳定的市民社会的现实需要;其二,它是保障人权、维护公民权利的现实需要。

服务行政法的价值理念与我国宪法确立的人民政府执政为民、全心全意为人民服务的宗旨是完全一致的。特别是"人权入宪"后①,我国行政法的立法、执法、司法和救济过程将会更加重视行政民主的价值追求和制度创新,更加注重公民的民主参与和对公民权利的保护。而行政法的这种民主化进程也是服务行政法逐步确立、逐步取代管制行政法的过程。因此,"行政法的民主化进程"也可表述为"行政专制主义的缓和与退缩进程"。

显然,以行政民主化为基础的服务行政模式,体现了人民政府的价值取向和亲民政策,符合加强人权保障、坚持以人为本的历史潮流和现实需要,有助于政府机关与行政相对人的互系互动和协调一致,充分实现现代政府的公共服务职能,此可谓服务型政府或曰亲民政府。

---

① 这里所谓"人权入宪",特指 2004 年 3 月第十届全国人大第二次会议通过的宪法修正案,首次把"国家尊重和保障人权"以及相应的重要原则(例如,为了公共利益征收征用土地和私有财产应给予补偿的原则)载入宪法,进一步体现了在宪法层次为人权和公民基本权利的保护提供更全面、更明确、更有力的制定法依据这一重要修宪目标,这对于我国人权法制和行政法制的发展具有重大而深远的意义。

五、透明政府——将行政权力掌控者和行使过程全部纳入监督视野

1. 现代监督机制的基本要求

行政权力掌控者及其行使权力的行为本身不会自愿接受法律约束,而不受监督的权力必然走向腐败,这是早已得到实践证明和形成普遍共识的政治法律基本原理。鉴于行政权力在行使过程中具有扩张和滥用的顽强倾向,必须加以有效监督和约束。监督渠道和手段可有多种选择,行政法治要求按权限范围和一定程序对特定对象实施监督,这有利于防止偏差、追究责任、补救权益。

政府机关是社会大系统中的重要子系统,与其他子系统有着密切而复杂的关系,所以对行政的监督不可能是单因素的简单作用过程。有效的行政监督机制至少有如下基本要求:一是对行政机关及其工作人员行使职权、履行职责的一切行政活动都能够进行有效监督;二是监督行政的范围覆盖行政范围;三是对行政机关的行为之合宪性、合法性、合理性、合目的性(合行政目的)、合程序性都予以监督;四是注重监督的综合效果。简言之,就是要将行政权力掌控者和行政权力行使过程全部、完整地纳入监督视野。

2. 从程序法治的角度看监督机制问题

应指出,从经典民主概念中挖掘出的最重要的现代内涵之一是程序民主。约瑟夫·熊彼特在其名著《资本主义、社会主义与民主》中的表述是:民主政治的核心程序是被统治者通过竞争性的选举来挑选领袖,这是一种关于作出政治决定的民主制度安排,它能有效地克服仅从民主目的和民主价值出发考虑问题的古典民主观的缺陷。① 20 世纪 90 年代中期进行的一项跨法律文化实证研究结果也表明,在各种民主化程度的国家,人们尊崇的诸多法律价值中最受尊崇(受调查者给予评分最高)的法律价值都是程序公正。② 实际上这种程序民主理念,也逐渐反映到行政民主化进程中来了。

---

① 参见[美]亨廷顿:《第三波——20 世纪后期民主化浪潮》,刘军宁译,上海三联书店 1998 年版,第 4~5 页。

② 该项调查涉及调查者所划分的民主化程度不同的美国、法国、西班牙、匈牙利、波兰、保加利亚等 6 个国家,每个国家约 800 名调查对象,调查内容包括法律价值、社会信念、民主化等 3 个大项 14 个小项的指标体系。这项调查的基本情况反映在美国新罕布什尔大学两位学者艾伦·S. 科恩教授、苏珊·O. 怀特教授合撰的《法制社会化对民主化的效应》一文中,该论文原载于《国际社会科学杂志》1998 年第 2 期,收入中国社会科学杂志社:《民主的再思考》,社会科学文献出版社 2000 年版,第 168~207 页。

近些年来,行政程序问题在我国日益受到重视,按法治主义的要求建立健全行政程序制度,被作为行政民主化、规范化和现代化的重要内容而积极加以推行,特别是《行政处罚法》的出台大大促进了行政程序制度建设及其理论研究。在这部重要的行政法律中,将行政公开作为行政处罚的基本原则正式规定下来,实际上提出了加强行政公开这项重要的行政程序制度建设的紧迫课题,这具有重大的理论和现实意义。① 简言之,完善的行政法是法治行政的生命,良好的行政程序制度是现代行政法的生命,而行政公开则是现代行政程序制度的生命,也是全面推进依法行政的客观要求。

3．从行政公开的角度看监督机制问题

现代行政法治崇尚透明行政,强调约束公权,而行政权力的本性是喜爱神秘、扩张和率性,厌恶公开、监督和约束,这里存在着巨大矛盾。俗话说,"阳光能够杀病菌,路灯可以防小偷"。各国行政法治实践证明,行政公开是约束行政权力、防止权力腐败、建设法治政府的良方。

所谓行政公开,是指行政主体在实施行政行为的过程中,除法律规定的情形外,必须将该行政行为公开于行政相对人及社会有关方面,让其知晓和了解,以利于实现其了解权(知情权)、监督权和其他合法权利,以架构政府与人民沟通的渠道。行政公开原则主要体现在法律公开、资料公开、行政过程公开、行政决定公开等方面。例如,在法律公开方面,各国均规定未经公开的法律不能产生法律效力;在资料公开方面,许多国家通过立法规定(如西班牙1958年《行政程序法》),行政案件的利害关系人有权在任何时候通过有关机构获得有关资料信息;在行政过程公开方面,各国普遍采用听证程序来加以体现;行政决定公开是整个行政程序制度中最基本的要求,在这方面,各国普遍规定了告知义务,必须将行政决定的依据和理由及时告知当事人。

4．从情报公开的角度看监督机制问题

情报公开是行政公开的基本要求、主要内容和制度表现,它要求凡是涉及行政相对人的权利和义务的行政情报资料,包括政府的行政法律文件等情报资料和行政信息,原则上都应向社会公开,只有在例外情况下才能不予公开。这与私人情报以保密为原则、以公开为例外恰好相反。换言之,这项现代行政

---

① 起初为解决"三乱"(乱罚款、乱收费、乱摊派)而制定的《行政处罚法》专门对此作了若干明确规定,具有重大的法制指导意义。不少学者认为,这部行政法律最重要的创新意义不在于实体法方面,而在于程序法方面,特别在于一系列行政公开制度设计,故可称为我国行政程序立法的一座里程碑。

程序制度要求,行政情报资料只要不属于法律法规明确规定应予保密的范围,都应通过定期发布行政信息、行政执法依据事前公示等制度依法向社会公开,任何公民和组织都有权依法查阅和复制。情报公开作为一项重要的现代行政程序制度,在依法行政实践中发挥着不可替代的作用:一是有利于公民参政,二是有利于公民实现自己的权利,三是有利于防止行政腐败,四是有利于公民保护自己的合法权益不受行政侵害和在受到侵害时及时有效地寻求救济。

通过专门立法来推进情报公开制度,是20世纪特别是第二次世界大战以来绝大多数法治国家的共识(西方国家中只有英国和德国的情报公开立法相对滞后)。例如,芬兰于1951年制定了《公文书公开法》,美国于1966年制定了《情报自由法》并于1976年制定了《阳光下的政府法》,丹麦于1970年制定了《行政文书公开法》,挪威于1970年制定了《行政公开法》,法国于1978年制定了《行政文书公开法》,澳大利亚于1982年制定了《情报自由法》,加拿大于1982年制定了《情报公开法》,韩国于1996年制定了《公共机关情报公开法》,日本于1999年制定了《情报公开法》(《关于行政机关保有的情报公开的法律》)。从各国的情报公开立法实践和制度运作来看,大致出现了如下趋势:一是努力实现公众知情权,保障行政民主;二是情报公开法的实施主体以行政机关为主,还包括公共企业;三是情报公开的范围逐渐扩大,对免除公开的情报规定了严格条件;四是立法中注意协调情报公开与国家秘密、私人秘密及企业秘密的关系;五是各国以及国际组织的情报公开立法的交互影响;六是公众团体与政党活动推动情报公开立法。①

从宪法基础来看,国家行政机关之所以必须实行情报公开,是因为人民主权原则要求行政机关负有向社会公开公共信息的义务,而且这是公民行使知情权(信息权)的主要内容,也是公民行使监督权、现代参政权和言论自由权的题中应有之义,同时我国现行《宪法》第2条、第27条第2款、第35条、第41条第1款也从不同角度直接或间接地规定了行政机关负有公开公共信息的义务。正因为如此,我们说国家行政机关既有为实施行政管理、维护公共利益而取得、占有、分配和掌管公共信息的权力,又有为提供行政服务、维护公民权利而公开公共信息的义务,这是宪法和宪政的要求。②

---

① 参见刘杰:《外国情报公开法述评》,载《法学家》2000年第2期。
② 参见韩大元、姚西科:《试论行政机关公开公共信息的理论基础》,载《河南省政法管理干部学院学报》2001年第2期。

5.从社会制约的角度看监督机制问题

由托克维尔提出到罗伯特·达尔给予精辟阐述的"以社会制约权力"的多元民主理念,也对古典民主的"以权力制约权力"作出了重要发展。① 这种带有相对直接民主色彩的民主理论,也逐渐反映到行政民主化发展进程中来并发挥特殊作用,成为其一个重要的理论支撑。

要完善对行政管理权力的监督机制,强化对决策和执行等环节的监督,通过公务员制度的依法实施,建立体现科学发展观和正确政绩观要求的干部实绩考核评价制度,认真推行政务公开制度,完善人大、政协、司法机关、人民群众、舆论依法进行监督的机制。

行政机关和行政公务人员必须自觉接受人大监督、民主监督、舆论监督、群众监督等外部监督,以及上级监督、监察监督、审计监督等内部监督,通过监督来判明责任,包括法律责任、政治责任和道义责任。不言而喻,行政机关和行政公务人员还必须认真履行市场监管职责,依法纠正市场主体的违法行为,努力创造良好的市场环境。

6.从我国的行政公开实践看监督机制问题

在我国行政实务中推行的行政公开,包括了日益丰富的内容。例如,情报公开(含法律规范公开和文件资料信息公开),行政决定公开,行政职位的开放性,特定职务公务员的经济收入状态公开,政府公开采购制度,行政会议公开,基层政务公开制度等等。简言之,行政公开的范畴包括了行政行为及其过程的方方面面。这一系列体现政府行为透明度的制度和方式,都是行政公开的具体表现。

从我国立法(包括行政立法)来看,对行政公开制度已有一些规定。如《中华人民共和国行政处罚法》第4条第1款规定"行政处罚遵循公正、公开的原则",第3款规定"对违法行为给予行政处罚的规定必须公布;未经公布的,不得作为行政处罚的依据"。又如国务院批准发布的《行政法规制定程序暂行规定》明确要求,行政法规必须公开发布,在《国务院公报》上登载。在行政实务中,许多地方特别是行政系统正积极探索和普遍推行各类行政公开制度,并取得明显成效。例如媒体大量报道的,河北省邯郸市正在推行的行政权力公开透明运行试点的行政改革,就非常有特色,值得研究借鉴。

民主参与机制建设是行政管理和行政法制改革的核心。政府信息公开、

---

① 参见[美]罗伯特·达尔:《民主理论的前言》,顾昕等译,生活·读书·新知三联书店1999年版,第206页。

公民参与行政、行政主体多元化、行政权力社会化等行政民主化进程带来的机遇和挑战,使得行政权力行使过程受到更有效的约束,而《公务员法》的实施为此创造了更好的条件。这一切,都有助于建设透明政府或曰阳光政府。这也可以说是建设法治政府的前提之一。

六、结语:我国行政管理体制改革的前景展望

通过深化行政管理体制改革形成有限政府、有效政府、亲民政府、透明政府,可以说就大致实现了建设法治政府的如下远期目标:政府与公民、与企业、与市场、与社会的关系基本理顺,政府的经济调节、市场监管、社会管理和公共服务四大职能基本到位,政府机关之间的职能和权限比较明确,新的行政管理体制基本形成,新的行政执法体制基本建立;立法、行政立法和制定其他行政规范等制度建设,符合宪法和法律规定的权限和程序,充分反映客观规律和最广大人民的根本利益,能为三个文明协调发展提供制度保障;法律规范得到全面、正确实施,法制统一,政令畅通,行政相对人的合法权益得到切实保护,违法行为得到及时纠正、制裁,经济社会秩序得到有效维护,政府应对突发事件和风险的能力明显增强;科学化、民主化、规范化的行政决策机制和制度基本形成,人民群众的要求、意愿得到及时反映,政府提供的信息全面、准确、及时,制定的政策、发布的决定相对稳定,行政管理做到公开、公平、公正、便民、高效、诚信;高效、便捷、成本低廉的防范、化解社会矛盾的机制基本形成,社会矛盾得到有效防范和化解;行政权力与责任紧密挂钩、与行政权力主体利益彻底脱钩,行政监督制度和机制基本完善,政府的层级监督和专门监督明显加强,行政监督效能显著提高;行政机关工作人员特别是各级领导干部依法行政的观念明显提高,尊重法律、崇尚法律、遵守法律的氛围基本形成;依法行政的能力明显增强,善于运用法律手段,依法妥善处理社会矛盾。[①] 由此可见,通过深化行政管理体制改革,行政权力的行使将受到更有效的约束和保障,政府与企业、与市场、与社会、与公民的关系将发生更积极、深刻的调整变化,这会带来许多机遇和挑战;故须提高理论认识,紧紧抓住机遇,勇敢迎接挑战,促使我国行政管理体制改革和行政法制建设步入更美好的境界。

---

① 参见《全面推进依法行政实施纲要》第3条的具体规定。

第三章 建设法治政府、服务型政府的艰巨历史使命

一、从地方行政改革创新看法治政府、服务型政府建设

实行改革开放 30 年来,随着经济体制改革目标的确立和政治体制改革的推进,我国政府法制建设取得了长足进步:各级政府机关加强行政立法和制度建设,严格行政管理和行政执法,强化行政执法监督,加大行政救济力度,依法行政的能力和水平不断提高,对经济、政治、文化和社会发展起到了特殊的推动和保障作用,走过了一条艰难前行、成果丰硕的政府法制建设道路。与改革开放前相比,经过起步发展、规范发展、全面发展这样三个发展时期的我国政府法制,逐渐发生了如下八个方面的重大变化①:第一,法治观念逐步强化。改革开放以来在反思传统

---

① 关于改革开放 30 年来我国政府法制发展的阶段性特点,学界将其划分为如下三个时期来加以认识:(1)政府法制建设起步发展时期,时间跨度大致是从 1978 年到 1988 年。也就是从 1978 年底召开的中央工作会议和党的十一届三中全会正式确立改革开放方针,到行政诉讼法颁布之前的 1988 年。在这个十年,从过去行政法律被单纯视为政府管治老百姓、管治社会的手段,行政法治观念比较淡薄,到开始注重运用法律手段,老百姓可以针对违法的行政行为提起诉讼,政府法制建设开始起步。(2)政府法制建设规范发展时期,时间跨度大致是从 1989 年到 1998 年。我国于 1989 年 4 月 4 日通过并于次年 10 月 1 日起施行了具有行政法制发展里程碑意义的《行政诉讼法》,1990 年 12 月 24 日国务院颁布了《行政复议条例》,1993 年颁布施行了《国家公务员暂行条例》,1994 年通过并于 1995 年施行了《国家赔偿法》,1996 年通过并施行了《行政处罚法》,1997 年通过并施行了《行政监察法》,行政主体和行政行为受到规范,行政程序法治观念得到提升,行政审判受到重视,政府法制建设日益规范发展。(3)政府法制建设全面发展时期,时间跨度大致是从 1999 年至今。其主要标志是 1999 年修宪将"依法治国,建设社会主义法治国家"的治国基本方略载入宪法,同年国务院发布了《全面推进依法行政的决定》,最高人民法院颁布了新的执行《行政诉讼法》若干问题的解释,2000 年出台《立法法》,然后是 2003 年出台《行政许可法》,2004 年修宪将"国家尊重和保障人权"写入宪法,同年国务院颁布《全面推进依法行政实施纲要》,确定了建设法治政府的远景目标,分步骤、有重点、由点到面、以人为本地推进政府法制建设。参见莫于川:《案例行政法教程》,中国人民大学出版社 2009 年版,第 439 页。

人治观念的基础上,我国政府法制逐步确立起依法行政观念,进入20世纪末期又把"依法治国"确立为基本治国方略并上升为宪法原则。第二,政府法制的权力结构从重权力、轻权利向权力和权利并重转变。《行政诉讼法》的颁布,使权力结构的重心开始发生移转,《国家赔偿法》、《行政处罚法》、《行政复议法》、《行政许可法》的出台促进了这一转变,初步形成了权力和权利良性互动的局面。第三,政府职能从全能型政府向有限政府、从管制型政府向服务型政府转变。随着对政府与市场关系认识的不断深化,政府开始转变职能,将部分职能让渡于社会,发生了公共事务民营化的转变,同时也增加了一些新的职能,例如鼓励、支持非公有制经济发展的职能。第四,行政法治机制从单纯的制约机制转变为制约和激励的兼顾协调。第五,行政行为方式从纯粹的命令——服从模式发展成为强制与非强制手段并用的多样化局面。第六,在程序与实体的关系上,从重实体、轻程序,重结果、轻过程,发展到实体和程序并重,结果和过程并重。第七,在对行政的监督上,从单纯的权力监督,发展到权利救济和权力监督并重。第八,行政法制模式从单纯依靠政策行政到依法行政,再到建设法治政府和服务型政府。这些变化是广泛和深刻的,对于政府法制建设具有革命性的影响。

但是,与完善现代市场经济体制、发展现代民主政治、实施依法治国方略的客观要求相比,我国政府法制还存在不少缺陷和差距,面临很多矛盾和问题,亟须认真研究和妥善解决。30年的改革实践证明,我国的政府法制建设,不能简单地把国外东西照搬进来,必须注重与本土资源的结合改造。事实上,以往不少地方行政改革创新的本土经验,不仅有效地推动了地方经济与社会发展,而且对中央层面的立法建制和整个政府法制建设,都发挥了积极的示范和推动作用,促使我国的行政管理和行政法制模式,在科学发展观和依法治国方略、依法行政理念的指引下,由过去的集权行政、粗放行政、人治行政、管理行政,逐步转向民主行政、科学行政、法治行政、服务行政,正稳健地走向法治政府和服务型政府,个中经验值得认真研究。行政法学界总结改革开放30年来我国政府法制的理论发展、观念演进特别是方法论改进表现出5个突出特点,其第一个特点就是从简单拿来主义,到选择他山之石与挖掘本土资源、创新中国经验相结合。①

例如,行政指导是行政机关在职责范围内实施的指导、劝告、建议、提醒等柔性管理行为,具有非强制性、示范引导性、广泛适用性、柔软灵活性、方法多样性、选择接受性、沟通协调性等诸多特点,近年来在行政实务中运用得越来越多、越来越广,它与行政合同、行政奖励、行政资助等非强制手段一道,构成柔性管理行为体系,又与刚性管理方式相对应、相配合,在经济与社会管理领域发挥着特殊的积极管理作用。近年来,泉州、北京、吉林、沈阳等地工商行政机关尝试运用行政指导,建设非强制行政管理体系,促成了行政机关与行政相对人的协调关系,取得了提高监管功效、构建和谐工商和服务型工商的积极效果。

再如,近年来许多地方在推进行政公开方面进行了积极的探索实践,取得了良好效果。2002年11月,广州市出台了《广州市政府信息公开规定》并于次年1月1日起施行,这是我国第一部系统地规范政府信息公开行为的地方政府规章;时隔一年,上海市又出台了富有创新内容的《上海市政府信息公开规定》;此后北京、成都、杭州、深圳等地也相继出台了关于行政公开的地方立法。这为保障公民的知情权,规范政府信息公开行为,增加行政透明度,监督政府机关严格依法行政,提供了更多的行政法依据。特别是河北省邯郸市的做法,受到广泛关注。该市近年来推动行政权力公开透明运行的试点工作,将行政机关、行政首长的职权逐一清理,使其权力边界更清晰,并将清理结果予以公示,自觉接受外部监督约束,其经验受到中纪委、监察部等领导机关和社会各方面的高度评价。②

又如,我国改革开放以来在克服法律虚无主义之后,重实体法、轻程序法的问题逐渐显现出来,行政程序违法现象突出、影响恶劣、教训深刻。客观上要求加强行政程序法制建设,要求行政机关及其工作人员增强程序法治意识,

---

① 这5个突出特点是:(1)从简单拿来主义,到选择他山之石与挖掘本土资源、创新中国经验相结合;(2)从法律虚无主义到形式法治主义,从形式法治主义再到实质法治主义、功能法治主义;(3)从只注重实体法,到既注重实体法也注重程序法还重视条理法(法律原则)的作用;(4)从传统型的高度集权的行政法制理论,走向民主化、科学化、法治化的行政法制理论;(5)从不讲法理、不重诚信、不计成本、不讲效率,到注重正当基础、政府形象、科学评价、成本效益。参见莫于川:《案例行政法教程》,中国人民大学出版社2009年版,第439~440页。

② 参见何春中:《邯郸公开市长权力行政职权有流程图》,http://news.jschina.com.cn,下载日期:2010年5月30日。

在行政管理过程中严格遵循法定的管理方式、步骤、顺序和期限。由于种种原因,曾列入立法规划的《行政程序法》的起草制定工作近年来被搁置下来。在此背景下,2008年4月湖南省在全国率先颁布了共10章178条的《湖南省行政程序规定》并于同年10月1日起施行,这犹如一石激起千层涟漪受到各方关注,投射出多方面的行政法制创新示范意义。首先,它是贯彻党的十七大精神的体现;其次,它符合国务院关于加强政府建设、推进管理创新的要求;第三,它是近年来陷于滞缓状态的我国行政程序立法进程的重大突破;第四,它体现了领导决策者和政府法制工作者的创新精神;第五,它体现了行政法制发展的新进展、新方向。①

此外,近年来引起全社会广泛关注和讨论的地方行政改革创新举措,还有上海、重庆等地的人本城管举措;广州、北京等地的公众参与举措②;安徽、广州等地方尝试进行的立法和行政立法后评估制度实践,等等。限于篇幅,此不赘述。

上述地方行政改革创新的做法,完全符合宪法精神和改革精神,有利于充分发挥出地方政府机关推动改革创新的主动性、积极性以及创造性。我国《宪法》第3条第4款明确规定:"中央和地方的国家机构职权的划分,要遵循在中央统一领导下、充分发挥地方的主动性、积极性的原则。"这是新形势下行政管理体制改革创新应予特别关注、着力解决、充分利用的制度潜力要素。30年的改革开放实践证明,行政改革创新的政治智慧和创新源泉,主要在地方、在基层、在民众之中。由地方局部试点积累经验加以完善再到全国范围予以推行,是制度创新的最佳路径选择。

然而,过去在行政实务和行政改革实践中,实际上对地方的积极性关注得很不够,特别是对于地方的主动性基本上不怎么讲。在当下各方面矛盾突出、

---

① 例如,它强调了一系列新理念,以推动人们的观念更新,包括参与行政、合作行政、行政服务、行政公开、行政效能的观念和原则;它还确立了一系列新机制,以促进行政法制创新,包括重大行政决策机制、临机决断机制、裁量基准制度、多元化的争议解决机制、联系会议制度、行政协助制度、期限分解制度、监督评估制度,以及规范性文件的登记、失效、检索、评估制度。

② 广州市2006年在全国最先出台了一项专门地方行政立法《规章制定公众参与办法》;北京市在2007年12月5日起施行的《志愿服务促进条例》将社会组织北京志愿者协会确定为志愿服务工作协调指导机构。由人大立法和行政立法确立的社会公众参与公共管理的力度非同一般,这从立法的角度积极回应了参与行政、合作行政的行政模式转型和行政法制演进的历史潮流。

政治与行政革新举措不断推出并时常引发争议的社会转型期,更应遵循宪法原则给予地方发挥主动性、积极性以及创造性的必要空间,地方政府应当据此积极行使职权、履行职责,主动推进改革创新,发挥出地方的主动性、积极性以及创造性。我们要以发展和法治的眼光来看待、冷静和宽容的态度来对待认真负责的地方推进改革者及其革新举措,这具有重大的改革方法论意义。这些在效率性、透明性、便民性、简便性、可行性、规范性、精巧性、创新性等方面都富有特点的地方行政改革举措,有助于建设高效政府、阳光政府、法治政府和服务型政府,其经验值得其他地方和部门学习借鉴。

二、简明的视窗:行政审批制度改革的地方经验

过去很长时期,我国行政管理和行政执法的许多方面存在着简单化、低效率、不透明、不规范、不便民的问题,诸多弊端一直为人诟病,上述问题在行政审批(许可)制度运行过程中表现得尤为突出,在某种程度上已成为深化经政改革、建设法治政府的突出障碍。这里以此为例,观察分析一些地方如何通过行政改革创新来妥善解决这一难题。

2004年国务院颁布的《全面推进依法行政实施纲要》专门就创新管理方式,方便人民群众,推进行政许可和政务公开制度改革创新提出了具体要求(例如,《实施纲要》第3条、第9条都作出了明确规定),将其作为建设法治政府的一项关键举措。针对行政审批领域存在的审批流程复杂、审批手续繁琐、审批时限冗长、重审批轻服务等问题,如何通过行政审批制度革新,进一步增加透明度、增强规范性、提高效率性、强化服务性,进一步完善投资软环境,就成为深化行政改革、转变政府职能的新课题,成为在妥善解决行政管理体制问题(例如大部门制改革)的同时还必须认真解决的行政管理机制和方式问题。

在行政管理实践呼唤改革创新的大背景下,自2004年以来中央一级取消和调整行政审批项目共4批、约2000件,大致砍掉原有审批项目的一半,这是切实贯彻《行政许可法》、依法继续推进行政审批(许可)制度改革的举措。同时,地方政府和行政机关也因地制宜积极推进行政审批(许可)制度改革和政务公开制度建设,采取相对集中行使行政许可权,加大政务公开的力度,建立电子网络服务平台,建设行政服务中心(行政许可大厅、政务超市)等改革创新举措,取得了显著成效。迄今,省级政府取消和调整行政审批项目22000多件,地方各级政府共建立综合性行政服务中心2000多个。许多地方在行政审批(许可)制度改革中,顺应潮流、切合实际、大胆创新,形成了一窗式、一站制、一门式、一表制、告知承诺制、联合会审制、全程代办制等模式,体现了行政审

批(许可)制度改革的方向和水平。

例如,天津市自2004年起逐步建立起市和区县两级行政审批管理办公室和行政许可服务中心,构建了行政审批、要素配置、社会服务和交通监察4个平台,形成了"四位一体"的行政审批管理服务模式和运行机制。他们坚持现代行政服务理念,"宁可自己麻烦百次,不让群众麻烦一次",不断清理行政审批事项,简化办事程序,减少审批环节,规范审批行为。2007年6月,天津市行政许可服务中心对进入中心的许多审批事项实施再提速,在审批效率已经提高40%的基础上,平均压缩时间4.5天,最长的由过去的20天压缩到5天,平均办结时间由进入中心前的23.9天减少到10.8天。为方便群众和投资者,他们专门建立了"8890"(谐音"拨拨就灵")服务电话和网络服务平台。为加强对行政审批的监督,市监察局在服务中心设立了监察室,对进驻部门及工作人员的行政效能进行综合考评,并由申请人对受理部门及其工作人员进行"一事一评议"。近三年来,天津市行政许可服务中心累计办理审批和服务事项49万件,按承诺时限提前和按时办结率达99.15%,办事企业和群众的满意率一直保持在99.9%。这就大大方便了行政相对人,有力地约束了行政机关,收到了良好的社会效果,对于推动管理型政府向服务型政府转变具有示范意义。

再如,四川省绵阳市的行政改革也收到显著效果。该市行政审批三次提速,打造服务型政府的创新努力具有示范意义。2001年,该市在已经大大削减行政审批项目的基础上,把31个具有行政审批职能单位的278个服务项目集中到行政服务中心。群众申请批文在服务中心的不同窗口就可解决,大大节约了申请人跑路的时间。为了提高审批行为本身的效率,2002年绵阳市行政服务中心建立了联席会议制度,对涉及市级多个部门审批的重大项目,召集相关部门的负责人集体讨论、现场拍板,行政审批实现了第二次提速。2006年,为方便涉及多部门审批、手续较为复杂的投资项目的申请人,该市行政服务中心又推出了一个柜台对外服务:申请人只需将准备齐全的申报材料交给统一的柜台,就可通过网上并联审批系统同步审批、限时办结。几年来该市行政审批事项由1120项减到334项,审批时限压缩为60%,亲民、为民、便民的服务型政府形象得到民众和投资者认可。

又如,四川省成都市在深入推进行政审批(许可)制度改革,加大政务公开的力度,加快规范化、服务型政府建设进程中走出了新路子,提供了新经验。该市在对国内外主要的行政许可制度模式加以分析研究的基础上,自2007年7月开始尝试推行并联为主的"一窗式"行政审批模式。他们确定了"许可预告、服务前移、一窗受理、内部运转、并行审批、限时办结、监控测评"的28字审批改革思路,以娱乐企业的市场准入审批作为改革突破口,以"有否法定因果关系"为标准来确定并联或者串联审批关系,利用高科技支撑的审批网络系统平台并通过坚强有力的行政协调,将过去需要向各审批部门重复提交的申请材料改为只需提交一次,由行政服务中心统一接受、核实、保管、扫描、传送有关许可事项申请材料原件及其电子版本,妥善解决了有关审批部门均须审核申请材料原件的长期问题,收到了事半功倍的极大成效,成为近年来地方行政改革创新的一大亮点。据对20个审批项目的统计,实施并联为主的"一窗式"审批后的审批事项承诺办理时间比法定办理时间平均缩短了92个工作日,缩减率为94%;比"一站式"审批的承诺办理时间平均缩短了20个工作日,缩减率为77%。以相对简单一点的无前置审批企业市场准入为例,法定办理时限为58个工作日(合464小时),"一站式"审批方式承诺办理时限为9个工作日(合72小时),实施并联为主的"一窗式"审批的承诺办理时限为2个工作日(合16小时),2007年7月1日开始试运行三个月期间实际平均办理时间为3小时22分钟,最短办理时间为1小时8分钟。可以说,此项行政审批效率已达到世界领先水平。同时,审批效率提高也使行政审批的社会成本大大降低。仍以无前置审批的企业市场准入为例,实施"一窗式"审批后,每个新办企业的办事成本可降低75%(约1300元),如按2006年成都市新办企业数计算,实施"一窗式"审批全市减少企业办事成本约2300万元!可见这项改革的最大受益者是企业、民众,有助于实现成都作为全国统筹城乡综合配套改革试验区的功能和任务。

地方尝试推行的这些行政改革,顺应时代潮流,学习他人长处,结合本地实际,探索创新特色,实际效果显著,值得充分肯定、高度重视。一是简化了申请手续,方便了群众办事。体现了以人为本、行政为民的理念,强化了服务意识,方便了群众办事。二是增加了行政透明度,规范了行政服务工作。通过实施许可预告、限时办结等措施,行政审批的各项要素均向社会公示,审批进程可随时、多路径查询,大大增加了行政审批的透明度,各部门有关的审批工作能够及时受到上级监督和社会监督;而且一般情况下审批部门不再与申请人见面接触,实现了规范、阳光操作,能够有效地防范和减少寻租腐败现象发生。三是体现了服务精神,符合建设服务型政府的改革方向。党的十七大政治报告在阐述坚定不移地发展社会主义民主政治时强调:要加快行政管理体制改革,建设服务型政府,强化社会管理和公共服务,减少和规范行政审批;还要推行电子政务,完善各类公开办事制度,提高政府工作透明度和公信力,让权力在阳光下运行,建立起完善的制约和监督机制。上述地方行政改革创新的努力方向与十七大精神完全一致。可见,旨在建设透明、规范、高效、廉洁的阳光政府、高效政府和服务型政府的地方行政改革创新经验,将会在逐步深入展开的行政管理体制改革的伟大实践中发挥出宝贵的示范启迪作用,甚至可以说对其他国家也具有一定的示范参考意义。

三、行政改革创新的背景因素和基本趋势

(一)行政改革创新的背景因素

近年来各地推出了许多引发争论的行政管理新举措,它们的出现具有特殊的背景和规律性。当下的行政管理革新是一个宏大的系统工程,在体制、机制、方法、立法等方面都发生着或快或慢、或深或浅的变化,这些变化的背景因素究竟是什么？我把它概括为三条:改革深化,科技革命,观念更新。

1. 经政改革的深化。我们知道,已进行多年的我国经济体制改革取得了伟大的成就,有目共睹,不能否认,需要深化,仍有缺陷,这一点可以说是无需质疑。同时,经济体制改革的深化已越来越难,需要有相配套的政治体制改革的深化,才能够相互促进、有效推进、继续深化,否则经济体制改革难以深入推进,难有较大发展。问题在于,现在我们提出政府改革居于当前改革的首位,那是否意味着现在就能够把政治体制改革全面系统地推进呢？恐怕还不行,因为这方面改革的某些部分比较敏感。但也有一些部分敏感性不那么强,可以更多地选择时机陆续推出,那就是我们的行政管理体制、机制、方法的革新,因此它就成为广义上的政治体制改革中比较活跃且比较稳健的部分,这是大的背景。可以说,这是近几年来我国社会生活中,与行政管理和行政法制有关的革新举措较多地推出,因此较常发生争议并引起社会广泛关注的一个原因。

2. 科技革命的影响。高新技术日益广泛运用,对社会生活带来巨大影响,还深刻地影响着行政管理和行政法制的发展。例如,近年来河南省赋予35个县(含县级市)以地级市的经济管理权限,也就是由省直接管县,赋予其地市级经济管理权限。① 河南为什么能够进行这一改革呢？因为有一种思路是行政管理体制上要进行扁平化管理的改革探索。传统管理理论认为,一个上级管

---

① 这很像经济体制改革之初设立计划单列市,中央赋予其副省级的经济管理权限,重庆、大连、青岛都属于这种情况。比如说,当时中央直接给重庆市下达经济指标,虽然也要通过四川省转发,但指标已经是确定给重庆市的,到四川省后不会再划分给别的地市,只能给重庆市,这被称为"单列经济计划管理体制"。

理6～8个下属是最佳的管理幅度,超过之后就会降低管理效率,不但管理者顾不过来,连纸质的各类统计报表都不便使用;但现在推行办公方式电子化,管理效率前所未有地提高,行政管理幅度可大大扩展,已有条件实行扁平化的管理组织体系。可见河南的这项革新举措是推行电子政务和行政管理理念变化的结果。

3. 观念更新的推力。公务人员队伍是政府法制建设的一个重要主体,公务人员对行政法律原则和规则的理解和运用能力,面对社会管理事务能否依法办事的意识和能力,对于政府法制建设起着重要作用。过去由于行政法文化长期滞后,一些行政公务人员的法治观念不强、法律素质不高,这是长期制约我国政府法制建设的一个重要因素。观念更新是制度创新、制度运行的向导和保障,没有适应于社会变化的法治理念,法律规则就不能很好地运行,因为你没法制定出相应的法律规范,制定出来也不能很好地实施。因此改革开放30年来,我们采取多方面的教育培训措施,积极推动行政法文化革新,大力促使各类行政公务人员的观念更新,普遍树立起现代行政法治观念,包括宪法至上、尊重人权、行政权限、行政民主、行政服务、程序法治、政府诚信、接受监督、权利救济等观念,以新的眼光来观察社会、认识自己和对待工作。特别是对于在政府机关工作的领导同志,要求其适应新形势、转变旧观念,树立新的民意观、发展观、政绩观和治理观,这是提高依法行政能力、全面推进依法行政、努力建设法治政府的要义。

(二)行政改革创新的基本趋势

当今世界的经济、政治、社会和思想文化正在发生重大变革和调整,这将是长期延续下去的发展变化进程,对法制建设包括行政法制建设带来广泛、深刻和持久的影响。从世界范围看,已经出现并继续演进且将长期存在和发生影响的有一系列重大发展变化,它们对政府法制建设的影响是极为广泛和深刻的,必须高度关注这种革命性的影响。

现代政府不再是一个简单的"守夜人"的消极角色,它不仅有规制行政、秩序行政的消极职能,还要担负起给付行政、指导行政等多方面的积极职能。在规制行政领域,要求政府的公共行为消极地不侵害相对人的合法权益;而在给付行政领域,则要求政府积极地为公民和社会的各种进步提供支持帮助。特别是在需要通过政府的积极推动来发展社会主义经济、政治、文化和社会的中国,更加有赖于政府一系列指引、促进和规范行为的合法有效性。

经过经济、政治、文化和社会的不断改革发展,特别是现代市场经济和人权保障机制的确立和发展,我国出现了利益多元化、主体多样化、表达多样化的趋势,不同的利益主体通过各种方式来主张利益,国家机关则通过制定规范、履行职能、承担职责来回应多元利益要求,这也是对服务型政府的角色要求。政府机关的行政服务能力对于促进经济发展和社会进步具有重大影响。

　　在过去30年里,我国的政府法制建设从极度薄弱的基础逐渐发展丰满起来,依法行政的能力和水平不断提高,打下了一个基本跟上时代步伐的行政法治基础。随着新时期经济、政治、文化、社会的深入改革和变迁发展,行政模式从管理行政到控权行政再到给付行政、指导行政、服务行政的转型发展,构成了我国政府法制进一步发展的现实条件和更高要求,我们应当结合这样的条件和要求来确立未来政府法制建设的方向和路径。简言之,我国政府法制建设30年,风风雨雨、艰难前行,取得诸多方面的发展,带来许多经验和启示,从集权型、管理型、秩序型、封闭型、随意型的政府管理模式,转向民主型、指导型、服务型、开放型、责任型的政府管理模式,这是改革开放30年来我国行政法制建设的基本经验和总体趋势。

　　从当今一些重要法治国家的情况看,21世纪政府法制建设的总趋势是:因政府机关承担更多的职能,故依法赋予其更多的职权、职责特别是行政指导和公共服务的职能;因世界性民主化潮流的深刻持续的影响,而赋予行政相对人更多的主动参与行政过程的选择机会;同时采取科学合理的方法,包括多渠道监督和程序约束、公开透明的方法,增强对行政权力行使过程的监督约束效果和追究责任效果,以及对行政相对人的救济效果和信赖保护效果,从而逐步建立起民主法治政府,即体现出民主精神、科学精神和法治精神的现代行政法治系统。从而形成民主、高效和规范的政府法制,实现广义的行政法文化革新,这可谓是建设法治国家、法治政府的基础条件。

　　对于我国的政府法制而言,行政法文化革新的基本追求就是上述民主精神、科学精神和法治精神的实现,这三种精神追求的具体表现,也就是新时期行政改革创新或曰政府法制建设的如下三个相互联系、相互影响的发展趋势:

　　一是政府法制的民主化发展趋势。例如,行政主体和行政权力的多元化、社会化发展,行政相对人更广泛和主动地参与行政过程,在行政相对人的财产权利和人身权利受到更充分保障的前提下,其政治权利和社会权利将受到更多关注,更加注重依法保障公民参与、行政公开、非强制性行政方式的采用等各项行政民主制度的逐步扩大与有效实施。

　　二是政府法制的科学化发展趋势。例如,在政府法制实践中更加注重现代科学技术的运用和行政管理理念与方法创新,特别是电子政务的全面推行、电子政府的稳步建立、电子手段的广泛采用、网络监督的普遍接受,更加注重权利与义务、权力与责任、规范与效果、成本与效益的协调和平衡,政府法制运行模式更符合我国实际和世界潮流。

三是政府法制的法治化发展趋势。例如,在"人权入宪"的背景下,政府机关的行为更加规范化、制度化和具有更强的预期性,具有"双刃剑"特性的行政权力的运作将被更严格地纳入行政法治的原则和规则的约束下,人权保障更加受到关注和依法推进,对行政相对人权利的救济更加充分。

四、行政改革创新的基本路向和工作重点

(一)行政改革创新的基本路向

在前面所说的背景因素作用下,行政改革创新的大趋势、大方向如何?我的看法是:我国行政法制和行政法学正处于转型发展的过程中——行政法制实践在行政民主化、科学化、法治化的世界潮流影响下,在以人为本的价值目标引导下,正在走向柔性管理和高效管理,着力于方式方法创新,这是成本低、风险低、效率高、成效稳健、易成共识的一种选择;行政法学的学科体系正发生前所未有的重大变化,行政法的原则、主体、行为、方法、程序、监督、救济等理论认识,都或多或少、或深或浅地发生了变化,并深刻影响着政府法制实践,其稳健取得成功的革新经验还会逐渐显现出政府法制改革创新的国际示范参考意义。那么其发展方向和路径究竟如何呢?我觉得至少下面三个要点值得特别关注:

1.柔性管理:"以人为本、行政民主"的内在要求。首先,要实行柔性管理。并非所有的行政管理行为都需要采取强制的方式,否则就会造成行政机关与行政相对人之间的普遍冲突、尖锐对立,不利于建设和谐社会。其次,要注重行政谦抑。过去的行政管理是强权行政、高权行政,行政机关高高在上,现在则要自我约束。再次,要实行民主行政。公民和社会组织更多、更积极地参与到行政管理和行政法制实务中来,开始成为普遍共识、基本要求和行为模式。第四,要追求政民互动、和谐。这也是一个趋势,现在很多行政改革创新都体现了这样一个要求。这也是我国构建和谐社会、改善政府形象的内在要求。

现在不少学者开始注重研究柔性的行政管理机制所倡导的行为方式,如行政指导、行政合同等等。行政指导相对人可选择接受或不接受行政指导,即便不接受,也不会因此承担法律责任;行政合同的协商过程中,行政相对人可以与政府机关进行协商,就某些内容讨价还价。另外还有行政资助、行政奖励、行政经营、指导性的行政计划和规划,这些都是新的行为方式,是人性化、柔性化的管理方式方法,更多地尊重对方的意愿。这些情况给予我们一个启示,就是现在行政管理和行政法制正发生很大变化,人们的思想观念必须跟上这一变化过程。

从世界政治与法律制度史的角度看,民主的发展脉络是从直接民主到间接民主,再回到直接民主与间接民主的结合形态也即综合民主。对于行政管理、行政法制实践来说,作为行政机关正当性基础的代议制民主是间接民主,行政相对人主体性地直接参加到行政活动中来是直接民主,当下行政管理实践中越来越多地增加了直接民主的成分,二者不可偏废,相互密切联系、相互发生作用,出现新的民主形态——综合民主,它促使当代行政管理和行政法的主体理论、行为理论、监督救济理论都发生很大变化。① 这就是注重人本身、强调新民主,对我们整个的行政管理或行政法制发展带来的一种影响或发展趋势。换句话说,真正做到行政相对人更多地、主体性地参加到行政管理、行政法制工作中来,这是特别应予注意的行政改革创新路向。

2. 高效管理:采用高新科技带来巨大冲击和深刻影响。高新科学技术的采用对于行政管理和行政法制实务带来的冲击和影响,常常让人们大跌眼镜,人们对它的认识还远不充分。原先认为不可能实现的事,往往因为高新科技的积极采用而变得可以做到了。例如,"电子眼"、"呼死你"、行政相对人信用档案库、对于行政行为的定量评估、电算化的裁量基准、电子政务信息平台等等,这样一些高新科技的采用及其形成的人机系统,能够给行政相对人、行政管理机关带来诸多的便利,也提出了更高的要求。不仅在行政法制领域,在立法、检察、审判等法制领域,采用高新科技也都带来很大冲击和影响。例如网上投票、网上追逃、网上公布判决书等等。对于高新科技,既不要刻意躲避,也不要过分苛求,而需要从科学发展观的角度来加以充分认识和积极采用。要兼顾平衡公平与效率、私益与公益、人权与秩序,这些都是需要我们深刻反思、重新考量的。

3. 方法创新:行政管理改革创新的突破口和稳健路径。地方可以侧重进行经济与社会管理方面的改革创新,它们有这样的法定权限。因为这不涉及犯罪和刑罚、剥夺政治权利、限制人身自由和司法制度等严格的法律保留事项。相对而言,其方法创新成本更低一点、风险更小一点、更稳健一点、更灵活一点、更易于操作一点,应当作为当下行政改革创新的突破口。当然,体制、机

---

① 莫于川:《宪政视野下我国行政法的民主化发展趋势分析——民主行政法论纲》,载北京大学法学院:《润物无声——中国宪政之路》,法律出版社 2004 年版,第 224～235 页。

制、立法等比较宏观的改革创新也很重要，但难度更大，更需要稳健推进。基于这样的认识，笔者一直比较关注一些新型的行政管理方式方法的采用，深感行政管理方式方法的创新可以在行政机关的权限范围内积极尝试、广泛推行。2004年国务院颁布的《全面推进依法行政实施纲要》有这样一层意思：能够推进的，稳健一点的，难度小一点的，要更加积极地推进。其中第9条规定：推进依法行政过程中"要改革行政管理方式……充分发挥行政规划、行政指导、行政合同等方式的作用"。所以我认为，积极采用行政规划（计划）、行政指导、行政合同、行政资助、行政奖励、行政协调等新型的非强制性的行政管理方式方法，应当作为行政管理方法创新的一个重点或突破口。

那么，政府机关推进行政改革创新的时候，应否有一个界限？如何确定其界限？有没有一些原则来予以必要的约束？答案是肯定的，即政府机关在推进行政改革创新的时候，应当划出一定的界限，应当有一些原则来约束其行为。在行政管理和行政法制领域采用新方法、创立新制度，必然涉及一些规则或者界限问题，总体上可将其概括为四句话：(1)对于公民来说属于选择性、赋权（权利）性、授益性的制度规范可以宽松一点；(2)对于公民来说属于禁止性、限权（权利）性、损益性的规范则应非常谨慎和严格对待之；(3)创新举措的出发点、目的性必须正当，必须坚持以人为本，实现私益与公益、公平与效率、自由与秩序的兼顾平衡；(4)创新举措的社会效果应有助于贴近其出发点和归宿点，不能是政府机关的自我冲动、自我满足、自以为是、自我表现、自我欣赏。按照这几条原则，行政改革创新举措与之符合者就应容许试验、坚持实行、比较观察，予以认同、容忍和支持，不符合者就应改正或摒弃。否则，就会像当下一些典型案例所显示的那样，改革创新变了味，偏离了正确方向，民众反映强烈，政府形象受损。简言之，必须坚持以人为本，坚持行政民主观、科学发展观和法治主义精神，积极采用高新科技，注重探索方法创新，做到柔性管理、高效管理，这是行政改革创新的基本方向。凡是不符合这个方向的改革举措，严重影响到民众利益和政府形象的，最终一定会被实践否定；如果某些新举措符合这个方向，尽管也可能存在不足和争论，但仍可继续向前走并不断加以完善，因为实践是检验真理的唯一标准。

（二）行政改革创新的工作重点

政府法制建设是宏大的社会系统工程，万众瞩目、任重道远、千头万绪，笔者认为下一步可从如下几个方面着手加以重点推进：

1.完善组织法、程序法、公开法、应急法和救济法。从实际情况看，行政组织法、行政程序法、行政公开法、公共应急法和权利救济法，是当下我国政府法制的几个薄弱环节,下一步应作为重点加强立法建制,充分做到有法可依,这也是建立健全我国社会主义法律体系的必然要求。关于行政组织法,重点是制定行政机关编制法、行政权限争议解决法和其他行政公务人员法,修改国务院组织法和地方组织法;关于行政程序法,重点是总结地方立法经验,尽快出台我国的统一行政程序法;关于行政公开法,重点是在总结政府信息公开条例实施经验的基础上,尽快出台我国的政务公开法;关于公共应急法,重点是出台紧急状态法、国防动员法、国民经济动员法,修改突发事件应对法、防震减灾法;关于权利救济法,重点是出台行政补偿法,修改行政复议法、行政诉讼法、国家赔偿法。

2.健全畅通的公众参与和利益表达机制。政府法制建设的进一步推进需要政府机关自身的努力,但是仅靠政府机关的努力还不能顺利实现建设法治政府的目标。这既有政府机关自身的能力原因,也包括政府机关可能存在的惰性问题。其还需要依靠公众的参与,特别是行政相对人参与到政府法制建设中来。目前已有一些法律文件规定了社会公众对政府法制建设的参与机制,例如《立法法》规定了立法活动的公众参与机制,《行政处罚法》和《行政许可法》规定了相应的听证机制和其他公众参与机制。随着政府法制建设的不断进步,需要不断完善公众参与机制,包括网络舆论等新媒体监督渠道在内的民主监督机制。逐渐完善的公众参与和利益表达机制,将为我国政府法制建设的进一步发展提供动力和环境基础。

3.大力加强市县和基层的依法行政工作。前些年发生的湖南嘉禾县强制拆迁案件和河北定州拆迁打人案件,以及贵州省瓮安县6·28打砸烧事件,都充分表明市县政府是我国政权体系中的基础环节,处在政府工作的第一线,承担着经济、政治、文化和社会等各方面的管理职责,直接面向广大民众,需要直接处理各种具体、现实的利益关系和社会矛盾,如果不能严格依法行政,工作稍有疏忽就会造成严重的违法侵权后果。因此推进市县政府依法行政,是巩固党的执政基础的必然要求,是落实科学发展观的重要保障,是构建社会主义和谐社会的重要基础,也是加强政府自身改革和建设的根本途径。而且历史经验证明,政府法制创新的动力和智慧源泉在地方、在基层、在民众之中。因此,大力推进市县政府和基层组织的依法行政,是建设法治政府和服务型政府的基础和关键。

4.各级政府应建立依法行政领导机构。我们党提出的治国基本方略是依法治国,我们党执政的基本方式是"十六大"提出的依法执政,就各级政府机关而言,基本准则就是依法行政。依法治国是基本方略,依法执政是基本政策,依法行政是基本准则。要实现国务院《全面推进依法行政实施纲要》提出的远期和近期目标,必须切实加强各级党委和政府对于依法行政工作的领导。此前一些省成立了依法行政领导小组,由书记担任组长,建设法治政府的责任机制问题抓得紧,效果不错。但是在中央层面和许多地方,一直没有专门成立依法行政领导机构,不利于推动此项工作。因此,在各个层面建立依法行政领导机构,加强党委和政府对此项工作的领导,应作为政府法制建设的一个基本要求。

5.建立符合国情的法治政府评价指标体系。政府法制建设30年,已经取得有目共睹的许多成就,但如何才能确定政府法制建设的成效和水平?如何才能确定建设法治政府的目标是否实现?笔者认为,确有必要建立法治政府评价指标体系,也即"法治政府GDP",作为衡量法治政府工程建设是否达标的基本衡量指标或者量化标准。这是科学发展观在政府法制建设工作中的积极运用。要建立符合我国国情的法治政府指标体系,必须通过调查论证,把握实际需要,设立科学指标,才能准确衡量行政法治化的程度。需要指出,在方法创新过程中,切忌将指标设计得过于简单化或过于复杂化,特别是以形而上学的眼光来看待这些人为设计的指标,例如片面地将所谓零争议、零申诉、零复议、零起诉等作为衡量法治政府的指标,这既不符合实际,也歪曲了法治的本意。

6.促使行政公务人员树立现代行政法治观念。观念更新是制度创新的前提和向导。在新形势下深入推进政府法制建设,首先必须注重通过教育培训推动观念更新,促使广大行政公务人员牢固树立起现代行政法治观念,包括宪法至上、尊重人权、行政权限、行政民主、行政服务、程序法治、政府诚信、接受监督、权利救济等观念。对于在政府机关工作的领导同志,还要适应新形势、转变旧观念,树立新的民意观、发展观、政绩观和治理观;对于在政府机关工作的年轻同志,还要注重树立辩证唯物主义和历史唯物主义的行政法治发展观。这是提高依法行政能力、全面推进依法行政、努力建设法治政府和服务型政府的要义。

五、结语:行政指导是创新行政管理方式、建设服务型政府的突破口

建设服务型政府是一项庞大复杂的社会系统工程,不可能一招制胜、一蹴而就,需要从诸多学科领域加以深入研究,需要全社会从多个角度作出长期努力。特别是需要结合行政管理体制改革和全面推进依法行政的宏观背景,选择从服务型政府的管理方式入手,通过以推行行政指导为代表的行政管理方式创新及其法治化路径探索,为建设服务型政府提供更切实有效的行政法律制度保障。

我国改革开放30年来,随着经济改革不断深入和政治改革稳步推进,行政管理体制改革逐步提上日程乃至优先推进,行政管理方式和行政法律制度开始了走向民主化、科学化、法治化的革新进程,政府角色由管制者、司令员、传统家长正逐渐转变为指导者、服务员、合作伙伴,政府职能正逐渐由简单片面(或全能无限)转变为适度有限,政府规模正逐渐由庞大(或极小)转变为适中,政企关系正逐渐由对立、疏远或者胶着转变为指导、服务与合作,行政方式正逐渐由单一、单向、强制转变为多样、互动、柔性,行政法制正逐渐由管制型、秩序型、命令型、一味赋权型或一味控权型转变为服务型、给付型、指导型、权力与权利平衡兼顾型,行政法学也逐渐由机械行政法学、静态行政法学、单纯工具行政法学转向能动行政法学、动态行政法学、综合功能行政法学。由于对政府角色调整、政府职能转变、政府管理方式创新,人们逐渐有了新的认识和日益迫切的革新愿望,许多地方、许多行政管理领域的同志结合实际大胆探索,取得了积极成效和创新经验,但也亟须总结提高,明确前进方向。

在此背景下,2004年2月温家宝总理在中央党校主要省部级领导干部"树立和落实科学发展观"专题研究班结业式的讲话中提出了"建设服务型政府"的要求。之后国务院颁布了《全面推进依法行政实施纲要》,这一纲领性文件明确提出要深化行政管理体制改革,重新认识和全面履行政府职能,把公共服务作为政府的一项基本职能,进一步转变经济调节和市场监管的方式,切实把政府经济管理职能转到主要为市场主体提供优质服务和创造良好发展环境上来,把服务便民作为依法行政的一项基本要求。2006年10月中国共产党第十六届六中全会通过的《关于构建社会主义和谐社会若干重大问题的决定》,明确提出了"建设服务型政府,强化社会管理和公共服务职能"的改革任务。2007年10月胡锦涛总书记在中国共产党第十七次全国代表大会的报告中明确提出要"加快行政管理体制改革,建设服务型政府",将其确定为坚定不移发展社会主义民主政治的一项基本要求。

还要看到,不仅我国开始重视建设服务型政府,西方国家也自20世纪80年代以来,在应对双重失灵危机(市场失灵与非市场失灵也即政府失灵)的过程中,在新公共管理、新行政法等理论的推动下,掀起了一场重新审视政府角色及其职能、行为和法律关系的运动,其核心内容就是如何更积极、更民主地依法提供优质高效的公共服务,实现政民互动、参与行政、合作行政。尤其是在全球面临严重的经济与社会问题乃至危机频仍的今天,各国政府都积极采取各种措施,各国联手、积极出手拯救企业、介入市场、干预社会生活,为市场主体和社会主体提供多方面的帮助,如经济扶持计划、社会福利改革计划、经济危机应对举措等等,这些都是政府服务职能的体现。换言之,无论是常态下还是非常态下,政府都负有积极采用灵活、柔和、高效的行政手段服务于公民、企业和社会的责任,这是基于新的政府角色定位和职能转变所面临的新课题。

在我国,由于建设服务型政府的理论建构和制度实践尚处于起步阶段,如何按照十七大政治报告的要求,在发展社会主义民主政治的进程中,加快行政管理体制改革、建设服务型政府,亟须学界和实务界积极、深入、持久地进行探索。而行政管理方式创新作为政治改革和行政管理体制改革中的重要因素和重要环节,相比而言具有风险较小、难度较低、牵扯较少、成本较低、见效较快等特点,对于加快建设服务型政府还具有特别重大的战略、策略和操作等方法论意义。

当代行政管理模式的发展趋势是从消极管理到良善治理,从管理行政到服务行政,从集权行政到民主行政,从刚性管理方式到刚柔相济且以柔性管理方式为主,人们应当正确认知、积极顺应这一发展趋势。当代行政管理方式可分为两大基本类型:一类是传统的刚性管理方式,如行政命令、行政征收、行政征用、行政许可、行政确认、行政检查、行政处罚、行政强制等,此类刚性管理方式好似重拳出击,可以立马见效、立显权威,但也易于激化矛盾、小事变大,强化行政机关与行政相对人之间的对立和冲突,而这往往是人民内部矛盾,此类刚性管理方式亟须且正在进行适应当今行政民主化潮流的调整转变;另一类是当代的柔性管理方式,如行政指导、行政合同、行政规划(非羁束性规划、计划)、行政服务、行政资助、行政奖励、行政调解、提供信息等,此类柔性管理方式作为行政管理方式创新的成果,与刚性管理方式相对应、相配合,体现了广泛参与、两造互动、平等协商、自由选择等行政民主性的基本要求,在行政实务中被自觉或不自觉地运用,发挥出特殊的行政管理功效。

特别是行政指导作为最具代表性的柔性管理方式,近年来在行政实务中运用得越来越多、越来越广,产生了有助于实现行政管理目标的积极效果,有助于形成行政机关与行政相对人的和谐关系。《全面推进依法行政实施纲要》明确提出:要改革行政管理方式,充分发挥行政规划、行政指导、行政合同等方式的作用,这是转变政府职能、深化行政管理体制改革的重要内容。其中的行政指导这一新型管理方式,由于具有及时灵活、广泛适应、便于操作、成效显著等特点,日益受到各地、各领域的行政机关和行政公务人员的高度关注并加以尝试运用,取得了积极成效。例如,泉州、吉林、北京、沈阳、苏州、台州、永川、眉山等地工商行政机关,近年来积极推行行政指导,取得了提高工商监管水平、构建服务型工商、和谐工商的积极效果,泉州市工商局还于2008年度被评为"全国十大法治人物"并被国家人事部授予"人民满意的公务员集体"称号,于2010年获得"中国法治政府奖",其经验已被国家工商总局转发全国工商机关推行。其他行政管理领域如城管、质监、税务、卫生、环保、旅游、公安、教育等领域,近年来也广泛采用行政指导,取得了提高行政服务水平的积极效果。

　　由于行政指导是行政管理方式创新进程中出现的新生事物,人们对它的认识有待深入,运用得比较分散、不够规范、缺乏经验,存在各种问题、困难和矛盾,亟须将其纳入法制化轨道。因此,当下亟须以最具代表性的行政指导行为作为突破口和研究进路,通过对行政指导和其他柔性管理方式及其法治化路径的分析,研究解决中国特色的新型行政管理方式及其法治化路径的基本理论与实务问题,为我国创新行政管理方式、建设服务型政府、实现和谐社会提供科学路径。

第四章 建设法治政府、服务型政府与行政管理革新

——应以法治和发展的眼光审视当下的行政管理新举措[①]

人们的观念就是人们的眼镜,戴什么眼镜就看到什么世界。当下我国行政管理和行政法制实践中正发生许多变化,这些变化经常以典型案例或争议事件的形式呈现在人们面前,使得从事实务工作和理论工作的同志都颇感困惑。应当注重捕捉并认真分析这些典型案例或争议事件所带来的丰富信息,这样才有利于我们的工作和进步;如果轻易地放过了如此有价值的思考素材,是非常可惜的。就像过去组织一些作家去各地采风,走了一圈回来之后,有的作家写了几篇、十几篇文章,写出非常深刻的短篇、中篇小说,捕捉到许许多多的生活之美;但同样是一路走来,有的人却没有什么发现、感受和作品。这恐怕主要就在于有作为的作家比别人多了一种善于发现的敏锐眼光。因此,我们现在来探讨一下,应当用什么样的眼光来看待行政管理和行政法制领域新近发生的一些典型案例和事例,或者说正在发生的一些变化,看看这些案(事)例和变化背后,有没有什么深刻的、宏观的东西在发生作用。如果我们以现代法治和发展开放的眼光来分析当下各级政府机关进行的行政管理改革创新,能够把握住其中一些宝贵的东西,那对我们提高认识和改进工作将非常有利。顺便补充一句:这里讨论的一些社会现象,具有宏大复杂的社会背景和学科背景,不仅仅是行政管理(学)和行政法(学)某个局部的、孤立的、偶然的变化,它对各公法学科都带来很大影响,且深刻影响着法治政府建设。简言之,我们的视野需要扩展,理念需要更新,知识结构特别是学科体系需要更新,同时需要促进制度创新发展。

[①] 笔者曾以本章题目在苏州大学、中国人民大学发表学术演讲,参加讲座的两校师生提出许多有价值的问题进行互动讨论,带来很多思想启发与线索,在此谨向他们表示衷心感谢。

一、典型案例暴露出的观念问题——戴旧眼镜看新事物

最近我注意到,一些宪法学与行政法学专业博士生的思想非常敏锐,不约而同地关注到新的发展变化,他们研讨的不再只是我们传统上所认知、理解的图景,而是有一些新萌芽出来的东西。我还注意到,这些博士生的毕业论文都特意搜集分析了一些典型案例,这些新案例带给我们许多新思考。这样的典型案例和事例,我也接触、搜集到不少,它们反映出许多新情况、新事物、新问题。这里先举出若干案例和事例加以简要讨论。无论视其为正面的还是负面的典型案例,加以分析讨论都富有启发意义。①

案例一:浙江组织民营企业家到清华大学深造惹争议——政府应否以及应当如何做此类事情?

浙江省人事厅不久前送了首批浙江民营企业家到清华大学培训,此事被称为"民企老总上清华"。② 首期培训班开课没几天,社会上就展开了激烈争论,带给这些老总很大压力。为什么?有人说,政府怎能做这样的事呢?政府的工作主要就是创造一个好的投资环境,至于这些老板,他们自己投资办企业赚钱,政府怎么还要费心组织他们培训,增强他们的竞争力呢?是要让民企变得更强大,与国企竞争,打败国企吗?这是其一,认为组织民营企业家培训不是政府的职能、职责。其二,批评者还认为,即使这算是政府的职能、职责,政府也不应为其埋单。这些老板们学习提高后自己受益,而且都是千万、亿万富翁,那么有钱,为什么还要把纳税人的钱大把地投到他们身上,而不把这些钱投放到贫困者、残疾人、下岗职工等亟待扶持群体的身上?这不是政府向富人谄媚、讨好的典型吗?

当时,恰逢清华大学举办行政管理体制改革研讨会,邀请我参加,我就利用参加会议的机会发言说:这样的事情不能如此简单地看,应当具体从浙江当地的实际需要来看。浙江省人事厅组织民企老总到清华大学培训,实际上是一种行政服务、行政资助、行政奖励行为,是与传统的行政管理、行政执法行为

---

① 这里所举出的是在社会上引起很大争议的案例或事例,媒体特别是网络媒体上报道和讨论甚多,人所共知、极易查找,故本文未一一指明其出处。

② 设立于清华大学经济管理学院的"浙江省非公有制企业高层管理人员高级研修班",由浙江省人事厅与清华大学合作举办,拟每年至少举办两期,每期12~15天,每人学费1.4万元由浙江省政府出资,每天130元的食宿费由学员自己承担。第一期于2005年11月举办,共有30位学员。

方式不完全一样的非强制性的行为方式,是柔性行政方式,也是用纳税人的钱进行的第二次分配。但财政资金的投向历来是争议很多的一个大问题,静态地看似乎是一个零和方案,张三多一点李四就会少一点,那么是否只能将财政开支中的职工教育培训经费全部投入到贫困家庭、残疾人、下岗职工等弱势群体身上,而投入一部分到已经富裕的民企老总身上就一律不行?这样的行政服务、行政资助、行政奖励等行为,值得认真研究,需要从经济学、政治学、行政学、法学等多个角度来观察。

对浙江这件事,我个人的看法是:省人事厅的做法没有什么偏差和错误。这种行为放在甘肃、青海等西部省区,也许结论不一样,但当时在浙江就没有什么问题,因为浙江已存在这种强烈需求。在浙江,民营经济不只是占据了"半壁江山",而是占了全省GDP的70%以上、全省地方税收的60%以上、全省新增就业岗位的90%以上。但调查发现,在浙江,民营企业家近80%是农民出身,70%以上只有初中以下学历,人称"草根浙商",如何提高民营企业家的总体素质,成为地方政府的重要政策考虑。而且我国《宪法》已作出修改,要求为非公有制经济的生存发展创造更好的条件。《宪法》中关于国家与非公有制经济的关系,不再仅仅是以前的"引导、监督、管理"这三个词就可概括了,而是采用了"鼓励、支持、引导、监督、管理"这样五个词,其中增加了"鼓励、支持"两个词来表述,以此对非公有制经济政策作出重大调整。国家不仅要引导非公有制经济的发展,还要鼓励、支持它的发展。地方政府如果不做组织民营企业老总培训的事,算不算违宪、违法、失职呢?难道政府只能送国有企业老总进党校、行政学院、高校培训提高,甚至花巨资送他们到国外去"开眼界"?

在浙江,非公有制经济现在是"第一纳税大户",地方政府在财政开支中的"职工教育培训经费"这块蛋糕上切下一小块用于提高民企管理者素质,作为对非公有制经济发展的一种行政服务、行政资助、行政奖励,为何不可以呢?首先,这本身就应当视为非公有制经济作出巨大社会贡献后获得的评价和回报;更重要的在于,它是政府作出的一种政策导向,也即鼓励、支持非公有制经济的发展和民营企业家队伍的成长,并号召其他经济成分和人员向他们学习。再说,让民营企业家到清华大学(或其他教育培训机构)学习培训,具有开阔视野、提高素质、增强能力的作用。民企老总们有管理经验,也有局限性,有时候就差捅破一层窗户纸。经过高水平、高强度、针对性强的短期培训(据说这个培训班的课程是为浙江民营企业家量身定做的),一旦捅破了这层窗户纸,他们的素质、能力提高之后,或者说促使其养成注重学习现代管理知识、不断提高自身素养的习惯之后,对其经济发展肯定会产生积极影响,从而也会帮助政府和社会解决更多问题。试想,政府埋单的这首期40多万元学费,如果能够按主办者预期的那样见到成效,切实促进民企进一步发展,新增更多的就业岗位,增加更多的税收,那将使多少贫困家庭、残疾人、下岗职工等弱势群体因此受惠?

关键是必须认识到,鼓励、扶持、保障各种经济成分健康成长,已经成为现代政府的一项职能。传统上认为,"管得最少的政府是最好的政府",生存竞争只是企业自身的问题,政府不用管。在那样的时代,"三个官"——税官、警官、军官——组成的政府就能维持社会正常运转了。但现在早已不是那样的时代了,"管得最少的政府是最好的政府"已是超出现实的过时观念。现在,经济、社会、科技飞速发展,行政机关的职能已经大大扩展,甚至可以说在很大程度上集立法、行政、司法三种功能于一身。为什么呢?因为即便是全能、专职的议员也已经不能及时地为有效的行政管理提供全部行为规则,随着经济、社会、科技飞速发展,像现代金融、虚拟世界、克隆技术等都不是一般的议员所熟悉的,何谈及时、充分的立法?传统的"依法律行政"已经不能及时、充分地适应社会发展的要求。行政立法(也即行政机关制定的具有法律约束力的行为规则)看起来似乎不太合理,因为存在自己立法自己遵守之嫌,但却是没有办法的办法,有其必然性。行政司法行为的制度化运行与此同理。可见,政府承担鼓励、扶持、保障各种经济成分健康成长的职能,也是当下我国社会发展对于行政服务和服务型政府的需求,不能采取简单排斥的态度。我的上述意见引起了大家的关注和争论。

案例二:广州鼓励市民拍摄违章照片、启东鼓励司机协助治安管理引发争议——人们应如何认识和对待当下的参与行政?

大家知道,像广州这样的特大型城市,每天有几百万辆汽车行驶在城市的道路上,但执勤的交通警察只有区区几千名,违章事件非常多,交通警察管不过来,市民和政府都不满意。广州市公安机关为解决城市管理中的这一突出问题,决定发动人民群众来协助交通管理,以降低交通事故发生率。他们于2003年7月下发了一个规范性文件《关于奖励市民拍摄交通违章的通告》,推出"拍摄交通违章有奖"活动,鼓励市民拍摄交通违章照片提供给公安交通管理部门,以此作为线索去调查处理违章车辆,经查证属实的给予提供者一定奖励。这时,有些市民就发现,这也是一个不错的挣钱谋生方式,于是一些人成为"职业拍车族"。① 后来有一位因此受到处罚的广州市民赖先生认为,公安机关把国家赋予的行政处罚权交给老百姓行使,是没有依法行政的表现,"职业拍车族"拍下的违章照片不能采用,对以此为证据作出罚款100元的行政处罚不服,因而提起了诉讼。广州中院在2004年11月作出生效判决,否定了广州市公安局的做法,认为由市民拍摄的交通违章照片不能直接作为处罚证据,作为公安机关行政处罚权的调查取证权不能委托公民行使。

这时应该怎么处理呢?尽管这项行政执法新举措出台前,广州市公安局也经过了专门调研,经过认真研究、慎重决策,还正式颁布了行政规范性文件加以实施,想以此克服人手不足的困难,发动市民协助搞好交通管理。这项活动开展后取得积极效果,在广大驾驶员中产生了一定的影响力,20多条试行路段遵守交通法律规定的比率明显提高,交通秩序明显改善。在该活动推行过程中,公安机关对于对市民提供的"违章照片"进行严格审查核实,合格的予以采用,有作弊行为的一律不予采用,还要取消其"职业拍车族"的资格。但是,当地人民法院运用审判权将"鼓励市民拍摄违章照片"的探索行为否定后,广州市公安机关顶不住各方面压力,最终只好将这个活动暂停实施。同时他们也感到委屈,认为这不过是一种行政奖励办法,给予奖励是为了补偿拍摄者的成本;而且并不是市民提供的所有照片都会被采用,公安机关还要进行审查,看它们是否符合证据"三性"(客观性、关联性、合法性)的要求,符合的才予以采用。总之,由于行政执法机关顶不住压力,使得此项基本符合我们党的群众路线,也符合行政民主化的当今世界潮流的行政管理新举措——鼓励市民参与交通行政管理的新举措就此夭折了,教训很大、很深,大家都感到非常郁闷、丧气。

情形与此相似但结果截然不同的另一个事例发生在江苏。2006年3月,江苏省南通市下属的启东市公安局出台了一个规范性文件《出租、客运车辆驾驶员维护社会治安有功行为奖励办法》,规定各类车辆驾驶员如果协助公安机关进行社会治安管理,抓获或者扭送交通逃逸者或其他犯罪逃窜者等违法犯

---

① "职业拍车族"与广州市公安机关签订了《拍摄交通违章承诺书》,承诺遵守法律规定,确保其提供资料的真实性、合法性。虽然交通违章的事情经常、大量发生,但要抓拍到也不容易,于是个别人想出了谋取不义之财的歪点子(例如,伪造、合成"违章照片",或者在道路狭窄地段放置石块等方法造成行车不便),通过"制造"交通违章来"创收",这种做法尤其引起争议。但这种"创收"行为,显然是一种应受惩处的违法行为,属于另一种法律关系。

罪嫌疑人,或者有效制止违法犯罪,或者通过各种方式提供违法犯罪线索协助破获案件,构成立功行为的,除了给予经济奖励,还根据立功程度相应扣减其交通违章处罚记分。这也引起了很大的争议。有人批评说:公安机关怎么可以这样做呢?交通违章依照《道路交通安全法》应当罚分,超过一定的分数要回驾校重新学习交通法规的;公安机关随便给他扣减了,这样不是就会放纵他,让他成为"马路杀手"吗?假设某人眼看罚分积累很多,快要被赶回培训机构重新学习交通法规了,他不就会赶紧设法去抓两个违法违章的人争取立功扣减罚分吗?据我所知,启东市公安局局长在接受中央人民广播电台记者采访时表示,对于媒体的严厉批评深感委屈,但同时也坚决地表示,他们是经过反复调查研究后才决定采取这一举措的,是为了倡导与不良现象作斗争的良好社会风气,他们有权这样去做,因为他们没有别的资源去激励这些协助行为,但是可以扣减立功者的交通违章处罚记分。他认为,真正敢于在关键时刻挺身而出的见义勇为者,往往是自觉遵纪守法的公民,一般他们违法违章的情况很少,也不需要、不可能那样去投机取巧。他还表示启东公安机关会坚持尝试去做,除非撤他的职。

  启东这样做到底行不行?我认为这样的事情可能一下子还看不太准,但应当允许它去试,给它一个周期,通过实践来检验。后面提到的"呼死你",在一些地方就是刚刚一出台就被完全否定掉了;广州公安机关鼓励市民拍摄交通违章照片,也是生效判决一下来就马上夭折。我觉得这不是好办法。这样做怎么能够通过实践的检验来发现并扶持具备合法性、合理性、合目的性(符合行政管理的目标)的新事物呢?实践是检验真理的唯一标准。很多新举措、新政策都需要实行一段时间才能逐步见到效果,不要刚刚一出台就简单地把它否定掉。对于新生事物要宽容,要容许试、容许看。

  启东的做法,实际上很多地方也在尝试,我刚听说苏州也有这样的规定,北京也在这样做。① 公安机关利用其掌控的资源(例如交通违章处罚记分的调整)实施行政奖励、行政指导等新的管理方法,当下的行政管理实践中已有

---

  ① 一开始我也不知道北京有这种规定,后来在报纸上看到这样一条消息:一个人交通违章肇事后逃逸,一个目击者加快车速冒着巨大风险去追。大家知道,车辆追逐是非常危险的一件事。最后,终于追上逃逸车辆,把它堵截在立交桥的边上。见义勇为者就立功了,应当受奖。但是,公安机关发现驾车追逃者是一个公司老总,是一个模范的驾车人,想给他扣减罚分都不需要,因为他的驾照档案中,当年连一分都没有被扣过。看过这则消息我才知道原来北京也在这么做,但不记得以前是否公布过类似启东市这样的规范性文件,也许属于内部规定没有向外部宣传,或是一个行政惯例。

大量的这种行政管理革新举措,但是它究竟有没有法律依据?是否具有正当性、合法性、合理性?还值得认真分析研究。① 这件事情一直在争论中,人们对它的认识也在变化中。例如,武汉市在实施很长时间之后,又以创新举措的效果不明显为由,于2010年宣布取消对于提供所拍违反交通管理法规行为的照片、协助公安机关执法者的行政奖励措施,人们对此意见纷纭。希望能在宽松的舆论环境下经过更多、更深入的思考讨论后得出科学结论,深化共同认识。

案例三:银川、南京、杭州、北京等地采用"呼死你"遭非议导致进退两难——行政机关是以恶对恶还是正当之举?

大家知道,很多城市街头张贴、散发、喷涂的小广告(又称城市"牛皮癣")长期以来难以治理,人民群众和人民政府都不满意,成为我国城市管理的"老大难"问题。几年前,深圳一家公司开发出一种叫做电子语音提示器的软件系统,俗称"呼死你"。他们开发的这个软件可以提供给城市管理机关(城管局、城管执法大队)作为治理城市"牛皮癣"的手段。采用此手段后,小广告张贴者拿起电话准备接听或是呼叫的时候,电话里就会传来语音提示,告知他违反了有关城市管理法律规定,限期去城管执法机关接受调查处理;即便他不拿起电话来呼叫,该电子系统也可间歇性地呼叫他,好似有人打进电话来了一样。宁夏银川、江苏南京、浙江杭州、广东深圳、北京等地城管执法机关都采用过此手段,也收到一定成效。

"呼死你"用于城市管理执法,引起非常大的争议。各种媒体特别是网络上都有很多评论文章,但是意见相差很大。评论文章以否定意见居上风,认为是以恶对恶,是不人道、高风险的侵权行为。假如人家真的失火或心脏病突发,却因为电话使用不畅,不能及时通话,导致人员伤亡怎么办?假如某人违法张贴小广告,却使其付出失去生命的代价,这是否符合当代行政法的比例原则?否定意见还认为,城管执法机关采用"呼死你",还容易被居心不良的人利用去坑害人。比如,张三想陷害李四,他就张贴一张小广告,印上李四的电话

---

① 我国《刑法》第68条规定,犯罪嫌疑人和罪犯有立功表现的可以从轻或者减轻处罚,有重大立功表现的可以减轻或者免除处罚。按照举重以明轻的法理,违法行为人和受到行政处罚者如果作出了提供治安信息、协助抓住逃犯等为维护社会治安的有功行为,当然也可以从轻或者减轻行政处罚,有重大立功行为的也可以减轻或者免除行政处罚。而且启东市公安局出台的前述文件是根据《江苏省公安机关表彰奖励提供治安信息暂行办法》和《南通市出租汽车行业等从业人员提供治安信息有功人员奖励细则》作出的,还不能说它是毫无依据的。

号码,随后城管部门就会找李四的麻烦。

我曾与城管执法机关的同志交流,发现他们对此深感委屈。他们表示,尽管采用"呼死你"乃是针对城市"牛皮癣"这一城管"老大难"问题而采取的无奈之举,但他们是经过调查研究、深思熟虑的,是有法可依的。深圳城市管理执法部门一位负责同志曾向我介绍说,他们在决定采用"呼死你"的时候,曾专门研究过法律依据问题,还曾专门派人到各地去考察取经,回来后加以改进:先取证,然后再采取手段;而且比较人性化,一开始间歇期设置得比较长,然后才逐步缩短。尽管如此,城管执法机关的同志还是心存顾虑,常常担心何时就突然冒出一个由于"呼死你"而导致的人员伤亡意外,那将非常棘手。

意见的分歧导致"呼死你"的采用陷入进退两难的境地,有许多地方就取消或暂停了这种做法。假如你是某个城管执法机关的负责人,你与你的同事将如何选择?是继续做下去,还是停下来?如果你们是改革者,能否顶住压力坚持下去?

补充介绍一个新情况:北京市于 2006 年 5 月正式启动了主要为治理城市"牛皮癣"的城市环境整治统一行动,由市政府和"2008"环境建设指挥部的领导同志率队,整合十多个行政执法部门的力量,开展针对非法张贴、散发、喷涂小广告行为的专项整治工作。专项整治队伍集中在 134 个重点整治区,通过拍照、电话确认收集整理违法张贴散发小广告的证据材料,核实后进行处罚。对第一次查获的张贴、散发小广告者,处以 100 元至 1000 元的罚款;对两次以上张贴、散发小广告造成恶劣影响且经教育不改的人员,处以 1000 元至 10000 元的罚款,并视情节予以拘留或者劳动教养。第一次整治行动就取得了"辉煌战绩",一下子拘留了一百多人,市容环境卫生秩序有所好转。尽管受到很多批评和质疑,但北京市政府和有关行政执法部门的决心仍然很大,他们表示要顶住压力,一定要坚持采用强力措施,坚决治理好城市"牛皮癣",要以整洁靓丽的市容面貌迎接 2008 年北京奥运会。后来的实践证明,他们的行动达到了预期目的。

这个案例表明,行政管理新举措带给人们的好处很大、诱惑不小,但也争议很大、困惑不小,理论工作者必须给予回答。例如,如果认为采用"呼死你"的方向正确,但存在程序方面的瑕疵,那就需要坚持采用并认真加以改进。

案例四:北京等地安装电子眼和流动电子眼用于交通安全管理引发争议——杜宝良案件带给我们什么启发?

从农村来北京城里经营蔬菜生意的杜宝良先生,在住家附近一条单行线的小胡同断续地闯禁行总共 105 次,被电子眼拍摄下来,一次偶然机会得知此事后他去交了罚款10500元。媒体对此曝光后,引起巨大争议,舆论大都指责公安交通管理机关没有尽到告知义务,怀疑他们不及时制止杜宝良违章行为的动机不纯。有关公安交通管理部门也感到委屈,声称他们发现其违章行为后,曾以电话、信函的方式多次通知杜宝良未果,由于其变更地址和电话号码后没有告诉公安交通管理部门,所以无法通知到。于是,舆论又纷纷将矛头指向电子警察(电子眼),认为采用电子警察是公安交通机关迷信技术、贪图省事、逃避责任的表现,是一种缺乏沟通、缺乏人性、冷冰冰的简单化管理手段。问题在于,公安交通机关在行政执法中采用电子眼(包括固定的电子眼以及流动电子眼,后者就是警察手中拿着DV灵活地随处拍摄,例如骑警坐在行驶中的摩托车后座上进行拍摄),这是否合法、是否合理、是否人道?

媒体对此案报道很多,关注的问题点也很多,总体上看,大多是一些负面的评价。其中一个争论较多的问题是"交通违章通知应如何送达违章者?"我们知道,一个公民经过专门培训考核合格拿到驾照后,公安交通管理机关与之有个约定,事先告诉你交通违章信息在哪里公示,如何通过电话、上网等方式查询。① 本案中,杜宝良受到行政处罚后,在舆论和朋友的支持下向人民法院提起了诉讼,声称自己一直不知道违章了,因为没有收到过违章通知,加之不会上网查询,而且太忙也没时间打电话、上网查询。他怀疑执法机关故意不及时通知,目的就是要多罚款。媒体对杜宝良案件加大报道力度以后,被告有关公安交通管理部门深感舆论压力太大,只好委曲求全地与之达成妥协,将收取的罚款退还杜宝良,并由他提出撤诉。在巨大的舆论压力下,北京市以及其他一些地方的有关政府部门顶不住了,在警示、告知和处理交通违章的问题上开始改变做法,作出了很大的迁就、退让。例如,北京市公安交通管理局随后就明确宣布,今后必须在设置了电子眼的地方安放非常醒目的标识,提前和明确

---

① 当然,交通违章告知是需要成本的,入门级的、最基本的一般告知方式,理应经过调查研究、征求意见、专家论证、听证会之后加以确定并公告,同时提供一些需要花费更多成本的"告知方式套餐包",供有特殊需求的个别驾车人选用并由其埋单。目前在我国,"有车族"还是社会中的少数群体,针对"有车族"的行政管理行为,政府埋单能力和范围无疑是有限的。必须坚持合理的财政负担原则和便民、高效原则,既不能仅由公安交通机关闭门造车、强加于人,也不能听凭"有车族"提出任何要求后概由政府埋单。杜宝良案件发生后,已有通讯公司、中介服务公司捕捉商机增设了交通违章信息特别告知业务,收取客户一定费用后按照其要求在第一时间将其交通违章信息通知到客户本人甚至受托代缴罚款,已能妥善解决个别"有车族"的特殊要求。上述做法可概括为"一般告知方式由政府埋单,特别告知方式由个人埋单"。

地告知驾车人;江苏省公安机关随后也明确宣布,同一车辆在同一地点的同一种交通违法行为被"电子警察"记录达3次而交警部门未能通知到违法者的,对其后相同交通违法行为一律不得予以处罚;还有的地方表示不能以电子眼来代替交警执法,在主要路段、路口和时间段仍须安排执勤交警,等等。

问题在于,行政执法中使用新技术手段是否就是不人道、行不通,到底哪种方法更人道、更符合法治精神?交通违章信息送达是否要由政府机关穷尽一切手段、承担一切费用?有人说,流动电子眼隐藏着,让人看不见,像特务一样,我没法知道我违章了,你执法机关为什么不设一个交警站在那个路口、路段执法呢?这就值得我们思考,为什么一定要认为安装了电子眼代替人工就不人道、不合法呢?想想看,盛夏的气温那么高,非要一个交通警察站在那烈日酷暑下的十字路口执勤才算合法、人道吗?阳光暴晒下的马路,气温高达五六十度,汽车尾气非常严重,为什么交警就不可以借助现代高科技手段在树荫下执勤、流动着执勤?许多职业的从业人员可以在四季恒温、宽敞舒适的高级写字楼里一边喝茶看报上网就算上班且有高薪,为什么一定要交警站在烈日下晒得黑黝黝的,连找对象都很困难,这就是人道吗?据说第一线交警的平均寿命只有50多岁,为什么不能给他们创造一个更好的工作环境?为什么大量的高科技手段发明出来后,行政执法机关却不能尽量采用,而只能继续采用低效率的传统手段呢?

有人说,只有人工执法才有灵活性,才会比较人道,电子眼冷冰冰的,没有人情味儿。事实并非完全如此,甚至可能恰恰相反。曾有这样一个案例:某地一位孕妇难产,出租车司机拉着她飞奔去医院,开快车闯红灯后被拦下来,那位交警一定要他去交警机关按严格繁琐的程序接受处罚。出租车司机说,求你先放行,救人要紧,你把我的车牌记下来,待我把孕妇送到医院后随即来接受违章处罚,再多罚款我都愿意承担。但警察说不行,这是制度,要严格执法,必须按程序办事,拒绝了司机和家属的万般恳求,执意按常规走完执法程序。这一过程中,可能由于双方心情的反差,发生了一些言语冲突。争执的最后结果呢,造成"两死一伤":孕妇和胎儿都死亡了,出租车司机想学雷锋但不让他学,深感委屈,内心受伤。假设这里安装的是电子眼,由电子眼进行监控,那辆违章出租车就开过去了,也许两条人命就保住了,随后再接受违章处罚,这相比那位交警现场执法,是不是会更人道一点呢?我觉得,人工执法的确有更多灵活性,但如果执法者没有现代社会最基本的人道主义观念和实质法治理念来思考执法问题,比如他不知道生命是最可贵的、最脆弱的,生命权是最优先、最高价值的人权,一般法律制度在人的生命、生命权面前是要让步的,那我想即使是最好的法律制度也不能尽如人意,也会让鲜活的生命在僵硬的法条面前冤屈地死去。① 这就是缺乏生命尊重意识、教条主义执法、绝对形式法治主义的弊端。至于违法违章的警告、处罚信息送达方式及其成本问题,也需要综合考量、妥善处理。正因为如此,像杜宝良案件这样的典型案例不能轻易放过去,需要人们深入地进行思考讨论。

通过上面的例子,我们可以领悟到,一些具体的行政管理新举措引起的争议,必须与具体的时代相结合,在具体的语境中以现代法治观念去看待其涉及的各种社会、道德和法律问题。

近年来行政管理新举措引起争议和矛盾的事例还有很多。比如,国家环保总局推出领导干部环保政绩考核制(一票否决制)后受到变相抵制、冷遇;江苏省公安机关实行"三留一鉴"引发争议;②等等。就在我修改稿子的过程中,媒体又不断披露和讨论了许多有意思的此类案例和事例。③ 限于时间关系,这里就不具体展开了。以上这些典型案例和事例,都是行政机关推出的新举措、新机制、新方法,但它们却引起不同的评价。那么该如何看待这种现象?用什么样的观念来评价它?如果用传统的行政法观念来评价,可能是一种结论;如果用新观念来评价,也可能得出完全不同的结论。这就值得我们进一步加以思考。

---

① 我们可以进一步设想,如果行政执法人员没有尊重生命、保障人权的意识,即便采用的是电子眼或流动的电子眼,他一旦发现目标后也会设法在下面的路口坚决拦截住那辆出租车加以"严格执法",一步步按常规走完繁琐的执法程序,同样会造成"两死一伤"的严重后果。

② "三留一鉴"是指江苏省公安机关规定,对于有违法犯罪嫌疑或被重点盘查的公民,要留照片、留指纹、留血样、鉴定DNA等等。而且"三留一鉴"在办案所涉人员中所占比例成为考核警察的标准,比例高的给予表扬、发给奖金。由于对依此规定作出的管理行为不服,还有公民提起过行政诉讼。

③ 例如,福建省漳州市政府曾作出决定,当地纳税大户民营企业家的子女2006年的中考成绩,可增加20分作为奖励,将此作为促进非公有制经济发展的配套举措之一推出,这种"父辈功德荫及子女"的做法是否具有合法性与合理性? 再如,沈阳市政府最近作出决定,要采取优惠政策并提供良好服务,建设和发展起一至二片能够吸引外国人集中居住的区域,将此作为改善投资环境的配套举措之一推出,这种做法是否"超国民待遇"? 有无崇洋媚外的嫌疑? 一些地方政府不断推出的此类行政管理新做法,其利弊得失不是轻易就可作出明确判断的,值得我们认真研究。

二、行政管理改革创新的背景原因——改革深化与科技革命

以上举例简要讨论的,只是偶然想到的几个争议性案例,但已可看出它不是局部的、个别的、偶然的现象,即便是偶然性事件,当中也有必然性。可以说,近年来大量出现的行政管理新举措,绝不是偶然出现、局部存在的情况,而是自上而下、自下而上、多种多样的,我把它概括为由点到面、上下互动、系统全面、逐渐推开的发展进程,而且肯定有一定的背景、一定的规律性在其中,也许这就是一个时代潮流。我们应当去发现它,去认真思考它。当下的行政管理革新是一个宏大的系统工程,在体制、机制、方法、立法等方面都发生着或快或慢、或深或浅的变化,这些变化的背景因素是什么?我把它概括为两条:改革的深化和科技的革命。本来还有观念的更新也非常重要,容我另找机会加以分析讨论。现分述如下两大背景因素:

(一)经政改革的深化

我们知道,已进行多年的我国经济体制改革取得了伟大的成就,有目共睹,不能否认,需要深化,这一点可以说毋庸置疑。同时,经济体制改革的深化已经很难了,必须要有相配套的政治体制改革的深化,才能够相互促进、有效推进、继续深化,否则经济体制改革难以深入推进,难有较大发展。问题在于,现在我们提出政府改革居于当前改革的首位,那是否意味着能够把政治体制改革全面系统地推进呢?恐怕还不行,因为这方面改革的某些部分比较敏感,政治敏锐性太强。但也有一些部分敏感性不那么强,可以更多地选择时机陆续推出,那就是我们的行政管理体制、机制、方法的革新,因此它就成为广义上的政治体制改革中比较活跃且比较稳健的部分,这是大的背景。可以说,这就是近几年来我国社会生活中,与行政管理和行政法制有关的革新举措较多地推出,因此较常发生争议并引起社会广泛关注的一个原因。前面讨论过的那些案例和事例,就说明了这一点。

(二)科技革命的影响

高新技术日益广泛运用,对社会生活带来巨大影响,还深刻地影响着行政管理和行政法制的发展。例如,河南省曾率先探索赋予35个县(含县级市)以

地级市的经济管理权限,由省直接管县,赋予其地市级经济管理权限。河南为什么要搞这种改革呢？因为有一种说法,说要省直管县,行政管理体制上要做这样的一种探索。但传统管理理论认为,一个上级管理6~8个下属是最佳的管理幅度;现在推行办公方式电子化,管理效率前所未有地提高,行政管理幅度大大扩展,可以实行扁平化的管理组织体系。可见,河南省的这项革新举措是推行电子政务和行政管理理念变化的结果。

又如,大家都知道行政法具有变动性强、量多面广等特点,一直以来人们普遍认为行政法不可能有统一法典,1994年的荷兰行政法通则其实也只是框架性的立法,谈不上真正意义上的实体为主的统一法典。但现代科技迅速发展,特别是电子计算机的发展,有无可能使我们拥有一部实体为主的统一行政法法典呢？我认为在不久的将来完全有这个可能。因为我们可以事先给电脑一些规则,当新的法律、法规、规章出台后,电脑就能按规则消除其与此前所有法律规范之间的矛盾冲突,这就会使得行政法不再只是汇编而是编纂,这就可以形成法典(例如"2056年4月25日电子版的某某行政法典")。高新技术带来的影响(包括前面提到的采用"电子眼"及其他检测管理手段),把行政管理和行政法制的面貌大大改变了,相应的法律规则和理念也必须进行调整。否则,没有适应于社会变化的法治理念,法律规则就不能很好地运行。首先,你没法制定出相应的法律规范出来;即便制定出来了,也不能很好地实施。

这就是我们必须把握的两大背景,经济政治的改革深化和高新技术的广泛运用,给我们带来了很大的冲击和影响。

三、行政管理改革创新的动向——柔性管理、高效管理和方法创新

在前面所说的背景因素作用下,行政管理革新的大趋势、大方向如何？我的看法是:我国行政法制和行政法学正处于转型发展的过程中——行政法制实践在行政民主化、科学化、法治化的世界潮流影响下,在以人为本的价值目标引导下,正在走向柔性管理和高效管理,着力方式方法创新,这是成本低、风险低、效率高、成效稳健、易达共识的一种选择;行政法学的学科体系正发生前所未有的重大变化,行政法的原则、主体、行为、方法、程序、监督、救济等理论

---

① 这有点像经济体制改革之初设立计划单列市,中央赋予其副省级的经济管理权限,重庆、大连、青岛都属于这种情况。比如说,当时中央直接给重庆市下达经济指标,虽然也要通过四川省转发,但指标已经是确定给重庆市的,到四川省后不会再划分给别的地市,只能给重庆市,这称为"经济直管体制"。

认识,都或多或少、或深或浅地发生了变化,并深刻影响着行政法制实践。我看了近年来苏州大学、中国人民大学、中国政法大学的一些博士学位论文,感到具有学术敏锐性的博士生已首先触及这一发展动向。究竟有怎样的实务和学科发展动向呢,我觉得至少下面三点值得特别关注:

(一)柔性管理——"以人为本、行政民主"的内在要求

首先,要实行柔性管理。并非所有的行政管理行为都需要采取强制的方式,如果那样做,就会造成行政机关与行政相对人之间的普遍冲突、尖锐对立,不利于建设和谐社会。其次,要注重行政谦抑。过去的行政管理是强权行政、高权行政,行政机关高高在上,现在要自我约束。再次,要实行民主行政。公民和社会组织更多、更积极地参与到行政管理和行政法制实务中来,开始成为普遍共识、基本要求和行为模式。第四,要追求政民互动、和谐。这也是一个趋势,现在很多行政管理改革创新都体现了这样一个要求。这也是我国构建和谐社会、改善政府形象的内在要求。

我注意到现在不少博士生、硕士生的毕业论文选题都体现了这样一个方向,即柔性的行政管理机制所倡导的行为方式,如行政指导、行政合同。行政指导相对人可选择接受或不接受行政指导,即便不接受,也不会因此承担法律责任;行政合同的协商过程中,行政相对人可以与政府机关进行协商,就某些内容讨价还价。另外还有行政资助、行政奖励、行政经营、指导性的行政计划和规划,这些都是新型行政方式,是更多地尊重对方意愿的人性化、柔性化的行政管理方式。

几年前,中国人民大学的一位博士生曾写过一篇毕业论文,她认为当代的行政行为应当是双向、多要素构成的。怎么划分强制性的行政行为和非强制性的行政行为呢?由于行政行为的主体是由行政机关和行政相对人共同构成的,如果行政机关的意志占上风,就属于强制性的行政行为,如果行政相对人的意志占上风,就属于非强制性的行政行为;做出行政行为的双方都是主体,叫做行政行为的共同承担者。她认为这样一种划分,符合当代行政民主的潮流;她还主张在行政管理实务中要更多地采用非强制的行为方式。这是一个新观点,能否获得理论上的更多支持呢?在她的论文还没有写完之际,一位大名鼎鼎的教授——日本行政法学泰斗南博方先生,从日本来到北京参加学术会议,我们邀请他到中国人民大学作了一次学术演讲。他在回答这个博士生提问时明确表示,当代的行政行为就是多要素的、双向的、共同的。我利用当主持人的机会特别追问他一句:您说的是不是协助?是不是指行政相对人参与到行政行为过程中去的权利或者协助执法的义务?如果是这样的话,这只

是给行政机关作出行政行为创造条件,行政行为还是由行政机关一方做出。我给他举例介绍了广州市公安机关鼓励市民拍摄交通违章照片这个案件。当初我在一些报刊发表文章为广州市公安机关辩护时,是说那些拍照者并非与公安机关共同行使行政处罚权,而只是提供线索,这只是公民协助行政的一种义务,同时也是一种参与权利,叫行政协力,让行政相对人参与到行政管理过程中来,参与行政是一个世界潮流。① 但南博方先生针对提问予以回答说:可以认为是公民和行政机关共同构成该行政行为的主体,共同做出这个行为,成为共同的责任承担者,这是一个世界潮流。我追问南先生,是否仅限于日本学者持有这种观点?欧美学者是否也这样看?南博方先生是一个国际化的学者,经常与欧美学者交流,他说这就是世界潮流!而我们的一些教科书上说行政合同是双方行政行为,就已经受到严厉批评。批评者说,行政行为的定义就是单向的,怎么会是共同主体?怎么会共同作出行政行为?这与南博方先生的观点相去甚远。看来南教授七十多岁了还非常前卫、敏锐,远远地走在学术前沿引领潮流!

笔者过去发表的一篇论文中专门讨论过:从世界政治与法律制度史的角度看,民主的发展脉络是从直接民主到间接民主,再回到直接民主与间接民主的结合也即综合民主;对于行政管理、行政法制实践来说,作为行政机关正当性基础的代议制民主是间接民主,行政相对人直接参加到行政活动中来是直接民主,当下行政管理实践中越来越多地增加了直接民主的成分,二者不可偏废,相互密切联系、相互发生作用,出现新的民主形态——综合民主,它促使当代行政管理和行政法的主体理论、行为理论、监督救济理论都发生很大变化。② 这就是注重人本身、强调新民主,对我们整个的行政管理或行政法治发展带来的一种影响或发展趋势。换句话说,真正做到行政相对人更多地参与到行政管理、行政法制工作中来,这是它得以发生的大背景或发展趋势。

---

① 2005年5月在台北召开的海峡两岸行政法学术研讨会的主题之一就是行政协力。那么行政协力是行政相对人的权利还是义务?会议一开始还将行政协力大致定位于一种义务,研讨会开完之后大致形成的共识是:行政协力既是权利也是义务。我在会上曾力主这个观点。但是我在论证广州公安机关鼓励市民拍摄交通违章照片案例时并没有这样分析,只是非常保守地说,照片提供者并不是在执法,他只是在提供线索,行政机关可决定是否采用。

② 参见莫于川:《宪政视野下我国行政法的民主化发展趋势分析——民主行政法论纲》,载北京大学法学院:《润物无声——中国宪政之路》,法律出版社2004年版,第224~235页。

(二)高效管理——采用高新科学技术带来巨大冲击和深刻影响

高新技术的采用对于行政管理和行政法制实务带来的冲击和影响,常常让人们大跌眼镜,人们对它的认识还远远不充分。原先认为不可能实现的事,往往因为高新技术的积极采用而变得可以做到了。例如,"电子眼"、"呼死你"、行政相对人信用档案库、电子政务信息平台等等,这样一些高新技术的采用及其形成的人机系统,能够给行政相对人、给行政管理机关带来诸多便利和利益,也提出了更高的要求。对于高新技术,既不要刻意躲避,也不要过分苛求,而需要从科学发展观的角度来加以充分认识和积极采用。要兼顾平衡公平与效率、私益与公益、人权与秩序,这些都是需要我们认真考量的。当然,从本质上说,高效管理也是柔性管理的必然要求;或者说,作为一个前提,采用高新技术追求高效管理之时,还必须符合柔性管理的要求。

(三)方法创新——行政管理改革创新的突破口和稳健路径

地方可以侧重进行经济与社会管理方面的改革创新,它们有这样的法定权限。因为这不涉及犯罪和刑罚、剥夺政治权利、限制人身自由和司法制度等严格的法律保留事项。相对来说,其方法创新成本更低一点、风险更小一点、更稳健一点、更灵活一点、更易于操作一点,应当作为当下行政管理革新的突破口。当然,体制、机制、立法等比较宏观的革新也很重要,但难度更大,更需要稳健推进。基于这样的认识,我一直比较关注一些新型的行政管理方式方法的采用,我觉得行政管理方式方法的创新可以在行政机关的权限范围内积极尝试、广泛推行。2004年国务院颁发《全面推进依法行政实施纲要》(我曾参与该法律文件草案的起草工作),其中有这样一层意思:能够推进的,稳健一点的,难度小一点的,要更加积极地推进。所以其中第9条规定:推进依法行政过程中"要改革行政管理方式……充分发挥行政规划、行政指导、行政合同等方式的作用"。所以我认为,积极采用行政规划(计划)、行政指导、行政合同、行政资助、行政奖励、行政协调等新的行政管理方式方法,应当作为行政管理方法创新的一个重点或突破口。这里限于篇幅,只能就行政指导的问题略加讨论,留待以后有机会再来系统研讨阐述吧。

我长期研究行政指导的理论发展和实践效果。那么行政指导这种方法能不能在行政管理实务中采用呢?能用于哪些地方呢?举一个例子来说吧。福建省泉州市工商系统近年来一直在进行这方面的探索,2005年年初开始了正规化的行政指导工作试点。到2007年11月,福建省工商系统在泉州市召开了现场观摩会,学习交流工商行政指导的试点经验。2007年12月,在中国人民大学宪政与行政法治研究中心召开了一个大型的理论研讨会,专门对泉州经验进行了热烈讨论。其中有这样一个案例:泉州市德化浉中那个地方有7个加油站,一直没有营业执照,是简单地取缔掉呢?还是采用其他方法?按照一般的思维,肯定要将其取缔,但当地工商管理机关没有这么做。因为他们正在进行工商行政指导工作试点,采用了行政指导的方法来处理这件事。他们经过认真调查研究发现,这些加油站没有经营执照,有多方面原因,不仅仅是经营者的主观原因,也有某些行政机关方面的责任;而且当地存在对于加油站的实际需求,否则这些加油站也生存不下去。于是,他们宣传法律和政策规定以及有关道理,指导这些企业停业整顿,然后区分情况加以处理:具备条件的,就积极协调有关行政机关一道,帮助其办理营业执照;不符合条件的,就指导帮助其转业。最后,有5家加油站完善了手续,办理了营业执照,恢复了营业,另外2家就转业经营了,这个事情就这样得以妥善处理,也得到当地政府的充分肯定。

但是,对于泉州工商机关采用这种规制性的行政指导措施来处理加油站问题,人们存在不同看法。例如,我在国家工商总局举办的专题研讨培训班上组织一部分地市工商局局长讨论德化浉中加油站案例时,就有许多工商局局长认为这是不依法办事的表现。至于助成性的行政指导措施,泉州工商机关的同志做得就更多了。比如,泉州市的安溪县,是著名的铁观音茶叶出产地,曾有三千多家低素质的茶叶企业。当地工商机关组织专业示范、经营指导和守法引导,帮助这些企业在竞争中逐步做大、做强,发展出一个很大的产业,当地民众大大受惠,政府也非常满意。泉州市洛江区有一个印制企业,曾经违规接受印制业务,印制出来的假商标就成了假货泛滥的源头。如果卡住这个源头,市场上的假冒伪劣就会少一点。当地工商局的同志就去提供指导,帮助该企业建立起一些有效的内部监督管理制度,弄得非常规范,企业尝到了守法经营的甜头,还被评为当地的"守合同、重信用企业"。那这种创新即行政指导的管理方法,能否在行政管理中运用?还有一类是调停性的行政指导措施,主要用于类似于企业间恶性竞争的一些事项和领域,泉州工商机关也进行了积极探索,效果也不错。

泉州工商机关为什么要进行这样的探索?因为他们决心打造和谐工商、法治工商、服务工商,如果成天疲于奔命,成了救火队,只能因袭驾轻就熟的一点现有方法,不能开拓新的渠道、采用新的方法,那怎么行呢?必须要有创新,运用新的方法来提高它整体的管理水平。泉州工商机关采用了行政指导的方法进行探索,取得明显成效,但是在工商系统内部对泉州工商行政指导试点也有不同看法。例如,2006年上半年连续四期全国地市工商局长培训班,都专门讨论了泉州的做法,有一期培训班约占10％的人不赞同这种做法,但有一期培训班约占60％的人不赞同这种做法。看来,对于这一类新的行政管理方法,人们意见很不一致。对此,我的意见是不要轻易否定,要让基层去试,去摸索经验。因为历史经验证明,很多行政管理改革创新甚至新的立法和制度建设决策,最初都来自于基层的大胆探索实践。

值得欣赏的是,福建省工商局对此非常支持,泉州市政府也表示支持这种做法,市长还专门对此做了批示。尽管国家工商总局非常谨慎,不轻易表态,但指导基层工作的《工商行政管理(半月刊)》曾在2006年第3期用30多页共4万字的篇幅,对泉州工商系统开展行政指导工作的做法进行了专题报道,其中还对我做了一个专门采访。① 该组文章引起非常大的反响,不少地方的工商机关以及其他行政机关的同志都专程去泉州工商机关考察学习。当然,后来工商总局决定在全国工商系统推广泉州工商机关行政指导的经验,效果很好。

简言之,必须坚持以人为本,坚持行政民主观和科学发展观,积极采用高新技术,注重探索方法创新,做到柔性管理、高效管理,这是行政管理革新的基本方向。我们要学会从这样的角度去看问题,凡是不符合这个方向的改革举措,比如前面提到的一些案例,严重影响民众利益和政府形象的,最终一定会被实践否定;如果某些新举措符合这个方向,尽管也会存在争论,但还是可以向前走,因为实践才是检验真理的唯一标准。我们平时接触的案例、事例、某个地方所做的一些革新,实际上只是一朵朵浪花,如果你看不到大的潮流,你就无法判断这朵浪花是美丽的还是危险的;只有看清这个大的潮流,才知道哪朵浪花是美丽的,然后在你的权限范围内作出这种改革创新,这样你就在引领潮流。例如,立案后需要下判,但在很多情况下并没有某个具体法律依据,或者法律规范之间发生矛盾,你怎么办?这对法官就是很大的考验。有的法官太过保守、一味请示,或者思想糊涂、行为随意,一不留神就成了改革阻力;有的法官高瞻远瞩、大胆创新,结果不出半年一年,新的司法解释出来,基本采纳了他的意见,甚至会推动有关法律、法规的出台,这种"法官造法"现象积极推动了法治发展的进程。因此我深感并希望大家都注意到:必须认清行政管理改革创新所处的历史阶段和发展趋势,只有这样,才能看到"大潮流中的浪花之美"。

---

① 刘安伟等:《福建省泉州市工商局行政指导》,载《工商行政管理》2006年第3期。

四、行政管理改革创新的基本界限——法治原则和实践标准

行政机关推进行政管理改革创新的时候,有没有一些原则来约束它的行为?或者说有没有一定的界限?我认为是有的。采用新方法、创立新制度也涉及一些规则,总体上我把它概括为四句话:(1)对于公民来说属于选择性、赋权(权利)性、授益性的制度规范可以宽松一点。(2)对于公民来说属于禁止性、限权(权利)性、损益性的规范则应非常谨慎和严格对待之。(3)创新举措的出发点、目的性必须正当,必须坚持以人为本,实现私益与公益、公平与效率、自由与秩序的兼顾平衡。(4)创新举措的社会效果应有助于贴近其出发点和归宿点。这几条原则,行政机关的革新举措与之符合者就应坚持实行,不符合者就应改正或摒弃。否则,就会像前面提到的一些事例,改革创新变了味,偏离了正确方向,民众反映强烈,政府形象受损。换言之,行政管理革新的界限应当且可以划出几条原则,最关键的是看这项改革创新的出发点、目的性和实际效果如何,而且对于不同功用的制度和方法创新可以采取不同的认同度、容忍度和支持度。从下面讨论的几个典型案例来看,其中确实存在不少问题,在动机、出发点或者社会效果方面出了问题。① 这就需要我们反思:行政管理革新应否有界限?如何确定其界限?

案例一:成都、广州等地在商场、车站等公共场所公布小偷照片、简历引发争议——是重复处罚还是行政指导?

据媒体报道,成都的某大型超市经常有小偷光顾,抓住之后除了给予一般的处罚外,还把他们的照片公布出来;广州的长途汽车站将多次抓住的小偷的照片、简历公布出来,包括姓名、性别、年龄、婚否等等,结果呢,一个农民认出其中一个女孩来了,"哟,这不是我们村的某某吗?"这样,那个女孩在当地就失去名誉,很难嫁出去了。各地的做法很不一样,有的是公安机关自己直接张贴,有的是委托企业张贴,也有的是企业申请得到允许之后公布出去。这也引发了争议:将那些曾有偷窃行为的人的照片、简历等公布出来,这是否一事再罚?因为他们偷窃被抓住后已经处罚过了,现在又公布其照片、简历,这是什么行为?是不是一种行政处罚?如果是,那么这种行政处罚行为有没有法律依据?是否兼具合法性与合理性?总的说来,批评意见很多,需要认真反思。

---

① 这里所讨论的也是曾在社会上引起很大争议的案例或事例,媒体特别是网络媒体上报道和讨论甚多,人所共知、极易查找,故本文未一一指明其出处。至于它们有无问题、有何问题,也是见仁见智、尚无定见,笔者试作探讨。

我认为这种公布照片、简历的做法是不恰当、不必要的。诚然,商场、车站的小偷太多,老百姓不满意,执法机关也很被动,究竟能采用什么办法,既能达到制止或防范偷窃行为的目的,也能避免违法侵权的风险?我认为可以找到一些办法。比如说,可以在小偷频繁行窃的商场门前树立一个警示牌:"此商场的扒窃现象严重,请各位女士/男士捂紧您的钱包!"可以打上几个大大的感叹号。采用这种办法,既不必公布曾有偷窃行为者的照片、姓名,又可以提醒消费者注意财物安全,达到警示目的,而且对该商场也是一种警示。这又是什么行为呢?我个人认为是行政指导行为。这样做,就不存在侵犯这些人的肖像、隐私等权利的嫌疑,也不涉及重复处罚的问题。

当然,行政机关不能包打天下,行政指导的作用也是有限的。如果有些顾客看到了警示牌仍抱持无所谓的态度,仍然粗心大意,丢了钱包确实就只能自认倒霉了,因为任何国家的任何商场都不可能聘用和派出成千上万的保安跟在每一位顾客后面加以专门保护,没有谁能够支付如此巨大的成本。这个案例说明(前述杜宝良案件的违章通知方式及其成本问题亦然),政府机关在实施公共管理、提供公共服务的问题上,能够有所作为,但也有一定界限,理性的做法是对公共管理的社会需求作出必要而适度的回应。

案例二:河北省政法委出台且由省政府转发的文件引发争议——地方政府机关是否伸手过长、越权行政?

河北省下发的这个文件之所以引发巨大争议,是因为它涉及民营企业家的"原罪"应否、如何追究的问题。所谓"原罪",是指某些民营企业家在创业初期曾不择手段"捞第一桶金"的时候,有过违法经营、偷逃税款、假冒欺骗等违法犯罪的行为,由于种种原因一直未受追究,那么后来发现后应否、如何予以追究。大家知道,前些年河北省由于程维高当政等缘故,经济发展一直不快,相对而言其民营经济尤其不发达。新一届党政领导班子上任后,一直想加快发展,但是前些时候发生了"孙大午案件",一个民营企业家为解决企业发展资金匮乏难题采用了不规范的操作,因涉嫌非法集资而被羁押了,在多方面力量介入后,该案大事化小得到解决,但这个案件似乎带给河北省的民营企业家一个强烈的负面信号,按民营企业家的说法是"河北的发展环境不宽松",那么谁还敢去河北投资办企业啊?河北省的领导班子很着急,为了改善当地投资环境,加快民营经济的发展,就由省政法委于2003年12月31日出台了《关于政法机关为完善社会主义市场经济体制创造良好环境的决定》。这个旨在改善投资环境的文件,其他条款都没有太大的问题,但有两条规定引起争议:一条规定是,对民营企业家的"原罪",已过追诉期的不得再予以追究;另一条规定是,尚在追诉期的,要综合考虑"原罪"性质、情节、后果、悔罪表现和该民企当前的经营状况及发展趋势,作出减轻、免除处罚或判处缓刑等灵活处理。这虽然是政法委的文件,但经过了省委、省政府转发(河北省委、省政府于2004年1月2日以冀字[2004]1号文件批转了该决定),也就是说经过了省政府的确认,成为一种政府行为,要对下级行政机关产生约束力、影响力。这前一条实际上是"此地无银三百两",不打自招地暴露了当地过去没有严格依法办事,存在大量"过了追诉期仍在追诉"的现象;后一条表明经省政府确认的这个法律文件创造了法律规则,对罪与非罪的问题作出了判断。这就值得探讨:地方政府的手是否伸得太长,超出了职权范围,触及了法律保留事项?

我国《立法法》第8条规定,有关犯罪和刑罚(罪与非罪问题)、剥夺政治权利、限制人身自由、司法制度,属于严格的法律保留事项,地方立法不得插手。因此,河北省这个文件一出台便引起社会各方的广泛关注和严厉批评,有关机关不得不作出修改调整,造成很大被动。本案既涉及形式法治主义又涉及实质法治主义的问题,还引发人们思考地方政府在行政管理改革创新中"英雄用武之地"的范围和界限何在。从我国《宪法》第107条和《地方组织法》对此作出的规定来看,地方政府"用武之地"的范围是比较宽泛、大致明确的,主要是地方经济与社会管理事务,但不包括上述的法律保留事项。

案例三:吉林省公主岭市某地政府搞民营化不管消防救火引发争议——政府机关是否管得过窄、推卸责任?

吉林省公主岭市某地为了减轻政府财政负担,决定实行消防事务民营化,政府对于一些所属区域不再承担消防职能,消防队按市场机制运行。一个村子的村民、一个街道的居民,如果还想要消防队来帮助救火,就需要事先与消防队签订合同并交服务费,否则就享受不到消防服务。据报道,两年前进行这项改革后,恰好有一个村民失火报警,但是他没有签合同也没有交费,这时消防队感到非常为难,是去还是不去呢?因为失火的村民没有交服务费,如果这次去救火,以后在那个村子可能就再难收到一分钱的消防费了,因为村民也许会想,即便不交钱,失火后消防队还是会来救火的;但是,如果不去,万一烧死了人怎么办?幸亏那次火灾没有人员伤亡,只是损失了一点财产,否则就会引起更多的社会关注,引发更广泛的专题讨论。

对于这个事例,中国人民大学宪政与行政法治研究中心没有轻易放过,专门组织博士生、硕士生讨论这个问题。环顾当今世界,民营化的问题是很普遍的,前两年的东亚行政法年会就专门讨论过这个问题。行政职能的民营化,是指本来由政府做的事情,慢慢过渡到不由政府自己做,交给老百姓、交给市场去做。有广义和狭义两种含义的民营化:狭义的民营化是初步的、形式的民营化,是指某项事务还属于政府的职能,但通过签订行政合同等方式,委托给企业、事业单位、社会组织去做;广义的民营化是彻底的、深度的民营化,是指某项事务不再属于政府的职能,而成为民间的事情、社会的事务,不再成为公共品。

那么,政府职能民营化究竟有无界限、条件、程序?消防算不算民营化对象?现在有人说,民营化的范围应当放得很宽,在美国,连监狱都已经民营化了。那么在我国当下,消防应否民营化,成为非公共品?如果不再将消防作为政府的职能,而实行彻底的民营化,如果有村民或居民不愿交费给企业化的消防队,那一旦发生火灾没有得到消防救援最后烧死了人,当地政府是否就没有任何责任?如何认识和解决这个问题,不仅法学界、行政管理学界,还有许多学科也在深刻、广泛地讨论这个问题。正是这个热门话题现在引发争议,而学界还不能很好地予以回答,不能明确地描画出这个界限。争论两年后最后还是由主管部门公安部出面表态,决定在当下中国,消防作为公共品,还是由政府埋单,不搞消防事务民营化。

案例四:福州行政合同实施过程中的港中旅 BOT 路桥项目风波——政府机关在作出新行为过程中需否、如何讲诚信?

行政合同是一种新型的行政管理方法,当今常用的 BOT 方式(也即 Build-Operate-Transfer 建设—经营—移交的运作方式,是指由企业来投资建成公共设施并微利经营一段时间收回成本以后无偿移交给政府的方式),就需要通过双方签订行政合同(BOT 方式的主合同,也即政府特许权协议)来规范政府机关与合作企业之间的权利义务,调动社会资源来完成政府特许工程项目,促进实现行政职能。20 世纪 80 年代以来,在许多国家和地区特别是发展中国家和地区广泛推行 BOT 方式,以帮助解决引资发展基础设施建设中的资金不足难题。1997 年,福州市政府邀请香港中旅集团有限公司的全资附属公司香港秀明国际投资有限公司来福州投资修建了一座桥,采用的是 BOT 方式;但是,在企业还远未收回成本之前,福州市政府又投资在附近修通了一条路(二环路),结果当然是通过前面那座桥的人流车辆急剧下降,建桥成本收不回来。最后他们起诉了福州市政府,这是行政合同实施中的问题,BOT 方式实施中出现的行政合同执行纠纷,标的非常大,这个案子非常不容易解决。新一届市政府也有他们的说法:"给予路桥补偿是上一届政府的问题,我们管不了那么多。我们筹集到了资金,当然要修桥、修路,给老百姓提供更大的便利。"当地政府的这个说法,投资企业并不认可。有专家提出,新修这条路总有投资方和相应的收益,政府应当事先考虑好在这块收益中切出一小块蛋糕,给先前那个企业一种补偿,因为它肯定会因此受到损失,而且这种损失是可以测算出来的。

由于采用新型的行政管理的运行机制和方式方法,上届政府遗留下来的问题就完全可以不管吗?这涉及政府诚信问题。我国行政法学界一直在讨论,应否在行政法基本原则中增加一条信赖利益保护原则,至少将其作为一项重要原则。① 法治政府的行为应当是有预期性的,地方政府是一届一届延续下来的,不能随便割断历史,它有责任为往届政府的行为埋单。柔性行政方式的规范化和纠纷解决问题须要更加引起重视。

五、作为批判靶子的简短结语

30年前经济体制改革是潮流和急务,经常处于改革漩涡中心的主角是企业特别是国有企业,出现得更多的是经济体制改革的举措及其争议;现在政治体制改革必须抓紧跟上,且将政府改革特别是行政管理改革作为它的突破口和首要工作,经常处于改革漩涡中心的主角已由过去的企业变为现在的政府机关,所以最近一段时间出现的新举措,更多的是行政管理体制改革创新的举措,发生此类新的案例、事件并引起的争议也就特别多,这与30年前经济体制改革引起的争议特别多、特别大的情形非常相似。在行政管理改革创新成为时代潮流之际,我们应以什么眼光去看待、什么态度去对待行政管理新举措?窃以为,30年前许多人以僵化保守态度对待经济体制改革探索创新的教训值得认真记取。

例如,30年前深圳进行土地使用权改革之际,一些内地单位(例如部队)组织老同志去参观,许多人回来后痛心疾首,甚至痛不欲生。为什么呢?那些老同志说,过去革命主要就是革地主的命,我们流血牺牲革命奋斗了几十年,想不到又回到了资本主义,土地怎么可以卖来卖去牟利?我们那么多的战友不是白白牺牲了吗?深圳的这一改革,一开始被说成是违宪的,但是后来通过修宪,它已经成为宪法的规定,成为宪法规定的一项很重要的制度了。再如,承包经营制、租赁经营制、股份合作制等很多改革,一开始也是遭到否定,被说

---

① 行政法上的信赖利益原则,是指行政相对人出于对政府机关的信赖,按照政府机关的决定和承诺去作出行为,形成一定的收益或稳定的利益关系后,政府机关不得随意改变自己的决定和承诺;如果出于公共利益的考量需要改变原先的行政决定和承诺,政府机关必须为此埋单,负责补救其对于行政相对人的信赖利益造成的特别损害。

成是"崽卖爷田不心疼"。首先对终身雇佣制、干部工人身份制进行改革,将其统一称为"首钢工作者"的首都钢铁公司,其改革举措一开始也引起很大的争议。许多人指责首钢:我们党的干部管理政策怎么可以这样随便改呢?干部身份与工人身份轻易变来变去,这不便于管理啊?但是,今天看来,这些新举措后来都被大家接受了,早已被法律规范和正式制度肯定下来,谁再固守那些过时的做法恐怕还要闹出笑话来。

　　如果经过30年的改革,我们还是不能用宽容开放的心态、系统长远的眼光去看待行政管理的新举措,那么就会再次犯下历史性的严重错误!再经过若干年以后回过头来看自己,就会像今天回过头看30年前的自己,你简直不敢正视自己了。为什么呢?因为你会赫然惊觉自己当时怎么扮演了此类改革的反对派角色,竟然成了改革的阻力!比如说,广州中院关于前述交通违章照片案件的判决扮演了什么角色呢?如果一个判决没有把握正确方向,坚持以过时的观念尺度来剪裁鲜活的社会生活,就会扼杀行政管理改革创新主体的积极性、创造性,那谁还愿意、还敢去改革创新呢?一句话,身处日益开放的当今社会,我们一定要以法治和发展的眼光去看待、宽容和冷静的心态去对待这些行政管理改革创新举措。

　　笔者把与讨论主题有关的一些基本结论和重要建议梳理如下,供批判参考:

　　(一)基本结论

　　1.行政管理改革创新已成时代趋势;

　　2.行政管理改革创新需要宽容对待;

　　3.行政管理改革创新必须以人为本;

　　4.行政管理改革创新应当兼顾平衡;

　　5.行政管理改革创新尤需观念更新;

　　6.行政管理改革创新重在方法创新;

　　7.行政管理改革创新呼唤法制保障;

　　8.行政管理改革创新适宜渐进发展。

　　(二)基本建议

　　1.行政机关推进行政管理改革创新的时候,那些灵感、点子或者说聪明才智从哪里来?我以为主要来自两个方面:一方面,行政机关应学习企业经验(这是一般规律)——公共管理或公共行政要学习私管理或私行政的经验。其实,很多公共领域的经验、规则、原则、原理都来源于私管理、私行政。例如,过去在企业管理中概括出来的"两参一改三结合",后来就被广泛地运用在行政管理实践中。① 还有很多这方面的例子,限于时间关系不再展开讨论。另一方面,行政机关也应进行自主创新(这是新的要求)——公共管理也可以向私管理或私行政提供经验教训。

2. 行政管理改革创新的主要方式方法,主要包括指导性的行政规划(计划)、行政指导、行政合同、行政资助、行政奖励、行政参与、行政经营等等,这里不多说。

3. 通过这些新方法重构起来的是一种什么样的机制呢?那就是行政服务、平等互动、充分激励的机制。它应当有利于行政两造之间和谐关系的形成并调动双方积极性。

4. 为此,需要立法、政策、制度、环境包括社会心理环境的支持保障。没有这些支持保障,上述机制就不能建立健全起来,或者不能坚持运行下去。特别是立法保障,它是巩固行政管理改革创新成果的必由之路。这是因为,行政管理革新成果是不稳定的,必须通过相应的立法和行政立法加以巩固。这方面的历史经验值得总结。例如,参与行政已成为当今世界潮流,我国《立法法》和关于行政立法的三个行政法规②,均就民众参与行政立法活动作出一些规定,使我国的行政民主化程度大大加深。如果现在谁还抱持"行政立法无须老百姓参与"的说法和做法,则会被认为不符合时代潮流,不符合法律规定。再如,国家环保总局最近出台了一个规章《关于环境评价的公众参与办法》,对参与行政作出了明确的回应,是一个非常正式的行政民主制度创新。从实际情况看,在行政立法、行政执法、行政司法、行政程序、执法监督、行政救济等各个环节,我国人大立法和行政立法对行政管理改革创新都有所回应,表明当下我国法制建设开始体现出"回应性法"的品格。通过人大立法和行政立法把行政管理革新成果巩固下来,有利于实现制度化、规范化、高效化。当然,这样的回应还远远不够,今后必须加大力度,完善人大立法和行政立法,作出更积极的回应。

---

① "两参一改三结合"是指工人参加管理、干部参加劳动,改革不合理的规章制度,工人、干部和工程技术人员共同攻克技术难关和管理难题。这是20世纪50年代末期"大跃进"时期鞍山钢铁公司总结出来的工厂管理制度改革创新的做法,毛泽东主席对之评价极高,称之为"鞍钢宪法"。其基本做法和经验后来传播和影响到许多国家、地区和管理领域,例如被许多日本大企业加以学习运用,在员工培训方面取得良好效果。我国改革开放后被国外学者引介进来,也即"出口转内销",曾一度受到国内学者和实务界的关注。

② 这三个行政法规是:《行政法规制定程序条例》《规章制定程序条例》《法规规章备案条例》。

5. 要做到这一点，我们从事行政管理、行政法制实践和研究工作的同志应当注意的问题是：首先需要付出"学习的成本"，建设学习型的行政机关、行政公务人员队伍和行政相对人队伍，学习应当成为人们的一种生活态度和生活方式。

6. 对于比较年轻的行政公务人员和法学者，还需要树立辩证唯物主义和历史唯物主义的法治发展观。这也许是一句大话，但很实在，应当作为社会主义法治理念教育活动的一项基本要求。沙漠玫瑰的故事值得认真思考。① 只有树立辩证唯物主义和历史唯物主义的法治发展观，在学会横向对比的同时也学会纵向对比，才能更全面、更清楚地看到事物发展的完整进程，保持乐观进取的精神。如果我们不能深刻认知一种事物发展的起点、经历和现状（例如一种行政现象的演进过程），就难以把握它的将来，那对于建设法治国家、法治政府、法治社会与和谐社会是非常不利的。

---

① 这个故事说的是：在中东地区的以色列有一种植物叫做"沙漠玫瑰"，虽然其貌不扬，但特别耐旱，生命力极为顽强，即便长期缺水后外观类似枯草，甚至可当作一枚书签使用，但并不会轻易死亡；一旦连续给它浇水，尽管前几天几乎看不出什么变化，但到了第八天它终会复苏，重新展现出生命迹象，虽不过是枝叶舒张、略带绿色而已，但这会带给人们巨大的震撼！如果有这种植物的人家，第八天家里来了客人，主人激动地向他介绍如此珍奇的"沙漠玫瑰"，缺乏之前后对比的年轻客人看到略带绿色但其貌不扬的这颗"枯草"，也许会不以为然、无动于衷，觉得主人大惊小怪、太过性情，"这样一棵小草居然还美名为沙漠玫瑰？"看来，是否完整地知晓一个事物的起点、经历和现状，会影响人们对它的认知水平。例如故事里的主人和客人，对于"沙漠玫瑰"的顽强生命力就有着截然不同的内心感受。由此可见，法治发展的历史知识和历史分寸感，对于年轻的行政公务人员和法林中人来说非常重要。

第五章 建设法治政府、服务型政府须更新法制观念

人们因为具有不同的法制观念,所以,对于客观事物会有不同的认识,会有不同的法制实践效果。在推动社会管理创新的新形势下、新进程中,我们必须树立现代法治观念,以新的眼光来观察社会和认识自己,否则难免在行动上发生重大偏差。这是摆在政府机关和行政公务人员,摆在社会组织及其工作人员,摆在一切社会有识之士面前的一个重大课题。

一、全面推进依法行政、建设法治政府必须提高依法行政能力

我国过去主要依靠政策行政,这有其历史背景和短期效果,应予客观评价;但是,逐渐暴露出的诸多问题损害了人民群众的利益和政府的形象,妨碍了经济社会的全面发展。于是,20世纪80年代中后期开始探索依法行政的路径,各地、各行业陆续出台一些倡导依法行政的文件。1999年11月发布了《国务院关于全面推进依法行政的决定》(国发[1999]23号文),各级政府和行政机关开始加强制度建设,严格行政执法,强化执法监督,依法行政的能力有所提高。但冰冻三尺,非一日之寒,转变行政模式绝非一朝之功。与主客观要求相比,我国在依法行政方面一直存在诸多问题,主要是:(1)行政管理体制与发展社会主义市场经济的要求不适应,依法行政面临诸多体制性障碍;(2)制度建设反映客观规律不够,难以全面、有效地解决实际问题;(3)行政决策的科学性、民主性不足,决策责任机制不完善;(4)有法不依、执法不严、违法不究现象时有发生,人民群众反映比较强烈;(5)对行政行为的监督制约机制不够健全,一些违法或者不当的行政行为得不到及时、有效的制止或纠正,公民的合法权益受到损害得不到及时救济;(6)一些行政机关工作人员依法行政的观念还比较淡薄,依法行政的能力有待进一步提高。上述问题严重损害了人民群众的利益和人民政府的形象,阻碍了经济社会的全面发展。因此,党的十六大报告提出建设社会主义政治文明的命题,强调指出要"加强对执法活动的监督、推进依法行政"。在此宏观背景下,国务院于2004年3月出台了《全面推

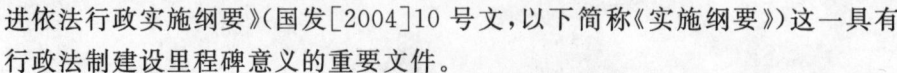

进依法行政实施纲要》(国发[2004]10号文,以下简称《实施纲要》)这一具有行政法制建设里程碑意义的重要文件。

《实施纲要》确立了一系列已形成共识的观念、制度,旨在系统地推进政府职能转变,形成更加科学合理的行政管理体制,增强依法行政的能力,更有效地保护行政相对人的合法权益。也即全面推进依法行政,经过十年左右坚持不懈的努力,基本实现建设法治政府的目标。这是坚持执政为民和依法执政,推进依法行政、建设法治政府的一项宏大系统工程。那么何谓法治政府?笔者认为,所谓法治政府建设至少应具备如下六个要件:一是行政权力受到有效约束,建立起权力有限政府;二是能够保障市场自由,建立起法制统一政府;三是政务公开、规范,建立起透明廉洁政府;四是遵循法定程序和正当程序办事,建立起公正诚信政府;五是坚持便民、高效的现代管理原则,建立起服务型政府;六是不断完善监督与救济机制,建立起责任政府。这六个要件是相辅相成、互系互动、有机构成的。

《实施纲要》提出的上述建设法治政府的远期目标,具体地表现为:(1)政府与企业、与事业单位、与市场、与社会的关系基本理顺,政府的经济调节、市场监管、社会管理和公共服务等四大职能基本到位,政府机关之间的职能和权限比较明确,新的行政管理体制基本形成,新的行政执法体制基本建立。(2)人大立法、行政立法和制定其他行政规范等制度建设,符合宪法和法律规定的权限和程序,充分反映客观规律和最广大人民的根本利益,能为物质文明、精神文明、政治文明的协调发展提供制度保障。(3)法律规范得到全面、正确实施,法制统一,政令畅通,行政相对人的合法权益得到切实保护,违法行为得到及时纠正、制裁,经济社会秩序得到有效维护,政府应对突发事件和风险的能力明显增强。(4)科学化、民主化、规范化的行政决策机制和制度基本形成,人民群众的要求、意愿得到及时反映,政府提供的信息全面、准确、及时,制定的政策、发布的决定相对稳定,行政管理做到公开、公平、公正、便民、高效、诚信。(5)高效、便捷、成本低廉的防范、化解社会矛盾的机制基本形成,社会矛盾得到有效防范和化解。(6)行政权力与责任紧密挂钩、与行政权力主体利益彻底脱钩,行政监督制度和机制基本完善,政府的层级监督和专门监督明显加强,行政监督效能显著提高。(7)行政机关工作人员特别是各级领导干部依法行政的观念明显增强,尊重法律、崇尚法律、遵守法律的氛围基本形成;依法行政的能力明显增强,善于运用法律手段,依法妥善处理社会矛盾。[①] 2006年9月

[①] 参见《全面推进依法行政实施纲要》第3条的具体规定。

4日,国务院总理温家宝发表《加强政府建设,推进管理创新》的重要讲话,进一步强调了《实施纲要》的基本方针和基本原则,提出要转变政府职能、规范行政权力、提高行政效能、增强政府执行力和公信力的要求。这对于推动政府职能转变和行政管理行为法治化,实现建设法治政府的宏大目标,具有重大的现实意义和深远的政治影响。

通过政治体制和行政管理体制改革,建立起法治政府,促进构建社会主义和谐社会,这具有重大的现实意义。在建设法治政府这一宏大系统工程中,需要进行制度创新,但首先需要观念更新,因为"徒法不足以自行"。如果没有正确的思想观念指导,既不可能推出我国行政法治发展进程所要求的制度创新,而且有了科学适用的行政法律制度也不可能得到正确实施,也易于出现制度改革的反弹。历史经验表明:不同的法律意识和法制观念,对于客观事物会有不同的认识,会有不同的法律实施效果。

二、树立现代行政法治观是提高依法行政能力、建设法治政府的要义

这里举出1995年发生的一个典型案(事)例——四川夹江打假案——加以简要讨论,以表明笔者观点。

十多年前举国开展打击制售假冒伪劣产品的活动中,在四川省夹江县曾发生过一个轰动一时的打假案:一个涉嫌制假的私有印刷企业受到查处后,对行政处罚和行政强制措施不服,认为千里迢迢从成都赶赴夹江来打假的四川省质量技术监督局执法人员越权执法且违反法定程序,于是起诉到当地人民法院。没想到引起轩然大波:一系列机关和官员以及媒体甚至部分人大代表纷纷予以干涉,严厉指责当地人民法院受理此案是保护制假者,致使该案审理工作难以进行下去。记得当时有些媒体就公开指责:"当地法院竟然受理如此荒唐的案件——制假者竟敢把打假者告上法庭——夹江的地方保护主义何其严重!"这给当地人民法院施加了极大的外部压力。

该案的争议在于:是否只要打假,则无论谁来打、怎么打都行?制假嫌疑人把打假者送上被告席是否大逆不道?人民法院受理此案是否地方保护主义?实际上,"制假者(制假嫌疑人)告打假者(打假的行政机关)"正是《行政诉讼法》作出的一种制度安排,否则这项"民告官"的法律制度就无需存在了。该案的制假嫌疑人状告打假机关,人民法院受理案件加以审查,正是依法行使《行政诉讼法》第2条和第3条分别赋予的诉讼权利和审判职权,乃是天经地义的做法和依法办事的表现,岂能视为"制假者猖狂"和"地方保护主义严重"?何况行政原告的诉求能否得到人民法院支持,最终还需要生效判决才能确定。

之所以《行政诉讼法》实施5年后还会发生这种荒唐事,还有那么多的人(包括不少人大代表和各级各类官员)对此不甚理解并予以不当干预,主要原因就在于许多人缺乏现代行政法治观念,不了解《行政诉讼法》的基本精神,不习惯"当被告",不能容忍"民告官"。① 更值得深思的是,此类不习惯"当被告"、不能容忍"民告官"、让行政案件原告日子难过的现象,在《行政诉讼法》施行了多年后仍然存在。

总结行政法制发展的历史经验,笔者认为,当下提高依法行政能力的一个关键,就是必须采取多方面措施(例如出庭、旁听和讨论行政案件),大力促使行政公务人员(当然还包括行政复议官、行政法官以及所有的"各级各类公务员")普遍树立起现代行政法治观念。

三、我们应当树立什么样的现代行政法治观

大力推动法文化革新,让全社会特别是行政公务人员牢固树立起现代行政法治观念,以新的眼光来观察社会和认识自己,乃是全面推进依法行政、提高依法行政能力、努力建设法治政府的要义,也是树立社会主义法治理念的必然要求。笔者认为,这些新观念包括:

(一)要树立以人为本、保障人权、尊重人格的观念

无论在何地,也无论人们如何争论,"人权"都无疑具有一定程度的自然性权利的内涵,如果在宪法和法律中加以确立,都具有相当的先进性。经过艰难曲折的漫长发展过程,2004年3月我国现行宪法第四次修改,终于将"国家尊重和保障人权"载入宪法,突出地强调了保障公民权利、规范国家权力(重点是规范行政权力)这一现代宪法的核心价值理念,突出地宣示了我国宪法的人权关怀。这就要求各级各类公务人员增强人权观念,慎用手中权力,在行政管理和社会管理过程中自觉尊重和依法保护公民的基本权利,主要包括平等权利、政治权利、精神与文化活动的自由、人身自由与人格尊严、社会经济权利以及获得救济的权利,尽量避免发生此前曾在安徽芜湖、湖南嘉禾、陕西延安等地出现的行政机关随意侵害公民平等权、财产权、人身权的典型案件。特别是2003年在广东发生的孙志刚被收容后遭殴打致死案,2003年媒体披露的广西农民谢洪武被莫须有地在看守所单独关押28年的超长期羁押案,都是严重侵犯人权的典型案件,其深刻教训值得人们深刻反思。

---

① 参见莫于川:《从夹江打假案看行政法治的若干现实问题》,载《行政法学研究》1997年第1期。

温家宝总理不久前发表重要讲话,提出要推动改革成果的合理分享,让人民群众过上幸福而有尊严的生活。要落实这一指示精神,任务很重、难度很大。前些年,成都、广州等地曾在商场、车站等公共场所,张贴公布曾有盗窃前科人员的照片、简历等详细资料,来警示顾客、乘客防范盗窃侵害,如此"好心好意、积极行政"的"社会管理创新举措"就引发了很大争议,人们质疑这种做法是否以人为本?是否有利于曾有违法犯罪前科者的再社会化?是否越权处罚、滥用处罚、重复处罚?有无损害人格尊严的嫌疑?

(二)要树立宪法、法律至上,政府权力有限的观念

宪法是国家的根本法,具有最高的法律效力,一切机关、组织和个人都必须以宪法为根本的活动准则,负有维护宪法尊严、保证宪法实施的职责;在宪法、法律、行政法规、地方性法规、规章等各种层次法律规范构成的我国现行法律体系中,宪法居于最高地位,下位的其他一切狭义或广义的法律规范都不得与宪法相抵触,抵触则无效。公务人员应做遵守宪法、维护宪法的模范。

国家权力特别是行政权力是能够支配大量社会资源的公权力,具有无限扩张、易于滥用的特性。这就要求公务人员必须具备权力界限的意识,依法行使行政职权,注意上下左右不越界。前些年曾有个别地方党委和政府超越职权出台包含"赦免民营企业家原罪"内容的红头文件,一些地方政府首长责令当地人民法院采取不予立案、强迫原告撤诉等措施来配合政府搞土地开发、强制拆迁,许多地方出现假借公共利益之名压价征收征用、变相剥夺农民土地以及由行政首长个人直接批出土地,赤裸裸地与民争利的做法。这就摆错了行政机关与立法机关、司法机关的位置,弄错了行政首长与行政机关的关系,严重侵害了公民权益,大大损害了政府形象,这主要就是缺乏法治主义观念特别是权力界限意识所致。

(三)要树立行政民主、公众参与、共同治理的观念

社会管理也是一项调整改善的政府职能,履行这一职能的过程需要顺应行政民主这一世界潮流。行政民主强调行政过程中的平等相处和选择自由,呼唤行政机关与行政相对人之间的良性互动,要求为行政相对人参与行政管理、更多自主管理提供更多选择机会。在我国,行政管理和行政法制诸环节已出现了越来越多的行政民主的要求和规范。例如,行政立法过程中的座谈会、论证会,行政执法过程中的听证会和当事人陈述事实、申辩理由,行政相对人评议行政机关与行政首长,采取具有协商性和可选择性的行政合同、行政指导等柔软灵活的方式实施行政管理,越来越多的社区自治管理和服务等等。人们对此应当认识了解,并积极和正确推行。

对于公众参与行政管理过程、成为行政助手的法治发展意义,现在还没有被普遍、深刻地认识到,因此出现过许多教训。例如,广州市曾经推行过一项行政管理和社会管理创新举措,也即公安机关号召和鼓励市民拍摄交通违章照片来参与、协助交通安全管理,就引起了巨大争议,遭受了本可避免的挫折。

既然出现了公众参与、共同治理的民主管理做法,那就需要相应地树立多元化、多样化、多依据治理的观念。这些社会管理行为的规范,主要体现为下面的法规范和软法规范(当下的学术共识认为虚线以上部分属于法规范)①:

公共管理规范体系的宝塔形结构(另有相应位阶的法律解释、军事法规范及我国参加的国际条约):

1. 宪法
2. 法律
3. 行政法规
4. 地方性法规
(含自治、单行条例和经济特区法规、特别行政区立法)
5. 部门规章和地方政府规章

....

(各类软法,包括法律原则、国家政策、社会公德、单位规范、当地习惯)

(四)要树立建设服务型政府、强化公共服务的观念

由管制型、秩序型、管理型政府转向服务型政府是一场静悄悄的深刻变革。在传统计划经济时代,政府俨然是企业、市场、社会的主宰者,行政机关与行政相对人之间是不平等关系,全然以行政计划、行政审批、行政强制等单方

---

① 所谓软法,这是一个新概念,目前主要是北京大学的罗豪才教授等一批学者在研究和推动,其定义包括:"软法是原则上没有法律约束力但有实际效力的行为准则";软法是"指由多元主体非经正式的国家立法程序而制定或形成并由各制定主体自身所隐含的约束力予以保障实施的一般性行为规范";软法是"指那些效力结构未必完整、无需依靠国家强制保障实施、但能够产生社会实效的法律规范";软法是"由共同体成员协商一致同意制定的,由成员的自我约束来保证实施的行为规范"。这四种表述分别出自,罗豪才:《公域之治中的软法》,载《中国检察官》2006年第2期;罗豪才、胡旭晟:《对我国多党合作与人民政协的法学考察——以"软法"为主要分析工具》,载《湖南省社会主义学院学报》2008年12月刊;罗豪才、宋功德:《认真对待软法——公域软法的一般理论及其中国实践》,载《中国法学》2006年第2期;程迈:《软法概念的构造与功能》,载《金陵法律评论》2009年春季卷。软法的理论尚不成熟,在学界和实务界尚未形成必要的共识,但其重要的启发作用和实用价值值得重视。

意志和手段来实施行政管理、维持行政秩序,成为行政管理的基本模式。随着市场导向的经济体制改革不断深入,转变政府职能、建设服务型政府、推进社会自治,就成为完善行政管理、健全行政法制、创新社会管理、健全治理规范的重大课题。公务人员应当树立服务意识、改进管理方式,顺应由管理行政、秩序行政、指令行政转向服务行政、发展行政、指导行政这一时代潮流,由单一的行政管理转向社会治理,积极为公民提供信息、政策、专业技术等方面的指导帮助以及各种公共服务。这也同我们国家、政府全心全意为人民服务的宗旨是一致的。

在此背景下,我国提出了建设服务型政府的理念和方针。2004年2月,温家宝总理在中央党校省部级领导干部"树立和落实科学发展观"专题研究班结业式上,正式提出"建设服务型政府"的要求。在2005年《政府工作报告》中,温家宝总理提出"努力建设服务型政府,创新政府管理方式,寓管理于服务之中,更好地为基层、企业和社会公众服务"。

2006年10月,中国共产党第十六届六中全会通过《关于构建社会主义和谐社会若干重大问题的决定》,进一步明确要求"建设服务型政府,强化社会管理和公共服务职能"。服务型政府的理念第一次被写入执政党的重要指导文件中。2007年10月15日,胡锦涛总书记在中国共产党第十七次全国代表大会的报告中,再次把"加快行政管理体制改革,建设服务型政府"作为发展社会主义民主政治的重要内涵和任务予以强调。

2008年2月23日,中共中央政治局进行第四次集体学习,胡锦涛总书记主持学习时强调:建设服务型政府,是坚持党的全心全意为人民服务宗旨的根本要求,是深入贯彻落实科学发展观、构建社会主义和谐社会的必然要求,也是加快行政管理体制改革、加强政府自身建设的重要任务。他指出,建设服务型政府,首先要创新行政管理体制,把公共服务和社会管理放在更加重要的位置,努力为人民群众提供方便、快捷、优质、高效的公共服务……要创新社会管理体制,努力实现管理与服务有机结合,在服务中实施管理,在管理中体现服务……

服务型政府体现了我国人民主权国家的性质,彰显了政府"以人为本"的施政理念,体现了全心全意为人民服务的主导行政价值观,有助于"让人民生活得更幸福、更有尊严"。显然,在行政管理和行政执法的实践中,如何面对、理解、回应、推进这一政治与行政改革创新的要求,加快建设服务型政府、服务型行政机关,为其提供法治保障,已成为一个重大的现实课题。而从行政管理方式创新、社会管理方式创新入手,正是人们选择的一个理性、可靠、高效的进路。

(五)要树立政府诚信、社会诚信、官民互信的观念

政府不是社会上的无赖,而应是最讲诚实信用的正式组织机构,政府机关的行为应有连续性和可预期性,不能朝秦暮楚、随意改变;即便出于重大公共利益的考虑需要征用财产、调整政策、改变行为,例如收回政府机关颁发的许可证照,也应按照信赖利益保护原则,对合法权益受到影响的行政相对人给予公平补偿(公平补偿是一种运用或贴近市场机制的、得到公正评价的补偿原则)。因为行政相对人出于对政府机关的信任,按照政府机关的意愿去行动,难免付出一定代价,而且会形成一种信赖利益,这应当受到政府机关的尊重和保护,一旦受损,应予补救,此谓诚信。社会主体也要讲诚信。官民也要互信。

(六)要树立接受监督、责任到位、权利救济的观念

有效监督是防止权力腐败的关键;责任机制是建设法治政府的关键。行政权力在行使过程中具有扩张和滥用的倾向,必须加以有效监督和约束。行政机关和行政公务人员必须自觉接受人大监督、民主监督、舆论监督、群众监督等外部监督,以及上级监督、监察监督、审计监督等内部监督,通过监督来判明责任,包括法律责任、政治责任和道义责任。众所周知的中石油公司总经理、吉林市市长、密云县县长因重大安全责任事故引咎辞职,就是官员问责的典型事例,是行政权力受到监督、努力建设责任政府的具体表现。不言而喻,行政机关和行政公务人员还必须认真履行市场监管职责,依法纠正市场主体的违法行为,努力创造良好的市场环境。

有损害必有救济,这是现代法治的基本精神。行政管理工作难免对行政相对人造成损害,行政相对人的合法权利受到损害后的现行法律救济渠道,包括行政申告、行政复议、行政诉讼、行政赔偿、行政补偿,但其运行状况尚不尽如人意。因而拓展和完善救济渠道,树立权利救济和善待行政原告的观念,具有重要的现实意义。从权利救济的实践来看,2003年6月国务院颁布《城市生活无着的流浪乞讨人员救助管理办法》后,仍有一位名叫孙文流的农民工被受雇企业老板殴打致残后却未能得到及时的社会救助(只身从河南爬行半年回山东家乡的沿途也一直未能得到应有的救助),而且此类典型事例一再发生,表明我国的社会管理模式特别是社会救助机制仍然存在不容忽视的缺陷和实施不到位的问题。公务人员对此应有正确认识。

(七)要树立辩证唯物、历史唯物的法治发展的观念

所谓树立辩证唯物主义和历史唯物主义的法治发展观,这在一些同志看来也许是一句大话,但其实它非常实在。

现在人们都在思考和提问：我国用十年或者更长的时间，能够实现建设法治政府的目标吗？能够建立起法治国家吗？这犹如"能否不依靠粘附、靠壁等外力帮助而在平整的桌面上将鸡蛋完好地竖立起来"的问题一样，应在科学分析的基础上作出回答，否则极易犯主观、片面、简单化和缺乏信心的毛病。①我对此问题的回答是肯定的：在科学认识的基础上抱持"鸡蛋具有竖立起来的基本条件、人们具有将鸡蛋竖立起来的调控能力"的坚定信念并作出不懈努力，就能将鸡蛋竖立起来，最终取得成功。能否建立起法治国家、法治政府，当作如是观。这也是科学发展观的要求。对于实现宪政目标、行政法治目标，建设法治国家、法治政府的问题，犹如改革开放初期提出的"市场导向改革能否成功"的问题一样，人们应当持有信心。为此，需要对我国行政法治渐进发展进程有全面认识和正确态度。窃以为，树立在科学认识基础上的坚定信心并作出不懈努力，不但对于解决上述问题，而且对于解决经济发展不平衡、切实推进政治体制改革、促进人权事业发展、实现祖国统一大业等等问题，对于诸如此类的历史任务和难题，也许都有启发意义和推动作用。

因此，我觉得沙漠玫瑰的故事非常值得年轻的管理者认真思考。只有树立辩证唯物主义和历史唯物主义的法治发展观，在学会横向对比的同时也学会纵向对比，才能更全面、更清楚地看到事物发展的完整进程，保持乐观进取的精神。如果我们不能深刻认知一种事物发展的起点、经历和现状（例如一种行政现象的演进过程），就难以把握它的将来，那对于建设法治国家、法治政府、法治社会与和谐社会，肯定是非常不利的。

---

① 这个问题是：能否不依靠外力支撑而将鸡蛋完好地竖立在平整的桌面上？人们一般都作出否定回答或答案不合题意。中国古代有一个说法是"鸡蛋在立春那一天能够竖立起来"，但人们并不知晓其中的道理，其实一年中的任何一天都可以做到。其中的道理或者说正确的答案是：鸡蛋能够竖立起来，而且鸡蛋的小头朝下也行，使用鸭蛋、鹅蛋也行，在极为光滑的玻璃板上操作也行；原因在于鸡壳表面凸凹不平，相邻三个不在一直线上的凸点可构成一个很小的支面（只有零点零几个平方毫米），当鸡蛋的重心线通过这个支面时，鸡蛋就能稳定地竖立起来；而科学实验证明，正常人手的精细调控能力完全能够满足此项操作的要求。这个问题富有启发意义。人们预测从事任何一项事业能否成功的不同判断及其态度选择，亦可从此角度加以解释。

第六章 参与行政与行政法制模式变革

中国共产党第十七次全国代表大会政治报告明确提出,应当扩大人民民主,保障人民的知情权、参与权、表达权、监督权。如何从法律角度保障公众充分了解和参与行政事务的管理和决策过程,既是建设法治政府的必然要求,也是社会主义制度的题中之意。因此,系统探讨和努力构建参与式行政法制模式并充分发挥其制度潜力,具有重大的现实意义和学术价值,本章对此试作探讨。

一、参与式行政法制模式的研究背景、基本概念和法治价值

(一)参与式行政法制模式的研究背景和基本概念

传统的行政法理念认为,政府是社会的"家长",理想或标准的行政管理活动要素和机制是"五个单一":单一主体(行政机关),单一功能(通过管制实现秩序目标),单方意志(命令——服从),单一行为(仅靠命令、许可、处罚、强制等刚性、强制性的行政行为),单一依据(国会制定的法律,即古典的"依法行政"理念)。在此理念支配下,传统的行政法和行政法学强调行政活动的高权性,由此架构起以支配和服从为特色的行政法律关系——在传统的行政管理过程中,相对人只是作为单纯的行政管理对象,扮演完全被动的角色,没有积极参与管理过程的任何权利和权力可言,行政主体在行政管理过程中也主要仰赖行政命令、行政征收、行政检查、行政许可、行政处罚、行政强制等刚性的管理方式方法,基本上没有能够充分体现民主权利和民主权力的行政管理制度安排。

随着现代经济、政治、科技和社会发展,随着公民管理素质提升、闲暇时间增多和参与意识增强,随着20世纪下半叶在世界范围内出现的民主化潮流及其对各领域的影响,现代行政管理和行政法制实践中增加了越来越多的直接民主因素,公民参与行政成为新的制度价值追求和民主判断标准,逐渐显现出行政法制民主化发展趋向,对各国和全球的经济、政治、文化与社会生活的发展不断产生重大影响。

所谓参与式行政,是指行政机关在行使国家权力,从事国家事务和社会公共事务管理的过程中,广泛吸收公众参与行政决策、行政计划、行政立法、行政执行、行政裁决、行政指导、行政契约、行政服务、行政给付等行政过程,充分尊重公众的自主性、自立性和创造性,承认公众在行政管理过程中的主体性,明确公众参与行政的权利和行政机关的责任和义务,共同创造互动、协调、协商、对话、合作的新型行政法律制度,形成政民合作、政企合作、政社合作的PPP机制。其核心就是通过将公众和各类社会成员纳入行政过程,促进行政的民主化、理性化、科学化和规范化,提升行政活动的公开、公平、公正和效率。

当前中国正处于社会发展的转型时期,市场经济和民主政治的发展增强了公民的自主意识和行政效能感,逐渐激发出公民的政治参与热情,这一现象也广泛体现在行政领域中。在行政活动中,行政主体通过允许、鼓励行政相对人、利害相关人和一般社会公众参与行政活动过程,提升行政活动的公开性、公正性、正当性与合理性,达成政府与社会公众关系的良性互动,已经成为现代行政的一种发展趋势和正当性标准。参与式行政在中国不仅是一种理念和期盼,更是一项制度创新和系统工程。因此,现在需要系统深入地研究参与式行政对适应中国社会转型时期的重要性和必要性,系统深入地研究参与式行政的基本理论及政府与民众的关系,需要从国情出发研究参与式行政的具体制度和路径设计,这具有重大的学术价值和实践意义。

(二)研究参与式行政法制模式的学术价值

1.有助于开阔行政法学研究的学术视野。简单地讲,行政法就是关于行政的法,而行政法学即是关于行政法的社会科学。因此,行政法学研究的学术视野,取决于法治背景下的行政理念以及在该理念支配下所形成的行政主体、行为、程序、监督、救济等各种法律制度安排。传统的行政法理念认为,政府是社会的"家长",在此理念支配下的行政法制模式强调行政活动的高权性,由此架构起以支配和服从为特色的行政法律关系。随着民主宪政思想日益深入人心,公民要求更多地参与国家的管理活动,直接表达自己的意愿,尤其对涉及自身权益的行政管理过程,表现出更为强烈的参与意识。这种行政参与意识,客观上推动了当代行政理念以及相关制度的转变。同时,当代行政法学对于这种行政理念的转变也正在作出积极回应,这有助于开阔行政法学研究的学术视野,促进行政法学的学科创新与发展。

2.有助于促进依法行政理论的发展完善。在近代自由主义法治国家,"依据法律行政"、"法的支配"等学说成为支配性行政原理。但在现代社会福利国家,随着行政干预的领域显著扩大及与此相伴随的行政内容的扩展,从前的支配性行政原理受到严峻挑战。在许多行政领域,随着客观情势的演进,从前那种完全由行政机关单方实施的政策制定和执法方式,已越来越无法满足不断增长的对于行政管理和服务的社会需求;尤其是许多行政管理和服务领域对专业知识的要求越来越高,仅凭行政机关积累的实践经验和相关知识已难以应对,因而强烈要求克服路径依赖和专业偏执,与行政外部的专家学者乃至一般民众和民间组织在互动过程中共同推进。因此,参与式行政、合作式行政是对从前那种仅强调运用规制、命令、处罚、强制等传统行政管理方式的扬弃和补充,有助于体现互动、协调、对话、共建等现代行政方式的法治价值,促进依法行政理论的发展完善,丰富新行政法的学科体系。

3.有助于形成新行政法制和新行政法学。通过公众参与、共同治理、行政管理和社会管理创新,提高行政管理的民主性和效率性,有助于形成新行政法制和新行政法学。特别是提出重新认识作为政府职能的社会管理,通过建设社会组织,动员社会力量,形成社会共同体,构建党委领导、政府负责、社会协同、公众参与的社会管理新格局,有助于促进经济社会快速健康协调发展。在此新格局之下,政府的角色、职能和行为得以重新调整定位,能够改善政民、政企、政社的关系,形成行政两造之间的新型关系,由此深刻反思和逐步改造现有的行政法制和行政法学及其方法论上的不适合内容,通过逐步扬弃和创新发展,有助于形成更符合法治精神和我国实际的新行政法制和新行政法学。

(三)构建参与式行政法制模式的实践意义

1.有助于推动我国行政民主的发展。就民主制度而言,大体上有直接民主制、间接民主制、综合民主制的界分。在现代国家,为了弥补已成为普适做法的间接民主之不足,各国开始重视在行政管理、社会管理、地方自治、居民自治等领域日益广泛地引入直接民主因素。随着信息化时代的到来、民众素质的提高、闲暇时间的增多,兼具间接民主和直接民主特点的现代综合民主制的逐渐形成有了可能。实际上,参与式行政就是现代综合民主制的体现。其本质是对于传统行政模式的民主化改造,在行政领域更多地体现直接民主因素。公众通过积极的行政参与,最终形成参与式行政法制模式,一方面能促使行政机关及其他组织合法、合理、规范地运用和配合运用行政权力,另一方面有助于表达自身的利益诉求,使其基本权利得到更充分地实现和保障,从而推动我国行政民主的发展。

2.有助于改善行政机关与公众的关系。受中国传统的等级思想影响,即使在当代中国,官民之间、政府与社会之间始终存在某种难以逾越的心理距离。参与式行政的展开,必定要求摒弃从前的支配和服从的管理关系,切实确立作为基本权利实现机制的参与式行政,建立和完善确保公众充分参与行政管理的机会和有效影响行政过程的相关机制。因此,在客观上,参与式行政法制模式一方面可以促使公众在行政过程中地位的提高,另一方面也有利于增强行政机关和公众之间的相互信赖关系。

3. 有助于创新行政管理实践。在过去很长一段时间里,我国行政管理和行政执法的许多方面存在着简单化、低效率、不透明、不规范、不便民的问题,诸多弊端一直为人诟病,在某种程度上已成为深化经政改革、建设法治政府的突出障碍。在当前深化行政管理体制改革的大背景下,行政管理实践的改革创新已经成为一种深切的呼唤。事实上,参与式行政是行政管理实践创新的一个重要源泉,我国许多地方也由此采取了许多行政管理的新举措,例如行政指导、行政契约、行政规划、行政资助、行政奖励、行政给付等柔性行政管理方式,并收到了积极的改革创新成效。当然,这些创新举措也可能具有一定的风险。因此,行政机关在推进行政管理创新时,应当划出一定的界限,应当有一些原则来约束其行为。[①]

4. 有助于提升行政效率。参与行政是行政程序的内核。在人们的传统观念中,倾向于认为行政程序是对行政效率的阻碍。这种陈旧、片面的观念应予纠正。各国行政程序法在设计时一般都考虑并兼顾效率原则,将行政效率作为行政程序制度设计的一个目标,许多行政程序法律制度着眼于提高行政效率。行政参与限制了行政主体在行政活动中的自由,遵循这些程序规则需花费一定的人财物力,但如果减少了政府机器的摩擦,也有利于提高行政效率,故花费一些人财物力是值得的。正因为它们主要是维持公正的原则,可减少行政苦情,故可谓行政参与从总体上看是促进效率而不是阻碍效率。

5. 有助于建设法治政府。所谓法治政府,应是将政府从决策到执行及监督的整个过程都纳入法治轨道,权力与责任紧密相连,集有限政府、阳光政府、诚信政府、责任政府于一身,并用法律规范加以固定的政府建构与运作形态。

---

① 行政机关推进行政管理改革创新的时候,应否有一些原则来约束它的行为?或者说有没有一定的界限?我认为是有的。采用新方法、创立新制度也涉及一些规则,总体上我把它概括为四句话:(1)对于公民来说属于选择性、赋权(权利)性、授益性的制度规范可以宽松一点。(2)对于公民来说属于禁止性、限权(权利)性、损益性的规范则应非常谨慎和严格对待之。(3)创新举措的出发点、目的性必须正当,必须坚持以人为本,实现私益与公益、公平与效率、自由与秩序的兼顾平衡。(4)创新举措的社会效果应有助于贴近其出发点和归宿点。行政机关的革新举措符合这些原则就应坚持实行,不符合就应改正或摒弃。否则,改革创新变了味,偏离了正确方向,民众反映强烈,政府形象受损。

然而，作为权力行使主体和管理者，行政机关极易主观行事，逐渐形成并固化行政偏执顽疾，而长期以来很难形成对其各种行为的有效制度约束。因此，对行政主体的行为形成有效制约，除了深入推进法制建设，通过法律监督、权力机关和专门机关进行监督约束，还需要与国家机关以外的其他社会主体的监督如群众监督、社会舆论监督等有机结合起来。而扩大公众参与监督过程，即是进一步推动法治政府建设的一个重要突破口和有力抓手。

二、参与行政及法律问题研究成果的代表性观点述评

公众参与作为一种新的民主形式在西方产生于20世纪60年代。为什么在代议民主制下还会产生公众参与？它与代议民主制是什么关系？它的理论根据和实践需求是什么？它与中国行政法制模式变革是什么关系？这些都是亟须研究回答的问题。事实上，关于这些问题，已有一些研究成果（著作、论文等）可以参考。由于公众参与是行政程序的一个内核，因此，许多有关公众参与的论述都内含于行政程序制度研究成果，这一现状不仅体现在中国，也反映在国外的研究成果中。以下选择若干学者的观点加以简要述评。

（一）参与行政及其法律问题的有关著作

有的学者认为，政府本身的含义正深深地受到世界范围内的技术和社会转型的质疑。面对这些挑战，我们的制度设计应更加具有对话性，以提高政策形成过程的质量。公众参与的方式所提供的程序，促进了公共政策的协商性和接受性，开启了辩论和对话的窗口，促进了对价值和选择的认同，强化了政策制定者与公众之间的共识。同时，这些方式还加强了公民的身份认同、介入和对政府的支持，以及政策制定者的责任感。公众参与并不会消解政治职责，而是将其摆在公民面前，让他们来掌控专家、官僚和利益集团可能通过特权而施加影响的风险。公众参与促进了公民对政策制定的核心过程的介入，这变成当代公共治理以及对民主质量进行考量的一个重要方面。[①]

除了学理上的研究，有的学者以参与形式和参与领域为逻辑展开了对行政过程中公众参与制度的实证研究。其分析的参与形式主要包括：行政立法与行政决策中的公告——评论制度、听证会、协商咨询；参与领域主要包括：城市规划、环境影响评估、政府绩效评估等。通过对这些典型参与形式与参与领域的研究，使参与式行政的制度轮廓得以比较清晰地呈现，也为此领域的后续

---

① 参见蔡定剑：《公众参与：欧洲的制度和经验》，法律出版社2009年版，序言第1～2页。

研究的深化打下了基础。①

此外,还有学者选择具体的领域对公众参与进行了深入研究。如在城市规划领域,有学者将城市规划中的公众参与程序界定为"城市规划过程中那些具有开放性的、公众可以介入其中,并能对规划决策有所影响的程序"。也即只要有非政府的公众介入的规划过程,都是其研究对象。该学者认为,公众参与程序是一种"具有功能意义的合法化程序":一方面,公众参与有助于提升城市规划的科学性和可接受性;另一方面,公众参与可以化解城市规划所面临的合法性危机,能够为城市规划提供合法性、正当性的基础。当公众参与成为一项法律制度以后,规划行政机关为了确保城市规划的"合法律性",必须按照法规范的要求展开参与活动;同时,规划行政机关常常基于现实的考虑开展更多的参与活动,以促进规划的"合法性"。因此,适当的参与机制应当在确保"合法律性"的基础上,尽量追求程序的"合法性"。②

(二)参与行政及其法律问题的有关论文

有的学者分析了新中国成立以来公众参与制民主发展的经验教训,推进公众参与与建立、健全行政法治和宪政关系的经验教训,公众参与对于整个人类社会发展的战略价值和可能的风险,法律对之加以规范和保障的必要性与途径,还探讨了公众参与制民主在全球化、信息化条件下发展的趋势和对行政法治与宪政重构的影响,在此基础上提出:公众参与与人民代表大会制度一道,构成中国现代民主的基本模式;在行政法治领域,公众参与对于保障行政机关依法、公正行使职权,防止滥权和腐败,对于维护行政相对人的合法权益,防止侵权和歧视,对于推进公民自治,培育公民社会有着特殊重要的意义。③

有的学者分析认为,行政民主是行政法治的重要组成部分,行政法治是宪政的重要组成部分,全面推进依法行政的过程实质上就是行政管理和行政法制的民主性逐步增强的过程,其目标是实现行政的民主化和法治化。当今世界的民主化潮流对行政法制建设产生了越来越多、越来越深的影响,行政管理和行政法制实践中增加了越来越多的民主因素,逐渐显露出行政管理和行政法制民主化发展的趋向;同时这种现象也对一个国家和地区的经济、政治、文

---

① 参见王锡锌:《行政过程中公众参与的制度实践》,中国法制出版社2008年版,第2~5页。

② 参见陈振宇:《城市规划中的公众参与程序研究》,法律出版社2009年版,第50~95页。

③ 参见姜明安:《公众参与与行政法治》,载《中国法学》2004年第2期。

化与社会生活的发展不断产生重大影响。从行政法律制度的历史发展轨迹来看,出现了越来越多直接体现现代民主精神的行政法律制度,从而促使行政法律制度不断完善,更加适应经济与社会发展的客观要求,形成具有较高民主性的行政法制,包括行政法理念、规范和制度所形成的系统,也即民主行政法,这是宪政发展在行政领域的具体体现。①

有的学者认为,参与式行政是现代国家行政程序理念和制度深入发展和完善的重要标志之一,是现代国家具体实现民主主义的重要途径。必须确立参与式行政的观念,并从立法和制度上予以肯定和支持,才能够发挥其推进民主政治和推动法治国家建设的功效。参与式行政强调的是参与行政权的行使过程,参与过程是行政部门(不限于行政主体)行使行政权与私人参与行政形成的互动过程;参与式行政需要有法律规范明确规定的参与机制;参与式行政必须尊重私人参与行政的权利;参与式行政强调行政机关的责任和义务。参与式行政的范围,取决于政府的开放意识、民主意识、服务意识和私人的参与意识。一般来说,参与行政的事项范围包括参与政策制定、参与行政计划、参与行政立法等规范的制定,以及参与具体行政行为的作出。②

还有的学者对参与式行政进行了法理解析。首先,人们关注参与行政的社会原因,包括市民社会的渐露端倪、人权观念的发展以及现代国家职能的转变。其次,确定参与行政的内容受到两方面因素的影响:公民参与的现实能力与国家权力的容忍程度,其中后者的影响最为直接;关于参与范围,既包括作出具体命令中的参与,又包括制定一般规则中的参与;关于参与层次,分为必要性的参与、选择性的参与以及对参与的限制;关于制度体现,包括中心制度(听证制度)和匹配制度(如告知、回避、说明理由、情报公开、教示、时效制度)。③

综观参与式行政法制模式研究,可以说人们对于公民参与行为的认知已形成最广泛意义上的共识。无论国内外哪一种公共管理和公法理论,都没有将公民参与排除于广义的政府管理行为制度之外。主要的分歧在于,是否应当将公民参与纳入行政管理全过程?公民应当以什么角色、在多大程度上参

---

① 参见莫于川:《中国行政法20年来民主化发展与未来趋势》,载《南都学坛(人文社会科学学报)》2006年第1期。

② 参见杨建顺:《政务公开和参与型行政》(上),载《法制建设》2001年第5期。

③ 参见方洁:《参与行政的意义——对行政程序内核的法理解析》,载《行政法学研究》2001年第1期。

与行政活动？公民应当通过何种途径影响政策过程？公民参与与普适的民主价值的关联程度如何？等等。显然，这些分歧不仅仅是理论上的认识问题，更是对实践问题的一种反映。只有对各种理论学说中有关公民参与的观点进行分析和批判性借鉴，才能进一步探讨适合中国国情的公民参与理论、参与法制、参与实践的完善和发展。

三、参与式行政法制模式的研究目标、研究内容和研究重点

（一）参与式行政法制模式的研究目标

价值多元是当前正处于转型发展时期的中国社会的显著特征。由于城乡发展的不平衡，多元主体观念、利益的不同，很难确立将诸多不同的价值全面、客观、正确地反映行政的有效途径，使得民主和法治理念在当下中国面临着严峻的挑战。在这种形势下，确立公众和行政机关共同的目标，在公众和行政机关的合作关系下，通过公众参与行政的途径来实践并推进行政民主和行政法治，形成参与式行政法制模式，成为一个重大的现实课题。

参与式行政法制模式研究，旨在通过对国内外行政参与的理论、实践和制度的对比研究，根据中国国情建立一系列参与式行政的基本路向和具体制度，从而广泛地吸收各方面意见，对多样化的法治价值进行选择和调整，真切地回应当下的行政管理需求，实现各方互利共赢局面，最终形成社会管理共同体，形成适应公众参与行政的相关法律体系和运行机制。

（二）参与式行政法制模式的研究内容

笔者认为，参与式行政法制模式研究的基本内容，主要包括如下五个递进的部分：

其一，在对参与式行政的宏观背景和基本理念进行分析的基础上，对其基本理论进行深入研究，具体包括参与式行政的概念与特征，参与式行政的基本原则，参与式行政的内容，参与式行政的保障，等等。应当指出，此部分研究以中国行政法制模式变革为背景，因此相关理论更具中国特色，也更有益于指导中国的行政参与法制实践。

其二，探讨参与式行政的相关基础理论问题。例如，行政参与的性质与定位，政府与社会公众的关系（例如，是管理还是合作？是平等还是不平等？），参与式行政与若干基本概念和制度的关系（例如，参与式行政与行政民主、行政法治、行政伦理是何关系？）。对这些基础问题的探讨，有利于把握参与式行政的本质属性，为从根本上解决此命题打下基础。

其三，对中国参与式行政的制度实践进行考察。已有一些机构和学者对

此做过研究,公开出版和发表了一些著作和论文,这有助于丰富人们的认识。但通过分析可以看到,以往的研究工作,逻辑链条比较单一,大多仅从单一视角加以观察研究,因此,需要充分借鉴既往研究成果的正反经验,从四个视角有机地展开研究(这是指行政系统论的视角、行政过程论的视角、典型行政领域的视角、具体相关制度的视角),力图多维度、多层次、多元化地对当下中国参与式行政的制度实践进行系统深入研究,努力作出突破和创新。

其四,对欧洲、美洲、亚洲的代表性国家、地区的行政参与、参与式行政的理念、制度和经验进行比较研究。在全面认识中国参与式行政的制度实践的基础上,通过比较研究,不仅有利于提升原有的认知水平,也有利于获取更多有益的实践经验,为中国行政法制模式变革探寻新的路向和载体。

其五,根据中国国情探究新时期参与式行政的制度建构和进路安排。此部分是对前述研究目标的具体回应。通过对国内外行政参与的理论、实践和制度的对比研究,最终形成有利于推进行政民主和行政法治的参与式行政的具体制度和进路安排。

以此为脉络和基准,形成一系列研究成果,能够为行政领域公众参与的法治化和最终实现参与式行政法制模式提供有价值的参考意见,使其尽快转化为高效的行政实践和重大的社会效益,有效推动我国行政民主和行政法治的进程。

(三)参与式行政法制模式的研究重点

参与式行政法制模式研究是一项系统工程,内容丰富而复杂,笔者认为当下的重点是:

1.行政参与的正当性。现代社会中,行政的宗旨应在于服务而非单一管理,行政应基于公益而非自利与自便,行政过程应更多地体现文明与和谐而非粗暴与对立,公众参与行政即是实现我国行政现代化的关键所在。行政参与的正当性主要体现在两个方面:其一,行政参与的理论基础在于人民主权。国家的一切权力属于人民,现代国家采用间接民主的方式实现人民对国家权力的行使,即由人民选出民意代表制定法律,行政机关通过行政活动实施法律。因而行政活动的权力要素从根本上来源于公众的授予。其二,行政参与的本质是程序正义。行政程序是现代公共行政不可或缺的重要组成部分,合理规范化的程序不仅能促进行政增进公益和公平分配公共产品,且能保障行政的各种公益功能以公众看得见的方式实现。完善行政的程序规定,增强行政程序规范的科学化,充分保障公众参与行政的机会,才能使公众对行政产生信服,增强行政的效能。

2.行政参与的性质与定位。要对行政参与展开研究,首先必须明确其性质与定位。行政参与到底是什么?是理念?是权利?是程序?是制度?还是兼而有之?在某些情况下行政参与是否具有一定的义务性?实际上,这些性质与定位是对行政参与不同意义、不同角度的解读,行政参与既可以理解为一种理念,又可以理解为一项权利,还可以理解为一种程序和制度。行政参与是公众参与在行政领域的体现。作为理念,这一理解可以从公众参与及前述行政参与的正当性上获得认可。作为权利,其宪法基础首先是公民的参政权。公民的参政权包括参与国家事务的管理、经济和文化事业的管理以及社会事务的管理的权利,当然也包括参与行政管理过程的权利。此外还应考虑到,公众参与行政的前提应当是公众充分享有知情权,其参与的作用是通过行使监督权使行政的过程更趋合理和有序。因此,行政参与应当是同时包括知情权、管理权、表达权和监督权的复合权利。作为程序或制度,行政参与是行政程序的内核,只有转化为具体的行政程序,行政参与才具有实际价值。因此,必须对现有的参与程序进行补充和完善,在此基础上建立起一套完整的行政参与程序体系并使其制度化。

3.行政公务人员和社会公众观念的更新。在行政参与的基础上形成的参与式行政,是一种民主化、互动式的行政模式,因此行政机关和社会公众在观念上都应该进行更新。一方面,行政公务人员必须摒弃从前那种高高在上的行政观念和做法,摒弃纵向思维方式和行政偏执主义以及机械法治主义,充分认识参与式行政应发挥的重要作用,充分运用行政指导、行政契约等灵活的行政方式,循循善诱,科学指导,积极、能动地推进行政,为公众参加行政过程创造良好的环境和条件。行政公务人员应当理解和推进公众参与行政管理和服务的新运作方式,由此积极影响行政运营的方向和内容。另一方面,社会公众也须要摒弃那种认为行政运营与己无关的观念,作为行政运营的主体积极参加各级各类行政过程。通过长期、艰巨的努力,确立一系列规范和机制来激发、引导和推动公众参与行政的观念的形成。

4.参与行政可能产生的负面效果的避免和克服。如若行政公务人员和社会公众都能够充分认识到参与式行政的重要性和必要性,并以这种认识来参与实践,这对于我国行政民主和行政法治的进步无疑是非常有利的。但仅此还不够,还必须充分认识和积极消除参与式行政可能产生的负面效果。一方面,公众参与行政必须是实际的参与,而非"走过场"。这里先以行政公开为例加以阐述。行政公开是参与式行政的一个必然要求和重要环节,当前行政公开已成时代潮流,在各地、各领域皆以政务公开为政策目标的形势下,行政机关将政务公开作为衡量政绩的一个重要标准;但是,由于没有形成有效的法律责任机制,许多地方的政务公开还只是事务性、程序性的公开甚至走走形式,办事结果的公开多,办事过程、决策程序的公开少,事后公开多,事前、事中公开少,无关痛痒的内容公开多,民众真正关心的信息公开少。同样,这种"走过场"的现象可能出现在"参与式行政"的其他环节中。因此,行政机关必须在行政实务中切实致力于参与式行政的形成,必须为提高公务员的参与式行政意识而积极稳妥地建章立制,及时组织公务员培训,全面推进政务公开,确立公众参与行政的途径和机制。另一方面,公众行政参与的深度和广度须根据行政过程中阶段和事项的不同作出不同的制度安排。在行政参与机制建设方面,不仅各个国家不同,而且同一个国家不同领域、同一领域的不同阶段也都有所不同。以行政立法的参与机制为例,参与的目的及参与的形态因过程阶段不同乃至领域不同而各异。在有的阶段,可能是合作型的参与,在另外一些阶段可能是监督型的参与,还有的阶段可能是请求型的、提意见型的参与。由此可以看出,并非任何阶段、任何领域都适合于全面、深入的民主参与,行政过程中的公众参与必须根据阶段和事项的不同而有针对性地作出安排,避免由于盲目的公众参与带来负面效果。这一要求也深刻地反映在行政管理和社会管理的创新领域中。在很多情况下,公众参与是管理创新的源泉,但由于没有认识到行政过程的阶段性和具体行政事项的公众参与的包容性,行政实务中很多行政管理和社会管理的创新举措都曾经遭受不适当的质疑甚至全盘否定。

5.参与行政的制度建构和法制保障。关于参与行政的制度建构和法制保障,前者是对策学的基本要求,也是前述几个部分难题破解后的自然延伸;后者从广义上来说包含两个部分,即公民社会的成熟和政府的责任。公民社会的成熟,意味着公民主体意识和自治意识的增强。凯尔森在分析自治与他治时,举例说明自治是指义务主体参与创造一个次要规范来决定自己的义务。而行政法原是作为他治的典型,随着公民社会的成熟,参与行政有可能成为公民自治的突破口。在此,利益代表层的培植可以成为突破的重点。所谓利益代表层,是指与某些常见的行政行为有利害关系的个体代表自发形成的松散组织,它负责向踏入特定行政程序的相对人提供帮助,并在行政机关制定一般规则时参与其中,以一种集结力量抒发民意,把利益表达渠道真正利用起来。这就使得公众参与有了良好结果,而且由于参与形式上的满足,使规则执行的成本降低,能够提升行政效率。此外,行政责任机制对于参与式行政也起着重要的保障作用。政府的责任体现为两个方面:其一,政府有责任确立一系列规范和机制来激发、引导和推动公众参与行政的意识的形成和发展。如果没有外力的强有力的推动,仅靠公民社会的自发成熟,参与式行政法制模式的形成就会延迟。其二,政府有责任致力于相关法律规范的制定和相关制度的建构与推行。行政参与是行政程序的内核,公众参与权利的实现主要通过行政程序的执行而实现。因此,应当努力完善行政程序规定,制定相关法律规范,增强行政程序的规范化、制度化,保障公众参与行政管理和服务的机会,使整个行政过程更趋合法、合理和有效。对参与行政权利的侵害至少构成程序违法,此时就需要司法作为公众参与的最后保障。只有通过司法来矫正行政机关在公众参与程序上的偏私或忽视公众参与的行为,使受到损害的公民参与权利得到救济,参与行政管理过程的公众才会感受到公平正义的法律价值,促使参与行政法制模式在行政法治建设进程中渐趋完善。

这些制度直接赋予和保护公民的民主参与权利和其他合法权利,或者通过制约行政权力保护公民的民主参与权利和其他合法权利。在此类公众参与行政管理制度的推进过程中,中国的行政民主化程度得以逐渐提高,参与行政模式也逐渐生长发展起来,从而实现建设法治政府和服务型政府的宏大目标。

第七章 公民参与权利与依法共同治理

发展社会主义民主政治，建设社会主义政治文明，是全面建设小康社会的重要目标。发展社会主义民主政治的基点在于，要把坚持党的领导、人民当家做主和依法治国有机统一起来。而依法共同治理（简称依法治理）是实施依法治国方略的重要组成部分，是全民参与的当代法治实践，是一个宏大的社会系统工程。近些年来各地推进依法治理的全民法治实践经验证明，要进一步完善党委领导、人大督促、政府实施、司法保障、各方参与的依法治理工作机制，形成地方依法治理、行业依法治理、基层依法治理并举互动的新格局，从管制、专制走向善治、共治，以推进依法治国方略的贯彻实施，首先必须系统研究和妥善解决有关依法治理主体的理论与实践问题，积极探索发展依法治理主体理论和完善依法治理主体制度的新途径、新方法。对此，本章从如下四个方面试加讨论、略陈管见。

一、依法治理主体的基本理念与实践问题

（一）依法治理主体的概念和特征

依法治理主体，是指具体推动依法治理工作的组织和个人，也即依法治理的组织者、执行者和参与者，包括公民和其他个人、各级各类国家机关、依法治理组织领导机构、其他有关组织等等，其中国家机关和依法治理组织领导机构是主要责任者。依法治理主体是依法治理系统工程中最重要的因素之一。

依法治理主体的主要特点有三：一是范围广泛性，依法治理主体既有组织也有个人，既包括中央国家机关也包括地方国家机关，还包括各行业、各层次的组织机构；二是目标一致性，各类依法治理主体从事依法治理工作的共同目标，是创建经济与社会发展所需的良好法治环境，积极推进依法治国方略，加快建设社会主义法治国家；三是分工合作性，各个依法治理主体扮演特定的角色，从不同的角度、层次，分工配合地实施依法治理，以实现依法治理工作成效的最大化。

(二)依法治理主体的构成类型和网络体系

1.依法治理主体的构成类型

对于依法治理主体,可从不同的角度分类:从参与依法治理工作的组织形式,可划分为组织主体和个人主体;从参与依法治理工作的法律依据,可划分为法定主体和一般主体;从参与依法治理工作的具体环节和参与程度,可划分为依法治理的组织者、执行者、参与者;从与依法治理行为责任的联系程度,可划分为对依法治理负有直接责任者,即直接主体,以及对依法治理负有间接责任者,即间接主体,而公民属于既负有直接责任又负有间接责任的主体,可称之为实质主体。①

2.依法治理主体的网络体系

依法治理主体是一个立体互动的圈层结构式网络体系。从纵向来看,其最上层是依法治理工作的组织领导和协调机构,即各级的普法依法治理领导小组及其办公室;处于中间层次的是承担地方、行业、基层依法治理工作的各类正式组织和非正式组织;作为其基础的是以各种形式参加依法治理工作的广大人民群众。从横向来看,普法依法治理领导小组及其办公室处于核心位置,其外层是承担地方、行业、基层依法治理工作的国家机关,再外层是其他各类组织,最外层是参加依法治理工作的广大人民群众。依法治理主体网络体系中的这些组成要素,各居其位、各司其职、紧密联系、相互配合,从不同的层次、角度来分工配合地实施依法治理,实现依法治理的共同目标。

(三)依法治理主体的条件与资格

作为依法治理的主体,无论是组织主体还是个人主体均应具备一定的条件,包括必需的权利能力、行为能力、责任能力和社会信誉度,或者说包括个人自然条件、政治面貌条件和业务能力条件。例如,被剥夺政治权利的服刑人员就不具备作为行政执法人员这样一类依法治理主体的基本条件。

承担某一类依法治理工作须具备某一类主体资格,否则其作出的行为属于越权无效行为。所谓依法治理主体资格,是指符合法定条件的组织或个人经过一定程序所获得的某地域或系统内依法治理主体的法律地位,其标志往

---

① 这是因为,尽管国家机关和依法治理组织领导机构是依法治理工作的主要责任者,且责任后果归于国家;但公民不仅要对自己参与依法治理工作的行为负责,而且要受到其他依法治理主体行为的实质性影响,是所有依法治理组织者、执行者、参与者的行为后果的终极承担者,是依法治理工作成效的最大利害相关者。正是在这个意义上,可将公民(广而言之是广大人民群众)视为依法治理的一种实质主体。

往是拥有某种资格证书或标志,如行政执法资格证。而某种依法治理主体资格的获得、维持、变更和丧失,均应依循一定的程序。例如,从事某一类市场管理行政执法工作的组织,必须是依法正式成立的机构并得到相应的法定授权或合法委托,从事某一类市场管理行政执法工作的人员,须通过特定的考试考核认定程序获得行政执法资格证才能上岗执法。特别是对于司法机关工作人员,法定的任职资格条件更高。例如,法官的任职资格,现已要求必须既通过统一的国家司法考试又通过法院系统组织的任职资格考试才能够获得,可见资格门槛已设置得相当高。

(四)依法治理主体的权利(权力)与义务(责任)

依法治理主体应当拥有相应的权利(权力),这是其完成依法治理工作任务的必要条件。这主要包括调查了解情况、依法作出行为、作出决定、提出建议等多方面的权利(权力)。依法治理主体所拥有的依法治理权利(权力)不能随意放弃,否则应承担相应的责任。例如,一名人民警察在下班回家途中(公务员和企事业职工上下班途中被视为工作准备时间和工作延续时间)遇见人民生命财产正遭受重大威胁,应积极实施救助,否则就要承担行政不作为的相应法律责任以及道义责任。

依法治理主体的义务(责任),分别包括政治、行政、社会、法律或道义方面的义务(责任),尽管范围、类别和程度各不相同,均应被合法适当地履行和承担。依法治理主体的权利与义务、权力与责任是相互联系和统一的,既不能随意强加,也不能随意放弃。

(五)依法治理中的主体问题及对策

通过数个五年普法教育和依法治理活动,广大人民群众依法办事的意识明显增强,主要体现为三个方面的变化:一是学法懂法的积极性大大提高;二是依法参与的自觉性大大提高;三是依法维权的意识大大提高。但从我国各地各行业推行依法治理的具体情况来看,在依法治理实践中仍然不同程度地存在许多与主体有关的现实问题,主要是:

1. 主体范围过窄,群众参与度较低

不少人在观念上还存在误区,以为依法治理只是政府机关的事情,与公民个人关系不大。所以,有的国家机关及其工作人员对于人民群众参加依法治理工作抱持一种忽视、轻视、顾虑等消极态度;有的公民对于参加依法治理工作也抱持一种与己无关、多一事不如少一事的消极态度。这样的认识误区和消极态度,必然大大制约依法治理民主参与程度的提高。

2.部分参与者不具备主体资格条件

这是一个社会各方面反映强烈且长期存在的老大难问题。例如,在某些地方、某些领域,一些根本完全不具备执法人员条件和资格的人员以检查员、联防队员、交通协管员等身份上岗执法,频繁发生与管理对象的严重冲突,既损害了行政管理相对人的合法权益,又损害了政府机关的形象,弊端甚多。

3.办事机构不尽统一,指导基层不够有力

在一些地方,依法治理领导小组的办事机构,有的设在当地人大,有的设在司法局,有的设在政法委,还有的设在政府法制办,很不一致。由于机构和体系不统一,造成对基层(街道、乡镇)依法治理工作的指导存在诸多不便,上下脱节,形不成整体合力。例如,上级布置工作找不到"腿",下级汇报工作找不到门;最极端的是一些普法和依法治理分开的办事机构,既看不到中央、地方的有关文件,听不到工作部署,又无法参加上级召开的相关工作会议,领会不了上级精神,在工作中只能凭想当然办事,基层依法治理工作的能力和水平很难得到提高。

4.基层司法行政队伍力量亟待加强

基层司法行政机构在依法治理中承担着重要职责。但由于管理体制没有理顺,在一些地方,司法助理员的编制、司法科(司法办公室)的设置过去长期没有得到解决,在一定程度上影响了队伍的稳定和工作的开展。[①]

5.依法治理组织工作的经费保障不足

依法治理是一项宏大的社会系统工程,需要一定的物质投入。但是从一些地方的情况来看,开展依法治理工作的经费未能列入地方财政预算,经费投入多少往往取决于有关领导同志个人的重视程度及其与有关部门之间的关系程度,故经常是"有钱就干、没钱不干、钱多多干、钱少少干",或者是区县布置工作,街道(乡镇)出钱办事。

6.权限不清、职责不明、权利与义务(权力与责任)脱节

这也是现实生活中比较突出的问题。特别是由于行政组织法律制度建设相对滞后,一些行政执法机关之间的职权职责界限不够明晰,超越权限执法特别是超越权限作出行政处罚、行政强制,致使权力与责任脱节的问题时有发生;公民不能自觉守法和依法维护社会秩序的现象也比较常见。

---

① 例如,据北京市近期的一项调查,该市600余名司法助理员中,只有300余名是国家在编干部,另外300余名有的是县、乡补助干部,有的是以农代干、以工代干。参见北京市司法局普法依法治理调研课题组:《北京市区县依法治理工作调研报告》。

7. 失职渎职、滥用权力(权利)、以权谋私

这方面的问题涉及依法治理主体的品质、动机、目的和法律后果,属于比较严重的问题。例如,权钱交易,打击报复,行政不作为,不能确保一方平安,以罚款代替一切法律制裁,以及不合法的滥诉、缠诉和群体上访,等等。

上述问题的解决,需要在各级党委和政府的领导下,调动社会各方面力量的积极性和创造性,包括中央和地方两方面的积极性、国家机关和人民群众两方面的积极性、正式组织和非正式组织两方面的积极性,从突出的现实问题入手,通过观念更新和制度创新,逐步建立起新的依法治理运行机制。① 为此,特别需要解决好法制教育与依法治理的关系,有针对性地进一步加强法制教育。法制教育和依法治理是一个问题的两个方面:依法治理不仅是具体地实践依法治国的基本国策,而且它本身就是一种无形教育,会激发起广大公民学法、守法、用法的自觉性,大大提高法制教育的效果;同时,法制教育又为依法治理提供思想基础,有力地推动各项工作沿着规范化、制度化的方向发展。在一些地方的现实社会生活中,权大于法、情大于法、有法不依、执法不严的现象广泛存在,严重削弱了法律的权威地位,极大挫伤了广大公民学法的积极性和热情,成为制约法制教育深入开展的一个心理因素,这是一个亟待解决的难点问题,必须引起全社会的高度重视。当务之急是各级国家机关特别是行政执法机关和司法机关的工作人员应率先垂范,坚决贯彻依法行政和公正司法原则,带动全社会形成学法、守法、用法、护法的良好风气,真正树立起法律至上的权威地位。

二、公民在依法治理中的权利、责任及参与机制

(一)公民在依法治理中的角色定位

我国现行《宪法》第2条明确规定:"中华人民共和国的一切权力属于人民。人民行使国家权力的机关是全国人民代表大会和地方各级人民代表大会。人民依照法律规定,通过各种途径和形式,管理国家事务,管理经济和文化事业,管理社会事务。"依法治理作为一项国家事务、社会事务和法制建设事

---

① 例如,山东省济南市针对过去行政执法领域存在的薄弱环节,全面推行并坚持实行执法责任制、执法公示承诺制、执法违法责任追究制等三项制度改革,取得了明显成效,全市基本实现执法权限法定化、执法目标具体化、执法程序公开化、执法行为规范化、执法检查经常化、执法监督和错案追究制度化,形成了严格执法、公正执法、文明执法、廉洁执法的良好氛围,大大提高了政府法制化管理水平,树立较好的政府形象。

业,广大人民群众既可以通过自己的代表和权力机关去推进,理所当然也可以在一定程度上保留行使部分国家治理权,直接参与管理某些国家事务、社会事务和法制建设事业,其无疑应当成为依法治理工作的主体。只有全民参与依法治理,预期的依法治理目标才能更好地实现。

中国共产党第十五次全国代表大会确立了依法治国的基本方略,并且通过修宪程序将其载入了现行宪法;党的十六大进一步强调了依法治国是党领导人民治理国家的基本方略,宪法和法律是党的主张和人民意志相统一的体现,任何组织和个人都不允许有超越宪法和法律的特权,要把坚持党的领导、人民当家做主和依法治国有机统一起来。这是我国社会主义事业发展的划时代的里程碑,也是邓小平理论和"三个代表"重要思想的组成部分,是发展社会主义政治文明的必然要求。所谓依法治国,就是广大人民群众在中国共产党的领导下,依照宪法和法律规定,通过各种途径和形式管理国家事务,管理经济文化事业,管理社会事务,保证国家各项工作都依法进行,实现社会主义民主的制度化和法律化,使这种制度和法律不因领导人的改变而改变,不因领导人看法和注意力的改变而改变。依法治理作为依法治国的具体实践,需要付出艰巨而不懈的努力,才能实现社会主义民主和各项事业的制度化和法律化。人民当家做主是我国社会主义民主的根本原则。我国的民主政治建设就是要实现一切权力属于人民,使全体人民以主人公身份平等地、普遍地参与一切国家大事,不仅仅享有政治权利,而且还享有在经济生活、文化生活和社会生活等各个方面的民主权利。党的十六大政治报告指出:要保证人民群众依法直接行使民主权利,管理基层公共事务和公益事业,对干部实行民主监督。民主和法制是分不开的,建设社会主义民主政治,必须大力健全社会主义法制,否则无法稳健可靠地实现社会主义民主政治发展目标;反过来说,要健全社会主义法制,必须大力发展社会主义民主,发挥人民群众在依法治理工作中的主体性作用。

我国"四五"普法规划也明确要求,以"三个代表"重要思想为指导,继续推进普法依法治理工作的深入开展,保障和促进经济建设和社会各项事业的健康发展。"三个代表"重要思想,集中概括了我们党和国家一切工作的根本方向、根本准则、根本依据,对党和国家的各项工作都具有重大指导意义,也为依法治理工作的深入开展指明了方向。依法治理工作要按照"三个代表"的要求,积极为保障和促进先进生产力的发展服务,为坚持中国先进文化的前进方向服务,为维护最广大人民的根本利益服务。在我国,任何时候都必须坚持尊重社会发展规律与尊重人民群众历史主体地位的一致性,坚持为崇高理想奋斗与为最广大人民谋利益的一致性,坚持完成党的各项工作与实现人民利益的一致性。由此可以更好地认识和把握我国全体公民在依法治理这一伟大社会系统工程中所应扮演的角色和承担的使命。

(二)公民在依法治理中的基本权利与义务

我国公民作为依法治理工作的重要主体,由宪法和法律明确规定了同公民参加依法治理有关的一系列法定权利和义务。对此,可从如下三个方面来看:

1.现行宪法确定(或蕴涵表达的)同公民参加依法治理有关的权利

这方面的权利主要有:平等权(第33条、第48条),选举权、被选举权和罢免权(第17条、第34条),参加管理的权利(第2条、第16条、第17条),知情权(第4条、第27条、第125条),直接和间接的监督权(第3条、第27条),批评和建议的权利(第27条、第41条),申诉、控告或者检举的权利(第41条),辩护权(第125条),公民权利受到国家机关及其工作人员侵权时依法取得赔偿的权利(第41条),等等。

2.现行宪法确定的同公民参加依法治理有关的义务

这方面的义务主要有:接受教育(当然包括普法教育)的义务(第46条),不得损害公共利益和他人合法自由与权利的义务(第51条),维护国家统一和全国各民族团结的义务(第52条),遵守宪法、法律、纪律、公共秩序和保守国家秘密、爱护公共财产、尊重社会公德的义务(第53条),维护祖国的安全、荣誉和利益的义务(第54条),依法服兵役和参加民兵组织的义务(第55条),依法纳税的义务(第56条),等等。

3.现行法律规定的同公民参加依法治理有关的权利和义务

除了宪法之外,在现行的行政实体、程序和诉讼法律中,刑事实体和诉讼法律中,民事实体和诉讼法律中,还有大量法律规范确定了同公民参加依法治理有关的权利和义务,主要有:平等权利(《行政诉讼法》第7条,《刑事诉讼法》第6条,《民事诉讼法》第8条),辩护权利(《行政诉讼法》第9条,《刑事诉讼法》第11条,《民事诉讼法》第12条),不得有特权的义务(《刑事诉讼法》第6条),知道案情者有作证的义务(《刑事诉讼法》第48条,《民事诉讼法》第70条),等等。

(三)公民在依法治理中的责任形式

公民在依法治理中,无论是作为参与依法治理的主体,还是作为行政管理的相对人,都应当严格遵纪守法、接受管理、正当行使权利、积极履行义务,否则就要承担相应责任。主要包括法律责任、道义责任和政治责任:

1. 法律责任

如果公民的行为侵权违约,就要承担赔礼道歉、赔偿损失等相应的民事法律责任;如果公民的行为违反行政法律,就会受到罚款、吊销证照等相应的行政处罚;如果公民的行为触犯了刑事法律,就会受到拘役、有期徒刑、剥夺政治权利等相应的刑事制裁。

2. 道义责任

如果某个公民的行为(包括作为或不作为)并不违反行政法律或未触犯刑事法律,或尚未达到法律规定必须予以行政处罚或刑事制裁的程度,但他以消极态度对待依法治理,其行为违背了公序良俗,造成了一定的社会伤害或增大了社会成本,则理应受到公众的消极评价和社会舆论的公开谴责,同时也会受到其良心的自我谴责。这种否定性的社会评价和内心自省,会造成巨大的心理张力和压力,可以说是一种道义责任。

3. 政治责任

如果许多公民都以消极态度对待依法治理工作,致使这项工作的运转和成效严重滞后于社会发展的客观要求,造成了极不利于经济与社会发展的法制失序状态,甚至影响到政治与社会稳定,从而制约政治文明的发展,那么受到损害最大的还是广大人民群众,因为这种严重政治后果和社会代价最终要由民众自己承担。这也是不言自明的道理。

(四)公民参与依法治理的主要方式

公民作为主体参与依法治理,这是我国实施依法治国方略的进程中需要长期坚持的民主与法治原则,其实现的渠道和方法是多层次、多方面的,包括间接参与和直接参与。例如,坚持和完善人民代表大会制度是公民参与依法治理的基础,这是一种间接参与方式;完善村民(居民)自治、扩大直选范围、完善评议行政首长和推进政务公开等行政民主制度、发展行业协会等行业自治组织等等,是公民直接参与依法治理的必要条件和重要内容。对此,可通过公民参与城市治理、公民参与行政管理、公民参与法制监督等直接参与的方式,来加以认识和把握。

1. 关于公民参与城市治理①

相对于日益繁重的城市管理任务而言,城市政府拥有的资源是有限的。如果没有城市利益相关者的积极参与,难以保证形成科学的决策,难以保证法

---

① 这里仅以市民参与城市社区治理为例略加讨论。其实,村民参与农村社区治理也与此同理,但限于篇幅未作讨论。

律和政策得到有效落实,对公共权力的监督也难以取得预期效果。因此,首先要积极探索新机制,吸引城市利益相关者参与城市治理。城市政府可以通过听证会的方式直接听取各利益相关者的意见,协调各种利益,增加决策的科学性、透明度,有利于政府的法令和政策得到广泛理解和支持,也有利于加强社会监督和减少行政腐败。比如,城市规划管理,可以在政府统一控制城市规划权的前提下,吸收城市利益相关者广泛参与,集思广益。在制定城市规划过程中,由城市规划主管部门主导,吸收土地管理部门、公共服务企业、城市规划专家以及其他利益相关者共同参与,并公开征求社会各方面特别是广大市民的意见,使城市规划尽可能符合城市发展的客观规律,提高城市规划的透明度,并使各城市利益相关者明确各自的权利和义务,这有利于城市规划的监督落实,并减少不正当干预。其次,开展多种教育形式,提高市民素质及其参与城市管理的能力。通过教育和培养,让利益相关者充分认知自身的权利和相应的义务。比如,目前城市交通秩序不好,有的人为了抢几秒钟时间公然闯红灯,影响其他车辆和行人的通行与安全。这种人的行为是只顾自己的通行权利,不顾别人的通行权利,不履行遵守交通规则的义务。因此,要从根本上改善交通秩序,除了改善道路条件和交通警察加强执法,还应提高全社会的遵纪守法意识。

这里以美国许多城市吸引利益相关者积极参与城市建设和管理的做法来加以比较。在美国许多城市,已形成调动利益相关者全过程参与城市治理,充分实现公民参与城市管理权利的一整套机制,这是其提高城市管理水平的重要保证。这主要包括如下四个环节:其一,各利益相关者共同参与"发现"城市的问题。在美国,被列为市政府或市议会的议题,从形式上看是由政府官员或市议员决定的,实际上他们只是利益相关者的代言人,他们的问题可能是联邦政府的指示或建议,可能是某政府官员为了政绩而提出的发展报告或某议员为了争取选票而采纳的选民要求,也可能是为某个利益集团服务的媒体提出和渲染的问题。其二,参与决策。由于公共资源有限,"发现"的问题必须通过一定程序确定解决问题的优先顺序和具体的优先解决方案。这一过程涉及各方面的利益,需要各利益相关者共同参与决定。以城市总体规划为例,城市规划局不能单独决定,而是要协同城市规划师以及交通、环保、公共服务、文化、安全等相关领域的企业、团体、机构共同参与,还要公开征求市民意见,然后经过市议会审批通过成为法令,并报联邦住房和发展部备案。这种参与过程既是集思广益的过程,也是协调各利益相关者的合法利益的过程。因此,城市总体规划一旦确定下来,就有很高的权威性。按照美国许多州的法律,各个城市的"总体规划"就是一部"城市社区宪法",是指导城市社区未来发展的蓝图。所有的城市发展,不论是私人的还是公共的,都不能超越这部"城市社区宪法"所包含的政策范围。其三,参与实施。由于市民广泛参与城市管理决策过程,决策过程和结果的透明度高,在实施过程中,各利益相关者只能按照达成共识的规则行事。仍以城市规划为例,由于城市发展方向、城市布局、各区域土地使用性质、各分区的详细规划、控高规划等综合考虑了交通、文化等多种因素,协调了各方面的利益,如果在执行过程中任意改变,就可能会带来交通、治安等一系列问题,损害相关者的利益;同时,由于决策的透明度高,使利益相关者对自身的权利义务比较清楚,如果利益遭到损害,就会要求赔偿。例如,某栋建筑如果超过规划的高度,可能会影响到相邻建筑的采光或破坏整体协调;如果某建筑商任意改变住宅区中住宅的外观颜色,可能会影响邻居的审美视觉。这些都会遭到利益相关者举报,政府主管部门会立即要求违规者及时纠正,并予以处罚。如果某块土地确实需要改变使用性质,也需要召集各利益相关者召开听证会,其中邻居的意见对最后的行政决定起着关键作用。其四,参与监督。科学的决策贵在落实,决策的落实贵在监督。由于城市管理决策把各方面利益较好地协调起来,能够有效调动利益相关者共同监督决策的落实,因此监督效率较高。否则,仅仅依靠执法部门监督,不仅成本高昂,而且效率也较低。例如常有这样的情况:一家公司计划在某居民区开一家歌舞厅,并承诺满足居民提出的安全等方面的合理要求,通过召开听证会获得了政府主管机关发放的许可证开业后,附近居民就可按照原先的要求来检查这家歌舞厅的音响、卫生是否超标,是否增加了社区的不安全性等,一旦违规立即举报,最后该歌舞厅因难以按照承诺的条件经营便只好停业。从美国的公民参与城市治理的经验来看,现代城市管理过程固然离不开行政机关,但如果没有利益相关者特别是广大市民的积极参与,则城市治理不仅效率低下,而且成本也会十分高昂。

2. 关于公民参与行政管理

行政民主化是 20 世纪后期以来出现的世界性潮流,对各国行政管理和行政法制产生了很大影响。在我国,逐步扩大公民参与公共行政管理的广度和深度,不仅是发展社会主义政治文明,加快现代民主化进程的要求,也是实现一个地方各项事业顺利发展的保障。为从制度上保证行政相对人对行政活动过程的民主参与,实现立法、行政、监督工作的科学化、民主化,应创新和完善各项行政民主制度。主要包括:(1)完善行政听证制度。我国《行政处罚法》、《价格法》等法律已经正式建立起行政听证制度。除了严格执行既有的法律规定,还可在其他重大行政决定方面(例如,城市房屋拆迁、农村土地征用、涉及第三人利益的行政许可方面)实行听证制度,更规范、更充分地保障利害关系人的意见得到表达,保障行政听证中的意见能够在最终决策中得到认真考虑。(2)扩大公民参与渠道。带有全局性的行政决策,例如,经济与社会发展计划、财政预决算、制定行政规范性文件等重大事项,应当扩展行政相对人参与决策的制度化渠道,完善公民对政府部门政绩和政风进行评议以及民意调查等行政民主制度,以充分反映行政相对人的愿望和看法。(3)完善专家咨询和专家论证制度。在坚持和完善各地行之有效的政府法律顾问团制度的同时,还应普遍建立起专职的政府律师制度(也称为公职律师制度),为各级政府机关及其行政首长决策提供更经常和直接的法律咨询,使其公务行为更加符合行政法治的要求,减少违法侵权的可能性。当然,在经济、科技等其他领域,也可建立健全类似的专家咨询机构,例如,建立经济顾问团、科技顾问团、专门审议会等等。专门审议会制度是指由专家学者和各种团体代表通过专门审议会的组织形式,分别就各类重大决策发表咨询意见。日本等国的经验表明,专门审议会能够在地方立法、行政立法和制定规范性文件以及重大决策等方面,更充分和制度化地发挥专家作用和反映行政相对人的利益愿望,更充分地实现公民参与行政管理的权利。

3.关于公民参与法制监督

公共权力行使过程及其监督过程的民主化,是法治国家推行民主政治、达到法治目标的内在要求。在我国,包括监督权力在内的一切公共权力属于人民,因而在监督工作中也应贯彻民主原则。广大公民是一支最基本、最广泛、最有潜力、也是最本源的社会民主监督力量。我国《宪法》第41条就公民的批评、建议、申诉、控告、检举等权利作出了明确规定,这是公民对行政进行监督的宪法依据。公民的监督权,可以通过所参加的各种社会组织来行使,也可以依法直接行使。我国已建立举报、信访、申诉、复议、行政诉讼等制度来保障公民的法定监督权的实现,并且有关制度随着社会生活的发展而不断改进和创新。诺内特和塞尔兹尼克曾指出:"法律参与的扩大不只是增进法律秩序的民主价值,它还能有助于提高法律机构的能力。"[①]因此,应充分发挥广大人民群众(以及新闻媒介、民主党派、人民团体和各种社会组织)在监督工作中的特殊作用,认真实行民主监督,达到提高综合监督效能,促进实现依法行政和公正

---

① [美]诺内特、塞尔兹尼克:《转变中的法律和社会》,张志铭译,中国政法大学出版社1994年版,第110页。

司法的目标。

例如,现代行政管理的广度和深度是前所未有的,失误和不尽如人意之处也在所难免;而任何一种行政救济方式都有其局限性,所以不断拓展监督渠道和完善救济制度乃是客观要求。尽管我国已实行行政复议、行政诉讼等制度,但在实践中最终受到行政复议和司法审查监督的具体行政行为比较少,无法通过行政复议、行政诉讼得到救济的情形大量存在。[①] 例如,在行政执法过程中公民受到执法人员的恐吓或辱骂,公民理应获得行政奖励而未能获得,公民向行政机关提出合理的咨询要求而得不到答复等等,公民遇到这些情况都难以通过现行的行政复议、行政诉讼等常规渠道获得救济。因此,为适应现代市场经济条件下行政管理民主化和纳税人需求多样化的新形势,更好地体现人民政府全心全意为人民服务的宗旨,应在坚持和完善行政复议、行政诉讼、行政赔偿、信访、行政首长公开电话、行政执法与监督机关负责人接待日等制度的基础上,积极拓展和整合监督与救济的渠道和形式,如人民代表定期接待选民和原选举单位人员并负责为之申诉怨情和争取救济等新的制度设计,并努力实现各项公民怨情申诉制度的系统化、规范化、简便化和高效化,以更好地监督行政过程、纠正行政偏误和补救行政相对人的权益损失,以实现行政行为的合法、合理、合目的。

三、党和国家机关在依法治理中的地位、作用和职责

各级党委、人大、政府要加强对法制宣传教育和依法治理工作的领导和监督,进一步健全领导机构,完善党委领导、人大督促、政府实施、司法保障、各方参与的依法治理工作机制,形成地方依法治理、行业依法治理、基层依法治理并举互动的新格局。这是依法治理主体理论与制度的关键性内容。各地区、各行业应按照中央的统一要求,把这项工作摆上重要议事日程,纳入经济和社会发展的总体规划进行统一部署。特别是各级普法依法治理领导小组及其办公室应当切实加强领导,做好具体的组织、协调、监督和指导工作;各地区、各行业、各级各类组织应结合实际并量化标准,建立健全法制宣传教育和依法治理工作责任制,认真履行职责,实行目标管理。

---

① 据统计,最终受到行政复议和司法审查监督的行政处罚行为,仅占行政处罚案件的万分之一左右。

(一)党组织在依法治理中的地位和作用

1. 党的领导与依法治理

依法治理是依法治国的具体落实,是一项宏大的社会系统工程,也是一个历史渐进的过程,需要我们付出长期艰巨的努力。而坚持和完善党的领导,则是全面推进这项伟大工程的根本保障。为此,首先需要正确理解和处理好党的领导与依法治国、依法治理的关系。所谓依法治国,就是广大人民群众在党的领导下,依照宪法和法律规定,通过各种途径和形式管理国家事务,管理经济文化事业,管理社会事务,保证国家各项工作依法进行,逐步实现社会主义民主的制度化、法律化,使这种制度和法制不因领导人的改变而改变,不因领导人看法和注意力的改变而改变。从根本上说,法律与党的路线方针政策是不矛盾的,坚持党的领导、人民当家做主和依法治国是有机统一的。正如江泽民同志在《社会主义法制建设基本知识》序言中所指出的:"坚持党的政治领导,一个基本的方面就是坚持使党的主张经过法定程序变成国家意志,通过党组织的活动和党的模范作用,带动人民群众实现党的路线、方针、政策。国家的宪法和法律是人民群众意志的体现,也是党的主张的体现。执行宪法和法律,是按广大人民群众的意志办事,也是贯彻党的路线、方针、政策的重要保障。"应当指出,坚持党的领导、人民当家做主和依法治国,这三者是完全一致的。其一,我们党的主张是代表和体现人民的意志与利益的。实现党的主张、国家法律与人民意志的统一,就能把党对国家事务的领导同依法治国统一起来。其二,党的各级组织和广大党员带头自觉遵守并维护宪法和法律,在宪法和法律范围内活动,严格依法办事,为广大人民群众做出表率,有利于在全社会形成崇尚法治的良好风气,从而使上升为法律的党的各项主张得到更好的贯彻执行。其三,各级党组织可以通过法定程序,向各级权力机关、行政机关和司法机关推荐合格干部,从而在组织上保障党的领导和依法治国方针的实施。依法治国把坚持党的领导、发扬人民民主和严格依法办事统一起来,有利于从制度和法律上保证党的基本路线和基本纲领的贯彻执行,保证党始终发挥总揽全局、协调各方的领导核心作用。对此,我们要进一步加深理解,切实克服把党的领导、人民当家做主和依法治国、依法治理对立起来的现象。

各地的实践证明,现阶段必须通过加强和改善党的领导,来奠定依法治理的政治基础。这是因为,党领导人民制定宪法和法律,党领导人民执行和遵守宪法和法律,基层依法治理工作只有在党的领导下才能稳步推进、健康发展,才能得到有力保障。因此,各级党组织应当从以下几个方面把党对依法治理的领导落到实处,为深化依法治理工作奠定坚实的政治基础:

一是在领导的原则上,要按照党的十六大精神,把坚持党的领导、人民当家做主和依法治国、依法办事有机地结合起来。各级党的组织要依据党的基本路线、基本方针和国家法律,制定本地区依法治理的工作方针和政策,确立依法治理的基本任务和发展进程,把握依法治理的目标和方向,保证党组织在依法治理中切实发挥总揽全局、协调各方的领导核心作用。

二是在领导的方式上,做到依法决策、宏观指导。要认真总结记取过去长期存在的党政不分、以党代政、包揽一切的历史经验教训。各级地方党委对本地区依法治理的重大事项,应当事先进行深入调查研究,经过党内民主讨论,依照法定程序作出决策。要切实树立依法执政、依法办事的观念,转变领导方式,地方党委关于依法治理重大事项的决策应经过法定程序形成公共规范性文件,通过人大和"一府两院"贯彻落实。各级党的组织对依法治理工作的宏观指导,主要体现为制订规划和计划,明确目标和任务,建立组织和制度;而不是包揽具体事务,代替各个机构工作。

三是在领导的组织形式上,通过加强党的自身建设,发挥监督和保障作用。各级地方党委要把加强党的组织建设与依法治理紧密结合起来,要充分发挥基层党组织的领导核心作用,把依法治理工作置于党的领导和监督之下。要努力提高党员干部的法律意识和综合素质,提高新形势下运用法律手段管理经济和社会事务的能力,严格要求党员干部在宪法和法律的范围内活动,保证党的基本路线、基本方针的贯彻落实。特别是各级党员领导干部应当自觉按照党的十六大政治报告的要求,通过努力学习和实践,不断增强法制观念和依法办事能力,真正成为遵守宪法和法律的模范。

2. 依法治理组织领导机构的建构原则

各地各行业的依法治理领导机构,是各级党委(党组)组织协调各方面力量,对依法治理工作实施领导的具体运作方式,担负着重大的历史使命。建立和完善依法治理领导机构,应贯彻统一、广泛、协调、权威等重要原则:

(1)统一性原则。这项原则要求,各个依法治理主体要素应在依法治理组织领导机构的统一领导下积极开展工作,做到思想统一、组织统一、任务统一,为实现各地方各行业的依法治理目标而共同努力。

(2)广泛性原则。这项原则要求,要使依法治理组织系统成为开放系统,通过依法治理组织领导机构最大限度地调动起各个依法治理主体要素的积极性,特别是充分发动广大人民群众积极参与依法治理工作,集思广益、群策群力,取得最大的治理成效。

(3)协调性原则。这项原则要求,依法治理组织领导机构要努力协调好各个依法治理主体要素的力量和步伐,将公民个人与群体组织、正式组织与非正式组织、国家机关与非国家机关等依法治理主体要素的力量整合起来,形成最大的治理合力。

(4)权威性原则。这项原则要求,依法治理组织领导机构要以正确的方针、严密的组织、民主的作风、极高的效率,积极组织开展依法治理工作,成为最有权威性的依法治理组织系统的核心力量。

3.依法治理领导小组及其办公室的构成与职责

目前各地各行业的依法治理领导机构,名称尚不尽统一,有的叫做普法依法治理工作领导小组,有的叫做普法依法治理联席会议,有的叫做依法治省(区、市、县)领导小组,还有的叫做依法治省(区、市、县)工作领导小组,等等。不管叫做什么名称,都是各级党委对依法治理工作实施领导的具体组织方式,其成员单位都是非常广泛、非常权威的。以海南省为例,海南省的依法治理领导机构是海南省普法依法治理联席会议,它是落实党中央、国务院关于各级党委、人大和政府要加强领导和监督,保障法制宣传教育五年规划任务的落实,对组织、指导、协调、监督全省的普法依法治理工作的重大问题进行决策的会议形式;其召集人是分管政法工作的省委副书记,副召集人是分管政法工作的省委常委和分管宣传工作的省委常委;其成员单位有省委办公厅、省政府办公厅、省委组织部、省委宣传部、省政法委、省直机关工委、省人大法工委、省检察院、省高级法院、省公安厅、省司法厅、省财税厅等等。依法治理领导机构一般不是常设机构。①

为保证依法治理组织领导工作的正常进行,依法治理组织领导机构都下设专门的办事机构或常设机构,其名称多叫做××办公室,简称为××办,一般设置在本级司法行政机关,也有的设在本级地方党委的政法委或地方人大。依法治理组织领导机构的下设办事机构或常设机构,承担着具体组织开展依法治理工作的大量事务,具有重大和广泛的职责。仍以海南省为例,海南省普法依法治理联席会议下设办公室,作为其办事机构,主要承担了下列12项职责:

(1)根据全国普法依法治理工作规划,结合本省实际情况,制定全省普法依法治理工作规划,并负责组织实施。

(2)全面贯彻执行省普法依法治理联席会议的各项决定,采取有效措施,

---

① 参见《海南省委办公厅、海南省人民政府办公厅关于印发〈海南省普法依法治理联席会议制度实施方案〉的通知》。

使之落到实处。

(3)开展调查研究,总结推广典型经验,交流信息,反馈情况,及时向会议召集人、副召集人报告普法依法治理工作,提出工作建议。

(4)负责各市、县(区)和各部门普法依法治理工作规划的备案工作。

(5)负责联席会议的议题拟定和会议记录、纪要工作,负责年度总结、工作报告、报表统计和资料、文件归档管理工作,负责书刊报刊订阅、发行及其他文书事务工作。

(6)负责联席会议文电的收发、文件传递和通讯联络事项。

(7)对全省各地各单位执行普法依法治理联席会议重大问题决策的执行情况进行检查与催办,协助有关领导督促落实。

(8)负责组织安排省普法依法治理联席会议的筹备工作。

(9)组织、指导、协调、监督全省普法依法治理的日常工作。

(10)负责各成员单位联络员的召集及工作指导。

(11)负责对各市、县(区)和省直各部门的普法依法治理工作的检查、验收和总结表彰的筹备工作。

(12)完成联席会议召集人、副召集人交办的其他工作。

海南省普法依法治理联席会议办公室设在省司法厅,主任由省司法厅厅长担任,副主任由省委宣传部分管副部长、省司法厅分管副厅长和该厅法制宣传处处长担任。①

综观近年来我国各地的实际情况,地市、县级普法依法治理办公室的主要职责大致包括如下10项:

(1)起草普法依法治理工作总体规划和年度计划,制定落实总体规划和年度计划的实施方案并组织实施。

(2)组织、指导、协调各部门、各单位落实普法依法治理措施。

(3)开展普法依法治理工作的调查研究和日常活动,交流有关信息。

(4)建议和组织开展对普法依法治理工作进行视察、检查、评比、奖惩,总结推广典型经验。

(5)组织编辑、印制或发行普法依法治理的教材和资料。

(6)组织普法依法治理的专门培训及考试考核。

(7)组织各级领导干部法制讲座、法制培训和普法考核。

---

① 参见《海南省委办公厅、海南省人民政府办公厅关于印发〈海南省普法依法治理联席会议制度实施方案〉的通知》。

(8)组织、指导、协调新闻单位和文化部门开展法制新闻宣传和法制文艺宣传,组织法律知识竞赛。

(9)组织召开普法依法治理工作会议。

(10)负责向普法依法治理工作领导机构汇报工作。

4. 政协和民主党派对依法治理的参与

我国现行《宪法》第4条修正案明确规定:"中国共产党领导的多党合作和政治协商制度将长期存在和发展。"作为参政党的民主党派是我国政治生活中的重要力量,政治协商、民主监督、参政议政是我国各级政协组织的重要职能。积极支持并组织协调各民主党派及其成员参与依法治理工作,推进民主法制建设,这是各级政协及其法制委员会的一项重要职能,是党委领导、人大监督、政府实施、司法保障、各方参与的依法治理工作机制的重要因素,也是加强和改善党对依法治理工作的领导之重要内涵。对此,应当予以充分的关注。

(二)人大及其常委会在依法治理中的地位和职责

自1986年以来,全国已经实施多个五年法制宣传教育规划,广大公民的法制观念明显增强,社会各项事业的依法治理工作逐步开展,在保障改革发展稳定的大局,促进依法治国基本方略的实施中发挥了积极的作用。为了适应新世纪我国社会主义现代化建设的要求,积极推进社会主义民主与法制建设,有必要在全体公民中进一步加强法制宣传教育。通过深入开展法制宣传教育,学习宣传邓小平民主法制建设理论、依法治国基本方略和宪法法律,进一步提高全体公民的法律素质和全社会的依法管理水平,努力做到有法必依、执法必严、违法必究,切实推进依法治理工作,以保障和促进经济建设和各项社会事业健康顺利地发展。众所周知,处于民主法制建设第一线的人大及其常委会,对于依法治国、建设社会主义法治国家,对于推动普法教育,负有非常重大的责任。不言而喻,在组织开展普法依法治理这一宏大社会系统工程中,作为国家权力机关的各级人大及其常委会处于重要的地位,应当发挥特殊的作用。

地方各级人大及其常委会在依法治理中的地位、作用和职责,还可以通过一些地方人大的做法和经验来加以认识。例如,山东省潍坊市奎文区人大以"一法"实施、"两化"建设和全民普法为重点,加大监督工作力度,充分发挥职能作用,推动了全区农村普法和依法治理的深入发展。所谓"一法",即经过修改的《村民委员会组织法》,这是发展农村社会主义民主,促进村民自治的重要法律保障。该区人大常委会结合村委会换届选举,组织专门力量对这部法律的贯彻情况进行了深入调查。期间,深入到全区4个街道所属30多个村,与

200多名街村干部、村民代表、党员代表进行了座谈,面对面地听取他们的意见和反映,较全面地掌握了依法选举、依法决策、依法管理、依法监督的落实情况。随后,区人大常委会重点听取审议了该区政府关于贯彻实施《村民委员会组织法》情况的汇报,就个别领导干部认识不到位、村级自治组织不健全、农村家族和宗派观念严重等现实问题,要求政府及有关部门进一步搞好对街村干部的法制教育,建立和规范村民代表会议制度,加强督促检查,把民主管理、依法治村的各项措施落到实处。对于这部法律中经过实践证明还不够明确、不够完善的地方,区人大常委会还通过该区的省人大代表提出了具体的意见和建议,山东省人大常委会、省民政厅予以采纳并作了答复,而且山东省实施《村民委员会组织法》的办法也已出台。所谓"两化",即在农村大力推行民主化、法制化管理,这是促进农村依法治理的重要途径。由于一些地方农村个别干部办事不透明,作风简单粗暴,导致干群关系激化,影响了改革、发展和稳定。针对这种情况,该区人大常委会在农村大力推行民主化、法制化管理,专门听取审议了区政府开展农村"两化"管理情况的汇报,就这项工作中存在的整体进展不平衡、村务公开不够规范、民主管理制度落实不彻底、部分干部群众法制观念淡薄等问题,提出审议意见并督促狠抓落实。该区政府及农业、经济管理等部门在全区64个村全面推行这项工作,将每月8日作为定期公开日,组织区五大领导班子进行检查验收。通过这项工作,有效化解了农村多年积累的矛盾,真正给了群众一个明白,还干部一个清白。搞好全民普法工作,增强农村广大干部群众的法律意识和法制观念,是推进农村依法治理的社会基础。基于这一认识,奎文区人大常委会积极参与普法和依法治理工作的组织领导,通过作出决议和组织调查、视察、评议等方式,加大了对农村普法工作的监督力度。该区政府及相关部门认真组织落实人大常委会的决议,在农村探索出"普法一条街"的新途径,即在每个村的显要街道开辟普法专栏,定期将与群众密切相关的法律知识上墙,引导群众自觉学法,全区已经在64个村建成80多条"普法一条街",这对增强群众的法制观念和依法办事能力起到了促进作用。①

(三)行政机关在依法治理中的地位和职责

行政机关是推进依法治理的一支主力军,同时也是依法规范公共权力的

---

① 参见钟世旺、徐金森:《山东省潍坊市奎文区人大大力推进街道人大工作》,http://www.Chinaelections.org/NewsInfo.asp? NesSID=18087,下载日期:2011年1月25日。

重点对象。因此,需要通过行政法律制度创新来实现行政管理领域依法治理的目标。从我国现阶段的情况看,特别需要大力推进政务公开,实现行政民主。首先,应当坚持实行政府法定工作会议公开制度,例行召开的工作会议,原则上都实行公开开会制度;其次,应当实行政府公告制度,政府机关所有对外文件和公告实行统一审核、统一发布,各部门不再自行颁发红头文件;再次,应当建立行政会谈制度,政府机关各处室都应接受行政相对人的询问,及时提供市民所需要的行政信息,帮助行政相对人排忧解难;最后,还应完善政府信息公开制度,包括政府主动公开和应行政相对人要求而提供信息,按照《政府信息公开条例》的要求去做。

政府机关的职能分工决定了司法行政机关对于依法治理负有重大责任。要拓展和规范法律服务,积极开展法律援助,加强法制宣传教育,提高全民法律素质。各地的实践证明,依法治理工作要有新进展,重点是抓好基层、地方和行业的依法治理。基层依法治理工作要以农村和街道社区为重点,着重抓好依法治村、依法治理社区。特别是在广大农村,要广泛推行依法建制、以制治村、民主管理的活动。

基层司法行政工作是司法行政工作的基础,也是基层社会主义民主法制建设的重要力量,其改革必须始终坚持为基层党委、人大、政府依法决策、依法行政服务,为基层的改革发展稳定服务,为人民群众服务;要进一步开阔工作思路,拓宽工作领域,进一步把基层司法行政工作活跃起来,整合起来,规范起来。一是要研究发展和完善新形势下的人民调解制度。对人民调解工作的改革,首先,要转变观念,树立大调解意识,发扬我国人民调解的优良传统,借鉴国外的一些有益做法,既要及时有效地解决纠纷,又要降低调解社会矛盾的成本;其次,要提升调解队伍的层次,把具有法律知识及其他专业知识、品行良好、热心公益事业的同志特别是一些专家吸纳进来;再次,要提高调解工作的规范化水平,为人民调解与诉讼制度相衔接奠定更好的工作基础。二是要研究加强基层依法治理的有效途径和办法。社会发展呼唤法律服务,法律服务也要适应社会发展。司法行政部门在社区工作中有着多方面的任务和责任,其职能要向社区延伸。在大中城市城区的法律服务所必须依托街道社区,坚持面向基层、面向社区、面向群众提供公益性、非营利性的法律服务。与此同时,律师、公证、法律援助、安置帮教等都要进入社区,使社区形成良好的依法办事机制,使社区组织能更好地运用法律推动社区事业的发展,社区居民能更好地规范自己的言行,维护自己的合法权益。三是要研究加强刑满释放人员和解除劳教人员的安置帮教工作。加强安置帮教是预防重新犯罪的一项重要工作,同时也是增强基层社会控制力、建立基层长效安全稳定机制的重要组成部分,各地要在已取得成绩的基础上,采取有力措施,坚持不懈地抓下去。

此外,在具体的法律制度运行中,行政机关应当注重维护法律的稳定性和对公民的信赖利益的保护,这也是通过依法治理形成良好的政府信誉不可缺少的制度保障。所谓法律稳定性原则,是指行政行为一旦作出就具有形式上的不可争执性,也即该行政行为如果未被有权机关依法定程序加以撤销或改变,那么即使其可能违法也被认为在法律上有效,从而具有对有关人员、有关地域、有关事项的效力,以及内容上的不可变更性,也即该行政行为的内容不可随意变更或撤销。法律稳定性原则源于行政行为的确定力、拘束力和执行力,是对行政行为撤销权予以限制的一个理由。从行政相对人的角度而言,行政行为的这种效力和稳定性,是保护行政相对人合法利益,形成良好政府信誉的一种保障机制。信赖利益保护原则是德国联邦行政法院根据法律稳定性原则以及民法诚信原则的推论而确立起来的,后为大陆法系其他国家借鉴。在普通法系中,与之相类似的原则是不准翻供,即一个人提出或陈述某种事实后,别人以他提出或陈述的这些事实为依据作出的行为如果造成了对他的不利,他不能否认或收回已提出或陈述的事实,即使这种事实是错误的,他也不能否认或收回。信赖利益保护原则的作用在于防止行政机关反复无常的行为给行政相对人权益造成损害——行政机关一旦作出某种行为,特别是赋予行政相对人一定权益的行为,便会产生行政相对人对于行政机关的信赖以及由此形成的某种应予保护的利益;即使该行为存在瑕疵,作出该行为的行政机关也不得任意加以改变,这样的机制有利于形成良好的政府信誉,有利于建立诚信政府。

(四)司法机关在依法治理中的地位和职责

宪法和法律赋予我国各级司法机关崇高的地位和很大的职权,这有利于司法机关运用审判权和检察权,通过开展审判活动和检察活动来积极推动依法治理工作。就审判机关而言,依法开展民商事审判活动、刑事审判活动、行政审判活动,就检察机关而言,依法开展侦察活动、公诉活动、法律监督工作,这些都是司法机关作为依法治理主体为确保司法公正应当行使的职权和应当履行的职责,且有助于推动全社会的依法办事和依法行政。要实现这样的目标,必须更加科学、系统、稳健地深化司法改革,真正从体制上确保司法机关能够依法独立行使审判权和检察权。

(五)依法治理对党和国家机关工作人员的角色要求

由于党和国家机关在依法治理中具有重要的地位、作用和职责,因此对具体从事依法治理工作的党和国家机关工作人员的法律素质提出了更高要求,也即要求党和国家机关工作人员首先成为普法教育重点对象,特别是党员领导干部应当成为遵守宪法和法律的模范。但是,从实证调查的情况看,一些地方的部分党员领导干部特别是基层干部的法制观念与基层依法治理工作的发展要求之间还存在不小的差距。主要表现在:

1. 部分同志特别是一些领导干部还没有完全树立起依法办事的观念

随着社会主义民主法制建设的发展和普法工作的不断深入,各级领导干部的法律意识和法制观念有了明显增强。但由于受封建残余思想和计划经济体制下权力过分集中的传统的影响,一些基层干部的法制观念比较薄弱,在一些地方凡事按领导人意见办理而不管宪法与法律如何规定的习惯根深蒂固,以致在工作中某些基层组织和领导干部自觉不自觉地把自己摆在了超越法律之上的特殊地位,不习惯于用法律手段管理各项事务。特别是有些乡镇干部和村干部,在经济管理活动中不依法实行民主决策,重大项目盲目拍板上马,给集体经济造成动辄上百万元的损失,却并不承担任何责任。

2. 部分同志对基层依法治理工作的重要性、长期性、严肃性认识不足

目前还有部分基层领导干部特别是党政一把手对依法治理工作的认识尚不到位,未能将依法治理工作摆上重要的议事日程,突出表现有三:一是抱着与己无关的态度,认为依法治理是上级领导和执法部门的事,与自己工作无关,因而不思考、不研究、不部署依法治理工作;二是抱着急功近利的态度,认为自己的任期目标只有短短几年,必须干一些见效快、回报大的工作,这样才能反映出自己的政绩,故将主要精力用于抓经济、抓创收,而对于法制建设这种投入大、周期长、牵涉精力多却又不能立马见成效的工作不关心、不重视;三是抱着退避三舍的态度,认为中国长期缺乏法治的土壤和基础,重情不重法,而依法治理经常碰到一些难点、热点、敏感点问题,容易得罪人,搞得不好还会惹火烧身,所以不愿、不敢认真开展这项工作。

3. 部分同志对基层依法治理的内涵和工作任务在理解上存在偏差

一是"工具论",把依法治理单纯地看成一种手段,认为依法治理就是治理社会热点、难点问题,把依法治理简单地等同于社会治安综合治理、环境整治;二是"治民论",认为依法治理就是管住老百姓、治理老百姓,让老百姓听话服从,有的村干部甚至片面地认为"民主就是为集中服务的,宣传法律就是为了预防犯罪",把人民群众这个民主法制建设的主体当成依法治理的对象,对"依法治理的核心目标是建设民主政治、保障人民权利"的理念缺乏正确的认识。

4. 部分同志对基层依法治理工作中出现的新情况、新问题不适应

现在一些基层干部比较怀念传统计划经济体制下的行政管理模式，认为现在法律给干部的权力越来越少了，工作越来越难干了。有的村干部说："我现在有两怕，一怕老百姓对法律知道多了不好管；二怕捅了篓子村干部就当不长了。"对发展社会主义市场经济的新形势下出现的一系列深层次的问题，例如怎样处理辖区管理与行业管理的关系，乡镇政府如何指导村委会的工作，如何摆正村党支部与村委会的关系，如何发挥村干部和村民代表在村级民主政治建设中的作用等等，还缺乏思想上的深入认识和心理上、工作方法上的充分准备。

各级领导干部是广大人民群众开展依法治理活动的领路人，他们对依法治理的认识水平和重视程度，往往直接影响到依法治理的发展方向和工作任务的落实。故须大力提高各级领导干部的法制观念，牢固树立和维护宪法、法律的尊严，坚持法律面前人人平等，任何人、任何组织都没有超越宪法和法律的特权，为深化依法治理奠定坚实的思想基础。针对现实生活中一些地方的领导干部特别是基层领导干部在思想认识上存在的突出问题，今后应当着重从以下四个方面入手，努力提高领导干部特别是基层领导干部的法制观念和整体法律素质：

第一，要使领导干部进一步认识到，落实依法治国方略必须转变观念，增强法律意识，更新法制观念，在领导方式和执政方式上实现依法决策、依法管理、依法办事。这不仅是历史发展的必然趋势，也是新时期党对各级领导干部的政治要求。

第二，要使领导干部进一步认识到，依法治理是依法治国的具体实践环节，是落实依法治国方略的重要基础性工作；依法治理是一项长期任务，必须按照依法治国的总体目标，有计划、有步骤地推进。

第三，要使领导干部进一步认识到，依法治理必须与发展社会主义市场经济、推进政治体制改革和民主法制建设紧密结合；依法治理在落实各项工作中不仅体现着服务和保障的功能，而且在实现工作目标中还起着主导和总揽全局的作用。

第四，要使领导干部进一步认识到，依法治理的主体是广大人民群众；依法治理的核心目标是实现人民当家做主，依法管理国家的各项事务，实现社会主义民主的制度化和法律化；依法治理各项任务和措施的落实，必须体现人民群众的根本利益和愿望。

为配合将领导干部作为重点教育对象的要求，在已出台《中宣部、人事部、

司法部关于在全国公务员中开展学法用法活动和进行依法行政培训的意见》的基础上,中组部、中宣部、司法部又专门出台了《关于加强领导干部学法用法工作的若干意见》,提出领导干部学法用法工作要以邓小平理论和江泽民同志"三个代表"重要思想为指导,其基本目标是不断增强领导干部依法治国、依法决策、依法执政、依法行政、依法管理、依法履行职责等法治观念,提高各级领导干部依法办事能力,增强领导干部学法的计划性、系统性和针对性,推进领导干部学法用法的规范化、制度化建设,使领导干部学法用法工作深入健康发展。《若干意见》要求:在学习内容上,领导干部主要是学习邓小平民主法制理论,江泽民同志关于依法治国、建设社会主义法治国家和加强民主法制建设等重要论述,宪法和法学基础理论,社会主义市场经济方面的法律法规知识,以及与维护社会稳定相关的法律法规知识,有关 WTO 的法律法规知识,与本职工作相关的法律法规知识;在学习方法上,要坚持集中培训,党委(党组)中心组学习,自学与辅导相结合,学法用法相结合等方式;在考核方式上,要本着以考促学的宗旨,定期开展对领导干部法律知识水平和依法办事能力的考试考核工作。各地区、各部门要把领导干部学习法律知识和考试考核结果以及学法用法情况,作为年度考核的重要内容和领导干部任免、晋升、奖惩的依据之一。《若干意见》还要求,各地区、各部门要高度重视并切实加强对领导干部学法用法工作的领导,各级党委组织部门、宣传部门和政府司法行政部门要在党委的统一领导下,充分发挥职能作用,相互支持,密切配合,加强检查监督,积极探索建立新型高效的监督制约和激励机制,调动领导干部学法、用法的主动性。2010 年 11 月颁布的《国务院关于加强法治政府建设的意见》,对此也提出了类似的和更高的学法用法要求。

四、其他组织对依法治理的参与

法制宣传教育是依法治国、建设社会主义法治国家的一项基础性工作。实施五年法制宣传教育规划,要积极贯彻依法治国的方针,把学法和用法、法制宣传教育和依法治理的实践紧密结合起来。积极开展地方依法治理工作,逐步实现各项事务管理的法制化;积极开展各部门、各行业的依法治理工作,不断提高依法行政、依法管理的水平;积极开展基层依法治理工作,正确处理人民内部矛盾,维护社会稳定,推进基层民主政治建设;围绕党和国家的中心工作,开展各种形式的专项依法治理活动,促进各项事业健康顺利地发展。由于地方、行业、基层的依法治理各自具有一定的特殊要求,参与依法治理的其他组织具有广泛性、民主性、层次性和社会性等特点,故应结合各地各行业依法治理工作的实际,注重发挥其他组织在参与依法治理过程中的特殊作用。

(一)企事业单位和其他经济组织对依法治理的参与

广大企业、事业单位和其他经济组织尽管不是直接作为国家的执法部门①,但它们作为我国社会主义物质文明和精神文明建设的基层单位,作为依法治理的主体要素,在推动依法治理的进程中应当且能够有所作为,也即在遵守法律和执行政策的前提下,通过建章立制、按章办事来具体实现本单位的依法治理。倘若一个企业、事业单位的规章制度不健全、不合法、不合理,内部管理混乱、松懈,有章不循,随意处罚,或外部行为不规范,随意签约,不认真履约,等等,就会使职工和相关人员(他们也是普法教育的对象)对该单位规章制度的正当性、有效性及其诚信形象产生怀疑,进而使法律规范的权威性受到挑战,不利于维护良好的内部管理秩序和社会经济秩序,势必大大降低甚至完全抵销法制教育的效果。特别是一些企业、事业单位和其他经济组织由于法律法规授权成为被授权组织或得到行政机关委托成为受委托组织的情况下,对其行使行政管理职权、参与依法治理工作就提出了更高的要求。

(二)行业组织对依法治理的参与

现代市场经济和法治发达国家的经验表明,要使民众有效地参与政府管理活动,行业协会等社会组织的作用必不可少。我国近年的价格听证实践证明,没有行业协会等组织化的力量积极参与,分散的个人在听证中所能起的作用是非常有限的。目前在许多地方,行业协会发育不良,不但数量有限,而且普遍存在严重的行政依附性、职能不合理、运作不规范、覆盖面不广、人才不足、机构人员老化等问题。这种状况极不适应加入WTO后地方经济发展的需求,也不能满足民众和企业的自我管理和参与经济行政管理的需要。上海市专门成立了行业协会发展署来推动行业协会的发展,这是一个积极和富有

---

① 如其获得法律法规的授权或者行政机关的委托,也可成为行政执法者,被授权组织还具有行政主体资格。

价值的信号。① 但主要依靠行政力量来催生行业协会毕竟是权宜之计,而且本身还可能带来某些弊端。公众对行业组织的需求是其充分发展生生不息的力量,政府所要做的应是为其提供一个宽松和公平的环境。对于行业协会等社团组织,在登记上应更宽松,原则上改特许审批为核准注册。行业组织也要结合自身的组织性质和工作特点,重点通过行业自律来实现与本行业相关的法律规范和政策的要求,以促进依法治理和行业自律水平的提高。要围绕党和国家的中心工作,针对本地区、本部门存在的突出矛盾和群众关心的热点、难点问题,组织协调本行业协会成员单位积极开展多种形式的自查自纠等专项治理活动,使依法治理的效果看得见、摸得着,充分调动成员单位参与依法治理工作的积极性,促进本行业的快速健康发展。

(三)社会中介组织对依法治理的参与

各国的实践证明,没有充分发展的社会中介组织,就没有完善的现代市场经济。在现代市场经济条件下,会计事务所、审计事务所、律师事务所、各种评估事务所和检验所等社会中介组织,发挥着越来越大的社会服务和社会保健作用。在我国,不仅新的社会中介组织纷纷发展起来,而且原先依附于政府主管部门的此类机构也纷纷脱钩自立,成为以专业特长为社会提供服务而获得独立自主发展的社会中介组织,它们在依法治理进程中发挥着独特的作用。但由于我国尚处于社会转型发展的初期,市场机制和法治体制正在逐步完善的过程中,社会中介组织的力量远不够强大,亟须采取措施促进其加快发展步伐,以适应全面推进依法治理的客观要求。

(四)基层法律服务组织对依法治理的参与

在我国,基层法律服务目前主要由两种组织来承担,一个是基层法律服务所,一个是调解委员会。基层法律服务所设在区、乡,主要办理诉讼代理、非诉讼代理、协办公证见证、担任法律顾问、代写法律文书等法律事务;调解委员会主要调处发生在基层的各类纠纷,扮演着化解大量纠纷的"第一道防线"的角

---

① 上海市政府于2002年初颁布实施了《上海市行业协会暂行办法》和《上海市促进行业协会发展的指导意见》,设立了上海市行业协会发展署,并明确了该署及市政府有关委、办、局和市社团管理局的相应职责。该《暂行办法》规定:"市行业协会发展署是经市人民政府授权的本市行业协会业务的主管部门,负责本市行业协会的发展规划、布局调整、政策制定和协调管理。市政府有关委、办、局是本市相关行业协会业务的主管部门,负责对行业协会涉及的产业发展、行业规范等有关事务进行业务指导和监督管理。市社团管理局是本市行业协会的登记管理机关,负责全市行业协会的设立、变更、注销的登记和备案,对行业协会实施年检和监督检查。"

色,特别是对于农村地区排解邻里纠纷、防止矛盾激化、调整人际关系、稳定社会秩序、保障一方平安发挥着特殊作用,有利于农村经济与社会发展。基层法律服务要广泛开展社会性的法律服务项目,面向基层开展法律咨询及服务工作,同时要协调好各种群众矛盾,及时疏导、正确引导,为农村基层的经济与社会发展创造一个安定、团结、协调的环境。各类法律服务工作,要坚持"优质、高效、优惠"的原则,做到在服务态度上热情周到,在服务质量上精益求精,在服务程序上便利快捷,还要加大对法律服务工作的监督力度(如设立法律服务投诉信箱和投诉电话),规范法律服务市场,防止收费不办事、吃拿卡要当事人、违反职业道德和执业纪律的行为发生,保证当事人得到优质、满意的法律服务,充分发挥出各类基层法律服务组织在依法治理工作中的作用。

(五)城乡居(村)民自治组织和各种社区组织对依法治理的参与

农村的依法治理工作是依法治理这一宏大工程的重中之重。除了乡镇党委人大政府机关应发挥职能作用以外,村民自治组织对于农村基层依法治理起着不可代替的特殊作用。我们要进一步增强责任感和使命感,从政治的、全局的、战略的高度充分认识搞好农村基层依法治理工作的重要性,以更加扎实有效的措施调动村民自治组织的积极性,抓好农村基层依法治理工作,推动农村依法治理工作迈上一个新的台阶。在具体操作上,一是要围绕党在农村的中心工作开展普法依法治理,二是要以维护农村社会稳定为重点开展普法依法治理,三是要以加强农村基层民主法制建设为努力方向开展普法依法治理,四是要以服务农民为宗旨开展普法依法治理,五是要以党委领导、人大监督、政府实施、司法保障、各方参与的工作机制开展依法治理。农村依法治理工作的点多、线长、面广,需要在党委领导下各方协调配合,结合实际开展依法治理工作,以形成生动活泼的农村基层依法治理工作的新局面。

在现代法治国家,城市社区在城市管理和发展中有着很强的功能,而社区功能的发挥依赖一定的组织形式。以日本为例,日本的社区组织有"町会"(相当于我国的居委会)和"町会联合会"(在管辖事务方面类似于我国的街道组织),它们在为老年人、残疾人提供服务方面,在预防青少年犯罪方面,都起着很大的作用。町会在环卫管理、青少年工作、社会治安、办理国民健康保险、办理社会福利、收取税款等方面承担了大量的工作,还承担了对保释人员的教育跟踪等任务,此外,还注意开展对市民的教育和宣传,协助政府培养市民的卫生意识和法律观念;町会联合会承担居民垃圾的收集清运工作,对青少年的教育指导工作,还在治安方面与警察机关和地方政府组成防范协同,由町会联合会提供信息,将青少年教育做到防范于前。街道社区建设是市民参与依法治理的重要渠道;街道社区依法治理是贯彻依法治国基本方略的实际行动,是加强城市基层政权建设的需要,也是依法治市工作的深化和具体化。我国的街道社区依法治理工作,应以服务街道社区建设、规范街道社区管理、参与街道社区服务和保障街道社区稳定为宗旨,充分发挥居民自治组织和各类社区组织的作用,力争经过全社会的努力,使街道社区居民的法律意识明显提高,社区建设、管理、服务的规章制度比较健全,执法人员、经营管理人员及其他从事社会事务的工作人员依法行政、依法经营、依法办事的能力和水平进一步提高且监督制约机制逐步完善,街道社区居民能得到方便、快捷的法律服务,居民自治得到较好实行,社区矛盾纠纷能够及时化解,社区的稳定有充分保障。为此,要进一步充分发挥司法行政机关在街道社区依法治理中的作用,探索化解新时期人民内部矛盾的新机制,依法建章立制,把法制宣传与法律服务、人民调解工作有机结合起来,走出街道社区依法治理工作的新路子。

(六)大众传媒对依法治理的参与

新闻监督(或称舆论监督)体现了社会民主的力量,在国家监督体系中发挥着重要功能,因此新闻监督在一些西方国家甚至被称为与立法、行政、司法并列的"第四种权力",对实现依法行政和依法治理起着不可或缺的重要作用。西方新闻业在以自由主义原则建立的新闻法制的保障下,摆脱了政府或官方的过多干涉,近现代以来获得快速发展,对资本主义民主政治的发展和个人权利的保障起到了重要作用。尽管西方新闻业也存在商业化倾向加剧、黄色信息泛滥等弊端和倾向,但总的来说,新闻监督为民主政治的发展和完善作出了不可替代、不可忽视的贡献。一方面要发挥新闻监督的作用,一方面要克服新闻自由的弊端,这就需要制定相关的法律制度来加以调整。20世纪中期以来,欧美各国在继续拓展新闻自由范围的同时,其立法机关及政府也陆续制定新闻法、记者法、监督法、反垄断法等一系列有关法律、法规和政令,以保障新闻自由与新闻监督全面、健康地发展。

与西方国家相比,中国有着更加漫长的封建专制历史,过去人们在对新闻自由和新闻监督的认识上存在许多误区,主要表现为忽视个人价值,不尊重公众起码的表达权、知情权及对国家生活的监督权,在这种错误理念下形成的近现代新闻业,其功能重在传达政令、教化人民,而缺乏新闻自由的必要空间和新闻监督的有效功能。在实行依法治国方略的新形势下,应该大胆借鉴西方优秀的政治文明,尝试建立更加符合我国社会主义民主政治发展要求和实际的新闻监督体制,发挥新闻舆论监督的作用。首先,要鼓励媒体对各级国家机关工作及其负责人员的公务活动进行报道和批评,因为对国家机关及其工作人员而言,新闻自由的要义是报道"坏事"和批评政府的自由,这对于促进依法决策、依法行政和公正司法、树立良好的国家机关形象大有助益;其次,应建立和完善地方行政首长接待日、热线电话、信箱(包括政府网站中的地方行政首长信箱)、突发事件及时和追踪报道等官民沟通制度,对媒体报道和公民的建议、投诉及时作出答复和处理,保障民意表达的畅通;再次,要加强法制宣传队伍建设,包括做好法制宣传骨干的培训工作,加强领导干部学法讲师团建设,提高电视广播等大众传媒的法制专栏记者编辑的专业水平;最后但也是最关键的是,要尽快出台和完善更高层次的我国新闻法律法规,将新闻自由和新闻监督纳入法治轨道,等等。总之,通过观念更新和制度创新来实现各种大众传媒对依法治理的积极参与并得到必要的法律保障。

(七)其他社会团体和特殊群体成员参与依法治理的问题

要继续做好青少年、企业经营管理人员、流动人口等重点对象的法制教育工作。要按照《关于进一步加强青少年学生法制宣传教育工作的若干意见》、《中宣部、国家经贸委、司法部关于推动企业经营管理者学法用法的若干意见》的要求,有计划、有步骤地推动青少年法制教育基地创建活动,因为青少年应当从小接受法制教育,在九年义务教育期间掌握公民应当懂得的基本法律知识;同时企业经营管理人员要努力学习与本行业有关的法律法规,应加强对企业经营管理人员的WTO法律知识培训,使其增强依法经营管理的自觉性。为此,应当创造条件充分发挥工青妇组织和企业家组织、各种学会研究会、各种非政府组织在依法治理中的作用。

第八章 柔性行政方式及其法治化路向

纵观各国行政管理和行政法制的发展,自20世纪中叶以来,随着对行政管理的社会需求不断增加,政府职能逐步扩大与活跃,特别是世界范围的民主化潮流的推动和国家的福利性质逐渐增强,以管理行政、秩序行政为标志的传统行政逐步转向注重给付行政、服务行政的现代行政,以行政机关为中心和行政权力的单向行使为基本内涵的传统行政法逐步转向注重人权和民主的现代行政法。在此转型发展过程中,出现了行政多元化、多样化和柔软化趋势,一些新的行政活动方式日益受到人们关注,例如,非拘束性的行政计划与规划、行政指导、行政契约、行政资助、行政经营、行政出让、政府采购、公共服务等等。它们的适用范围很广,主要运用于经济领域和一些社会管理与服务领域中,对于现代社会生活的协调高效运转发挥着特殊功用;同时,它们在实务过程中也出现许多矛盾和问题,需要依循行政法治原则来妥善解决。这些行政活动方式中的行政经营、行政出让、政府采购、公共服务,虽然具有民事活动的某些性质和外观,但也具有显著的行政性(例如,公共管理性、国家政策性、行政目标性、官方导向性、政府品牌效应性等等),不宜简单地归类于一般民事活动。此外,在行政活动中还有一些虽无明显的目标导向性且不产生法律效果但产生某种事实效果的行政事实行为,它们也有别于行政许可、行政处罚、行政强制等传统的行政行为,对行政管理过程产生一定影响,也值得研究并加以规范化。

柔性行政方式(也称为非权力行政方式)及其法治问题研究,是一个意蕴丰富的课题,需要研讨的内容甚多。本章主要就柔性行政方式的基本含义、主要表现形式、合法性分析、若干现实问题与法治化对策试加探讨并略陈管见,期能有助于深化认识,促进行政民主与行政法治原则的实现。

一、柔性行政方式的基本含义

首先,需要谈到"行政"的概念。所谓"行政"(administration),语源出于拉丁文 administrare,原意是执行事务。从早先的广义用法来看,"行政"既指对国家事务的管理(这称为公共行政),也泛指企业和各种社会组织对其内部事务的管理(这称为私人行政,其中大量的是企业管理活动),它与"管理"(manage、administer)是同一概念;但从狭义上即现在通行的用法来看,"行政"一词通常特指公共行政(administration of public affairs 或 public administration),中外行政法(学)文献都是从此种角度来使用和研究"行政"这一概念的。现代行政活动面广、量大、涉及因素多且表现形态丰富,由不同的视角和标准可对"行政"作出不同的分类。例如,根据性质、目的、内容、方式和自由度的不同,可区分为权力行政与非权力行政、规制行政与给付行政、负担行政与授益行政、积极行政与消极行政、羁束行政与裁量行政等等。

所谓柔性行政方式(non-authority form of administrative way),是指行政机关实施的不具有强制命令性质的非权力作用性的行政活动方式。其基本特点包括:它在法律关系上属于公法关系;它在性质上属于非权力作用,不以国家权力来单方性地拘束行政相对人;它既包括一部分无固有法律效果的单纯事实行为(如某些行政指导措施),也包括一部分较为柔软的法律行为或准法律行为(如属于双方法律行为的行政契约行为);它往往具有诱导性和引导性;它有时以行政权力作为背景(相当于具有一定的事实上的拘束力),以保障它的实效性;它适用于整个行政领域,但主要是经济领域和部分社会管理领域;它在方式方法上往往采取非强制性、非命令性的手段;等等。柔性行政方式是相对于权力行政方式而言的,后者是指行政机关以单方意志运用行政权力作用于行政相对人并具有国家强制力的行政活动方式,包括行政立法(如制定规章)、行政执法(如行政处罚)、行政司法(如行政复议)等行政行为。权力行政方式和柔性行政方式共同构成行政机关的基本活动类型。

柔性行政方式的具体表现形态多种多样,主要有:行政指导,行政契约,行政奖励,行政调查,行政公示,行政资助(扶助、补助),政府采购,行政经营,行政出让(拍卖),公共设施建设(开发)与提供服务,以及在狭义行政指导范畴之外的非拘束性行政计划,等等。在这些行为方式中,有的虽然具有一定的民事活动性质(如行政经营、政府采购、行政出让等等),但并非一般的民事行为,而带有显著的行政性(如公共管理性、国家政策性、行政目标性、官方导向性、政府品牌效应性等等),实际上是行政机关在给付行政、服务行政条件下逐渐增多的一类行为。

柔性行政方式的适用范围很广,涉及行政领域的诸多方面,但主要运用于经济领域和一些社会管理领域中的给付行政、服务行政过程中,可以说是与给付行政、服务行政模式相联系、相适应的一类行为方式(例如,已有越来越多的国家在给付行政领域原则上要求采用行政契约),它对于现代社会生活的协调高效运转起着特殊的重要作用。

柔性行政方式是行政民主化潮流的产物,其产生发展带有现代市场经济和民主政治发展的时代背景特点。进入20世纪以来,特别是第二次世界大战以来,由于对经济与行政管理的社会需求不断增加,政府职能逐步扩大、丰富与活跃,特别是世界范围的民主化潮流的推动和国家的福利性质逐渐增强,传统的管理行政、秩序行政逐步转向以给付行政、服务行政为特点的现代行政,以行政机关为中心和行政权力的单向行使为全部内涵的传统行政法日益转向更注重人权和民主的现代行政法,在此转型发展过程中出现了行政方式的多样化、柔软化趋势,而行政指导、行政契约、非拘束性计划等柔性行政方式的出现和广泛运用就是其中一个突出现象;同时,在此过程中也出现了一些矛盾和问题,需要依循行政法治原则来妥善解决。

二、柔性行政方式的合法性分析

鉴于柔性行政方式在运用过程中存在着与传统行政法观念相冲突的现象,故有必要对其合法性问题(包括正当性、合理性问题),也即柔性行政方式与依法行政、行政法治的关系问题略加讨论。在作此讨论之前,首先需要明确一下"法治"(rule of law)的概念。对此,亚里士多德有一个经典的表述,他认为"法治"包含两层意义:1. 已成立的法律获得普遍的服从;2. 大家服从的法律本身是良好的法律。① 而关于现代法治原则,1959年召开的"国际法学家会议"将其概括为三项主要内容:1. 立法机关的职能在于创设和维护得以使每个人保持"人类尊严"的各种条件;2. 政府必须在法律的范围内活动,法律应当为防止行政权的滥用提供保障;3. 确保司法独立和律师业自由。②

依法行政(administration according to the law)是一个历史悠久的概念,是近代法治国家普遍奉行的准则,其最早、最基本的含义是指行政必须服从议会法律。这种初的法治观是对封建时代的人治观(此处的"人",实为封建君主、领主,由他们一手把持行政,实行专断统治)的一种革命性超越。由于各国社会历史条件和法治传统的差别,人们对依法行政至今仍有不同理解,特别是

---

① 分别参见[古希腊]亚里士多德:《政治学》,吴寿彭译,商务印书馆1965年版,第199页。

② 许崇德、皮纯协:《新中国行政法学研究综述》,法律出版社1991年版,第113～114页。

大陆法系国家和英美法系国家的依法行政理念各有侧重。但总的来说,既强调实质上的法治要求又重视形式上的法治要求,现已基本形成共识;而且随着经济与社会生活的不断发展,依法行政的概念也需要且正在逐渐发展演化,依法行政之"法"不再局限于国会立法,已逐渐扩大到行政立法、地方立法。在引介进来的外国行政法的有关学说中,对我国影响最大的是日本的依法行政理念。按当代日本行政法学权威学者南博方教授的观点,依法行政的内容主要有三项:一曰法律的保留;二曰法律的优先;三曰司法审查(指行政法上的一切纠纷均服从司法法院审判的统制)。① 在我国,行政法学界是随着改革开放和法制建设的发展,到20世纪80年代末期才正式和明确地提出依法行政这个概念,而且对其内涵和外延的认识也逐渐深化。近期有学者专门撰文提出,依法行政就是指行政机关行使行政权力、管理公共事务必须由法律授权并依据法律规定,其内涵包括职权法定、法律保留、法律优先、依据法律、职权与职责统一等等。②

一般认为,与依法行政相比,行政法治(rule of law on administration)是含义更广、层次更高、已包容依法行政含义在内的一个概念,是法治原则在行政领域的体现,或者说是贯彻现代法治原则最主要的领域,也是我国现阶段实施依法治国方略的关键和核心。例如有学者提出,行政法治原则主要有三项内容:一是依法行政,二是以法管理,三是权责统一。这显然是将依法行政作为行政法治的内容之一来看待。③ 又有学者撰文提出,行政法治包括六个要件和两大精神支柱。六个要件是:(1)法律规范的正当性;(2)依法行政原则;(3)正当程序原则;(4)行政裁量禁止恣意原则;(5)司法审查原则;(6)责任行政原则。两大精神支柱是:(1)民主行政,指在行政上对国民的意见加以反映,也即为国民服务并以民意为主的行政,它侧重于行政法治内涵的正当性、合理性;(2)法治行政,指将国家行政机关的行政管理活动置于宪法和法律的控制之下,限制滥用自由裁量权,政府与相对人平等守法和承担法律责任,它侧重于行政法治外延的合法性。行政程序则是联结两大精神支柱的桥梁和纽带,

---

① 参见[日]南博方:《日本行政法》,杨建顺等译,中国人民大学出版社1988年版,第10页。
② 应松年:《依法行政论纲》,载《中国法学》1997年第1期。
③ 参见许崇德、皮纯协:《新中国行政法学研究综述》,法律出版社1991年版,第114~115页。

是行政法治运作的枢纽。① 而包括苦情处理、行政复议、行政诉讼、行政赔偿在内的行政救济制度,乃是实现行政法治目标最重要的纠错性、补救性制度保障。

用依法行政和行政法治的要求来观照柔性行政方式,不难看出依法行政和行政法治原则与柔性行政方式之间是相容、相通、相符的,柔性行政方式应纳入行政法治轨道上运行,其合法性是显而易见的。

需要指出,关于柔性行政方式这一概念能否成立,我国行政法学界的意见尚不完全一致。持否定意见者认为,并不存在什么行政机关的非权力行为,行政实务中的此类行为仍属权力性的行政行为。之所以有人会将其误认为权力性行政行为,原因盖在于未能完全理解所谓"非权力行政"之实际含义。

关于"权力"这个概念,各国各学科的学者从来就见仁见智,下过各种不同的定义。例如,从国外政治社会学的角度来看,关于权力问题主要有"意志强加派"和"资源交易派",此外还有"利益作用派"、"信息系统派"等流派和观点。例如,德国著名学者马克斯·韦伯认为:"权力是某种社会关系中一个行动者将处于不顾反对而贯彻自己意志的地位的概率,不管这种概率所依据的基础是什么。"② 美国学者罗伯特·达尔也认为:"对于权力,我的直觉看法是这样的:在 A 能使 B 做 B 本来不愿做的事情这个范围内,A 对 B 拥有权力。"③ 布劳将权力定义为:"个人或集团通过威慑力量不顾反对而把其意志强加于他人的能力,这种威慑或采取扣押应定期付给的报酬的形式,或采取惩罚的形式,因这两种形式实际上就是消极制裁。"④ 就行政领域而言,此处所指也即采取经济制裁和行政处罚的手段,它意味着正是由上到下的对利己活动的限制才表明了权力关系的存在。还有的学者认为上述定义都抽象得不够,于是从"控制论"的角度将社会比喻为由诸多内在联系的机制、结构、社会文化子系统等构成的,由物质流、能量流和信息流将它们联结在一起的复杂巨系统,其中起着最重要作用的是信息流,而权力正是"一种对接收者代表着非利己活动的信息流"。⑤ 也有学者从"系统论"的角度将权力比喻为"各社会单位之中的关系

---

① 参见王周户、柯阳友:《行政法治与行政程序法》,载《法治研究》1997年卷。

② [德]M.韦伯:《社会组织和经济组织的理论》,A.M.亨德森、T.帕森斯译,自由出版社1947年版,第152页。

③ [美]Robert.A.Dahl:《论权力概念》,载《行为科学》1957年卷,第202~203页。

④ P.M.布劳:《社会生活中的交换与权力》,约翰·威利公司1967年版,第117页。

⑤ W.J.巴克利:《社会学与现代系统论》,普兰蒂斯—霍尔公司1967年版,第47~50页。

子集,在这些单位中,一个以上的单位的行为在某些条件下依赖于另一些单位的行为",而这种"A对B拥有权力"的论断可以用"A的行为引起B的行为"这样抽象而简洁的公式来表达。①

而按学界约定俗成的也是目前最一般的理解,"权力"这个概念具有两层含义:一是指政治上的强制力量;二是职责范围内的支配力量。② 可见,强制性和支配性正是权力的一些基本品格,承认这一事实和常识,与所谓"逻辑上是在支持专制"显然无关。例如,按英国学者R.马丁博士的分析,与权力概念密切联系的有服从、强制、权威等概念,它们是从依赖关系的不平衡中衍生出来的;而不平衡依赖关系乃是以服从、强制、权威等为基础的权力关系的关键之处。③ 正是在这个意义上,人们将前述那一类总体上不存在不平衡依赖关系的行为称为非权力行为(柔性行政方式),这是从性质上来理解和区分行政机关的行为所作出的划分。可以说,这也是日本学者首先使用柔性行政方式(或称非权力行政作用)这个概念时的一个主要考虑。

日本行政法学者认为,随着社会生活的发展,公法关系中出现了两个领域(这两个领域的划分不是绝对的,而且其界限日渐模糊):一个是行政机关与相对人之间以支配服从的关系相处,由公权力强行约束的领域;一个是行政机关与相对人以平等和对等的关系进行互动,受公法的弱约束和私法的强约束的领域。以极端形式而言,前者如强行征用土地、警察强制执行、实施行政处罚等等,后者如行政经营、公用服务、政府采购等等(但行政指导、非拘束性计划等行为方式并无明显的私法强约束特性)。因此,公法关系可大致分为两类:第一类是传统的具有支配服从特性的公法关系(其理论渊源是德国行政法学中的支配关系学说),它体现了行政法中的权力性方面,可称之为权力型的公法关系;第二类是引进的(新出现的)具有一般管理和服务特性的公法关系(其理论渊源是法国的利益关系学说),它体现了行政法中的技术性方面,可称之为非权力的公法关系。由此观之,本文所讨论的柔性行政方式就属于第二类关系。学者们还进一步指出,在柔性行政方式中,随着给付行政的拓展而运用

---

① 参见[美]Robert. A. Dahl:《权力》,载《社会科学国际百科全书》第12卷,美国纽约:柯利尔—麦克米兰公司1968年版,第407页。
② 参见中国社科院语言研究所词典室编:《现代汉语词典》,商务印书馆1983年第2版,第948页。
③ 参见[英]R.马丁:《权力社会学》,丰子义、张宁译,三联书店1992年版,第94~107页。

得越来越多的行政契约具有一些特殊性,即虽然它在本质上也是一种非权力作用,但它在利用关系即表现形式上却属于一种行政行为(双方行政行为)。这些都表明各种柔性行政方式是既有共性又各有特点的,对此应予适当注意。① 关于柔性行政方式,日本当代著名行政法学家室井力教授也曾作过专门分析,他指出:现代行政采用各种手段(行为形式)来达到行政目的,既包括权力行为的形式,也包括各种非权力行为的形式;人们在着眼于行政的现实功能和具体作用时,再也不能忽视柔性行政方式的存在了,因为它不仅在新的行政领域发挥着特殊作用,而且在传统的行政领域(如警察行政)也起着重要作用;从行政机关各种行为方式的规范内容来看,行政作用可大致分为权力行政作用和非权力行政作用,前者包括拘束性行政计划、行政立法、行政处分、行政强制、行政强制执行等等,后者包括非拘束性行政计划、行政指导、行政契约、行政调查、公开发表等等;当然这种划分并非完全包容的,也不是绝对的,现实中还可能存在其他的具有交叉复合性质的行为类型,故应动态地来把握这个问题。②

三、柔性行政方式的分类考察

本章限于篇幅,对表现形态多种多样的柔性行政方式无法一一论列。这里仅以行政指导、行政契约、非拘束性行政计划为例略加分类考察,以助于对此问题能管中窥豹地予以深入理解和具体把握。

1.行政指导(administrative guidance)。此概念首先出现于"二战"后的日本,目前在欧美国家则多称为非强制性行政行为,或称为非正式行政行为、简便式行政活动等等。尽管各国学者对行政指导的理解不同,在术语表达上也有所差异,但可以说大致是指称的同一概念或同一类概念,所提出的关于行政指导的诸多定义之共同指向包括:行政机关是行政指导行为的主体;行政指导属于非权力强制性行为;指导者谋求相对人同意或协力以实现一定行政目的;其方式方法灵活多样;等等。因此,根据当代行政法理论与实践发展的成果与趋势,可将行政指导定义为:行政机关在其职能或职责范围内,为适应复杂多样的经济和社会管理需要,基于国家的法律精神、原则、规范或政策,适时

---

① 参见[日]和田英夫:《现代行政法》,倪健民、潘世圣译,中国广播电视出版社1993年版,第53~54页,第213页。

② 参见[日]室井力:《日本现代行政法》,吴微译,中国政法大学出版社1995年版,第51~52页。

灵活地采取指导、劝告、建议等非权力强制性方法,谋求相对人同意或协力,以有效地实现一定行政目的之主动行为。行政指导是最具代表性和使用最广泛的柔性行政方式,其主要作用是:补充和替代作用;辅导和促进作用;协调和疏通作用;预防和抑制作用。在现代市场经济条件下,行政指导主要运用于经济、科技和社会公益方面,特别是在经济管理领域运用得更普遍一些。

第二次世界大战以来特别是近三四十年来,由于行政指导在现代市场经济条件下的行政实务中日益显现出特殊的功效性和适应性,许多重要市场经济国家(如德、法、英、美等国)对行政指导的态度都陆续发生了由否定到暧昧到肯定到积极采用的变化,而且一些国家(如日、韩等国)已通过专门立法对行政指导行为加以规范。但相比之下,尽管随着我国市场导向改革和经济社会发展的推进,近些年来行政指导的必要性、功效性和可行性及其负面性日渐显露出来,学界也陆续发表了一些关于行政指导的研讨文章,但由于我国曾长期实行传统的计划经济体制,部分行政实务工作者受强调集权集中的传统观念束缚较深,在体制转型初期还难以重视和正确运用政府的柔软干预方式,学界对行政指导行为的研究也远远不够,因此许多人对行政指导还不甚了解。这显然不利于在我国市场经济条件下积极运用和完善行政指导行为,也不利于行政法(学)的创新发展,此种状况亟待改变。

2. 行政契约(administrative contract,也称为行政合同)。我国行政法学界关于行政契约的概念较多地受到法、德行政契约理论的影响,注意从与民事契约的区别中来加以理解。现在一般认为,行政契约是行政主体与相对人之间为执行公共事务,实现行政管理目标,适用行政法规则,依双方意思表示一致,设立相互权利和义务的协议。与一般的民事契约相比,行政契约具有五个特征:行政契约的双方当事人中必有一方是行政机关;行政契约的双方意思表示必须一致;行政契约的目的是为了执行公务,实现行政管理目标;在行政契约的履行、变更和解除中,行政主体享有行政优益权;行政契约由专门渠道进行救济。我国现阶段的行政契约主要有三大功能:一是扩大行政参与,实现行政民主化;二是弥补立法不足,替代制定法规则;三是搞活国有企业,提高国有资产使用效率,促进国有资产的增值,推进经济体制改革。这三大功能是行政契约在行政法(学)体系中得以存在和发展的重要理由。[①] 从我国的行政实务来看,行政契约主要包括:国家订货合同;公用征收合同;各种委托合同(如我

---

① 参见余凌云:《行政契约论》,载罗豪才主编:《行政法论丛》第1卷,法律出版社1998年版,第209~212页。

国普遍推行的科研合同);国有土地使用权有偿出让合同;国有企业承包、租赁合同;公共工程合同(包括政府特许权协议即 BOT 主合同);等等。

我国过去在经济与社会生活中长期实行高度集权集中的行政管理体制,行政机关单一运用行政命令手段,忽视运用行政契约方式(即协商型的双方行为)来管理经济和社会公共事务,即便在行政实务中偶尔采用某些带有行政契约性质的管理手段,也是不自觉、不规范的,有的甚至背离行政契约的基本原理和规则,而且学界也未重视对行政契约进行系统研究以指导实践。随着经济体制改革的不断深入,行政管理方式逐渐发生变化,更符合现代市场经济民主化要求的协商性、契约性、非权力强制性的管理手段日益受到重视,行政管理由单纯行政命令向行政命令、行政指导和行政契约等诸种手段并用转变。由于现代市场经济是民主经济和法治经济,根据经济与社会生活的需要来拓展行政管理手段特别是采用多元化的相应法律调整方式就成为必然选择,故近年来在我国行政实务中已较多采用行政契约手段,行政契约研究也开始受到学界重视。

3.行政计划(administrative plan,也称为非拘束性计划、指导性计划)。首先需要说明,广义的行政计划包括指导性(非拘束性)行政计划和指令性(拘束性)行政计划,前者是一种柔性行政方式,后者是一种权力行政方式。在当今主要市场经济国家,已极少有指令性行政计划,其行政法学著述中提到的行政计划一般就是指狭义上的行政计划即指导性行政计划。我国实行市场导向改革和市场经济体制后,指令性行政计划日益减少,今后的行政计划基本上就是指导性行政计划,故此处的讨论对象特指狭义的行政计划即指导性行政计划。还需说明的是,国内外行政法学著作中,有的将行政计划作为与行政指导并列的行政活动方式加以论述,有的则将行政计划作为行政指导的一种具体方式而放在行政指导范畴内加以论述,本文采取前一种方式来处理。

所谓行政计划,在静态上是指为处理行政事务、实施行政事业或制定行政政策而由行政机关确定的行政指导性目标;在动态上是指行政机关在实施公共事业及其他活动之前综合地提示有关行政目标和制定出规划蓝图以具体明确行政目标,并进一步制定出为实现行政目标所必需的各项政策性大纲的活动过程。行政计划的作用,总的来说是设定指标性的行政目标来引导相对人以及行政主体自身的行为。由于在现代社会中计划手段的广泛运用,行政计划的作用(或者说功能)日趋复杂多样化,例如,引导和指导行政相对人的预期和行为;引导、联系和协调其他行政手段(包括行政法律手段);通过确立科学、合理的行政目标来最有效地调动行政资源、实施行政活动;通过取得有关行政机关的共识和协调行政政策来提高整体行政效果;等等。就行政计划的适用范围而言,市场经济国家的行政计划在传统上主要用于国防事业、防灾救急等方面,表现为国防计划、防灾计划等保安性质的行政计划,其适用面较窄且政治色彩较浓;但"二战"以来,随着国家干预的增多和行政民主的发展,行政计划在越来越广泛的领域(特别是经济管理领域)得到运用,行政计划的经济性和社会性大大增强。行政计划的形式和内容非常多,可从多种角度分类,但在行政实务中最具操作意义的是从计划的性质、关系、程序等角度所作的如下分类(这些分类有所交叉):指导性计划与指令性计划;政策计划与狭义的行政实施计划;上位计划与下位计划;经过不同审批或决定程序的行政计划;等等。

考察主要市场经济国家运用行政计划的情况不难看出,政府制定的关于经济发展的行政计划对相对人来说并不具有国家强制性,往往仅表明今后的奋斗目标,主要包括对增长率、物价水平、国际收支等指标作出预测,旨在为企业、公民从事经济活动提供参考。可以说,这也是在现代市场经济条件下行政计划有其地位和作用并获得发展的重要原因之一。行政计划的重要性还表现在它对行政机关自身的行为也具有指引作用,能够减少行政活动之间的矛盾和冲突,有助于整体推进各种行政活动,从而完整协调地实现行政目标。在现代社会,政府的引导、指导、服务、协调等职能逐步增强,同时行政管理需求的扩张也对行政计划提出了新要求,在这种趋势下行政计划的重要性必然凸现出来。

四、柔性行政方式的现实问题和法治化对策

无需讳言,柔性行政方式在行政实务中既发挥着特殊的作用,同时也存在一些现实的矛盾和问题,主要表现为柔性行政方式的操作不够规范,制度化程度不高,监督与救济机制不够完善,应有作用尚未充分发挥出来,有关研究和共识不足,等等。柔性行政方式在行政实务的具体运用中最突出的现实问题概括起来大致有如下10类:(1)规避法律责任,致使法律空洞化;(2)懈怠行政职责,丧失了政府权威;(3)出现变相干预,损害相对人权利;(4)缺乏民主协商,变味成权力行为;(5)法律关系尚未理顺,角色不明确;(6)行为动机不尽纯正,公正性不足;(7)行为程序不甚规范,透明度不够;(8)行为效果不甚稳定,预期性较弱;(9)纠错机制不甚健全,救济力度小;(10)有关知识远不普及,研究成果少。

上述问题或多或少、程度不等地存在于我国各地和各级政府机关的行政活动中,制约着柔性行政方式应有的积极作用得到充分发挥;因而必须按照行政法治原则的要求,从观念、规范、制度等诸方面采取有效措施予以妥善解决,以提高柔性行政方式的法治化水平,积极克服其负面效应,从而推进依法治国方略和行政法治原则的贯彻落实。

中国共产党第十七次全国代表大会政治报告强调指出,要注意"发挥国家发展规划、计划、产业政策在宏观调控中的导向作用"。国务院颁布的《全面推进依法行政实施纲要》第9条也明确规定,要改革行政管理方式,"充分发挥行政规划、行政指导、行政合同等方式的作用……降低管理成本,创新管理方式,方便人民群众。2008年10月1日起施行的我国首个关于统一行政程序的地方政府规章《湖南省行政程序规定》,还设立专章(第五章)对行政合同、行政指导、行政调解等特别行为程序作出了迄今最系统、具体、可行的规定。这就为我们思考如何解决非强制行政方式的法治化问题提示了方向。笔者认为,现阶段可采行的若干对策要点是:

1. 变革行政法文化,摒弃陈旧观念,树立新的行政法观念。智者曰:"我们的观念是我们的眼镜。"①只有转变观念才能更好地认识新事物。故需按照行政法治原则的要求,普遍树立起给付行政、服务行政、积极行政、柔软行为方式、兼顾平衡协调等现代行政法观念,以更好地指导行政实践,实现行政方法手段的多样化、高效化和法治化。

2. 坚持科学、民主、法治精神,积极稳健地提高行政效率。首先要坚持实事求是,坚持群众路线,顺应世界范围的民主化潮流,摆正人民政府与人民群众的关系;同时要处理好柔性行政方式与权力行政方式的关系,做到二者分工配合、各展所长、共同发展。

3. 积极采用符合现代市场经济发展要求的行政管理新方法。行政机关工作人员在掌握运用权力行政方式的同时,还应积极学习和灵活运用各种柔性行政方式,特别是那些符合市场经济条件下行政管理特点的柔性管理方式,如行政指导、非拘束性计划也即行政计划(规划)、行政契约、行政服务、行政给付、行政资助(扶助、补助)、行政奖励、政府采购、行政经营、行政协调、行政调解、行政道歉、公共设施建设(开发)与提供服务等等。

4. 坚持公平、公正、公开原则,健全行政程序与责任制度。其关键是要通过改革尽快建立起符合国情、健全高效的监督制约机制(例如更强有力的行政监察、审计体制,以及探索建立人大监督专员制度,等等),保证柔性行政方式

---

① 此系阿兰先生语。转引自[美]乔·萨托利:《民主新论》,冯克利等译,东方出版社1998年第2版,第1页。

在法治轨道上运行,促使公务员自觉地依法行政。

5. 健全相关行政法律规范,完善纠错机制,提高救济效果。应按照行政法治原则的要求,通过立法和政策措施来完善怨情申诉、行政复议、行政诉讼、行政赔偿等救济制度,推动柔性行政方式的规范化、制度化和高效化,真正做到"有行政损害必有救济"。

柔性行政方式代表着行政法民主、科学、高效的发展方向,是现代行政、给付行政、服务行政的重要体现。柔性行政方式的非强制性、非权力性并不意味着责任的缺失。在柔性行政方式法治化进程中,要坚持公平、公正、公开原则,健全行政程序与责任制度,加大监督力度,完善救济机制。

下篇

第九章 行政指导及其法治化

引言：一条预防诈骗的手机短信之特殊功效

近年来电信诈骗案件有抬头趋势，犯罪嫌疑人常用祝贺中奖、汽车退税、冒充熟人、谎称电话欠费、催促直接汇款等电信诈骗手段，且频频得逞。2009年1月至10月，仅北京市就发生电信诈骗案件8700余起，日均发案近30起，涉案总值达2.7亿元，最大案件的涉案值达上百万元；2009年1月至9月抓获电信诈骗犯罪嫌疑人95人，侦破案件489起，追回被骗资金500多万元，平均每个案件追回1万元左右。此类电信诈骗案件的办案难度和工作量极大，常规办案与民众需求之间存在很大差距。

为有效预防此类新型高发案件，北京市公安局在通信部门配合下，于2009年11月下旬启动了防范打击电信诈骗案件的专项治理工作，其中一项重要举措是通过手机短信提醒民众，使其增强避免诈骗伤害的警觉和能力，移动、联通、电信的手机用户都陆续收到警方如下提示："北京市公安局提示您：请警惕诈骗行为，凡是接到陌生人要求转账、汇款、索要账号密码的短信或电话，请您不听、不信、不转账、不汇款，立即拨打110咨询报警，以防受骗，反诈骗专家随时为您服务。"同时，北京市的固定电话用户也接到了含上述内容的语音电话提示。随后的调查结果显示，仅在'12月3日至9日的一周时间里，电信诈骗案件明显下降，发案总量69起，日均发案下降到10起以下；同时，北京市公安局"110"报警服务台、防范电信诈骗专家咨询热线及民警现场指导，成功劝解、拦阻涉嫌电信诈骗的转账、汇款案件286起，挽回民众损失202.7

万元。① 在调查期内,民众遭受电信诈骗的财产损失日均减少约20万元,预防保安性的行政指导措施收到显著成效,大大提高了治安管理工作的效率。

近年来,许多行政机关像北京市公安局一样,积极履行行政服务职能,通过采取手机短信提示等多种简便易行、成本不高、亲民高效、刚柔相济、富有现代科技含量的行政管理手段,大大提高了行政管理效率,有效地维护了民众的合法权益,有助于维护公共秩序和社会稳定,产生了良好的社会效益,充分体现了建设服务型政府背景下的行政指导制度功能,符合行政法经济学、行政法政治学、行政法社会学的原理,具有重大的法制实践价值和法治发展意义。

一、行政指导是建设服务型政府的重要抓手

(一)践行科学发展观与建设服务型政府

由管制型、秩序型、单纯管理型政府转向服务型政府是一场深刻变革。2004年2月,温家宝总理在中央党校省部级领导干部"树立和落实科学发展观"专题研究班结业式的讲话中提出"建设服务型政府"的要求。2005年,温总理所作《政府工作报告》明确提出,要"努力建设服务型政府,创新政府管理方式,寓管理于服务之中,更好地为基层、企业和社会公众服务"。

2006年10月,党的十六届六中全会通过《关于构建社会主义和谐社会若干重大问题的决定》,进一步明确要求"建设服务型政府,强化社会管理和公共服务职能"。服务型政府的理念被写进了执政党的重要指导文件中。2007年10月,胡锦涛总书记在党的十七大政治报告中,再次提出要把"加快行政管理体制改革,建设服务型政府"作为发展社会主义民主政治的重要内涵和任务。2008年2月,中共中央政治局进行第四次集体学习,胡锦涛总书记主持学习时强调:建设服务型政府,是坚持党的全心全意为人民服务宗旨的根本要求,是深入贯彻落实科学发展观、构建社会主义和谐社会的必然要求,也是加快行政管理体制改革、加强政府自身建设的重要任务。

服务型政府体现了我国人民主权国家的性质,彰显了政府"以人为本"的施政理念,体现了全心全意为人民服务的主导行政价值观。显然,在行政管理和行政执法的实践中,如何面对、理解、回应、推进政治与行政改革创新的时代要求,加快建设服务型政府,为其提供法治保障,已成为重大的现实课题。

---

① 参见王媛媛:《电信诈骗 本市涉案2.7亿》,载《法制晚报》2009年1月19日;王媛媛:《拦阻涉嫌转账、汇款案件286起 挽回损失200多万元》,载《法制晚报》2009年12月11日。

(二)行政管理实践提出的民主化课题和方法创新

随着双重失灵现象(指市场失灵加上政府失灵)的出现,以及世界范围的民主化潮流的推动和国家的福利性质逐渐增强,人们对于当今政府的角色和职能有了更全面深入的认识,传统的秩序行政、管理行政模式逐步转向以给付行政、服务行政为突出特点的现代行政模式,也即民主行政模式,适中规模的政府机构和积极柔和的行政干预表现出特殊优势,以行政机关为中心和行政权力的单向行使为全部内涵的传统行政法,日益转向更注重人权和民主的现代行政法。在此转型发展过程中出现了行政方式创新发展趋势,主要表现为行政方式的多样化、柔软化、互动化、民主化和法治化,而以行政指导、行政合同、非拘束性行政规划为代表的柔性行政方式的出现和广泛运用,日益成为引人注目的行政现象。

在传统的行政管理模式下,行政机关单纯依赖行政检查、行政许可、行政处罚、行政强制等刚性手段,虽似重拳出击,立马见效、立显权威,但易于激化矛盾,强化行政机关与相对人之间的对立和冲突。特别是当前我国处于深化改革、社会转型的关键时期,利益多元,矛盾丛生,而且绝大多数都是人民内部矛盾,这对行政监管能力提出了更高的要求。如果一个行政机关固守陈旧观念,动辄运用行政处罚、行政强制等硬性措施一罚了之、一禁了之、一关了之,难免造成行政机关与相对方之间的紧张关系甚至激烈冲突,不利于构建和谐社会。针对处于社会转型期的行政机关普遍面临着任务重、要求高、环境复杂、手段不足的问题,通过行政民主化导向的政府管理创新来提高管理水平和实效,就成为行政改革的紧要课题。所谓"民主",必须具备"自由"和"平等"这两大要素和品格;现代行政法治的基本理念是通过制度、机制和方法创新来保障行政过程中的民主性,也即广泛参与性、两造互动性、平等协商性、可自由选择性,追求行政机关与相对方在行政法律关系中的地位平等,实现行政权力与公民权利的总体平衡。

与硬性管理方式相对应、相配合,近年来体现行政民主性的制度创新、机制创新、方法创新越来越多,大大改变了行政管理和行政法制的面貌。那些体现参与性、互动性、协商性和可选择性的新型行政管理方式,如行政指导、行政合同、非拘束性行政规划和计划、行政资助、行政奖励、行政给付、行政调解等柔性管理方式,在行政实务中运用得越来越多,发挥出特殊的行政管理功效。《中共中央关于构建和谐社会若干重大问题的决定》指出:"构建社会主义和谐社会是一个不断化解社会矛盾的持续过程。我们要……适应我国社会结构和利益格局的发展变化,形成科学有效的利益协调机制、诉求表达机制、矛盾调处机制、权益保障机制。"上述柔性管理方式具有参与性、互动性、协商性和可选择性的特点,顺应行政法治发展潮流,有利于形成"四个机制"和构建和谐社会。

(三)行政指导是服务型政府最具代表性的柔性管理方式

行政指导等柔性管理方式乃是行政民主化潮流的产物,其产生、发展带有现代市场经济和民主政治发展的时代背景特点。国务院2004年3月颁布的重要指导性文件《全面推进依法行政实施纲要》第9条明确提出:"要充分发挥行政规划、行政指导、行政合同等方式的作用。"可见,积极运用和有效规范行政指导行为,乃是我国行政管理和行政法制改革发展的一项重要任务。行政指导作为行政管理机制创新、方法创新产物的柔性管理方式,注重与相对方的沟通和协调,方式灵活多样,能有效弥补法律缺失,降低执法成本,化解社会矛盾,实现利益均衡,有利于形成行政机关与相对方的协调关系。因此,一些基层行政机关(例如,泉州工商、西安城管、北京公安)确立服务理念,积极探索实施行政指导,采用指导、劝告、建议、提醒、说服、辅导、疏通等非强制性手段来弥补单一强制手段的不足,发挥出独特的监管功效。特别是福建、北京、苏州、吉林、沈阳等许多地方的工商行政管理机关近年来积极推行行政指导,取得了提高监管功效、构建和谐工商、推动行政民主的积极成果,改变了工商机关"不是收费就是处罚"的负面形象。其中的典型单位泉州市工商局,近年来通过更新观念、创新制度、探索方法,积极推行行政指导,取得了促进经济发展、提高行政效率、改善政民关系的显著成效,被评选为2008年度"中国十大法治人物",成为唯一获此殊荣的集体获奖者,同时被国家人力资源与社会保障部评为"人民满意的公务员集体"。不久前,该局又被评为中国法治政府奖的首届获奖的八个单位之一。

与日、美等国家的行政指导做法相比,泉州等地的行政指导经验更符合我国行政管理和行政法制实际,有助于推进服务型政府建设,因此,2009年3月、11月国家工商总局连续发文(工商法字第58号文、第230号文),在推广泉州工商行政指导经验的基础上,部署在全国工商系统全面推进行政指导工作;苏州市政府也于2009年8月专门发布规范性文件《关于全面推行行政指导工作的实施意见》,要求全市行政机关结合本地区、本系统实际积极推行行政指导工作。可见,行政指导作为符合行政民主、行政科学与行政法制发展潮流的柔性监管方式,是强化行政服务职能、建设服务型政府的切入点,不仅适用于工商行政管理领域,还广泛适用于城管、公安、人事、教育、卫生、资源环境、质量监督等许多行政管理领域,还应不断完善其操作方式,为建设服务型政府、构建和谐社会作出积极贡献。在此基础上,通过各地、各领域不断探索、创新,一定会逐渐创立起符合行政法治要求和我国实际的行政指导理论与制度体系。

二、行政指导的概念和重要特征

(一)行政指导的概念辨析

当代行政法意义上的行政指导这一概念,首先出现于"二战"后的日本(日文:行政指導,ぎょうせいしどう;英文:administrative guidance)①,目前在欧美国家则多称为非强制性行政行为(non-coercive form of administrative action),或称为非正式行政行为、简便式行政活动、非正式的(协商性程序)裁决等等。尽管各国对于行政指导在理解上和术语表达上有所差异,但可以说大致指称的是同一概念或同一类概念。

过去许多国家在立法上未曾对行政指导加以采用和明确定义,行政机关作出的解释也不一致,加之行政法学界长期以来对此缺乏系统深入的研究,没有形成各方认同的定义,而且其他学科的学者(例如,行政学者、经济学者)在著述中也往往按各自的理解来使用(行政、政府、国家的)指导、引导、训导等词语,所以直到 10 多年前还有学者认为行政指导既非法律用语,亦非严格的学术用语,而只是社会经济生活中的一个常用语或口头语罢了。但这种看法已不符合现实情况了。例如,在日本,除了以往不少法律采用过行政指导的提法并就行政指导作出过一些规范,1993 年由日本国会通过的《行政程序法》专门对行政指导作了更明确的定义,还列出专章(第四章)来规范行政指导行为。在中国内地改革开放 30 年来制定的一些法律文件中,也有不少关于行政指导

---

① 作为学术用语来最早概括和论述行政指导的是林修三先生。他在《关于所谓行政指导》(载日本《行政与经营》杂志 1962 年第 8 期)一文中将行政指导解释为:"不是行政机关就某个行政领域内的事项,作为执行和适用法令而以国家强制性权力对特定的个人、法人、团体进行命令和强制,也不是行政机关在任意的基础上又基于法令的根据而对上述相对人进行指导、劝告和建议等等,而是行政机关并非基于法令的根据而就某个行政领域内的迫切希望和期待相对人按行政意图去做的事项,以指导、劝告和建议等方式向相对人做工作,促使其自愿协力和同意去行动。"与现在一般的行政指导定义相比,林修三先生所下定义包括的范围明显要窄一些。

的一般性规定,使其成为了专门的法律用语。①

　　围绕行政指导的概念,国内外行政法学者作出过许多定义。为便于了解和把握各种定义之间的细微差别,这里选引较有代表性的若干定义如下:

　　定义之一:"行政指导,是行政厅为达成行政目的,采用被称为建议、指导的非权力手段鼓动国民、诱导国民作出行政厅所希望的行为的行政作用之总称。"②

　　定义之二:"行政指导,谓行政机关就其所掌之事务,对于特定之个人、公私法人团体,以非强制之手段,取得相对人之同意与协力,以达到行政目的之行为。"③

　　定义之三:"行政指导是行政机关非以公共权力为根据而作出的以相对人自愿行动为前提而达到行政目的的行为。"④

　　定义之四:"行政指导是这样一种作用,即不管有无法令根据,行政机关对特定的个人,公法、私法上的法人和团体,要求对手一方的同意和协作,采用非权力的、任意的手段进行工作,以实现行政机关的意图,诸如警告、劝告、提供知识和信息等。"⑤

　　定义之五:"行政指导,是指行政机关在其职能或职责范围内,为实现一定的行政目的,而谋求特定当事人作出一定行为或不作为的指导、劝告、建议及

---

　　①　在我国现行宪法、法律、行政法规、地方性法规和规章中都有关于行政指导的一般性规定,其提法是"指导"、"引导"、"鼓励"、"提倡"等等,过去未直接使用"行政指导"的提法,这表明"行政指导"是经过抽象的概念。在此基础上,司法解释已率先迈出一小步:1999年11月24日通过的《最高人民法院关于执行〈中华人民共和国行政诉讼法〉若干问题的解释》第一条首次正式使用了"行政指导"的提法(规定不具有强制力的行政指导行为引起的纠纷不属于人民法院行政诉讼的受案范围)。虽然其内容比较简单,且系否定性规定,但作此规定已具特殊意义,在理论和实务上留下了扩展解释和灵活操作的余地。2008年10月1日起施行的地方政府规章《湖南省行政程序规定》,在第五章第二节用了10个条款(第99条至第108条)对行政指导作出了专门规定,这是我国迄今最系统、最集中的关于行政指导的专门立法规定。
　　②　[日]原田尚彦:《行政法要论》,学阳书房1984年全订版,第163页。
　　③　林纪东:《行政法》,台湾三民书局股份有限公司1988年修订三版,第434页。
　　④　罗豪才:《行政法论》,光明日报出版社1988年版,第161页。
　　⑤　[日]和田英夫:《现代行政法》,倪健民、潘世圣译,中国广播电视出版社1993年版,第218页。

其他不属于处分的行为。"①

定义之六:行政指导是行政机关在其职能、职责或管辖事务范围内,为适应复杂多样的经济和社会管理需要,适时灵活地采取符合法律精神、原则、规则或政策的指导、劝告、建议等不具有国家强制力的方法,谋求相对人同意或协力,以有效地实现一定行政目的之行为。简言之,行政指导是行政机关在其职责范围内为实现一定行政目的而采取的指导、劝告、建议等不具有国家强制力的行为。②

从上述定义中可以看出,对于行政指导,现在人们一方面已形成较多的共识,另一方面尚存在认识上的差异。③ 综合上述定义并结合国内外行政指导实务的现实情况,在理解行政指导概念时需注意把握如下几点已形成共识之处:其一,实施行政指导需要有正当的行政目的;其二,行政机关实施行政指导的适用范围和行为依据非常广泛;其三,行政机关可以主动作出、也可应行政相对人的要求作出行政指导行为;其四,行政指导行为不具有强制性,不直接引起法律关系的变化,不直接产生法律效果,也不必然产生其他的行为后果;其五,行政指导行为具有适时灵活、方法多样、注重实效、存在风险等特点。

(二)行政指导的重要特征

关于行政指导行为的特征,学者们作出过许多概括。例如,有学者将其概括为如下六点:一是服从行政指导之任意性(属于非权力之行政活动);二是行政指导仅为单纯之事实行为性(不直接产生法律效果);三是行政指导之单方性(不同于行政契约);四是行政指导之主动性(不同于应相对人之请求提供咨

---

① 日本《行政程序法》第 2 条第 1 款第 6 项。该法典载《法学家》(日本)1994 年 2 月号,第 69~71 页。此处引文系由本章执笔者所译。翻译时将日文的"任务"译为职能,"所掌事务"译为职责(即职务和责任)。这是因为在日本的行政组织法中,"任务"就是指行政机关的职能,而"所掌事务"就是"任务"的具体化,这从具体法律规定中可以看得很清楚。例如,《日本外务省设置法》第 3 条规定了外务省的 10 项"任务",而第 4 条规定的外务省 46 项"所掌事务"实际上是第 3 条的具体化,第 5 条规定了外务省完成"所掌事务"的 18 项"权限",它们显然分别相当于中文的职能、职责、职权的含义。

② 莫于川:《行政指导要论——以行政指导法治化为中心》,人民法院出版社 2002 年版,第 11 页。

③ 例如,即便是在行政指导研究成果较多的日本,学界对于行政指导也存在诸多认识分歧。例如,关于行政指导是否针对特定相对人作出,关于提供咨询帮助(信息指导)是否属于行政指导,关于是否需要加强对于行政指导的程序约束等等,学者们都见仁见智,即便行政程序法典出台后也未必可以断定在这些方面都普遍具有了共识。参见陈春生:《事实行为》,载翁岳生:《行政法》,中国法制出版社 2002 年版,第 912~921 页。

询等事实行为);五是行政指导之优越性(即作为行政指导主体的行政机关在资讯、知识等方面优于指导对象);六是行政指导之社会性(即行政指导适用于一般行政管理领域)。[①]

有学者结合前述定义和实证研究结果,将行政指导的基本特征概括为如下八项。一曰非强制性:从行为的法律关系和拘束力度看,行政指导是不具有强制性、无法律拘束力的行为[②];二曰主动补充性:从行为动因和目的角度看,行政指导是适应多样化的社会管理需求的主动行为;三曰主体优势性:从行为主体的角度看,行政指导主要是由具有综合优势和权威性的行政机关实施的行为;四曰相对单方性:从行为本身的角度看,尽管行政指导追求相对人的同意和协力,但行政指导毕竟是由行政机关单方实施即可成立的行为;五曰行为引导性:从行为品格的角度看,行政指导是具有利益诱导性或综合引导性、示范性的行为;六曰方法多样性:从行为方式的角度看,行政指导是适用范围广泛、方法灵活多样的行为;七曰实质合法性:从行为受约束的角度看,尽管某些行政指导行为可以没有行政作用法上的具体依据即可作出,但所有行政指导行为都是受到实质法治主义约束的行为;八曰事实行为性:从行为过程来看,行政指导是不改变法律关系、不直接产生法律效果的行为。[③]

从上述特征可以看出,行政指导与行政合同、行政资助、行政奖励、行政给付、行政调解等非强制手段一道,构成柔性监管行为体系,在经济与社会管理领域发挥着积极作用。从行为性质和法律关系的角度看,行政指导行为既不同于设立法律规范的行政立法行为,也不同于执行法律规范的行政执法行为,又区别于直接产生法律效果的行政契约行为,与这些行为方式共同构成当代行政活动的基本行为方式体系;它们互系互动、各有所长地调整社会生活,从而稳健高效地实现行政目标,促进经济与社会健康协调发展。

---

① 参见刘宗德:《试论日本之行政指导》,载《政大法学评论》1989年12月号。
② 如日本著名行政法学家室井力教授就曾指出,保安性的事前劝告、抑制型指导行为等等,就是虽然是非权力作用,但却有权力性质的限制权作为其背景来发挥作用。这样的行为方式和机制,既能在不因命令或强制措施而引起摩擦或抵抗的情况下可靠地实现预期行政目的,同时也能保证相对人主张和表达自己意见的机会,是符合行政效率和行政民主双重要求的。参见[日]室井力:《日本现代行政法》,吴微译,中国政法大学出版社1995年版,第150~151页。
③ 参见莫于川:《行政指导要论——以行政指导法治化为中心》,人民法院出版社2002年版,第26~32页。

三、行政指导的产生发展和国外做法

(一)行政指导的产生发展背景

由于凯恩斯主义的负面效应在"二战"后日益显露出来,出现了"政府干预失灵"的现象,这就促使人们思考这样一个问题:为什么旨在弥补"市场失灵"的政府干预也陷于困境,导致"市场与政府双重失灵"?研究结论是:政府在弥补市场缺陷方面并非万能,在现代市场经济条件下,需要进一步明确市场与政府各自的功用,科学地界定市场与政府的作用领域;而且政府宜更多地采用建立在平等协商基础上的非权力性、非强制性的行政调控手段(即柔软性的行政方式),作为单纯经济手段、法律手段等硬手段的补充,同时运用政府的强制手段和非强制手段来调整经济与社会生活。

总之,在以政府干预来弥补市场不足的同时,应注重采用一些新的行为方式或者在传统行政管理和行政法制模式中不甚重要的行为方式,如行政指导、行政契约、行政资助、非拘束性行政计划和规划、行政信息服务等非权力强制性手段,以此来弥补以往政府干预的缺陷,即以积极而又柔和的方式来调整经济与社会生活,以改变"市场和政府双重失灵"的状况。而这正是"二战"后特别是近四十年来出现经济行政民主化、柔软化潮流的一个重要背景和动因,也正是作为通过行政相对人自愿同意和协力而起作用的行政指导行为得以产生和广泛运用的一个重要背景和动因。进入这一时期,先后走上现代市场经济道路的国家都在重新检讨对市场作用和政府作用的认识和政策,程度不同地进行着调整和改革,对政府职能和规模更趋向于采取一种较为现实合理的态度。

经济行政管理的上述调整和改革措施在实践中收到了相当的成效。从当今主要发达市场经济国家的情况看,其市场体系和功能日趋完善,并起着基础性调节作用,政府在经济与社会管理中积极履行给付和服务的职能、职责,并注重干预和引导的平等性、柔软性、科学性和有效性,扮演领队和顾问的角色,实行一种积极而民主的给付行政、服务行政模式。正是在市场经济和行政模式逐步发展的上述过程中,政府在经济与社会管理中开始注重干预方式的柔软性和有效性,逐渐自觉、逐渐规范地采用行政指导措施。

对此,还可从行政民主化潮流的角度来分析行政指导的产生和发挥作用的机理。传统的一般行政管理主要表现为"命令指挥——听从服从"的关系。随着"二战"后的政治民主化潮流,特别是近三十年来经济民主主义在各市场经济国家的出现和展开,相应地产生了行政管理和行政法制民主化的客观要

求和发展趋势。由于行政指导是一种不具有国家强制力的调控手段,是在相对人自愿同意和协力之下发生作用的,所以与强制性的行政法律手段相比,在许多情况下采取行政指导措施能够避免或减轻行政机关与行政相对人之间的对立,有利于减少对行政相对人权益的损害,切合了战后民主化潮流的客观要求。

按照民主主义的原理,如果让相对人在没有受到来自管理者的强迫而有选择余地的情况下,权衡利害后自愿作出是否认同和配合某项行政指导措施的行为选择,则其结果最容易为相对人所接受,也可能最切合相对人的利益要求。从行政法学的角度看,这是一种民主行政的机制。所谓民主行政,是指在行政要素和过程中充分反映国民的意见,实行一种国民服务并依据民意行动为主的行政,它是行政民主的制度表现。其要点包括:人民参与行政,行政公开化,行政过程的民主化,行政的公益性,实行公平对待原则,等等。[①] 而行政指导的特点与民主行政机制的上述要点是相契合的,可见在当代行政民主化潮流的影响下,行政指导行为的存在和发挥作用具有某种必要性。

进一步说,行政活动需要发挥两方面的积极性才能最有效率地达到预期行政目标;但在传统的行政理论和实践中,全然由行政机关以单方意志作出支配行为并推动行政目标的达成,行政相对人则处于消极被动地接受支配性管理的地位,缺乏意见表达和行为选择的制度安排,也易于缺乏为实现行政目标而参与行政过程的积极性、创造性和责任心,这种状况在新的社会条件下已越来越不符合客观要求了。行政指导虽然是行政机关可单方主动作出的行为,但需要谋求相对人的同意和协力才能最终达到预期的效果即实现行政目标,这是行政指导行为的一个重要特点。为相对人提供了利害判断和行为选择余地(或者说具有发挥主观能动作用的一定机会)的行政指导,实际上提供了相对人参与行政过程的一个重要的渠道,是实现行政民主的一个重要机制。

(二)行政指导的国外做法

在当今世界市场经济一体化及其模式多样化的发展趋势中,几乎所有实行市场经济体制的国家,无论其属于哪种经济模式,都在已对社会经济生活实

---

① 参见如下相关论述:[日]室井力:《行政事务再分配的理论与现状》,劲草书房1980年版,第118~134页;[日]雄川一郎、盐野宏、园部逸夫:《现代行政法大系·(2)行政过程》,有斐阁1984年版,第170页;林纪东:《行政法》,台湾三民书局股份有限公司1988年修订三版,第434页;罗传贤:《行政程序法基础理论》,台湾五南图书出版公司1993年版,第20页。

施不同广度和深度的政府干预的基础上,进一步注意采用更为柔和、灵活和有效的行政活动方式,包括程度不同地将行政指导作为一种行政手段、行政方式乃至政府的职能、职责①,与其他手段(如法律强制、经济制裁等手段)和其他职能、职责(如安全、监督等职能)配套施行,以适应经济发展新趋势的客观要求,并程度不同地取得了明显成效。

例如,"二战"以后美国的联邦、州及地方政府都曾以农业和中小企业为对象,实施带有扶持措施性质的指导性保护政策。再如,"二战"以后英国也曾将"三导"(利率诱导、技术指导、道德劝导)作为政府推行货币政策的非强制性手段。又如,德国、法国、日本等国政府在二战后都曾通过制定协商性、指导性的经济计划和产业政策、发布行政信息、提出经济调整建议等广义行政指导范畴的一些较为柔和的行为方式,对社会经济进行引导和调整,取得了明显成效,并将其作为政府经济管理部门的职责和任务。

此外,从行为主体的角度来看,如"二战"后法国政府的计划署,瑞士的国民经济部,英国政府的全国经济发展委员会,日本的经济企划厅和通产省,韩国的经济企划院等等,在经济行政管理过程中都曾经扮演过或仍扮演着行政指导者的角色。其中,日本的各级行政机关基于其经济管理和法文化传统上的公益观念和经验,在"二战"后逐渐增多地、灵活地将行政指导运用于经济行政管理领域,探索实行一种积极而又柔和的经济行政管理模式,并逐步走向规范化和制度化,取得了显著成效,特别是 20 世纪 80 年代以来新公共管理运动进一步带来行政方式方法创新及其特殊功效,都从特定角度促进了社会经济发展,其做法值得关注。

当然,在如何认识和对待行政指导的问题上,一些国家也走过弯路,突出地表现在开初往往对行政指导采取否定态度,留下不少值得汲取的教训。例如,英国官产学界在"二战"后很长时期里对行政指导这类现代市场经济条件下出现的新型经济行政管理方式存在误解,在行政实务中采取回避甚至排斥的做法,这在一定程度上影响到英国的地区经济政策失误、产业结构调整政策

---

① 关于行政指导是不是政府(行政)的职能、职责或任务,人们见解不一。部分学者对此持肯定意见。例如,战后曾担任过美国政府公务研究所主席、联邦财政部特别助理和行政管理委员会主席的著名学者古立克(Luther Gulick),就曾将行政指导列为政府七大职责任务(或译为职能)之一。参见张金鉴:《行政学》,台湾商务印书馆 1976 年第三版,第 3~4 页;[美]J. C. 帕拉洛、R. C. 昌德勒:《行政管理学词典》,湖北省社科院该书翻译组译,四川人民出版社 1988 年版,第 12 页。

失误和导致经济计划流于形式。①

从一些重要市场经济国家的情况看,近几十年来行政指导在其行政实务中日益发挥出特殊的调整和引导作用,产生了积极的社会影响;同时行政指导在实际运作中也显露出一定的负面效应,与行政指导行为有关的认识误区和操作纠纷也不断产生。鉴于此,许多国家力图通过制度创新将行政指导行为纳入行政监督和司法救济的审查范围,以形成比较完善的行政指导监督与救济机制,提高行政指导的法治化水平。

四、行政指导的构成要件和基本功能

(一)行政指导的构成要件

行政指导的构成要件包括如下5个方面:

1. 指导主体(指导方)。是指作出指导行为的行政机关,也包括一些得到授权而实施行政指导行为的组织。此系行政指导的最基本要素。

2. 指导对象(受指导方)。指导行为所指向的行政相对人,包括特定的行政相对人和非特定的行政相对人。这也是行政指导的基本要素。但受指导方是否接受某项行政指导的内容并不是必然的,接受与否也不影响该项指导行为的作出和成立。

3. 指导内容。是指指导方为一定行政目的而作出的指向受指导方的指导行为之具体内容,如劝告或建议相对人作出或不作出什么行为。

4. 指导方式。是指指导方采取的指导行为的具体方式,其表现各异,种类繁多,总的可分为抽象的指导行为和具体的指导行为(下文将作讨论)。

5. 指导后果。受指导方接受或不接受该项行政指导行为今后可能产生的实际结果,包括积极后果和消极后果,但不是直接和必然会产生。

(二)行政指导的基本功能

在现代市场经济条件下,行政指导广泛运用于经济、科技和社会管理领域,特别是在经济管理领域运用得更为普遍,并发挥着多方面的作用或曰功能。这些作用往往是交叉复合的,而不是孤立的。从各国行政指导的实践效果来看,符合现代行政民主和法治精神的行政指导,在现代行政管理过程中具有如下基本功能或曰作用:

1. 行政指导的补充和替代功能。这一功能又可分为三种情况:其一,由于经济与社会生活加速发展等原因,难免出现立法跟不上、存在"法律空域"的现

---

① 参见陈建:《政府与市场》,经济管理出版社1995年版,第68~69页。

象,因此及时灵活地采取行政指导措施予以调整,以补充单纯法律手段之不足,就成为客观的要求。其二,已有关于作出行政命令行为的具体法律规定,但采用法律强制手段尚不必要或不及时,或成本太高、效果较差、后遗问题较多,在此情况下也可通过"弱行为前置"的方式,即先行采取行政指导措施(属于弱行为),来替代强制性行政手段(属于强行为)进行调整,以期更为及时有效地实现行政目标。现实社会生活中这种情况也不少见。其三,法律明确规定可单独采取或作为行政命令行为的前置程序采取行政指导措施,当然就应依法采取行政指导行为。这种情况正逐渐有所增多。人们对此已有新的认识,认为将来在行政管理实务中,行政指导会逐渐成为首选的、主要的管理手段。

2.行政指导的辅导和促进功能。由于行政机关在掌握知识、信息、政策上的优越性和宏观性,其实施的行政指导能有效地指引、促使社会经济与科技健康发展,具有启发、导向和促进作用。特别是在现代市场经济条件下,行政机关与相对人之间应当更多的是一种平等协商、相互尊重的关系,一种服务者与纳税人的关系,前者不能随意向后者发号施令,更不能随意支配后者的行为和单方剥夺后者的权利;同时,在转型社会和经济快速增长期的国家,日益增多和复杂化的行政管理需求,也呼唤着政府实施积极和柔性的行政管理,而采取柔和、灵活的行政指导措施,能够特别有效地引导、影响、辅助相对人(市场主体)的行为选择,促进市场经济和社会秩序的健康发展。

3.行政指导的协调和疏通功能。社会生活的多元主体之间的利益矛盾和冲突是难免的,在崇尚竞争、更具活力的市场经济社会,这种利益矛盾和冲突有增无减;因此需要通过各种渠道和手段来予以协调,而行政指导正是这样一种比较灵活有效的协调手段。由于行政指导的非强制性和自主抉择性,以及指导主体所具有的相对于利益冲突的某种超脱性和中立性,使其在缓解和平衡各利益主体(指行政相对人)之间的矛盾和冲突的过程中,起着一种特殊而有效的协调作用。特别是社会经济组织之间的冲突,更需要处于市场竞争主体之外的行政机关采用行政指导措施进行公正有效的协调和斡旋。还有某些一时发生隔阂、障碍的社会关系,也需要通过行政指导及时便利地予以疏通和调停。

4.行政指导的预防和抑制功能。理论和实践已证明,在强烈的利益驱动之下,社会组织和个人(特别是经济组织)具有为增加自身利益而不惜损害社会利益的倾向(又称为"企业的反社会倾向"),对此须加以有效抑制,以减少社会成本。而在损害社会利益的行为尚处于酝酿和萌芽状态或初现端倪时,最宜采用行政指导这种不具有国家强制力的积极行政方式进行调整。换言之，行政指导对于可能发生的妨害经济秩序和社会公益的行为可起到防患于未然的预防作用，对于刚萌芽的妨害行为则可起到防微杜渐的抑制作用，这些也可称为特殊的保安功能。

5.行政指导的动员和号召功能。行政指导是参与型行政的具体实现方式，是行政权力社会化、民主化的表现。实施行政指导可以倡导公民参与行政管理，成为行政机关的合作伙伴，增强行政管理力量，提高行政管理效率；还可以通过公民的自主参与，引导其自觉遵守法律规范，降低行政监管的成本和难度。

五、行政指导的分类、方式和程序

（一）行政指导的基本分类

关于行政指导的类型，可从不同的角度加以划分。目前学界大致是从行政指导具有何种功能、有无具体依据、如何予以救济等角度来划分的，其中又主要是从行政指导具有何种功能（作用）的角度来加以划分，各种划分方法存在某些交叉、复合、相似和相通之处。可划分为如下四类（可交叉或先后运用）：

其一，助成性或辅助性的行政指导。这是指以帮助和促进相对人自身利益或事业的发展为目的，为相对人出主意、指方向的行政指导，也即为了促使相对人的行为合理化而给予的行政指导。例如，政府为推进中小企业的合理化、现代化，实现社会平衡协调发展，主动实施的各种指导措施。[①]

其二，规制性或抑制性的行政指导。这是行政机关为了维护和增进公益，预防危害公益的现象发生，对违反公共利益的行为加以规范和制约的保安性的行政指导，也即对于妨害公共秩序或公益之行为加以预防或抑制。具体实例如行政机关就抑制物价暴涨和违章建筑所采取的提醒、告诫等指导行为。

其三，调停性或调整性的行政指导。这是以调停当事人之间的利害关系为目的的行政指导，也即相对人之间发生争执又协商不成时，行政机关出面调停以求达成妥协。具体实例如，某城市的公共汽车公司之间或高层建筑所有者与采光权受到侵害的附近居民之间发生利害冲突而协商不成，以致影响公

---

① 此类行政指导方式特别多，农业经营（技术）指导、职业（就业）指导、投资指导、价格指导、行政鼓励、发布官方信息、导向性政策等都属此类。参见林纪东：《行政法》，台湾三民书局股份有限公司1988年修订三版，第437～438页。

交或社区稳定时,有关行政机关采取的行政调解、劝告、说服等指导行为。

其四,参与性或合作性的行政指导。这是为了提高行政管理效率和质量,引导相对人自觉遵守法律、法规,倡导相对人参与行政管理,成为行政机关的合作伙伴而实施的行政指导。具体实例如,公安机关号召市民协助维护社会治安、参与交通安全管理、配合公安机关行动的鼓励措施。

行政指导作为行政管理机制创新、方法创新的产物,在许多地方、许多领域都发挥出普遍而独特的监管效用,而且不同类型的行政指导对于保障行政相对人的合法权益具有不同的功效:助成性的行政指导能帮助和促进行政相对人的利益增加、事业发展,规制性的行政指导能减少或避免行政相对人违法现象的发生,调停性的行政指导能协调和缓解当事人之间的利益矛盾,合作性的行政指导能够调动民众的积极性,形成公众参与、政民合作的行政管理新局面。这些新的认识,也有助于丰富我国行政法学的理论体系。

(二)行政指导的常用方式

行政指导行为最突出的一个特点是灵活多样、不拘一格和追求效率,这与行政指导作为非权力强制行为的性质是相适应的。这一特点对于行政指导在行政实务中发挥积极作用具有重要意义,同时也是其伴生负面作用的原因之一。结合国内外行政指导的实施现状和研究成果,可以将行政指导的常用方式大致概括为抽象行政指导行为、具体行政指导行为、抽象具体两可型行政指导行为三大类,及其往下更具体的分类:①

1. 导向性行政政策·行政纲要。即政府为促进经济与社会发展,专门发布某项行政政策和政策纲要,在一定时期内实施于一定行政区域或某领域,通过利益诱导机制来影响行政相对人的行为。行政政策也可进一步作类型、层次上的划分,如行政纲要、产业政策、行业政策、产品政策等等。那种具有行政政策特点又具有行政规划特点、既非行政法规和规章甚至有的并无具体法律规定作为制定依据、具有行政内部训令性质却又明示于有关相对人的一类综合的行政工作指针,被称为行政纲要,依此纲要灵活机动且注重实效地推进行

---

① 按照对于行政指导行为的最广义理解,抽象行政指导行为中还应包括指导性计划、规划。由于本章采用比较狭义的行政指导行为定义,在上一节已专门讨论了行政计划、规划,所以这里不再列入加以讨论。

政工作、履行行政职责被称为纲要行政。①

2. 发布信息·公布实情。由具有信息收集、整理和运用等方面优势的行政机关发布官方信息,提供优质的信息服务,供行政相对人选择参考,这无疑有利于正确引导行政相对人的行为选择,保证经济与社会生活的健康运行,是一种运用得日益增多和重要的行政指导方式。当然,公布实情的做法易于侵犯行政相对人的隐私权和商业秘密,产生侵害权益的纠纷,风险较大,宜严格适用。

3. 指导·引导·辅导·帮助。即由行政机关给予行政相对人以具体的指示教导、指点带领、指导帮助等等,使其能够自愿按行政机关指出的路径或符合行政目标的方向去作出行为和发展事业。这是适应面广、频率高、数量多的一类行政指导方式,主要针对个别、特定的行政相对人作出。

4. 劝告(规劝)·劝诫(告诫)·劝阻·说服。劝告即行政机关拿道理劝说相对人;劝诫即行政机关劝告行政相对人改正缺点错误并注意避免将来再犯类似错误;劝阻即行政机关主动和善意地劝说行政相对人不要做某事或进行某种活动;说服即通过理由充分、语重心长、耐心细致的劝说使相对人心悦诚服地接受和配合指导行为。此类指导方式既适用于已然情况,也适用于未然情况,具有更明显的保安功能。

5. 告知·指点(说明)·提醒(提示)·提议。即行政机关把行政相对人理应知晓的事项和规定,或针对行政相对人容易疏忽和出错之处,或是行政相对人没有想到或想不到的问题和事项,善意地告知(指点、说明给)行政相对人,或以平等身份从旁提醒(提示),促使其加以注意和警惕,避免不必要的错误和损失,能将事情做得更好;或在缺乏具体法律规定的情况下解决社会问题时,以商量的态度提醒、提议行政相对人认真考虑和协商拿出妥善解决办法。②这是干预程度较低和适用较广的一类行政指导方式。

6. 商讨·协商·沟通。即行政机关为了社会公益而与行政相对人共同商量讨论、交换意见,以就某个事项取得一致意见,或通过商量讨论求得行政相对人对行政机关某些活动的理解和主动配合,促使某些较大、较复杂的问题获

---

① 参见[日]室井力:《日本现代行政法》,吴微译,中国政法大学出版社1995年版,第160～163页。从日本行政纲要的诸特点看,其类似于我国一部分行政规范性文件,例如,2004年3月国务院颁发的《全面推进依法行政实施纲要》。

② 例如,联邦德国行政程序法(1997年新颁文本)第二章第一节第25条就对此类行政指导方式之一的"提醒"行为作了明确规定。

得较好解决;也包括在行政指导过程中的某些阶段,行政机关与行政相对人之间相互做工作,使双方能够彼此增进了解、意愿逐渐通连、行为趋于合理,从而有助于维护社会秩序,保持社会稳定。

7.斡旋·调停·调和·协调。即行政机关主动或根据行政相对人的要求采取某些调停措施,来协调争执双方的关系(但并不作出裁决、裁判),劝说发生争执的行政相对人各方消除误解、作出让步、达成妥协,以利于排解纠纷、达成共识,使双方关系配合适当、重归于好,从而促进社会稳定与协调发展。当然,此类指导方式并不具有拘束力,故与行政专门裁决、行政裁判、行政仲裁、行政调解等行政司法行为有所不同。①

8.建议·意见·主张。即行政机关基于社会管理需求和实现行政目标的要求,向有关行政相对人提出建议或表明意见,供其选择参考;或面向社会公开发表自己的意见和主张,听凭行政相对人自愿接受和采纳。此类指导方式尽管并无拘束力和强制力,但由于行政机关在知识、资讯、资源、信用等方面的一贯优势,故能在一定程度上影响和引导行政相对人的行为选择。

9.赞同·表彰·提倡。即行政机关针对行政相对人的某种言行或社会上的某种主张,公开表示赞同与否(即俗话所说的"表态"),或对本行政区域、某领域内出现的好人好事公开赞扬和表彰,或指出某事物的优点鼓励大家学习、使用和实行,或对不正确言行或不当之事公开表示不赞同或提出批评,形成一种官方导向,积极影响和引导相对人的行为选择。

10.宣传·示范·推荐·推广。即由行政机关根据行政管理的需要,向行政相对人说明、讲解某个道理或设想,使其相信并自愿跟着去行动;或行政机关选择好人好事介绍给行政相对人,希望其能加以参考和接受;或行政机关作出某种可供学习的典范,号召行政相对人学习。总之,是通过描画美好前景和树立行为典范,以前景的引诱和榜样的力量来扩大某种事物推行和起作用的范围及其效果。

11.鼓励·激励·勉励。即行政机关采取各种有效措施,包括精神的或物质的激励手段(如授予"荣誉市民"称号),来促使行政相对人努力,激发、鼓励

---

① 这里所说的斡旋·调停·调和·协调等行政指导常用方式,与作为正式的行政司法行为之一的行政调解也有所不同。行政调解行为如果达到了一方或双方妥协让步、形成解决争端合意的预期目的,会制作对双方具有约束力的调解书并以此结案;实施斡旋·调停·调和·协调等常用的行政指导行为,如果达到了预期的指导效果,并不必然形成对双方具有约束力的调解书。

行政相对人自愿按照符合社会公益、有利于实现行政目标同时也符合其长远、总体利益的方向去作出行为。此类针对行政相对人实施的鼓励措施,不但在许多国家有所采用,在我国宪法和法律以及地方性规范中也有一些规定。①

上述行政指导方式方法相辅相成、相互配合、相互补充,其作用和意义非常重要,其进一步完善的任务也不可忽视。总的来看,随着科学技术和社会生活的不断发展以及政府角色的演化,行政指导的方式方法将会日益增多。

(三)行政指导的程序制度

1.行政指导程序的概念和特点

所谓行政指导程序也即行政指导操作程序、行政指导实施程序,是行政机关实施行政指导行为应依循的方式方法和步骤的总和。对于行政指导而言,完善相应的程序制度,通过适当的程序约束,来规范行政活动,防止行政专横,提高行政效率,实现行政目标,从而有效地保护行政相对人,富有现实意义。

行政指导程序除了具有行政机关一般外部行为常见的一些程序特点(如行为对象应明确、行为应公开进行、应事先说明理由、应充分听取意见等等)之外,还应当具有简明化的特点,表现为:一是指导程序灵活多样、简便有效、富有弹性,以注重行政效率和方便行政相对人作为原则;二是指导程序规范不完全是制定法规范,从实际情况看,较多的行政指导程序是工作惯例,法定的、惯例的和结合型的程序规范都有,且约束力度不一,具有不完全定型化的特点;三是指导程序不完全是终结性的程序,例如在行政作用法已规定对某领域、某事项可作出强制性行政行为的情况下,当先行作出某一行政指导行为后未见

---

① 关于能否把"奖励"也视为一种行政指导的行为方式,人们见仁见智,这里略加分析:尽管某些行政奖励行为(如政府决定授予科技成果奖、社科成果奖或荣誉称号给某个公民)运用了行政资源或以行政机关名义作出,并通过行政决定或联合决定文件形式发布,使之具有了某种行政权力背景色彩甚至行政命令形式,可以直接产生法律效果(一部分奖励资金由国家财产转变为个人财产,该部分资金的财产权利人发生了变化),而且部分行政法学教科书(包括本书)也将行政奖励作为一种具体行政行为加以论述,但实际上行政奖励行为本身并不完全具备传统行政行为的特点(如国家强制力、强制执行性、直接的法律效果性等等),反而具有行政指导行为的诸多特点(非强制性、引导性、可选择性等等)。例如,受到奖励者具有自主选择的机会,可以声明不接受该行政奖励,使这一奖励行为对于该行政相对人不产生法律效果(奖金的所有权并不发生转移,未形成新的财产法律关系);而且行政实务中被称为行政奖励的行为种类繁多、差别很大,其性质不便一概而论。所以,也可将行政奖励视为一类比较特殊的行政指导行为方式,或视为兼具行政指导行为特点和具体行政行为特点的一类行为方式。本书以专章(第十五章)讨论了行政奖励行为这一柔性行政方式。

效时,行政机关还可再采取后续的强制性行政行为;等等。

2.行政指导的一般程序

综观各国的行政指导实践,多样化的行政指导程序尽管存在不完全定型化、法定化程度不高等问题,但如下程序规定和实际做法是比较普遍的(其中一部分属于惯常做法而非法定程序),值得认真研究,可谓之行政指导一般程序:

(1)关于行政指导行为之发动方式的规定和做法。其大致分为依职权的发动方式和依申请的发动方式(申请者也可无须是当事人),而前者是最主要的方式。

(2)调查了解真实情况,确定有无进行该指导行为的必要性。

(3)在进行技术指导类的行政指导时,向专家和专业部门进行咨询、论证,以确定该指导行为的适当方式、力度和配套措施。

(4)与有关相对人进行商谈、协商或其他方式的交流,以取得理解、谅解和配合。

(5)关于进行指导之时机的规定和做法(时间性程序)。例如,作为弱行为前置程序,在行政审批、行政许可等行政行为之前实施行政指导行为的时机。

(6)关于指导行为的目的、内容、负责人员等等的告知和说明。通知分为书面方式和口头方式。如行政相对人要求书面通知,而此前尚未以书面方式通知过,则应满足其要求;如指导对象为复数,只要无行政上的特别障碍,则应将指导目的、内容和负责人员等予以通告。

(7)主动或应请求提供与该指导行为有关的文件、资料、数据供利害关系人和有关方面参考。

(8)主动听取利害关系人和其他行政相对人的意见。

(9)留出足够时间由利害关系人辩明理由、提出意见,并作书面记载。

(10)重大的行政指导行为,还可应行政相对人的申请举行或主动举行听证会、专题审议会。由于行政指导行为具有程序简明化的特点,故此类程序不是行政指导程序的重点。

3.行政指导程序方面的问题探讨

综观各国的行政指导制度,应当说在有关行政指导程序的法律规定方面还存在不少问题,主要包括:

(1)行政指导的程序规定过于粗疏。特别是许多领域尚无行政指导程序的必要法律规定,且已有的法律规定存在疏漏,行政指导程序民主方面的规定(协商性规定)偏少,对行政指导进行监督、救济的相应程序规定也比较缺乏,不利于行政指导措施合法地实施。尽管灵活多样、简便有效、富有弹性、惯例较多、不完全定型化、不损害机动性等等正是行政指导在程序上的特点,但程序规定过于疏漏毕竟易生弊端。

(2)对于已有的行政指导程序规范不予认真执行。例如,已有关于可依职权发动方式来实施行政指导的法律规定,但行政机关出于指导行为法律责任归属方面的过多考虑,而不愿主动实施行政指导行为。

(3)行政指导的暗箱操作、变相强制现象突出。例如,不认真执行提供有关材料、公开说明、通告、听证会等体现透明度的程序规定,使行政指导成为一种暗箱操作;忽视商谈、交换意见、辩明理由、咨询专家、任意选择等体现参与性、民主性的程序规定,将行政指导操作成了带有专断性、强迫性的变相行政命令行为。

(4)对行政指导行为的程序约束的规范执行不力。例如,尽管已有一些对行政指导行为进行监督制约的法律规定,但有关的国家机关不严格执行这些规定,对违反程序规范的行政指导行为监督制约和法律救济不力。

4.完善行政指导程序制度的思路

在我国行政实务中,尽管不能以过于繁琐复杂的程序规则来束缚和抵销行政指导的及时、灵活、多样化的特点,但也应建立健全基本的程序规范。故须坚持公开、科学、民主和法治等原则,采取多方面的有效措施加以完善:

(1)对最基本、最常用的行政指导一般程序,如商谈、告知、说明事由、听取意见、交付资料等等,应作出明确具体而又有一定弹性的法律规定。

(2)进一步增强行政指导程序规定的公开性、参与性和民主性,从程序保障的角度为实现行政民主创造更好的条件。

(3)逐步完善对行政指导行为进行监督和制约的程序规定,包括建立健全行政指导程序责任机制,能够依法追究不按有关法律规定来实施行政指导行为者的责任。

(4)在我国将出台的统一行政程序法典中,应就行政指导行为作出最必要、最基本、程序为主的法律规范。在今后条件成熟时,还可专门制定出我国的《行政指导法》,就行政指导行为的实体和程序方面的基本问题作出全面规定,使之成为我国行政指导法律规范体系的基干,使行政指导行为的运作更加有法可依、有章可循,切实纳入法制化轨道。

五、行政指导的现实问题和完善路径

（一）行政指导制度实践中存在的问题

行政指导也存在一些不可忽视的缺陷，在其制度实践中会产生一定的负面效应，这正是行政指导制度还不够成熟和完善的表现。除了人们对行政指导的性质、作用、方式等的认识尚不一致以外，从各国行政指导实务来看还较普遍地存在如下共性的负面问题：

1. 行为不够透明。从实际情况看，不少行政指导行为缺乏应有的透明度，少数甚至是"暗箱操作"，因而极易产生弊端。这是行政指导在操作中最为人诟病的一个突出问题。

2. 动机不尽纯正。在现实社会生活中难免出现行政指导者在作出指导行为的过程中出于不正当的目的，掺杂了一些不正当考虑的情况，例如对应当考虑的因素不予考虑，对不应当考虑的因素却过多考虑，等等。

3. 关系尚未理顺。在实施行政指导的过程中，指导方与受指导方之间应是一种非拘束性的指导与受指导的关系。但在现实社会生活中，有关各方之间的关系常常比较微妙，难免会发生角色错位和关系混乱的现象。例如，具有行为选择权的行政相对人却出于自身考虑而一味盲目服从行政指导，指导者与受指导者之间形成一种"胶着关系"。

4. 保障变成强制。在行政相对人不接受、不配合行政指导的情况下，行政机关常常采取某些"保障措施"来确保行政指导的实效性，如要求相对人向行政机关作出报告，公布行政指导的意旨，公布该相对人不服从行政指导的事实，撤回已作出的授益行为，科以不利的处分，受理申请的保留，授益决定的保留，签约申请的保留，等等。这时，一旦掌握不好分寸，极易变异成实际上的强制行为，产生损害行政相对人合法权益的后果。

5. 责任不甚明确。某些行政机关和行政公务人员为减少麻烦、逃避责任，在已有关于行政指导的具体法律规定且在客观上已出现对行政指导的社会需求时，却懈怠或放弃职责，不依法实施行政指导，被人们视为行政机关规避法律监督、逃避法律责任的一种表现。这也是行政指导目前受到某些批评的突出问题和重要原因之一。同时，由于认识上的片面性，在实践中还存在不适当地由行政机关将行政指导行为的责任完全承担下来的极端和片面的做法，也

需要认真地加以研究解决。①

6.救济缺乏力度。行政指导造成的某些利益损害很难得到有效救济,这是许多国家目前比较普遍存在的问题。而任何缺乏必要救济制度保障的行政措施都难以得到国民认同和信任,难以达到预期的行政目的。

(二)提高行政指导法治化水平的基本思路

在当下我国错综复杂的政治、经济和社会环境下,以及越来越高的行政管理要求下,上述问题或多或少、程度不等地存在于我国各地和各级政府机关的行政活动中,制约着行政指导这种柔性管理方式应有的积极作用的充分发挥,许多行政机关陷入了专业监管工作的两难困境:一方面不满足于传统的执法方式,希望在监管制度和方法上有所创新;另一方面又对自主创新的合法性和有效性有顾虑,一旦发生行政争议遭受非议后就止步退缩。故在深化行政改革过程中,行政公务人员亟须解放思想、创新方法,拓展行政管理新路子,从观念、规范、制度等诸方面采取有效措施,提高依法行政的法治化水平,积极克服其负面效应,推进依法治国方略和行政法治原则的贯彻落实。基本思路是:其一,积极采用符合现代市场经济发展要求的行政管理新方法;其二,坚持公平、公正、公开原则,健全行政程序与责任制度;其三,健全相关行政法律规范,完善纠错机制,增强救济效果;其四,坚持科学、民主、服务、法治精神,树立现代行政法治观念。

---

① 此类问题在一些国家已得到重视和解决。例如,在日本就曾有这样一个案例:日本鸟取县的X公司拟在某地修建旅店,为确认预定修建旅店的地块是否处于需要得到特别建筑许可的国立公园所属地域内,遂于1971年12月初向该县公署自然保护科进行咨询,并从该科主任N先生那儿得到大意为"那块土地处于国立公园地域之外"的确认性答复。接受该确认性答复即确认指教(属于一种行政指导行为)后,X公司便只去有关部门办理了一般的建筑确认手续,该工程就于1972年1月11日开始动工了。之后,X公司闻知那块土地可能处于国立公园地域内的说法,加之出于需要扩大建筑规模等考虑,遂于同年9月20日按《自然公园法》的有关规定,向该县知事提出新修建筑物的许可申请;而该县知事(日本的县知事相当于我国的省长)在1974年1月29日以该块土地处于山阴海岸国立公园的特别地域内,修建旅店会"严重妨碍风景"为由,作出了不予许可的行政处分行为,并命令X公司将未得到许可就修建起来的建筑物自动撤去并恢复该块土地原状。X公司对此不服,于是向鸟取县地方法院提起诉讼,提出两项请求:其一,撤销该县知事作出的不予许可处分,及其作出的自动撤去建筑物并恢复原状的命令;其二,由鸟取县公署赔偿X公司因信赖该项行政指导(确认性答复)而实施修建旅店工程所支出的费用。判决结果是:驳回诉讼请求之一,认可诉讼请求之二,原告部分胜诉。此案一审终结。此案载《日本鸟取县地方法院1980年1月31日行政诉讼判例集》第31卷第1号,第83页。

(三)通过提升理论认识改进行政指导方法

行政指导是一种新事物,许多行政公务人员对它认识不深,要在实践中正确运用行政指导,还须提升理论认识,改进指导方法:

其一,要认识到行政指导是在纠正、减少违法行为的目的之下,与刚性管理方式相辅相成、各有功用的一类管理手段。从长远的眼光来看,随着行政民主程度的加深,行政指导这样的柔性管理方式在行政实务中将被更广泛地采用,甚至成为主要的管理方式。

其二,要认识到在行政管理实践中,应当根据主客观实际情况灵活地选择运用行政指导。例如,在发现相对人存在违法行为,考虑作出行政处罚时,行政机关可以视其违法程度和危害后果选用最适当的办法:一是先处罚,后指导;二是先指导,后不必处罚;三是先指导,后处罚,再指导;四是一边处罚一边指导。

其三,要认识到应将行政指导与日常管理工作相结合,这有助于降低指导成本,提升指导实效。从长远效果看,运用行政指导后会减少作出刚性管理行为的工作量,减弱行政机关与相对人之间的张力,有利于保持和谐的官民关系,体现较大的经济与社会效益。

(四)提高行政指导法治化水平的制度举措

1. 立法建制

目前我国尚无调整行政指导行为的专项法律法规,仅有一些行政机关推出的规范性文件,以及《湖南省行政程序规定》设置一节(共10个条款),用于调整行政指导行为。因此,在理论研究已较深入、实践积累已较丰富的情况下,可以考虑加快立法进度、提高立法层次,巩固改革创新成果。首先,推动制定专项地方政府规章和部门规章①,实践一段再制定专项地方性法规和行政法规,条件成熟后制定出关于行政指导的专项法律(至少在将要制定的《行政程序法》列出专门章节),依法调整和规范行政指导行为。

尽管行政指导作为行政机关作出的一种比较柔软的行政管理行为,具有非权力强制性、不直接产生法律效果等特征,对行政相对人权利造成损害的风险相对较小,但也不能逃逸出行政法治的范畴。这是因为:行政指导毕竟是具有行政权力背景的行政活动方式,加之行政指导由于本身的灵活性、多样化,

---

① 据笔者所知,在一些地方、部门推出了关于行政指导的专门行政规范性文件的基础上,重庆市人民政府已制定地方行政立法计划,将于2011年专门制定一部关于行政指导的地方政府规章《重庆市行政指导基本规范》。

往往不需要具体的法律规定即可实施,行政机关在是否采用行政指导措施上具有很大的自由裁量余地,这就可能出现不受法律约束的行政活动。鉴于以往对行政指导约束不力的教训,一些国家开始通过适当的立法措施来规范行政指导行为,减少行政指导实施过程中可能带来的某些负面效应,避免出现"不受法律约束的行政活动",以达到行政法治的目标,正是人们建立有效监督约束机制的努力之一。

通过专门立法特别是行政程序立法作出制度安排,例如,听取意见、协商、听证、提供陈述事实和辩明理由机会、国民参与、专家咨询、行为过程公开、多样化的权利救济方式等程序设计,建立起对行政指导行为的有效监督与救济机制,乃是一个符合现代法治理性和实际的行政指导法治化路径选择,因而自20世纪后期以来日益受到各国重视和采用。① 例如,日本于1993年、韩国于1996年通过的《行政程序法》都以专章(分别为第四章和第六章)规定了有关行政指导程序约束的有关内容。这一动向值得重视和研究。

从以上举例引述和简要讨论中可以看出,世界上已有一些国家和地区通过立法特别是行政程序立法对行政指导加以规范和保障,以推动行政指导尽快走上规范化、制度化和法治化的轨道。但采取何种立法形式来规范行政指导行为,则各国的做法有所不同。概括起来,就制定法国家而言,主要有三种类型:第一类是对行政指导不作任何法律规定(充其量只是在行政组织法中就行政机关的指导职能和职责作出一点笼统规定);第二类是只在行政作用法中就行政指导作出一些零散规定;第三类是既通过行政作用法对行政指导加以规定,又在行政程序法典中对行政指导作出比较集中的规定(例如,列出专门章节加以规定),包括在其他各类法律(如司法法)中对行政指导也作出相应规定,甚至包括在各类行政规则中也对行政指导作出相应规定,总之是通过多角度、多层次的广泛立法,重点是通过行政程序立法,系统和有效地对行政指导行为加以规范。从各国实践来看,第一类做法已不适应客观要求;第二类做法在运作中常有规范冲突或缺乏规范指导,运作起来效率较低、成本较高;第三类做法相对而言是较为理性、效果较好的选择,体现了发展的方向。从长远来看,我国在完善行政指导法律规范的思路上宜选择上述第三类做法。

---

① 例如,日本神户市就设立了民间性质的"城市建设协议会",该协议会有权对市长的行政指导措施提出意见,以促使其行政指导措施公开化。《关于神户市地区规划及城市建设协定条例》第12条对此作了专门规定。参见[日]室井力:《日本现代行政法》,吴微译,中国政法大学出版社1995年版,第158页。

尽管以往我国各层次法规文件中对行政指导行为作出过一些规定,2000年3月10日起实施的《最高人民法院关于执行〈中华人民共和国行政诉讼法〉若干问题的解释》这一司法解释也以排除性的方式对行政指导作出了规定,但还远不适应发展市场经济和推进民主法治的客观要求。在实施依法治国方略、全面推进依法行政的新形势下,我国应加快相关立法步伐,完善行政指导法律规范,加大对行政指导行为的法律约束力度,为行政指导制度建设提供必要的法律保障。为此,宜从如下四个方面加以立法完善:一是通过完善行政诉讼法律规范将行政指导行为纳入司法审查范围;二是在行政程序法典中专门设置行政指导行为约束条款;三是在条件成熟之际适时制定出专门的行政指导行为法典;四是在各层次制定和完善配套的相关法律规范,例如2008年10月1日起施行的地方政府规章《湖南省行政程序规定》就用专门章节规定了行政指导,值得肯定。

2. 程序制度

行政指导是授益性行为,具有及时灵活、便捷多样、广泛适应等重要特点,如果设定过于繁琐严密的程序要求,牢牢捆住行政指导者的手脚,不利于发挥行政指导的应有作用。但理论和实践都已证明,必要的程序约束是推动依法行政、建设法治政府的重要举措,行政程序法律制度在我国行政法治实现过程中的重要性已日益显现出来。因此,就行政指导的法治化而言,必须建立和完善相应的程序制度,通过适当的程序约束来有效地保护行政相对人,规范行政活动,防止行政专横,提高行政效率,这具有重大的法治发展意义。

3. 激励机制

近年来,行政指导在我国的制度实践,经历了从无到有、从点到面、从零散到渐趋体系化的过程。这一工作之所以能够持续推进并取得明显成效,是各种推动力作用的结果,各地建立起来的行政指导激励机制是其中的重要推动力之一。具体而言,要建立健全关于行政指导的如下激励机制:一是加强动机激励;二是规范目标激励;三是完善竞争激励、考核激励和奖惩激励。

4. 责任机制

现代行政是责任行政,行政指导也不例外。采取行政指导措施有助于达到预期的行政目的,也可能因失误和违法侵权而损害相对人的合法权益,这里存在"有关责任由谁承担、如何承担"的问题。考察目前多数行政机关规定行政指导责任的规范,有的在行政指导程序规范中规定,有的在行政指导实施办法中规定,还有的援引行政执法责任追究的规定。其中的主要问题在于:一是已规定的责任规范过于原则,缺乏具体责任适用的条件、追究程序等内容;二是缺乏专门针对行政指导责任的规范,许多行政机关不存在行政指导责任规范,只是参照传统的行政执法责任规范来追究责任;三是责任方式不足以及责任方式之间的界限不清。今后应从责任主体、责任方式、责任适用等方面来加以细化规定,形成科学、高效明晰的行政指导责任机制。

在研究与行政指导有关的责任归属问题时,应分别考量指导方的责任和受指导方的责任。具体来说,可从如下三个方面来考虑:

(1)关于指导方的法律责任。尽管行政指导行为不具有国家强制力,听从指导与否听凭行政相对人的自愿,但如果行政指导行为本身违法、违反政策(其原因可能是指导者没有尽到注意的义务),而行政相对人在接受指导时无法识别判断出这一点,因此听从指导并产生了危害后果,其责任应由指导方即实施该指导行为的行政机关承担(包括承担赔偿责任)①;如果实施行政指导行为之后又出尔反尔予以否认,给行政相对人造成信赖利益损失,则应由指导者承担责任;如果理应实施行政指导却害怕承担责任而不作出行政指导,则该行政机关(及该公务员)就未能尽到职责,应当受到行政效能监察的监督,承担违背行政组织法(以及公务员法)的失职责任;如果行政指导行为既不违反法律和政策,又无不当之处,则该行政机关不承担法律责任,如果产生了什么后果则由自愿接受指导而采取行动的相对人承担,而不是一味地由行政机关承担责任。

(2)关于受指导方的法律责任。行政机关在行政相对人可能作出违法行为时,对之进行劝告、告诫、提醒、建议等行政指导,如果行政相对人不听从指导,仍然实施了违法行为,其违法责任当然由行政相对人承担,这一点并无疑问;如果行政相对人在接受行政指导时已识别判断出该行政指导措施违法、违反政策或不当,却出于个体利益的某些考虑而自愿服从指导并产生了损害后果,其责任由受指导方即该行政相对人自己承担;在行政相对人虽已识别判断出该行政指导行为违法、违反政策或不当,本来也不愿服从该行政指导,但事实上又服从了该行政指导的情况下,如果该行政相对人能提供关于行政机关实施行政指导时实际上已为此采取了或变相采取了强制措施来迫使自己就范之证明(实际强制力之证明),而且此证明能够得到确认,则该相对人可以免责,而由指导方承担责任。

---

① 当然,如果指导方履行了法定职责并尽到了注意的义务,只是由于一般意义上的有限理性(科学认识过程中在某一发展阶段客观存在的普遍认识局限本身的原因)而导致的指导失误,则可减轻其责任,因为这属于各方均应承担的社会成本。

（3）关于建立科学合理的行政指导责任与救济机制。行政指导行为难免会发生失误和造成损害，因此必须建立相应机制，以明确和追究责任，在此基础上实施救济。就行政机关即指导方而言，其承担行政指导责任的原因、条件和形式是多种多样的，相应的救济渠道和方式也应是多种多样的，如苦情处理、复议、诉讼、赔偿、补偿等等。建立科学合理的行政指导的责任机制和相应的救济制度，其目的首先是保护行政相对人的合法权益，同时保障行政机关认真履行职责，通过实施行政指导来维护社会公益、达成行政目标。

5. 救济机制

行政指导的法律救济制度严重滞后，远不适应行政实务的客观要求，许多地方尚无任何关于行政指导的救济制度，即便有的地方规定一些救济措施，但也过于简单，操作性不强。目前在司法实践中，虽然已有行政指导案件被诉至法院，但主要是针对具有强制性或变相强制性的"行政指导行为"，绝大部分的行政指导案件游离于司法救济的门外，现有的救济制度无法满足客观要求。故应在现有制度框架下，建立健全行政指导监督与救济制度，逐步创新与完善与行政指导有关的行政投诉（申诉）、信访、行政复议、行政诉讼、行政赔偿、行政补偿等项制度，做到配套互补、共同作用，从多种角度对行政指导行为的负面后果进行纠错和补救，促使行政指导的合理化、规范化、制度化和法治化。

6. 协调机制

由于行政事务具有复杂性，某些行政事务仅凭一个行政机关之力未必能够解决，往往需要集合多个行政机关的力量。一些行政机关囿于各自分工和权限范围，不愿或不便多承担该行政事务的管理责任，在行政指导过程中时常遇到有心指导却无力指导的困惑。因此，亟须通过立法、宣传、报告、责任制等方式，建立起行政机关之间的行政指导协调机制，以获得最大的指导效果。

（五）行政指导的典型案例分析

1. 基本案情

福建省泉州市泉港区工商局行政指导案①：2006年初，部分中小学生家长对当地一家电信企业——福建省泉州市泉港区电信局开通的"家校通"亲情卡业务进行了集体投诉，泉港区工商局接到投诉后了解到，这种电信业务具有帮

---

① 福建省泉州市工商行政机关自2005年初开展行政指导试点工作以来，确立服务行政理念，以指导、劝告、建议、疏通等非强制性手段弥补了行政强制手段的不足，形成了特有的"泉州经验"，在2008年12月被评为"中国十大法治人物"，且是该年度唯一获此殊荣的集体获奖者。

助家长及时掌握学生动态、便于履行监护职责的功能,但在具体开展这项业务的过程中,该企业的工作粗糙、方法简单、操作失当,加之宣传不够、缺乏沟通,涉嫌一定程度的强制推销,造成学生家长不满,侵犯了消费者的合法权益。但是,他们没有匆忙、简单地采取处罚和取消的措施,而是首先采用调停性行政指导来调处争议、缓解矛盾,该企业接受了指导意见,诚恳赔礼道歉、退回已缴费用,采取妥善措施纠正错误行为、消除侵权后果,得到学生家长的原谅,化解了电信企业与消费者之间的矛盾;同时,泉港区工商局通过调查了解到,该电信企业还拟定了若干与"家校通"亲情卡配套或类似的电信业务发展计划,一旦推出也有可能造成与"家校通"亲情卡类似的侵权后果,于是采取规制性行政指导的方式劝阻其放弃正准备实施的那些不当计划,从而防患于未然;随后泉港区工商局又应该企业的请求,实施了助成性行政指导,帮助其深入具体了解有关法律规定,尽快完善内部规章制度,努力改善经营管理。① 企业根据这些指导意见,对"家校通"亲情卡业务作了调整,规范了其业务办理程序,并加大宣传力度,最终获得消费者的认可,"家校通"亲情卡的使用率迅速上升到70%以上,其他方面的业务也更加规范,同时取得了良好的社会效益和更好的经济效益。

2. 分析解说

在行政管理过程中,行政主体需要面对整个社会。随着全球一体化、信息化、现代化的发展趋势,一方面新的行为方式层出不穷,另一方面各种矛盾和纠纷也不断出现。作为一个负责公共事务管理的政府,需要面对上述两个层面的巨大挑战。而从一般的行政规律而言,立法显然要落后于时代的发展,实施中的法律、法规也对政府所行使的权力设定了诸多的限制。因此,在现实与需求的巨大张力面前,尤其需要灵活的、柔软的、有效的管理手段。本案中,工商局所面对的就是"家校通"亲情卡所带来的执法压力。论法律依据,尚没有

---

① 主要是对泉港区电信局今后发展该项业务及后续服务工作提出了6点行政指导意见,包括:(1)电信企业应充分尊重用户的选择权,在未经用户同意的情况下,不得为其开通任何一项业务;(2)开通新业务时应注意协议的真实有效性,注意在业务协定上签字的人员是否具有民事权利能力和民事行为能力,意思表示是否真实,是否违反法律或者社会公共利益;(3)要改进和提高电信服务质量;(4)在开展电信业务应用中应注意可能出现的一些问题,比如加强技术研究,防止出现学生互相代替打卡的现象;(5)要做好格式合同条款的解释工作,同时,提供格式条款合同时,应按照消费者的要求,对该条款予以说明;(6)开展新业务应认真对待服务承诺的问题。泉港区工商局还指导该电信企业建立健全了消费者投诉分析通报制度、电信新业务评估制度、定期法律法规宣传制度。

找到确切的规定;论现实需要,激化的矛盾又急需处理。在这样的情形下,如果断然采取行政强制、行政处罚等强制性手段,不但解决不了问题,反而容易激化矛盾。因此,泉港区工商局综合采取了三类主要的行政指导方式(即调停性行政指导、规制性行政指导、助成性行政指导),有效、圆满地解决了问题,使得行政指导措施更为深入,指导效果更加明显,有效协调了各方利益关系,使原本尖锐的社会矛盾得以缓解、转化、消失,最终维护了当地电信市场秩序和社会秩序的稳定,帮助了有关电信企业健康发展,受到了当地党委、政府领导同志的肯定和社会各方好评。

对于社会公共事务管理中的各种矛盾,也有各种解决的办法,但双方能够和解的就不用调停解决,能用非诉讼解决的就不用诉讼解决。这是一个解决纷争的顺序。在这样的一个顺序等级当中,行政指导显然处于优先地位,只有行政指导解决不了问题,才能令当事人去行政复议或者行政诉讼。作为行政机关,不能一遇到相对人之间起了矛盾就将他们推到其他部门、其他渠道去。行政机关在进行行政指导时,首先要有积极的态度,有负责任的精神,这受到宪法保障。

行政指导是一种十分有效的现代行政管理方式,它具有多方面的现实功能。在合法性与正当性的冲突中,行政指导一方面满足合法性的要求,同时对行政行为内在正当性给予更深层次的关注;在国家与公民、权力与权利、实体与程序、市场与政府的对立中,从传统行政法学偏重一方的范式中走出来,力图保持矛盾双方协调共处;在规范与事实的冲突中,行政指导更强调用生活的无限性去填补法律的局限性和保守性;在行政机关与相对人的二元对立的矛盾中,行政指导用民主、协商和参与的方式整合社会意志,使民主在最基本的社会现实中生根发芽;在法律的事后补救功能和事先防范功能的选择上,行政指导显然在向积极预防的方向上迈进。总之,行政指导在协调多种对立的矛盾关系当中,显示出中庸、现实、灵活、积极、唯美的清新风格,它的独特功能是全面而温和的,这一点应该引起行政法学界的高度重视。

行政指导具有柔和、灵活、及时、高效等特点,对行政相对人无法律拘束力和强制性,也不直接产生法律效果,是最典型的柔性行政方式之一。在现代市场经济、民主政治和新型文化背景下,行政指导在给付行政与服务行政领域中发挥着重要的作用。我国行政指导制度尚不成熟,亟须建立健全科学合理的行政指导责任与救济机制。

结语：行政指导是建设服务型政府的重要抓手

行政指导在中国的角色和前途，人们曾长期存在疑虑，虽然现已形成较多的共识，但分歧还会存在，不能因为有分歧而加以排拒。由于行政指导具有突出优点和普适价值，同时存在负面效应和固有缺陷，所以需要因时制宜、因地制宜、扬长避短地加以正确运用，其在行政管理和行政法制创新发展的过程中才能扮演好重要的社会角色，收到预期成效。笔者认为，在行政管理领域，行政指导会扮演越来越重要的角色，发挥越来越重要的作用。而且，在我国行政管理和行政法制实践中出现并发展的行政指导做法与经验，与日本、美国等西方国家已有的行政指导理论和实务相比，会具有更丰富的内涵、更大的包容性和更强的适用性，更切合转型发展期和快速增长期的我国经济与社会发展需求，因而具有更强大的生命力和更远大的前程，最终会形成有中国特色的行政指导制度及其理论体系。这有助于改善政府机关与人民群众的关系，加快建设法治政府和服务型政府，促进实现和谐社会，为人类的政治文明进步和行政法治发展作出贡献。

目前实施行政指导的条件(包括外部条件和内部条件)已基本成熟，各地在既往经验的基础上可以逐步推行和加大推行力度；但是在推行过程中应当加强培训，循序渐进，以点带面，有所侧重。培训应当有针对性，主要是如下几项内容：一是关于"服务型政府"的现代法治理念教育；二是对行政指导内涵、外延的理解；三是对实践中的困惑做专题培训，消除误区，提高认识。教育培训工作是塑造一支素质高、业务精、能力强的行政公务人员队伍的关键，也契合了当前建设"学习型政党"、"学习型行政机关"、"学习型干部队伍"的工作方针。鉴于各地行政机关对行政指导工作的推进程度不一，呈现较大差异性的特点，可在作出统一部署的基础上，给地方、基层以足够空间，结合本地、本部门实际推行：开展行政指导已较为成熟的地方，可全面铺开，实现行政指导的常态化，继续探索制度、方法的完善和创新，并为其他地区提供经验；刚刚开展和即将开展的地区可通过试点并借鉴"项目＋案例"的方式推进，积累经验后再逐渐铺开。同时，实践中已经存在的多种柔性管理方式，均可鼓励积极采用，并在探索实践中总结积累经验，促使行政指导等柔性管理方式作为积极履行行政服务职能的重要内容逐步实现常态化，成为建设服务型政府的一个适当切入点和重要抓手，最终成为行政机关的一种主流管理手段。

第十章　行政计划(规划)及其法治化

如何正确认识行政计划与规划的概念、特点、性质等基本范畴？在对行政计划的产生、发展与现实意义有了全面的理解后,我们应当深入探究行政计划的基本功能与适用范围,了解行政计划的程序、法律救济等工作机制,结合实践中出现的现实问题,探索行政计划制度的完善路径。

一、行政计划和规划的概念、特点与性质

(一)行政计划、规划的概念

1.关于行政计划的概念

行政计划是现代行政管理实务中的重大复杂现象,也是现代行政法学的重大研究课题。行政计划也简称计划,是现代行政管理的常用手段和行政法学的重要范畴,但其法律品格并不十分明晰。从下面引述的一组定义中,我们可从不同的视角来理解行政计划的内涵:

定义之一:行政计划是"行政机关在实施公共事业及其他活动之前,综合地提示有关行政目标,制定出规划蓝图以具体明确行政目标,并进一步制定出为实现行政目标所必需的各项政策性大纲的活动过程。"①

定义之二:"行政计划是指为处理行政事务、实施行政事业或制定行政政策,由行政机关确定的行政指导目标。"②

定义之三:"所谓行政计划,是指为谋求行政计划化,规定应达到的目标及其实现的顺序以及为实现目标所表示的必要手段的行政方针行为的总称。"③

定义之四:"人们在对计划下定义时通常提及设定目标和手段的综合性。

---

① [日]原田尚彦:《行政法要论》(全订第2版),学阳书房1986年版,第90页。
② [日]南博方:《日本行政法》,杨建顺、周作彩译,中国人民大学出版社1988年版,第60页。
③ [日]室井力:《日本现代行政法》,吴微译,中国政法大学出版社1995年版,第53页。

所谓计划,也即预测未来、设定目标和将实现目标的手段综合构成。"①

定义之五:"计划行为是指为了以最好的方式实现根据现有条件确定的目标而进行系统准备和理性设计的过程,是为了实现特定的制度设计而协调各种不同的,甚至相互冲突的利益的过程。""计划是预先确定的目标及有关必要实现手段的主观设计,是有关安全、简便和迅速地实现预定结果的草案,是计划行为的结果。"②

定义之六:行政计划"是一个对未来要达到的目标所采行拟议性的方案,包括要采行何种步骤及如何进行这些步骤而言"。③

定义之七:行政计划是"行政机关为了将来一定期限内达成特定之目的,或实现一定之构想,事前就达成该目的或实现该构想之方法、步骤或措施等所为之设计与规划"④。

定义之八:行政计划"是指行政主体在实施公共事业及其活动之前,首先综合地提示有关行政目标,事前制定出规划蓝图,以作为具体的行政目标,并进一步制定为实现该综合性目标所必需的各项政策性大纲的活动"⑤。

概括上述定义,本章所讨论的行政计划,在静态上是指为处理行政事务、实施行政事业或制定行政政策而由行政机关确定的行政指导性目标;在动态上是指行政机关在实施公共事业及其他活动之前综合地提示有关行政目标和制定出规划蓝图以具体明确行政目标,并进一步制定出为实现行政目标所必

---

① [日]山下淳、小幡纯子、桥本博之:《行政法》,有斐阁 2001 年版,第 153 页。
② [德]汉斯·J.沃尔夫、奥托·巴霍夫、罗尔夫·施托贝尔:《行政法》,高家伟译,商务印书馆 2002 年版,第 180~181 页。
③ 陈新民:《中国行政法学原理》,中国政法大学出版社 2002 年版,第 239 页。
④ 此系我国台湾地区"行政程序法"第 163 条的定义。但也有学者对这个定义(该定义由廖义男教授在 1990 年经建会版本中提出、后被立法采纳)提出严厉批评,认为其采用描述方式下定义,界定范围虚无空泛,犹如辞书释义,无助于行政计划在行政法意义上之操作,形同赘文,应予删除。参见董保城:《行政计划》,载翁岳生:《行政法》,中国法制出版社 2002 年版,第 800~801 页。
⑤ 应松年、王成栋:《行政法和行政诉讼法案例教程》,中国法制出版社 2003 年版,第 157 页。

需的各项政策性大纲的活动过程。①

2.关于行政规划的概念

严格说来,计划与规划是有所区别的。一般来说在行政管理实务中,规划往往是指比较全面的长远的发展计划。例如,在我国的经济与社会生活中,中短期(5年以内)的叫计划,如人们熟知的年度计划、五年计划;长期(超过5年)的叫规划,如《国民经济与社会发展××年远景规划》。在现实的语言生活中,规划往往还含有具体规定的意思,是指由某个政府机关对某一事物或项目作出关于方式方法或数量质量的具有强制性的决定及其决定的内容,有关行政相对人只能服从。例如,现阶段一些地方实施的名为公益性、实属商业性的土地开发规划,就是由当地政府机关单方意志决定和操作的,利益相关的行政相对人却不能参与土地开发规划的形成过程以表达意愿,对规划内容也毫无自主选择余地。这种含义上的规划实为行政指令性的决定(有的已具备专项地方政府规章或行政规范性文件的性质和外观)。但总的来说,行政规划与行政计划的相同之处甚多。而且有的学者专门对此进行比较研究后认为,在立法上使用"计划"和"规划"是混乱的,并无一定之规,可将行政计划与行政规划视为一个概念的两种不同表达,并且统一使用行政计划的称谓可能更恰当一些。② 出于讨论问题的便利,本章将行政规划列入行政计划中统一进行讨论。

(二)行政计划的重要特点

从当今各主要市场经济国家的情况来看,行政计划具有如下特点:(1)它是用于实现一定政策的手段和工具;(2)它是实现行政目标的一个过程;(3)在时间上,它具有动态展开的要素;(4)行政计划的内容具有非完结性和留有一定的余地;(5)一般来说,单纯的综合性计划或指导性计划,并不一定要有具体

---

① 首先需要说明的是,人们对于行政计划有广义和狭义的理解。广义的行政计划包括指导性(非拘束性)行政计划和指令性(拘束性)行政计划,还可包括介于这二者之间的影响性行政计划。在现代市场经济国家,少有指令性行政计划,行政法学著述中提到的行政计划一般是指导性行政计划。我国实行市场导向改革后,指令性行政计划日益减少,在市场经济体制条件下的行政计划主要是指导性行政计划,故本章的讨论对象也主要是指导性行政计划。还需说明的是,由于讨论问题的需要和角度不同,国内外行政法学著作中,有的将行政计划作为与行政指导并列的行政活动方式加以论述,有的则将行政计划作为行政指导的一种具体方式而放在行政指导范畴内加以论述,本章采取前一种方式来处理。

② 参见王克稳:《经济行政法》,北京大学出版社2004年版,第253页;黄海华:《行政计划理论初探》,苏州大学法学院2003年硕士学位论文,第5页。

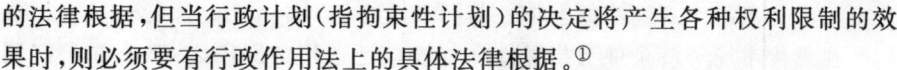

的法律根据,但当行政计划(指拘束性计划)的决定将产生各种权利限制的效果时,则必须要有行政作用法上的具体法律根据。①

也有学者将行政计划的特征简略地概括为:事前性、目的性、过程性、综合性、法定性、裁量性等六个方面。②

具有上述特点的行政计划行为,主要由行政计划的主体、对象(客体)、内容、形式等要素构成。

(三)行政计划的性质

行政计划类似于行政立法行为,是一种抽象行为,针对不特定多数人适用,关系到一般公共秩序;但一些拘束性行政计划产生的权利限制等效果却又非常明确具体,类似于一种具体行政行为。因而可以说,凡是具有直接限制国民权益的效果之拘束性行政计划,应视为一种权力行政方式;凡是不直接影响国民权益的非拘束性行政计划,则属于一种非权力行政方式。③

有的学者还指出,行政计划虽然一般不直接影响公民的权利和义务(某些拘束性行政计划除外),但由于它也是行政机关的活动标准,所以计划实施机关必须遵守它;同时,由于行政计划是行政机关的行政活动标准,所以行政相对人也能以此预测行政活动。从这种角度说,行政计划还具有引导中央和地方国家机关的预算、立法的功能,具有引导民间活动的功能,而这些功能也从某种角度体现了行政计划的本质。④

二、行政计划的产生发展与现实意义

(一)行政计划的产生发展背景

行政计划的产生背景,在计划经济表现得特别明显。为什么在市场经济成熟国家和转型实行市场经济的国家,都广泛运用行政计划并发挥行政计划的特殊调整作用?这是因为,"在实施市场经济的国家,讲求自由竞争,但是国家也不能够采取放任的态度,必须以国家整体的立场规划出一个经济政策,且必须具有前瞻性,并且拟定执行与完成的年限。这是调和了市场经济制度的

---

① 参见[日]和田英夫:《现代行政法》,倪建民等译,中国广播电视出版社1993年版,第216页。

② 参见陈睿:《论行政计划及其法律控制》,武汉大学法学院2000年硕士学位论文,第10~11页。

③ 参见杨建顺:《日本行政法通论》,中国法制出版社1998年版,第563页。

④ 参见[日]室井力:《日本现代行政法》,吴微译,中国政法大学出版社1995年版,第54~55页。

自由动力优点与计划经济的整体性与积极性特色"①。

在现代市场经济条件下指导性计划被广泛适用的原因之一,还在于市场信息不全、失真。这是因为,行政计划的科学性和准确性是以市场供给的信息的准确性为基础的,但在信息社会条件下参与激烈市场竞争的企业不可能自愿地、无保留地向社会提供自己的全部信息,这就决定了市场供给的信息存在不准确性甚至失真的可能,也必然影响到行政计划的科学性和准确性,使得任何行政机关在如此复杂的市场条件下都不能保证所制定的行政计划特别是经济计划的绝对科学与准确,因此在成熟的市场经济国家,所制定的多为指导性的经济行政计划,它们一般仅仅具有非强制性的预测、提供信息、诱导协调等方面的作用。②

考察主要市场经济国家运用行政计划的情况不难看出,政府制定的关于经济发展的行政计划对于行政相对人来说并不具有国家强制性,往往仅表明今后的奋斗目标,主要包括对增长率、物价水平、国际收支等指标作出预测,旨在为企业、公民从事经济活动提供参考。可以说,这也是在现代市场经济条件下行政计划有其地位和作用并获得发展的重要原因之一。行政计划的重要性还表现在它对行政机关自身的行为也具有指引作用,能够减少行政活动之间的矛盾和冲突,有助于整体推进各种行政活动,从而完整协调地实现行政目标。在现代社会,政府的引导、指导、服务、协调等职能逐步增强,同时行政管理需求的扩张也对行政计划提出了新要求,在这种趋势下行政计划的重要性必然凸现出来。

以日本采用行政计划的情况为例。许多年来日本政府制定的关于经济发展的行政计划(主要是非拘束性的经济发展计划),往往只是对政府自己和企业、公民表明今后的奋斗目标,它主要包括对增长率、物价水平、国际收支等指标作出预测,主要目的在于为企业、公民从事经济活动提供参考和引导。日本政府1960年发表的著名的"国民收入倍增计划"中的如下表述,从一个侧面说明了行政计划的产生背景及其性质:"在此计划(指'国民收入倍增计划',引者注)中,尊重民间的经济自主立场,允许其通过自由企业和市场结构追求经济的合理经营,根据其创新和运筹来自主活动。关于民间部门发展的这一计划,具有预计未来情况的性质,希望民间企业以此计划所估计的国民经济将来的趋势和以各种情报为基础,制订企业的长期计划,改变过分依赖政府的态度,

---

① 陈新民:《中国行政法学原理》,中国政法大学出版社2002年版,第239页。
② 参见王克稳:《经济行政法》,北京大学出版社2004年版,第258页。

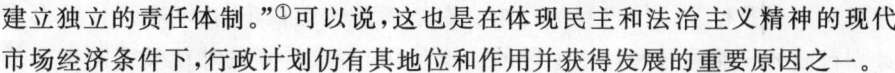

建立独立的责任体制。"①可以说,这也是在体现民主和法治主义精神的现代市场经济条件下,行政计划仍有其地位和作用并获得发展的重要原因之一。

(二)行政计划的现实意义

在排斥市场机制作用的传统计划经济体制下,计划(主要是指令性计划)的作用被严重夸大和放大,成为资源配置的主体性、基础性手段甚至唯一手段,实践证明这并不能保证资源配置和经济发展的高效率。在现代市场经济条件下,市场作为资源配置的基础性手段在调节经济运行中发挥着重要作用;同时,计划(主要是指导性计划和影响性计划)仍然作为宏观调控的有效手段,在社会经济运行中发挥着重要作用。从我国市场经济体制下的经济领域的情况看,行政计划无论在形式上还是在作用上都根本不同于传统计划经济体制下的行政计划,它主要是通过计划所体现的经济发展的方针、政策和战略考虑(如产业政策、收入政策、技术政策、区域政策、进出口政策、基础设施建设方针等),来引导经济总量平衡和重大结构优化,促使国民经济快速、健康和稳定发展。

在现代社会,随着单纯的秩序行政向给付行政、服务行政的转化和发展,政府(包括各种行政机关和其他行政主体)的引导、指导、服务、协调等职能逐步增强;同时国民生活基础体系的完善和行政管理需求的扩张,也使得行政计划的必要性大大增加。这在解决有关城市的住宅开发、建筑规划、环境整治等问题方面,表现得尤其明显。

行政计划的必要性还表现在由于它对行政机关自身的行为也具有指引作用,所以有助于整体推进各种行政活动,有利于完整和协调地实现行政目标。在行政活动呈多样化、扩大化的今天,如果缺乏计划性地孤立实施个别的行政活动,这与其他行政活动之间产生摩擦或冲突的可能性很大;而且按传统的行政法理念本应由私人进行的社会活动、经济活动,现在也常常在客观上要求行政机关予以引导或调整,以推动社会系统的协调发展,促进社会公益。在这种情形下,行政计划的必要性就更加凸现出来。

三、行政计划的基本功能和适用范围

(一)行政计划的基本功能

行政计划的基本功能或曰作用,总的来说是设定指标性的行政目标来引

---

① 转引自中国经济体制改革研究所赴日考察团:《日本模式的启示》,四川人民出版社 1988 年版,第 181 页。

导相对人以及行政主体自身的行为。有学者具体地提出,由于在现代社会中计划行政的日益展开和计划手段的广泛运用,行政计划的功能日趋复杂多样化,包括:(1)引导和指导行政相对人的预期和行为;(2)引导、联系和协调其他行政手段(包括行政法律手段);(3)通过确立科学、合理的行政目标来最有效地调动行政资源、实施行政活动;(4)通过取得有关行政机关的共识和协调行政政策来提高整体行政效果;等等。①

也有学者将行政计划的基本功能简略地概括为如下四项:(1)弥补行政权扩张与立法滞后的空白;(2)平衡利益关系,促进服务与合作;(3)调整和综合功能;(4)规范与引导功能。②

(二)行政计划的适用范围

在过去那种高度集中集权的传统计划经济国家,行政计划无所不在、无所不包和凌驾一切,成为经济与社会的强权指挥棒,这种"计划统治一切、一切依靠计划"的模式弊端甚多,应当克服,此不赘言。

而在传统的市场经济国家,有限运用的行政计划主要是在国防事业、防灾救急、城市管理等方面,表现为国防计划、防灾计划、城市计划等保安性质的行政计划,其适用面较窄,而且政治色彩较浓。正如德国行政法学者所分析的那样:"计划的适用范围和强度,取决于国家活动的范围和强度。在十九世纪的自由法治国家时代,国家管理的范围限于排除危险,计划自然萎缩……在现代社会法治国家,危险排除行政之外的给付行政和社会塑造活动任务,使计划成为国家活动的重要手段。"③

第二次世界大战以后,随着国家干预增多和行政民主发展这一双向强化过程,行政计划在越来越广泛的领域特别是经济领域以及社会领域得到日益增多的运用,行政计划的经济性和社会性大大增强。例如,日本在战后制定了综合经济计划、区域开发计划、土地利用计划等全国规模或地区规模的行政计划,根据这些计划处理具体事务,实施具体事业,其行政计划的对象涉及政治、财政、社会、教育、文化等几乎所有行政领域。特别是在空间保护行政领域,行政计划的运用和发展尤为显著;这是因为在这个领域里特别要求从全局出发

---

① 参见[日]室井力:《行政法100讲》,学阳书房1990年版,第120页。
② 参见陈睿:《论行政计划及其法律控制》,武汉大学法学院2000年硕士学位论文,第11~14页。
③ [德]哈特穆特·毛雷尔:《行政法学总论》,高家伟译,法律出版社2000年版,第407页。

调整大量和零散的行政活动,使利害关系人明确行政目标,通过对远景的展望和积极行动,最大限度地发挥出经济社会效益。①

四、行政计划的类型、程序与救济

(一)行政计划的基本类型

行政计划是一个开放的行政法律制度,可能具有不同的法律意义和约束力。行政计划作为一种独立的行政活动方式,其法律形式和内容非常多,可从多种角度分类。例如,根据制定行政计划的主体不同,可分为中央政府的国家计划,中央各部的行业性计划,地方政府的区域发展计划等;根据行政计划的内容可分为经济计划、开发计划、教育计划、产业计划等;②根据行政计划的时间长短可分为长期计划、中期计划、短期计划、年度计划、临时计划;根据行政计划的适用地域可分为全国计划、大区计划、省计划、市镇计划等;根据行政计划的事项范围可分为综合计划、专题计划等。

根据不同的标准可以对行政计划作不同的分类,其中主要是法律、经济和社会学方面的标准。被广泛采用的一个标准是行政计划的约束力即行政计划影响行政相对人行为的强度。根据该标准,行政计划可以分为指导性计划、调控性计划和命令性(处理性)计划。这是最有意义的分类。③

行政计划的形式和内容非常多,可从多种角度分类,从获得较多共识的行政计划理论和我国的行政计划实践来看,比较有现实意义和操作意义的是从行政计划的性质、关系、程序等角度所作的如下分类(这些分类也存在一些交叉):指导性计划与指令性计划;政策计划与狭义的行政实施计划;上位计划与下位计划;经过不同审批或决定程序的行政计划;等等。

---

① 参见[日]南博方:《日本行政法》,杨建顺等译,中国人民大学出版社 1988 年版,第 60 页。

② 也有学者和机构认为,这种单纯的经济计划(以及军事计划、科技计划)具有太多的刚性和特殊性,不宜归入行政计划中,行政法学者研究的应是经济计划以外的一类狭义的行政计划,也可将其称为非经济性计划,它们受人的因素影响更大,程序要求更高。参见我国台湾地区"行政院研究发展考核委员会"编:《行政计画之理论与实务》,鲁风印书有限公司 1983 年版,第 1 页。

③ [德]汉斯·J·沃尔夫、奥托·巴霍夫、罗尔夫·施托贝尔:《行政法》,高家伟译,商务印书馆 2002 年版,第 181~182 页。德国行政法学的上述划分标准也可表述为:建议性计划(indikativer plan)、影响性计划(influenzierender plan)、拘束性计划(imperativer plan)。参见陈新民:《中国行政法学原理》,中国政法大学出版社 2002 年版,第 239 页。

(二)行政计划的程序制度

1.行政计划程序的概念

由于行政计划偏向政策性与抽象性,法律形式又不确定,行政法学的相关研究不足,所以对于行政计划的内容,在制度化、法定化方面尚无成熟的理论;但行政法学界出现一种倾向,即比较注重从程序法制的角度入手,对行政计划进行专门研究,形成比较丰富的理论成果,有的国家(如德国)和地区(如我国台湾地区)甚至在其行政程序法中作出专门规定,力图通过程序约束将行政计划纳入法制化轨道。

但是,将何种行政计划纳入行政程序法加以规制,则见仁见智,争议很大。由于行政机关拟定的行政计划种类繁多,其目的、内容、性质等差别很大,并非所有行政计划都须遵循公正、公开、民主程序(例如进行听证)。行政程序法理的一般原则是,凡涉及公民权益、重大公益的重大行政活动,特别是行政机关的外部行为且直接影响到行政相对人的权利义务,例如,政府就一定区域的土地特定利用或重大公共设施建设的行政计划,必须以严格的公正、公开、民主程序加以约束,德国、奥地利、瑞士等许多国家的行政程序立法均表现出这一倾向。而此外的行政计划如果不直接影响到行政相对人的权利义务,例如,行政机关内部工作整备计划、中小企业辅导计划、政府年度预算与财政计划等等,也无需纳入行政程序法的调整范围。①

所谓行政计划程序,是指行政计划主体作出行政计划行为所必须遵循的方式和步骤的总和,它属于特别要式程序。其要点有三:其一,行政计划的主体是行政机关;其二,行政计划行为包括行政计划的制订、实施和监督等行为;其三,它是行政计划行为的方式和步骤所构成的完整动态过程。这里所谓方式,是行政计划行为的空间表现形式,如调查了解情况,收集信息,公布草案,听取意见,说明理由等等;所谓步骤,是行政计划行为的时间表现形式,包括行为方式的先后顺序和每种方式、每一环节的时间限制。

2.行政计划程序的规范形态

行政计划程序是通过各种具体规定和惯常做法来表达的,这些具体规定和惯常做法就是行政计划程序的规范形态。目前各国的行政计划程序的规范形态是多种多样、多层次的,其中最主要的有:(1)宪法中规定的;(2)法律中规定的;(3)法规(法令)中规定的;(4)政府(行政)规章中规定的;(5)一般规范性

---

① 参见董保城:《行政计划》,载翁岳生:《行政法》,中国法制出版社2002年版,第800~801页。

文件规定的;(6)纲要性文件附带规定的;(7)在政府(行政机关)工作中长期形成并惯常运用的。

3.行政计划的最低限度程序要求

鉴于行政计划存在极大的差异性,也有学者认为不宜用一个统一的程序来规制。但也有许多学者认为,出于程序正义的起码要求,对于涉及多数人权益的通盘式行政计划,应规定最基本的程序标准来衡量行政计划行为,也即实行行政程序最低限度保障原则。有学者提出,这一最起码的要求包括行政计划的草拟程序、磋商程序、审议程序等三大步骤。① 也有学者提出,符合程序中立、程序公正、程序理性、程序经济等要求的行政计划程序制度,最低限度应涵括:(1)公开制度,包括依据公开、资讯公开和行政决定公开;(2)沟通制度,包括当事人参与行政计划过程发表意见和行政机关听取行政相对人意见;(3)时限制度,包括披露信息的时限和作出决定的时限。②

还有学者提出,对于行政计划确定程序而言,为避免行政计划主体的决策失误,保证行政计划行为的合法性,至少要求其负责对如下情形作出明确判断:(1)拟定之计划是否公开;(2)是否举行听证;(3)核定(核准)计划之法律效果有无集中事权之作用;(4)拟定计划机关、听证机关与确定计划机关,三者之间有无区隔。③

4.行政计划的主要程序

行政计划程序大致分为行政计划的制订程序、行政计划的实施程序、对于行政计划制定和实施进行监督的程序等三大类,其中最主要的是行政计划的制订程序(或称为确定程序)。综观各国关于制定行政计划程序的规定和惯常做法,最主要的行政计划制定程序包括:

(1)确定计划主体(行政计划的制订机关)和计划对象(行政计划的范围和主题内容)。

(2)调查情况、收集信息、汇总资料和数据。

(3)考虑直接有关的利益因素和比较分析相关因素、数据。

(4)拟订草案并准备计划的背景说明及有关参考资料。

---

① 参见杨解君、肖泽晟:《行政法学》,法律出版社2000年版,第361页。

② 参见黄海华:《行政计划理论初探》,苏州大学法学院2003年硕士学位论文,第40~42页。

③ 参见董保城:《行政计划》,载翁岳生:《行政法》,中国法制出版社2002年版,第815页。

(5)在官方文件和有关传媒预告出来征求利害关系人和广大民众及专家、专业部门的意见。

(6)由各个方面提出意见。

(7)由制定行政计划的机关负责向公众说明理由和解释疑问。

(8)召开公听会(必要时还可召开专门的审议会)。

(9)择纳合理意见,修改草案。

(10)对有关的期日(如民众提出意见的时限等)加以规定。

(11)经有关机关审批。

(12)正式公告,周知民众。

5. 我国行政计划程序制度的完善路径

(1)我国行政计划程序制度实践中的主要问题。

制定和实施行政计划在我国已有很长历史了,在传统的计划经济时代这更是一项最主要的政府职能。但制定和实施行政计划(主要是经济发展计划)的程序主要是各级政府机关在工作中长期形成的一套工作方法、步骤和惯例,虽然其中有的也形成法律规范而固定下来了,但总的来说法律规范化程度还不高,在行政计划的实施中既有很大功用和成效,又存在不少缺陷和问题(其中主要是指导性和民主参与性不足)。现阶段,我国行政计划程序制度实践中存在的问题主要有:

其一,关于行政计划程序的规定过于简单、疏漏。

其二,制定行政计划过程的民主性不足,透明性较差。主要表现在:第一,附加居民参与程序的行政计划为数不多;第二,参加公听会居民的范围多受到限定(如仅限定在利害关系人、特定的市镇村的居民等范围内);第三,明确规定有义务召开公听会的情况甚少,且参与方式限定在提出意见书等范围内;第四,参与时间多设定在行政机关制定出成形的计划案并预告以后,故提出意见后也难以修改;第五,如何将居民通过参与有关活动提出的意见反映到计划中去,对此缺少法律上的必要规定。

其三,行政计划程序执行过程中的主观随意性大,对程序的重要性认识不足,放弃、变形甚至背离现象严重。

其四,对行政计划程序运作的监督制约不力,缺乏有效的制裁手段和补救措施。

(2)完善我国行政计划程序制度的对策。

前述行政计划程序方面的问题亟须解决。按照发展社会主义市场经济和民主政治特别是依法行政的客观要求,必须从立法入手完善我国行政计划程序制度,增强行政计划的科学性、指导性和导向性:

其一，应通过多种方式大力革新行政法文化，普遍提高广大民众特别是行政机关工作人员对行政计划程序重要意义的认识，为完善行政计划程序制度创造必要的思想观念条件。

其二，应在将出台的我国《行政程序法》、《计划法》等专门法典中，对行政计划的制订程序、实施程序和监督程序专门作出一些必要规定，使之切实做到有法可依。

其三，应增强行政计划程序制度的民主性、参与性。包括通过人大立法和行政立法，作出有关公听会、利害关系人和其他相对人提出意见等具体规定，使民意能够充分反映到行政计划中去，使行政计划成为集思广益之作，而非行政机关个别部门和人员的闭门造车之物。

其四，应增强行政计划程序制度的公开性、透明性。包括通过人大立法和行政立法，作出有关预告草案、周知民众、公开解释、说明理由等具体规定，让制定行政计划的过程置于民众的关注和监督之下，以防止忽视相关因素和过多考虑不相关因素等现象发生，确保行政计划的公正性。

其五，应增强行政计划程序的科学性。包括通过人大立法和行政立法，作出有关咨询专家意见、采用现代信息处理技术手段进行定量分析预测等具体规定，使行政计划更具有可操作性和有效性。

（三）行政计划的法律救济

行政计划的法律救济取决于其表现形式。一旦其表现形式被法律规定，或者得到明确，法律救济的途径和种类也就相应地得以确定。在表现形式不明确时，应当首先认定行政计划的法律性质。具体的救济请求权取决于有关计划的形式和内容，因为这对判断公民的信赖状况具有意义。具体包括：计划存续请求权，计划执行请求权，过渡措施和补救措施请求权，补偿请求权等等。补偿请求权无需法律依据，而补偿或者赔偿问题则适用国家赔偿的一般规定和原则。[①]

行政计划法治化过程中必须重点解决三个方面的问题：一是行政计划的依据；二是行政计划的程序；三是行政计划的司法控制。它们分别属于行政法上特别关键的实体法问题、程序法问题和救济法问题。

从计划与法律的关系来看，最重要的是设定何种内容的行政计划需要哪些要件，但此点在立法上尚未加以明确。因此，行政计划内容的适当与否，有

[①] 参见［德］哈特穆特·毛雷尔：《行政法学总论》，高家伟译，法律出版社2000年版，第414～418页。

赖于专门程序的控制。确定计划与执行法律有所不同。行政计划与行政处分不同,不能采取将一般规则适用于个别情形的方式。总之,行政计划伴随着相当广泛的行政自由裁量(计划裁量)。因此,像城市计划(规划)那样具有法律约束力的行政计划须要有法律依据,但指南性、建议性、诱导性的行政计划则不是必须要有法律依据。行政计划的实施除了遵循法律保留原则之外,还要谋求议会的干预。

行政计划通过行政相对人遵循行政计划去行动来加以实现。但行政计划是基于对未来的预测作出的,伴随着不确定性,而且要适应不断变化的情况进行具有弹性的变更。对信赖行政计划而获得信赖利益的行政相对人给予保护,与对行政计划进行具有弹性的变更之间就存在冲突,而且难以通过传统的违法行为或者损失补偿的机制加以解决。所以,与其将行政计划放在以行政处分为前提的现行救济制度中来考虑救济渠道,不如着力创造出更适合行政计划的争讼方法。①

五、行政计划的现实问题与完善路径

(一)行政计划制度实践中的现实问题

由于认识、体制和操作上的种种原因,各国在采用行政计划这一手段以达成行政目标的过程中,不同程度地存在一些问题和矛盾,最主要的有:

(1)如何认识和处理行政计划与行政法治的关系。对于"行政计划化"、"计划行政"等提法和现象是否违背法治主义的问题,人们很早就有争论。特别是在20世纪60年代以后,在采用行政计划的过程中,在一些主要的市场经济国家中出现并产生官民纠纷以后,不少学者对政府采用行政计划来实现推动社会经济发展等行政目标的实际效果和合法性提出疑问,认为以官僚制为前提的"计划行政"会使得法治主义徒具形式,特别是那些缺乏具体法律依据,缺乏议会、司法和国民之有效约束的行政计划,有违背法治主义、侵犯公民权益之嫌。

(2)行政计划的法律责任和政策责任尚不够明确,纠错性和救济性较差。一般来说,行政计划与国民的权益无直接关系时,这种计划不能被称为行政处分,对此不能提起行政诉讼;行政计划与国民的权益有直接关系时,由于往往没有明确的法律规定,可否提起行政诉讼,人们的意见也不一致。因此,从目

---

① 参见[日]山下淳、小幡纯子、桥本博之:《行政法》,有斐阁2001年版,第155~156页。

前各国的法律规定和司法实践来看,因行政计划带来的权益纠纷实际上较难得到司法救济。然而,近些年来在某些国家(如日本)的判例中也出现了承认某些行政计划(如都市开发规划)是具体行为、具有可诉性的倾向。一些学者和法官认为:假如行政计划具有使行政相对人的权利义务具体地发生改变的效果时,一般应承认它相当于有行政处分性,不必拘泥于它究竟是拘束性计划还是非拘束性计划抑或是所谓影响性计划;而且不管行政计划有无法律拘束力以及拘束力是强是弱,都会给国民生活带来很大影响,大多数国民也把它看成自己行动的标准之一,如果政府机关擅自变更行政计划或制定了行政计划却不予以实施,那么就会给信赖它而付之于行动的国民带来不应有的损害。所以,按照信赖保护原则,国民有要求政府机关不得擅自变更行政计划的权利(计划保障请求权),政府机关对因计划中断给信赖该计划而付之行动者造成的损害则应予赔偿。尽管如此,从各国的行政实践来看,对于行政计划的法律责任大都没有明确规定,缺乏完备和有效的救济机制,因此这成为一些人对政府机关采用行政计划的做法持否定态度的理由之一。

(3)当出现行政计划特别是某些拘束性计划的再分配功能失当造成相对人负担不公平的情况时,对此如何加以必要调整,尚无有效的机制。

(4)某些行政计划庞杂琐细,面面俱到,预测性和前瞻性较差,科学性和针对性不足,指导性和导向性不强。

(5)行政计划制订过程中的民众参与、民意吸纳和公益协调机制尚不完善,公开性和民主协商性不足。

(6)行政计划的制订和实施的制度化不够,制定行政计划的主观随意性和实施行政计划的虎头蛇尾等现象比较普遍。

在我国的行政计划制度实践中,目前存在的主要问题是:

(1)在行政计划的立法上,以分散立法为主,缺少统一的行政计划基本法的指引;

(2)在行政计划的程序上,行政计划的确定过程的民主性不足,基本上是在行政机关内部封闭运行,忽视行政相对人的参与作用;

(3)在行政计划的内容、手段和进度上,科学性、合理性比较差,而且朝令夕改的现象严重;

(4)在行政计划的效果上,行政计划的关系人的合法权益难以得到有效的救济和保障,而随意变更计划的行政机关却难以被追究法律责任。①

---

① 参见王克稳:《经济行政法》,北京大学出版社2004年版,第264~266页。

(二)行政计划制度的完善路径

鉴于上述问题和矛盾,应系统地采取切实有效的措施,来促使我国行政计划走向规范化、制度化、高效化和法治化。在现阶段至少需要采取如下举措:

其一,进一步深化对行政计划的认识。应通过认真的研讨、宣传和教育,在全社会提高对行政计划的性质和作用的认识,形成有效发挥其作用的机制、氛围和人才素质条件。

其二,切实增强行政计划制度的民主性。通过建立和完善专家评议、公听会、意见反馈等制度,形成有效的民众参与、民意吸纳和公益协调机制。即便是不具有拘束力的指导性计划,也应在制定过程中广泛征求和吸纳民众特别是有关相对人的意见。

其三,建立健全行政计划的信赖保护和权利救济机制。有损害必有救济,此乃现代法治的基本要求。应作出相应的制度安排,使有关相对人因行政计划而受到利益损害之后,能通过申请复议或提起诉讼等法定途径得到赔偿、补偿等合法合理的救济。

其四,完善行政计划程序制度。科学合理的行政计划程序是行政计划有效运作的重要因素和制度保障。它主要包括三个方面的程序:一是行政计划的制订程序,如出示公告、提供通览、提出意见书、公听会、审议会等方面的程序规定;二是行政计划的实施程序,如关于行政计划执行主体、执行手段、执行责任等方面的程序规定;三是对行政计划制定和实施过程的监督程序,如关于监督主体、手段、步骤等方面的程序规定。应当按照公开、公正、正当、参与、复审和效率等原则,来加强和改善上述行政计划程序制度。[①]

其五,加强行政计划立法的力度。将行政计划纳入法制化轨道,这是一项根本性的举措。尽管我国过去长期搞计划经济,现在又处于转型发展时期,但关于行政计划的立法特别是与市场经济相适应的行政计划立法却长期是一个薄弱环节。故应尽快制定和完善我国的行政计划法及其配套法规、规章,保证行政计划工作切实做到有法可依、有章可循。

行政计划法是规范行政计划行为的基本法,也是关于行政计划行为的程序法,需要就行政计划行为的基本方面作出规定,例如,行政计划法的立法目的和基本任务,基本原则,计划的性质、形式和类型,计划制定主体,计划关系人和社会公众在计划法上的权利义务,计划制定程序,计划的综合保障条件,计划内容和执行的评价机制,计划的行政监督和司法审查等等。在行政计划

---

① 参见应松年:《行政法学新论》,中国方正出版社1998年版,第511~516页。

法尚不能尽快出台的情况下,应在已列入立法计划的我国行政程序法典中设立专门章节对行政计划行为加以调整,促进我国行政计划制度的法治化。

六、行政计划的典型案例分析讨论①

(一)基本案情

2000年11月14日,江苏省扬州市规划委员会召开了第十四次会议,对第三人东方天宇公司在东方百合园北侧,结合已批准的小区规划扩大用地范围的项目定点进行了审查。原则同意该项目定点,并同意按扬州市规划局初审意见,扩大用地范围,统筹规划,分期实施。后扬州市规划局和扬州市城市规划设计院在此基础上编制并审查同意了《念泗二村地段控制性详细规划》。2001年1月12日,市规委召开第十六次会议同意了规划局提出的审查意见,同时建议小高层单体设计要减少对景区景观的影响。同年2月26日,市规划局召开了专家评审会,形成了《关于东方百合园住宅小区规划等项目设计方案专家评审会纪要》。

2003年5月6日,第三人东方天宇公司向被告市规划局提出《关于申请办理"东方百合园"中心高层规划建设许可证的报告》,同时提供了相关材料。2003年7月2日至4日,扬州市测绘研究院对该建设工程项目进行了工程定

---

① 也有关于行政规划的真实案例。例如,任俊杰是一名普通的铁路工人。早在2002年,为树立省会形象,改善二七广场地区的环境,郑州市委、市政府决定对二七广场地区实施综合整治,并由郑州市城市规划局在全国范围进行规划方案的征集工作。与此同时,任俊杰也响应政府的号召,积极对二七广场的改造提出意见和建议。2002年6月,郑州市规划局将征集到的同济研究院、德国HLD事务所、清华研究院、东南大学等四家的方案进行展示,请市民评说。任俊杰请求将自己的方案也"展示展示",遭到拒绝。无奈,任俊杰只好又辛辛苦苦把改造方案制成效果图,在广场展览,征求广大市民的意见。他的方案得到广大市民的认可,近万名市民签字支持他的方案,有关部门和专家也表示了认可。2002年6月18日,任俊杰向该市城市规划局提出要求将其规划建议作为规划方案进行评审的申请。郑州市城市规划局受理后,于2002年8月29日作出书面答复:认为任俊杰不具备城市规划设计的资质,其提出的规划方案只能作为市民建议,供有关部门参考,而不具备参加专家评审和展览的条件。任不服,向二七区法院提起诉讼。经过审理,二七区法院判决维持郑州市城市规划局2002年8月29日对任俊杰作出的《关于任俊杰同志二七广场改造建议的答复意见》,并驳回任俊杰的其他诉讼请求。那么,如何在城市计划与规划中形成有效的民众参与、民意吸纳机制?如何保障公民及利益相关人的参与权?对于此案详情和分析,可参见叶泽永:《普通工人参与城市规划带来的苦与涩》,载《民主与法制》2004年第20期。

位测量,并对东方百合园待建住宅楼与北侧原有住宅楼的高差及瘦西湖局部、平山堂局部与东方百合园局部距离进行了测量。另外,扬州市宏厦建筑设计院对11—6号住宅楼的相关数据和该楼与北邻28幢楼之间的日照间距比作出了说明。同年7月7日,扬州市规划局对11—6号住宅楼建设工程项目进行了定位和验线,并向东方天宇公司核发了2003076号《建设工程规划许可证》,许可该公司在扬州市百合园小区内建设中心组团11—6号住宅楼。

原告扬州市念泗三村28幢楼居民曹育新等35名居民对市规划局向东方天宇公司核发2003076号《建设工程规划许可证》的行为提起行政诉讼。诉称:被告批准第三人在其居住的楼前建设的11—6号高层住宅楼,与被告许可第三人建设的11—4、11—5号楼房形成一道屏障,破坏了瘦西湖景区的景观,不符合扬州市的城市规划,严重影响了其居住环境,请求撤销被告的《建设工程规划许可证》。①

(二)简要分析

这是一起因规划局颁发建设工程规划许可证而引起的关于日照间距、通风权、采光权的行政案件。本案涉及的法律问题有:

1.扬州市规划委员会是否有权编制和审批分区规划的城市的详细规划?《念泗二村地段控制性详细规划》有没有得到合法有效的批准?

市规划委员会是负责本市城乡规划管理工作的市政府组成部门,是人民政府进行城市规划决策的议事机构,受市政府委托,对城市规划建设的重大问题进行审议,并向市政府提出审议意见。《中华人民共和国城市规划法》第21条和《江苏省实施〈中华人民共和国城市规划法〉办法》第12条均规定,城市详细规划由城市人民政府审批;编制分区规划的城市的详细规划,除重要的详细规划由城市人民政府审批外,由城市人民政府城市规划行政主管部门审批。《扬州市城市规划管理办法》第3条又明确规定了市政府委托扬州市规划委员会负责对城市规划工作进行研究决策、组织实施和管理,组织相应的规划编制和规划审批工作,并负责协调、督促落实重要的规划事项。因此扬州市规划委员会有权审批《念泗二村地段控制性详细规划》。

本案中,原告与被告对以市长签发的市规划委员会会议纪要的形式批准的《念泗二村地段控制性详细规划》是否经过合法有效的批准持不同的意见,这里的首要问题是关于会议纪要的性质。

---

① 本案例刊登于《中华人民共和国最高人民法院公报》2004年第11期,第31页,本文对案情进行了删减。

会议纪要是用来记载和传达议定事项和会议精神，要求与会单位共同遵守、执行而使用的一种公文。一般的会议纪要是在行政系统内行文，是政府的内部文件，通常不对外发生法律效力，也不直接影响行政相对人的权利义务。但是如果会议纪要有向社会公布或向当事人送达等行为，实际影响了公民、法人或其他组织的合法权益，那就不是一般意义的会议纪要，它可能由内部行为转化为外部行为，对外发生法律效力。本案中，扬州市规划委员会的第十四次和第十六次会议纪要的内容表明，市规划委员会审查并同意了东方天宇公司相关的项目定点及相关的规划设计，最后由市长批准《念泗二村地段控制性详细规划》。一方面，我国现行的法律、法规只规定城市详细规划的审批机关，并未规定具体的审批形式，虽然该会议纪要不是通常的审批形式，但不能因此认定以会议纪要的形式进行的审批不合法。另一方面，市长签发的以会议纪要为形式的《念泗二村地段控制性详细规划》是对特定的人和特定事项作出的，具有决定的实质内容和作用，实际上使东方天宇公司在该地段的详细规划获得了审批，取得了相应的权利，直接对东方天宇公司的权利义务产生了影响。因此，《念泗二村地段控制性详细规划》在实质意义上获得了审批，应当认定经过了有效的审批程序。

2. 扬州市规划局核发2003076号《建设工程规划许可证》是否侵犯念泗三村28幢楼居民曹育新等35名居民的相邻权？

有关住宅和建筑间距的国家标准和江苏省的相关规定中，都明确了住宅间距应以满足日照要求为基础，综合考虑采光、通风、消防、管线埋设、视觉卫生等要求确定。扬州市规划局核发2003076号《建设工程规划许可证》时，通过测算，测出11—6号住宅楼与28幢楼的日照间距比为1：1.365，符合《江苏省城市规划管理技术规定》第3.1条中规定的1：1.2的最低限制。扬州市规划局核发的2003076号《建设工程规划许可证》，虽然客观上确实缩短了相邻人住宅的日照时间，但仍然符合国家和当地行政主管部门技术规范规定的最低日照标准。因此扬州市规划局的这一行政许可行为并不影响上诉人享有的法定日照、采光、通风等相邻权。

行政计划是政府职能的一个重要方面，在现代国家日常生活中发挥着重要作用；但是，由于它具有单方性、强自由裁量性以及变动性等特征，成为最影响公民权利的行政行为之一。为了防止"依计划行政"代替"依法行政"，行政规划不仅需要具有行政实体法上的依据，更要有程序法的保障。应当完善行政计划程序制度，通过制定程序的民主化，保障规划内容的科学性与合法性，建立健全行政计划的信赖保护和权利救济机制。

第十一章　行政契约及其法治化

行政契约是柔性行政(非权力行政)的一种典型的表现形态。行政契约是将私法上的契约观念引入行政法中的产物,是市场经济理念向公共服务领域渗透的结果。如何将其纳入依法行政的轨道之中,是行政契约理论的核心问题。作为政府推行行政政策、实现行政目的的行政法上的手段,在行政契约的法治化构建中,如何对双方当事人之间的权利义务进行安排,且为了防止行政契约被行政机关滥用,又应如何对其进行有效的程序控制和法律救济,这些都是本章将要论述的问题。

一、行政契约概述

(一)行政契约的概念

行政契约(administrative contract),也称行政合同,是以行政主体为一方当事人的发生、变更或消灭行政法律关系的合意。对于这个概念,特别要把握以下两点:

首先,从形式意义上讲,强调行政契约中的一方当事人为行政主体是极其重要的,否则很难称其为行政契约。不但行政主体与相对人之间可以缔结行政契约,行政主体之间、行政机关和其所属下级机构或者公务员之间亦可能存在行政契约关系。当然,内部的行政契约与外部的行政契约有很大的不同,比如,在救济的具体途径上会有区别。① 此外,在法律有特别规定时,非行政主体间也可能缔结行政契约,这时对契约性质的衡量标准是采取实质标准而非形式标准。比如,供需双方必须根据国家订货计划签订订货合同,这里的供需双方可能都是以企业形式出现的,但并不妨碍该合同性质为行政契约。这是因为这种契约是在公共管理的基础上为实现特定行政目的而缔结的,且缔结契约的权限直接来源于法律。这种情况在西方国家行政法中也存在,比如,法

---

① 参见余凌云:《行政法上的假契约现象——以警察法上的各类责任书为考察对象》,载《法学研究》2001年第5期。

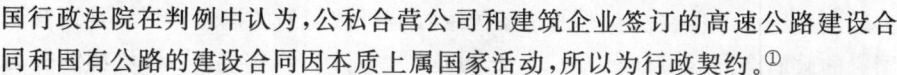

国行政法院在判例中认为,公私合营公司和建筑企业签订的高速公路建设合同和国有公路的建设合同因本质上属国家活动,所以为行政契约。①

其次,从实质意义上讲,行政契约的本质特征是发生、变更或消灭行政法律关系的合意。这是行政法将此类契约纳入调整范围的根本依据,划定了行政契约和民事合同的"分水岭",对于行政契约范围的科学界定具有极其重要的意义。行政契约实际上是游离于公法上行为(权力性行为)与普通民事合同之间的一种特殊形态。在契约中形成行政法上关系的程度,不能一概而论,而是因具体契约而异,是根据能否达成个别契约所预期的行政目的的需要而定的。

在此,笔者分别对行政契约与具体行政行为和普通民事合同之间的关系进行简明阐述:

1. 行政契约与具体行政行为

具体行政行为观念在传统的行政法中一直占据着统治地位,构成行政法学研究乃至整个行政法制建设的核心,更是行政救济制度建立的基础与审查的对象。行政契约只是晚近才出现并被行政法学者注意到的一种行为,其外在表现出的特征与具体行政行为的区别也是非常明显的。

第一,二者建立的基础不同。缔结行政契约的行为不是公权力之措施,因为它不像具体行政行为那样是建立在单方权威和服从的关系(unilateral sovereign and subordinate relationship)上,而是建立在双方关系(bilateral relationship)之上。②

第二,二者发生法律效力的基础不同。与上述公权力密切相关的是在具体行政行为中行政机关可以将单方意志施加到相对人身上,并产生权威性的拘束力,必要时可以以强制手段来实现行政行为所欲达到的目标。而行政契约的法律效力的产生,不像具体行政行为那样是单方意思行为,而是取决于双方当事人的意思表示一致。③

2. 行政契约与普通民事合同

区别行政契约和民事合同的制度背景是在一个国家的法律体系内存在着公法和私法的界分,因此,行政契约的概念也只有在实行公法与私法二元论的

---

① 王名扬:《法国行政法》,中国政法大学出版社1989年版,第179~180页。

② Cf. Mahendra P. Singh, *German Administrative law: in Common Law Perspeetive*, Springer-Verbg Berlin Heidelberg, 1985, p.33.

③ 吴庚:《行政法之理论与实用》,三民书局1996年版,第280页。

大陆法系国家才存在。在普通法系国家没有行政契约的概念,但是,普通法系国家的政府合同(government contract)在很多制度与内容上与行政契约极为近似,有些政府契约在大陆法系国家中就是当作行政契约来对待的。

行政契约与民事合同的相同点在于,它们都是以合意来产生法律上效果的行为。但是,行政契约与民事合同仍然是两种不同的契约形态,存在着本质的差别,表现在以下方面:

第一,两种契约的根本差别在于标的内容(vertragsgegenstand, subject matter),也就是所形成的法律关系(legal relations)的不同。行政契约中当事人之间形成的法律关系是行政法上的权利义务关系,比如,县政府间就教育事务达成的协作协议。而民事合同所形成的是民事法律关系。这种理论见解得到了来自学者和法院的双方面认可。①正是由于行政契约是以形成行政法上权利义务关系为主要内容的,而与规定民事法律关系的民事合同有着根本的区别,我们才将此类契约纳入行政法范畴,而冠之以"行政"契约。

第二,法律关系的性质不同,也从根本上决定了对契约构筑的理论基础、法律调整方式以及救济的不同,或者说不完全相同。原则上,行政契约是以公共利益为优位考量,通过行政法来调整,以行政救济来解决涉讼问题。民事合同则以意识自治原则为基础,由民法来调整,通过民事诉讼来解决纠纷。②

(二)行政契约的分类

通过不同的分类的标准,可以在理论上对行政契约作出多种分类。这些分类的意义在于:(1)从不同侧面和角度了解行政契约,揭示行政契约存在领

---

① 尼尔豪斯(Michael Nierhaus)、辛格(Mahendra P. Singh)以及吴庚等学者都扼要地指出这种根本的区别,Cf. Michael Nierhaus, Administrative Law, Collected in Werner F. EBKE & Matthew W. Finkin(ed.), *Introduction to German Law*, Kluwer Law International, 1996, p. 95. Cf. Mahendra P. Singh, *German Administrative Law: in Common Law Perspective*, Springer-Verlag Berlin Heidelberg, 1985, p. 50. 德国行政法院和联邦最高法院目前也持这种观点。参见吴庚:《行政法之理论与实用》,三民书局1996版,第371页。

② 吴庚教授认为,需不需要特别的救济途径或诉讼类型,与行政契约之发达有密切关系,但利用现行法制上一般救济途径,也并非不能解决因行政契约所生之涉讼问题。参见吴庚:《行政法之理论与实用》,三民书局1996版,第370页。但笔者的研究结论却是,行政契约所形成的行政法关系,必须放在行政法救济框架内解决,但目前的行政复议和行政诉讼制度的结构不适合于解决行政契约纠纷问题。参见余凌云:《论行政契约的救济制度》,载《法学研究》1998年第2期。

域的广泛性;(2)对不同种类的行政契约,在法律上应予以区别规范和控制;(3)在运用于所涉个案之中时,自觉地根据不同种类行政契约的特性,有选择地适用。

1. 对等契约与不对等契约

行政契约可以根据双方当事人的地位分为"对等契约"和"不对等契约"。这里作为划分标准的地位,是指契约当事人在自然状态下所处的事实上或法律上的地位,而不是缔约时所拥有的法律上或形式上的地位,因为后种地位完全可以通过法律规定而拟制平等。

"对等契约"是由地位平等的当事人之间缔结的,在行政契约中属于"对等契约"的主要是由不具有隶属关系的行政主体之间签订的契约,比如,政府间就毗邻行政区域界线的争议所达成的协议(《行政区域边界争议处理条例》第3.14条)。在例外情况下,非行政主体间亦可能缔结"对等契约",比如,两个企业间为完成国家订货任务而签订的合同(《关于对部分生产资料实行国家订货的暂行管理办法》第4条)。"不对等契约"是处于隶属关系的行政主体与其所属部门或人员或者相对人之间签订的行政契约。现实生活中政府签订的大部分合同都属于这一类。

这种分类的法律意义在于:契约双方当事人所处的地位状况决定了在双方实体权利义务的配置以及行政程序的规范与控制等制度的构筑上均应有不同的规定和要求。

2. 混合契约、纯粹契约与假契约

如前所述,行政契约是游离在具体行政行为与普通民事合同之间的一种特殊的形态。这个命题之中实际上包含着两个变量:一是合意的程度;二是存在类似于行政行为的权力因素。因为存在合意,通过合意来形成一定的社会秩序,所以我们称这样的形态为契约。也正因为在如此形成的形态之中存在着类似于行政行为的权力因素,具有某种行政性,进而会形成一定的行政法上的关系,所以我们才不把这样的形态完全归类到民事合同当中,而是另外称之为"行政"契约。因此,只有同时兼有上述两个变量中的因素之时,才可以成就行政契约。

从动态的角度讲,如果合意的变量逐渐递减为零,那么该形态就会发生质变,变成为纯粹的具体行政行为。如果类似行政行为的权力因素递减为零,那么就变成了纯粹的民事合同(见图11-1)。接下来的问题是,要成就行政契约,那么其中的合意程度与权力因素的成分要达到多少的量呢?笔者认为,只要是不变为零,只要是两个要素兼而有之,那么,就应当仍然属于行政契约的范畴。因此,根据两个变量因素的含量的不同,我们可以笼统地把行政契约分为"混合契约"、"纯粹契约"和"假契约"。

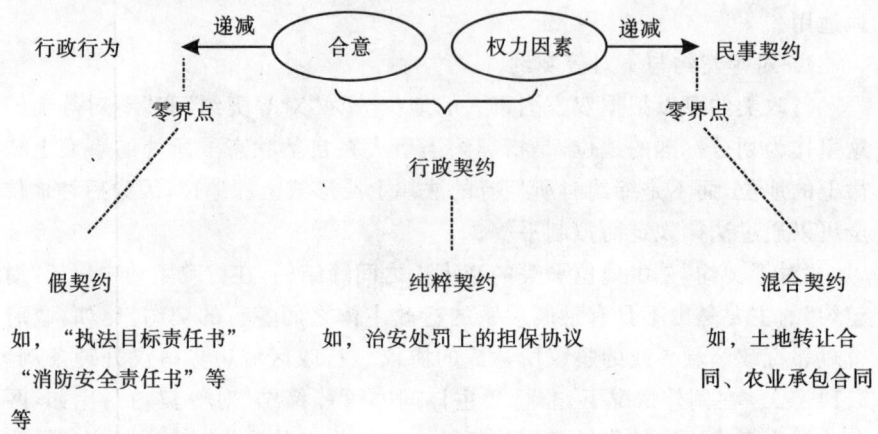

图 11-1

"混合契约"很接近民事合同,从目前有关的法律规定或者司法解释来看,也基本上是按照民法和合同法来处理。比如,《政府采购法》第五章专门规定了"政府采购合同",明确规定适用《合同法》(第 43 条);《国土资源部、国家工商行政管理局关于发布〈国有土地使用权出让合同〉示范文本的通知》(2000年 10 月 31 日)对国有土地使用权出让合同的设计,也基本上按照民事合同的模式来打造;《土地管理法》第 14 条、第 15 条、第 16 条及《最高人民法院关于审理农业承包合同纠纷案件若干问题的规定(试行)》(1999 年 6 月 28 日)对农业承包合同的规定,也没有很明显地突出其行政性的要求。但是,涉及这类合同中行政性内容的规定和审查上,又明显地感到用民商法的方法来处理有问题。所以,我国行政法学者普遍认为这是一种行政契约,目前的状况实际上是"公法遁入私法"。

"纯粹契约"是在行政管理上使用的、具有完全法律意义的行政契约,比如,治安处罚中的担保合同,将行政处罚权或者其他行政权依法委托给事业单位而签订的行政委托协议。由于是以行政法上的权利、义务为内容的,所以,无论民商法和行政法学者都不太会否认其是一种行政契约形态。

"假契约"是具有协议形式,但又不是完全法律意义上的合同,目前行政诉讼上很少受理。又分为两类:一类是行政机关与所属部门、工作人员之间签订的责任书,比如,在行政机关内部签订的执法责任书;在英国,这类契约也叫"内部契约"(internal contract)。另一类是行政机关和相对人之间签订的各类责任书,比如,门前三包协议、夜间摊点治安责任书、计划生育合同。对于"假契约"算不算是行政契约?争议很大。有的学者认为不是。笔者认为,其应该是一种契约规制实践,是一种特殊形态的行政契约。理由是:第一,外在形式上是采取协议方式;第二,其中有一定的合意色彩,也因此形成了一定的权利义务关系;第三,是当前行政改革的趋势和重要举措,其中的很多问题,特别是在实践中出现不少行政机关推卸、转嫁责任,侵害相对人权益的问题,亟待法律规范和解决。因此,行政契约理论不应该削足适履,固守成规,而应该更加关注蓬勃发展的、鲜活的社会实践,适时地自我更新,以更好地指导实践。

(三)行政契约的功能

早在我国计划体制之下,以合同为执行国家计划的工具的实践就已蕴含了行政契约制度的某些基本因素与特征。这种实践可以说是行政契约在我国之滥觞。① 但是,行政契约真正得到迅猛发展,并被推广到几乎所有的行政领域,甚至包括传统上被认为行政权的"自留地"的内部管理领域,却与在全国范围掀起学习与推广安徽凤阳农村的承包制经验的热潮有着密切的关系。

行政契约之所以备受青睐,这与其所具有的、同具体行政行为所不可比拟的功能有关。这反过来又自证了行政契约在行政法中存在的合理性。这些功能可以概括为:

第一,扩大行政参与、实现行政民主化。在行政契约中,对行政目标实现方式以及内容的选择,由行政机关和相对人协商确定,并将相对人是否同意作为行政契约能否发生法律效力的条件,这就在行政政策的形成以及推行过程中最大限度地融入了相对人的意见,将相对人参与行政管理的程度提升到一个相当高的水平,积极地推进了行政民主化的实现。

第二,弥补立法不足、替代立法规制。政府通过缔结行政法上契约的方式,能够在法律没有规定或者规定不具体的领域与相对人通过合意形成其所预期的行政法上的权利义务关系,或者实施比法律规定更加严格的政策,以达

---

① 我国虽然在1958年实行计划经济体制下取消了合同制度,但从1961年开始至1966年期间又将合同制度作为调整国民经济的一项重要措施而予以恢复和推广;1978年以后即在立法中明确将合同作为执行国家计划的工具。有的学者认为这种(经济)合同的计划性决定了其实际为行政契约,但亦有学者提出反对意见,笔者认为,不能完全否定上述合同中所具有的行政性,也不能人为地割裂历史,否则就无法理解目前由计划性合同演变而来的国家订货合同应属于行政契约范畴了。关于计划性合同是否为行政契约的争论,详见应松年:《行政行为法——中国行政法制建设的理论与实践》,人民出版社1993年版,第591页。

到行政规制目的,并能灵活地根据时势需要不断地调整政策姿态,进行政策选择,从而弥补立法不足、达到替代立法规制的效果,这也是行政契约作为行政手段所具有的突出的功能,也是其弹性与机动性之所在,这种弹性和机动性对于特殊、非常态行政案件的处理尤其具有价值。① 这有助于对政策选择的短期尝试和避免所必需的立法授权。②

第三,搞活国有企业、提高国有资产使用效率、促进国有资产的增值、推进经济体制改革。西方国家有些学者认为,对于某些公共管理事业,如果由行政机关来实施,可能会导致较低的生产效率、不计较成本、忽视竞争所带来的新观念和新技术,而改善这种状态的最佳途径是通过和相对人签订契约将该事务转包出去。③ 在我国,行政契约是在经济体制改革的社会背景下被引入行政管理之中的,而经济体制改革所面临的主要问题就是如何搞活国有企业,提高国有资产的使用效率,促进国有资产增值。在实践中,以农村土地承包为契机,在国有企业经营、国有土地利用、公共工程建设等诸多领域中逐渐引入了行政契约的管理观念与手段。行政契约作为一种程序设施或工具设备,为行政主体和相对一方,甚至受合同影响的第三人,提供了理想的协调各方利益的场所和较广的选择可能性,使彼此约定的条款内容能够满足各种不同利害关系人的不同要求,使各自的利益均达到最大化,由此产生的结果方案容易得到相对一方的协力,并能有效地防止法律纷争的发生。在契约的执行中,合同当事人出于追求自身利益的最大化,在使用国有资产时,会努力降低成本,提高效率。而对于国家而言,能够取得国有资产增值的效果。

第四,弥补公共服务竞争不足、带动内部制度建设、强化行政组织运行管理、提供良好公共服务。从满足人们对良好的公共秩序和管理的需求看,行政管理也是一种社会服务。然而,在公共领域,公共服务的消费者(公民)和提供者(政府)之间基本上是卖方市场,缺少着基本的市场竞争。"但基于各种各样的理由,我们还必须保持这种公共机构所拥有的垄断,(与此同时),我们也应该寻找能够与竞争产生同样法则的其他方法。"④ 从我国摸索的经验看,退而

---

① 许宗力:《行政契约法概要》,载台湾"行政院"经建会健全经社法规工作小组主编:《行政程序法之研究》1990年版,第295页。

② Cf. P. P. Craig, *Administrative Law*, Sweet & Maxwell, 1994, p.698.

③ Cf. P. P. Craig, op. Cit. , pp. 108~109.

④ Cf. Carol Harlow & Richard Rawlings, *Law and Administration*, Butterworths, 1997, pp.146~147.

求诸己身,通过对外承诺服务,提出较高服务标准,加重提供者的责任,是能够对内产生一定有益的压力,拉动公共组织内部的制度建设和运行的严格管理,提高公共服务的质量。这个过程可以通过与特定相对人签订承诺契约来实现。比如,湖北省鄂州杨叶派出所推行治安承诺责任协议,就成为提高公安工作服务质量和水平、转变服务方式的转换点。[①]

第五,使纠纷处理和法律救济简单化、明确化。行政契约中双方当事人对彼此权利义务的明确约定,在一定程度上能够有效地防止以后在契约执行上的纷争。退一步说,即使发生纷争,也能比较容易地判断是非曲直。目前在实践部门中普遍偏好签订各类"责任书",比如"治安责任书","强化单位内部防范,综合整治盗抢汽车、摩托车、自行车犯罪活动责任书","娱乐场所管理责任书",等等,其中一个主要目的就是明确行政机关和相对人各自的责任,出了问题也好解决。更何况在行政契约中通常都明定了纠纷的处理方式,以及损害发生时责任方须负的赔偿责任,所有这些规定,都使得行政契约纠纷的处理更加简单、明确。

二、行政契约与依法行政

(一)行政契约对依法行政理念的挑战

依法行政(government under law, the rule of law)理念无论是在德国学者奥托·梅耶(Otto Mayer)的"法律的支配"理论中,还是在英国学者 A. V. 戴西(A. V. Dicey)的"法治"理论的视野中,其最主要的功能在于约束行政权的随意性。[②] 然而,行政契约则重视维护行政权的机动性,强调以更加柔和、富有弹性的行政方式来替代以命令强制为特征的行政高权性行为。因此,如何将行政契约置于依法行政理念支配之下,在约束行政权的随意性和维护行政权的机动性之间建立平衡,是现代行政法面临的一个重要课题。这里面临的挑战有两个:

一是,在依法行政的理念下,行政机关对于行政权的行使要受到来自法律方面的约束,是不自由的,那么,这种状态能不能与契约概念中所具有的自由性相调和?怎么调和?

---

① 参见余凌云:《从行政契约视角对"杨叶模式"的个案分析》,载《中国人民公安大学学报》2000 年第 4 期。

② 余凌云:《依法行政理念在行政契约中的贯彻》,载《中国人民公安大学学报》1998 年第 1 期。

二是,政府在援用行政契约手段规制的实践中,可以在没有法律依据的情况下,或者即使有一定的法律依据,但在法律允许的空间内通过合意来确定行政法上具体的权利义务及其内容;在没有法律依据的情况下,要求相对人自愿接受限制其自身利益和自由以及政府享有特权的条款,同时考虑个案的特殊性,有区别地实施,从而体现出行政契约灵活性和机动性的特点。但这种灵活性和机动性至少从形式上看与依法行政理念所确立的行政平等实施原则和法律保留原则相冲突,①那么,会不会造成依法行政理念确立的束缚行政权随意性的框架的松动和空洞化呢?

为回应上述挑战,同时使依法行政原则在我国的行政契约实践中得到更好的贯彻,笔者在此先对西方国家行政契约与依法行政互动适应过程进行介绍和探讨。

(二)西方国家行政契约与依法行政的互动适应

在西方国家依法行政理念确定之初,政府的任务仅限于对内维护秩序、对外抵御侵略,对社会经济生活则采取放任主义。因此,行政权力萎缩且被严格束缚在法定范围之内,行政遂成从属(subordination)而不独立的国家作用,"依法行政"沦为绝对的、消极的、机械的公法学原理。在这种形式(或机械)的依法行政理念支配下,不可能产生以合意方式创设行政法权利义务的行政契约。

随着市场失灵,政府被要求积极干预市场运作,以实现社会和经济平等。故而,伴随着行政领域的扩大,为达到行政目的,就存在着使用多种多样的行政手段的倾向。由于行政契约能够在立法不完备的情况下替代立法,并能防止法律纷争的发生,适当地考虑个案的特殊性,因此其被作为实现政府政策目标的重要手段之一被广泛运用。在日本,行政契约在公害防治、公共设施利用、财政补助等方面得到广泛的运用;在英国,1891年至1983年议会的"公平工资决议"(Fair Wages Resolutions)要求在政府合同中加入支付最低工资要

---

① 在传统的依法行政理论中,根据"国民主权"原理,要求一切行政行为都要有法律上的授权,而且无论是早期的"侵害保留理论"还是后来的"全部保留理论"都要求在侵害公民的"自由与财产"时必须有法律上的根据,而行政契约的实践与此是不相符的;至于行政契约实践也可能存在与行政平等实施原则相冲突的问题,我们可以借用英国行政法理论上的有关争论来予以证实,在英国,有的学者就担心,允许行政机关享有不受限制的自由,会导致在签订合同时适用标准的地区差别。但持相反意见的学者则认为,在合同标准上存在地区差别并不是值得悲叹的事,恰恰相反,这是应受尊重的地方自治的必然结果。Cf. P. P. Craig, op. Cit., p. 692.

求的条款;1975年至1979年政府通过与雇主签订合同的方式推行抑制通货膨胀的政策。

利用行政契约规制行政,给依法行政理念带来了巨大的挑战,同时也促使二者为适应形势需要而作互动修正,从而在约束行政权的随意性和维护行政权的机动性之间建立平衡,使依法行政理念的内涵能够充分反映这种平衡状态。

对此,西方国家对依法行政理论重新进行解释,其普遍认为:(1)对于在没有具体法律依据情况下要求相对人接受限制其权益的条款,必须征得相对人的同意,且违反上述条款,不得作为发动公权力进行行政强制或行政处罚的根据,但是相对人自愿接受假执行的除外,以此来解释政府可以运用行政契约方式约束相对人的权利与自由。(2)对于行政平等实施原则的理解,则从形式平等转向实质平等,从而肯定政府可以视个案特殊情况而有区别地予以处置。(3)对于缺乏具体权限依据的问题,西方国家在理论和判例中都已摒弃了原来的"无法律即无行政"原理,而代之以承认行政权有其固有的活动领域,因此,允许政府在没有具体行为规范的情况下适用行政契约,但强调必须要有组织规范依据,且符合行政目的。此外,为了尽量将行政契约权的行使纳入依法行政的约束中,理论和立法上还出现了要求通过立法授予政府行政契约权并将行政契约内容定型化的倾向。

另外,西方国家学者逐渐认识到,为弥补由于行为规范欠缺或过于概括抽象的弊端,应当加强对行政契约的程序规范的建设,引入有效的行政程序来规范与控制行政契约权的行使。因为行政程序对于防止政府"出卖公权力"或"利用公权力欺压契约相对人",为政府和相对人提供一个能够讨价还价的合理的空间,保证由此形成的结果能够使各方的利益要求都得到满足并达到最大的均衡状态,减少执行纷争,都具有较大的作用。与此同时,西方国家还特别重视通过司法审查保证行政契约权的行使符合法律要求。

总体而言,西方国家行政法对行政契约与依法行政关系的再认识以及互动适应过程可以概括为:一方面,对依法行政理论重新进行解释,以创造容纳行政契约机动性的可能性;另一方面,加强对行政契约行为规范与程序规范的立法,尽量将行政契约的实践纳入依法行政理念的控制之下,同时通过将行政契约纠纷纳入司法审查的范围,以保证行政契约符合法治主义的要求。

(三)依法行政原则在我国行政契约实践中的贯彻

从上述对依法行政理念在西方国家演变与发展历程的考察中,我们能够汲取的有益经验就是,应当在对政府职能及其对行政权的要求予以充分认识的基础上,对依法行政理念约束行政权的限度或程度进行正确的定位。

社会主义市场经济条件下,除国防、外交等外,我国政府的四项基本职能包括经济调节、市场监管、社会管理、公共服务。为达成上述职能,行政权向社会经济生活各领域的渗透以及要求行政手段的多样化则不可避免。与此相适应,依法行政也必须力求达到这样的理想境界:既充分发挥行政权的主动性、机动性以实现政府职能,又控制行政权,以防止权力滥用,保证政府职能的良好运作。也就是说,在强调通过法律约束行政权的随意性的同时,必须为行政权留有必要的活动空间。而这种均衡状态的实现,主要是靠调节约束行政权的力度与限度来达到的。把依法行政建立在这种均衡状态上是必要的,因为过分强调维护行政权的主动性和机动性,则行政专横及权力滥用不可避免;过分强调控制行政权的随意性,又可能妨碍政府主动追求社会福祉。

行政契约的出现即是基于政府职能的增繁多涉对行政权机动性和行政手段多样性的内在要求,因此,在对行政契约的制约上,我们不可能再用传统意义上的依法行政理念来禁锢它而扼杀其机动性,只能在前述依法行政基本精神的指导下,借助于适度的立法控制、必要的程序要求和有效的司法审查等措施,在保障行政契约机动性与限制行政契约随意性之间建立平衡。

三、行政契约的法治化构建

(一)行政契约中双方当事人的权利义务

行政契约作为行政法上的手段,是为政府推行行政政策、实现行政目的服务的。因此,我们考虑行政契约中实体权利义务的配置模式时应将基点确定为:既能有效地促成行政契约所预期的特定行政目的的实现,同时又以实现特定行政目的必需原则为限度,禁止在权利义务上的不合理联结。而特定行政目的能否顺利实现,涉及契约中双方当事人对契约履行的态度及行动。为促成行政机关所预期的行政目标的完成,就必须赋予行政机关在契约中适度的主导性权利,同时积极发挥相对一方对行政机关履行义务的监督作用。

1. 行政机关适度的主导性权利和相应义务

以确保行政契约所预期的特定行政目的实现为原则的权利义务配置,首先要求在行政契约中赋予行政机关主导性权利。这是因为行政契约所预期的行政目的为行政机关的职责范围,并由其所拟订,赋予其主导性权利,能够使行政机关导引行政契约的缔结与履行向着其所期望的方向发展。

赋予行政机关在契约中的主导性权利,已成为现代行政契约理论和制度发展的趋势。法国行政法在公共利益需要观念上构建了以确认行政机关具有普适的特权与经济平衡原则为特征的实体权利义务配置模式;德国行政法在倾向于通过当事人彼此约定的方式确定权利义务配置方案的前提下,基于公益性之考量允许行政机关享有例外的特别权利;普通法国家行政法上也开始出现以标准合同条款形式确认行政机关主导性权利的趋势,并以法院判例调整原有合同确定的权利义务配置。

主导性权利在行政契约订立时一般是作为强制性条款规定的,对相对一方来说,要签订契约,就必须接受。当然,签订行政契约可能给契约当事人带来的巨大利益也会促使其接受这样的"对价"。通常来说,主导性权利主要包括以下几个方面:

(1)对契约履行的指导与监督权。赋予行政机关对契约履行的指导与监督权,对于督促相对一方切实履行其所承担的契约义务,减少因履行而产生的纠纷,保证行政契约的执行向着行政机关所预期的方向发展,具有极其重大的意义。而行政契约能否得到实际执行反过来又会对行政契约的缔结程序产生有意义的影响。

(2)对不履行契约义务的相对一方的直接强制执行权。从行政契约是推行特定行政政策的手段这一认识出发,将保证特定行政目标的实现作为制度模式选择的首要决定因素和必须达到的目标来加以考虑,应当允许行政机关与相对人在缔结行政契约之时,就约定行政机关在相对人无正当理由不履行契约,而且公共利益迫切要求其尽快履行行政契约时,行政机关可以享有直接强制执行权。理由是,如果要求行政机关申请法院强制执行,那么会因为诉讼程序的繁杂与费时,阻碍特定行政目标的及时实现,造成对公共利益的损害。当然,如果强制执行发生错误,行政机关应当赔偿当事人因此遭受的损失。

(3)作为制裁手段的直接解除契约权。作为制裁措施的直接解除契约权,应在相对一方严重违约,且具有时间上的急迫性,如不径行解除契约,将对公共利益造成不可挽回之重大损害时,才允许使用。比如,在国有土地出让中,土地使用者如未在规定的期限内缴纳土地使用权出让金,政府有权解除合同(《城镇国有土地使用权出让和转让暂行条例》第14条)。在一般情况下,应申请法院裁决,取得执行名义。由于导致采取这种制裁措施的原因是相对人不履行契约义务,因此,相对人要对其违约独自承担这种不利益结果,在这里,经济平衡原则不适用。

(4)相对一方严重违约构成违法时的行政制裁权。允许行政机关对违约相对人采取行政上的制裁措施,这是我国行政契约立法中较为突出的特色。这种责任的基础不是契约约定责任,而是法律从行政管理角度为保障契约义务履行而施加于相对人的法定责任。比如,在治安管理处罚担保合同中,担保人不履行担保义务的,公安机关可以对担保人处以一千元以下罚款,并撤销担保(《公安机关办理行政案件程序规定》第172条第2款)。

(5)情势变迁情况下的单方变更与解除契约权。由于整个行政契约理论的核心思想是公共利益居于优越地位(predominance),如果在缔结行政契约之后遇到情势变迁,应当允许行政机关根据公共利益的需要随时变更契约履行标的或内容,或者解除契约。具体的程序是,行政机关可以与相对一方协商改变契约内容或标的,或者解除已完全失去履行可能的契约;如果行政契约的变更解除具有急迫性,为防止或免除公共利益遭受重大损失,也应允许行政机关享有单方变更解除权。但是,为了保障相对人的合法权益,必须要求行政机关书面作出变更解除的理由说明。行政机关变更或解除行政契约,如果给相对人造成经济上的损失,那么,从平衡相对人利益的角度,应当按照"经济平衡原则"(le principe d'equation financiere),给予相对人充分的、及时的补偿,以便使公共利益和私人利益获得较好的协调。

(6)对行政契约的解释权。在行政契约的履行过程中,有可能发生双方对原订契约条款理解分歧或条款规定不明确的问题,这就必须解决对契约解释权的配置问题。基于行政契约是推行行政政策的手段而行政机关对行政目的的理解具有权威性之考量,可以考虑将解释权赋予行政机关,但与此同时,为保障相对人合法权益不致因为行政机关滥用解释权而受到侵害,应允许相对人申请行政救济。

在享有适度主导性权利的同时,行政机关也有积极、适当履行行政契约的义务,比如,支付契约相对一方报酬的义务。行政契约所预期的目标能否实现,在很大程度上与行政机关能否恰当履行其义务有着密切关系。

2. 契约相对一方的权利和义务

承认行政机关应享有适度主导性权利,实际上就是保证行政机关对相对一方拥有强制性、主导性的督促后者履行契约义务的能力,但与此同时,也必须认识到行政契约所预期的特定行政目的的实现,实际上取决于行政机关与相对一方各自切实履行彼此的义务,然而从实践中反馈回来的信息表明行政机关在履行义务方面并不令人满意。因此,从权利义务配置上,也应考虑发挥相对一方对作为契约一方当事人的行政机关履行契约义务的督促作用,这在行政机关所承担的契约义务对相对一方能否完成其所承诺的契约义务具有前提性意义时,显得尤其重要。反映到具体制度的设计上,就是在行政机关不履行或迟延履行义务时,允许相对一方享有向法院申请强制执行以及要求赔偿损失的权利。

另外,在绝大多数行政契约中,相对人参加到契约中来,并不是没有自己的利益和目标,在多数情况下,还是以这些利益或目标的实现为契约对价的,因此,为了保证相对一方在契约中利益的实现,在行政契约中还应该规定相对一方这方面的权利,比如,要求获得报酬权。

总之,行政契约作为推行行政政策与实现行政目的的手段,必然内在地决定与要求在契约中双方的权利义务的配置是不均衡的,表现为向行政机关一方的权利倾斜和向相对一方的义务倾斜。但是,这种倾斜的程度应当有一定限度,也就是应以实现特定行政目的所必需为衡量与判断标准,不得施加给相对一方与实现特定行政目的无关或不必要的义务或权利,也不能随意扩大行政机关的权利或令其承担不必要的义务,从而使合同中双方的权利义务的分配趋于合理。①

(二)行政契约的程序

在我国行政契约制度的构建中,出于保证行政机关所预期的特定行政目标的达成的考虑,在处于隶属关系的当事人间缔结的合同中,需要维持双方的不对等状态,以及赋予行政机关较大的主导性权利,而这在实际操作中又会引发诸多失范。因此,在法律制度的设计和具体运作上,应当考虑借助行政程序来进行规范与控制。

行政程序之所以能够对行政契约起到规范与控制作用,是因为行政程序作为行政决定的规范流程,能够提供各方交易的理想空间,促进意见疏通,扩大选择范围,调和彼此的利益;能够消除地位不对等的隔阂,使处于弱势的一方能够自由地表达意见,实现合意的自由,从而使行政契约活动从本质上符合契约的根本特性;能够通过课加行政机关程序上的义务和赋予相对一方程序上的权利,使行政机关主导性权利的行使合乎理性,从而保证由此作出的行政选择是最有效益的。

1. 签订行政契约的基本方式

(1)招标。招标是通过竞标方法,按照一定的标准与政策选择行政契约的

---

① 在这个问题上,德国行政法院在处理"连结负担"时所采取的判决立场与态度值得注意,即对于行政机关在许可建筑商开发新社区时,与建筑商缔约,让后者承担在新社区内兴建幼稚园、小学及公路等公共设施,这是否属于违反"法律保留原则",额外增加相对人负担? 对此,德国行政法院的见解是,该行政契约不违反法律的禁止性规定,且兴建幼稚园等义务是开发社区的附带内容,因而不属于法律所禁止的不正当的"连结负担"。

相对一方。多适用于具有经济目的的行政契约。比如,政府采购项目多是通过招标来签订采购合同的。平等竞争原则以及招标等适当的缔结合同方式对在具有多位竞争者中贯彻机会均等原则,反对"内幕交易"及裙带关系等腐败滋生,具有重要意义。

(2)协议。这是行政契约签订的最主要的方式。也就是通过行政契约双方当事人就合同的内容等问题进行协商,最终达成的一种协议。

2.签订契约的基本程序

(1)协商。协商的实质就是自由合意,是保证行政契约这种行政法上的行为方式从本质上符合契约根本属性的重要制度与措施。而且,取得相对一方对行政机关所欲推行的政策的理解和支持,以及协调可能发生冲突的公共利益和其他程序参加者的利益之间的关系,获得各方都满意的均衡方案,这一切活动都是通过协商制度来完成的。因此,协商制度在行政契约制度中占据着枢纽的位置,在行政契约的缔结、内容的形成以及执行等各个阶段都应当贯彻协商的精神。

(2)听证。针对不履行契约义务的相对人的直接强制执行权、作为制裁手段的单方直接解除契约权、在情势变迁情况下的单方变更权等主导性权利,虽然是在双方约定基础上产生的,但从这些权利行使的方式和效果上看,更接近单方行政行为。因此,应构建听证制度来控制这种权利的行使,加强理性选择。听证的实质是行政机关与相对人就主导性权利行使而疏通意见,通过赋予相对一方的反论权,排除恣意,将决定建立在坚实的事实依据上。为保证行政机关能考量公共利益而及时行使主导性权利,要尽量避免行政程序上的过分牵制,仅在涉及相对人重大利益时,要求行政机关必须举行听证;在其他情况下则由行政机关自由斟酌是举行听证,还是用说明理由的方式来替代。

(3)书面形式。采取书面缔结方式,能够用来作为防止与解决纠纷的良好的程序设置。因为详细的书面契约能够明确与细化程序参加者的各自要求,预先杜绝彼此可能产生纠纷的根源;且一旦发生纠纷,也便于分清责任,加速调解、裁决的进程。当然,不分契约的种类、大小,不管情况如何,都要求采取书面形式,而一概排斥采取电传或口头等其他形式,这种僵硬的态度显然也是不可取的,不符合实际需要以及效益原则。因此,法律应当为行政机关根据实际情况以及成本核算采取其他的缔约形式留有一定的选择余地。

(4)公开、回避、平等竞争原则。公开原则的价值在于增加程序参加人参与程序活动的目的性和针对性,使合同活动的整个过程中出现的错误容易被发现和及时纠正。在行政契约的缔结以及执行阶段,除公开会损及公共利益的情况外,行政机关有义务将所有与契约有关的情况予以公开,包括对拟将缔结的行政契约的基本情况、参加竞争的条件、资格的审查及甄选的结果等,以接受来自公众的监督,防止与杜绝"黑箱操作"。回避原则通过相对一方对执法主体中立性态度的挑剔,与执法人员的自我回避,来维护行政契约权行使的权威性和客观公正性。需要回避的情况包括:第一,行政机关工作人员和行政契约的缔结或执行结果有着个人的利害关系;第二,行政机关工作人员与参加竞争的相对人之间存在利害关系;第三,行政机关工作人员与受行政契约缔结影响的第三人有利害关系。

(5)说明理由。说明理由是行政机关在存在多名符合资格的竞争者中间进行利益的分配时,对最终决定所作的依据解释,或者作为听证的替代方式对主导性权利行使的理由进行书面的阐述。要求行政机关承担这种义务,能够使行政机关在作出决定时更加审慎,同时也便于对决定的正确性进行事后的审查和判断。

(6)参与保留。在缔结行政契约时必须征得其他行政机关(多为上级行政机关)的核准、同意或通过与其会同办理的程序,也能在一定程度上抑制行政恣意,增加决定的正确性。这在行政法理论上被称为"参与保留"。

(7)对第三人的保护。在行政契约侵害第三人权利时,应当以该第三人书面同意作为契约生效的必要条件。这能够事先保护第三人的利益,避免事后引起第三人对行政契约的异议与诉讼,降低行政成本。

(三)行政契约的法律救济

1.司法外救济途径

从西方国家的经验看,针对政府合同提起的诉讼比较少,多是通过司法外途径(协商、仲裁或行政机关内部裁决)来解决,而且一般解决得都比较成功。比如,英国尽管王权诉讼法(*the Crown Proceedings Act* 1947)确立了更加简化和现代化的诉讼程序,使所有涉及中央政府合同责任的诉讼均可循该法确定的标准诉讼程序以适格的政府部门或者检察总长(Attorney-General)为被告提起，①但在实际运作中，因政府合同引起的纠纷几乎很少诉诸法院，通常是由政府和当事人通过非正式谈判（informal negotiation）或者仲裁（arbitration）解决。②又比如，美国对政府合同纠纷处理的运作机制中，行政机关内设立的合同申诉委员会（a board of contract appeals）也起到很大的作用。③

究其原因，主要是契约当事人之间的关系以及对这种关系的维系愿望起到很大作用。比如，特滨（Turpin）就观察到，政府合同当事人和政府一般都乐意通过协商或仲裁来解决他们之间的争议，这比诉讼经济，而且争议得到解决之后也有助于他们之间重新修复关系。④彼得·坎恩（Peter Cane）也指出，政府与相对人间多为互利的长期合作关系，而非一次性商业交易，如果诉诸法院常被视为不适当且易产生副效应。⑤

正因为司法外救济与行政契约特性之间有着某种契合，我国在解决行政契约纠纷的法律制度的建设中也同样比较强调通过协商、仲裁与行政机关内部裁决等方式解决争议。

（1）协商或者由政府出面调处。由双方当事人通过非正式的谈判与意见

---

① 英国政府合同救济制度在历史上存在着一个演变过程，早先，中央政府（the Crown，也有人译成"英王"）的违约责任是通过古老的权利请愿程序（procedure of petition of right）解决的，此外，在一些特别情况下成文法还提供其他的救济方式，比如，1919年运输部法（the Ministry of Transport Act）明确规定了运输大臣的合同责任，允许当事人诉诸普通诉讼。但1947年王权诉讼法废除了上述救济，规定了统一的救济程序。详见，H. W. R. Wade & C. F. Forsyth, *Administrative Law*, Oxford Clarendon Press, 1994, p. 832.

② 纠纷处理的资料来源于 Turpin, *Government Procurement and Contracts*, 221-6. Cf. Peter Cane, *An Introduction to Administrative Law*, Oxford Clarendon Press, 1992, pp. 263~264. Also see Brian Thompson, *Constitutional & Administrative Law*, Blackstone Press Ltd., 1993, p. 401.

③ 在美国，政府合同纠纷通常由行政机关部门一位特别合同执行官员（a special contracting officer）来裁决，对该裁决不服，可向行政机关内的合同申诉委员会（a board of contract appeals）或者赔偿法院（the Claims Court）[限于金钱赔偿诉讼（a suit for monetary damages）]申诉，如仍不满意，可向联邦巡回上诉法院（the Court of Appeals for the Federal Circuit）上诉。Cf. Peter L. Strauss, *An Introduction to Administrative Justice in the United States*, Carolina Academic Press, 1989, p. 285.

④ Cf. A. C. L. Davies, *Accountability: A Public Law Analysis of Government by Contract*, Oxford University Press, 2001, p. 12.

⑤ Peter Cane 的分析，See Peter Cane, *An Introduction to Administrative Law*, Oxford Clarendon Press, 1996, pp. 263~264.

交流来消弭彼此对契约条款理解的差异以及有关纷争,是诸种解决方法中成本最低且效益最高的解决方式,在我国传统文化背景下对于处理当事人彼此间存在隶属关系的契约争议极具价值。

(2)仲裁。目前为解决特定行政契约纠纷,行政机关在行政体系内部专门设立了仲裁机构,比如,人事部成立了人事仲裁公正厅,受理因履行聘任合同或聘用合同发生的争议。这种模式对于解决行政契约,特别是行政机关之间、行政机关与所属下级行政机构及公务员之间缔结的行政契约的纠纷具有较强的示范与借鉴作用,落实在制度设计上就是能否考虑在行政机关体系内设立专门的具有一定独立地位的仲裁机构。

(3)行政复议。尽管在行政实践中也存在运用行政复议解决农村经济承包合同案件的实例,①《行政复议法》第6条第6项中还进一步明确了可以受理因行政机关变更或者废止农业承包合同而引发的争议,但是,笔者认为,这种处理问题的方法,不是将行政契约纠纷作为有机整体来解决,而是将行政契约中类似于行政权力的主导性权力引发的纠纷拆解出来单独解决,因此,是不可取的。

笔者认为,目前我国行政复议制度的构造不适合解决行政契约纠纷,应当对行政复议制度作相应的修改。之所以如此,是因为在我们所要建立的行政契约制度中,行政机关所享有的主导性权利是以公共利益所必需为限度的,因而是有节制的、适度的。在这种制度运作过程中,除行政机关行使主导性权利情况下可以将自己对契约履行的预期与要求通过单方的行为实现外,在一般情况下,契约双方当事人发生纷争,都只能诉请第三方进行裁决,而现行行政复议制度仅对相对人救济的单向性结构根本不符合行政契约纠纷解决的要求。因此,制定专门解决行政契约纠纷的特别规则,也就是在行政复议制度原有的单向性救济结构中建立专门解决行政契约纠纷的双向性救济结构,应当成为行政复议制度改革的题中应有之义。

2. 司法救济途径

(1)行政诉讼的可得性。西方国家法院对于行政契约引发的纠纷,一般都是放到行政诉讼(司法审查)上来解决,适用特别的规则。如英国,在不区别公法(public law)和私法(private law)争议的救济管辖体制下,政府合同纠纷统由普通法院审理,但法院在审理案件时,适用王权诉讼法(*the Crown Proceed-*

---

① 张志华:《南漳县政府授权政府法制机构严肃查处村级行政组织单方面撕毁经济承包合同案件》,载《行政法制》1996年第3期。

ings Act 1947),并根据行政机关签订合同时所执行的任务是否涉及管理或公共规制的方式来确定是否适用司法审查。① 在法国行政法上,将行政机关为履行公职务所实施的行政活动视为广义的公共管理行为,为该管理行为所缔结的契约被理解为公法上的行政契约,②由此产生的争讼通过行政诉讼解决。德国法上,作为一般规则(as a general rule),如果行政契约一方当事人不履行契约义务,也是通过向行政法院提起诉讼来解决契约履行问题的。③

我国学者研究行政契约司法救济制度的结论多倾向于将行政合同案件纳入行政诉讼范畴。④ 对此,笔者亦表示赞同。由行政诉讼统筹解决行政法上的纠纷,是在我国要区别个案所涉及的法律关系的性质而循不同的救济途径解决争议的制度下,行政契约从性质上排斥其他司法救济途径的结果。

(2)审查依据。在行政契约的审查依据和法律适用上完全摒弃公法规则,只适用私法规则,恐怕不太可行。因为公法的特别原则和规则赖以建立的主要前提就是,政府与其他公共机构只能为公众的利益而存在,据此人们也有理由认为,行政机关只有为进一步推进其合法公共目的才可以签订合同。这种"行政机关/公共利益"之预设前提("public authority/public benefit" premise),促使我们必须在合同缔结与履行的各个阶段适用公法标准。⑤ 另一方面,假如我们把行政契约的缔结和履行看作是一种公共资源的再次分配(对于有些契约形态的确如此,比如,政府采购合同),或者是通过合意的方式在法律允许的范围内创设一种公法秩序,形成若干具有公法意义的权利义务关系,那么,受到公法规则的约束也很自然,而且必要。

同样,完全否认私法规则的适用性,也不是科学的态度。行政契约问题之所以近年来备受关注,是公共管理不断受到市场经济理念侵蚀,私法上的契约观念不断向公法领域渗透的结果,契约规制实践使得公法与私法二元结构逐渐变得界限模糊,或者更确切地说,这种实践就是生长在公法与私法二元结构的交叉边缘。因此,在解决行政契约纠纷的法律适用问题上,想完全摒弃私法

---

① Cf. P. P. Craig, *Administrative Law*, Sweet & Maxwell, 1994, pp. 567~568.

② 成田赖明:《行政私法》,载《法律评论》第 60 卷第 1、2 期合刊。

③ Cf. Mahendra P. Singh, *German Administrative Law: in Common Law Perspective*, Springer-Verlag Berlin Heidelberg, 1985, p. 54.

④ 这方面的论文与专著较多,如许崇德、皮纯协:《新中国行政法学研究综述(1949—1990)》,法律出版社 1991 年版,第 487 页。

⑤ Cf. Carl Emery, *Administrative Law: Legal Challenges to Official Action*, Sweet & Maxwell, 1999, p. 236.

规则,顽强地生发出一套独立的公法规则是不太现实的,也是不可能的。毕竟行政契约是借助了一种契约观念和结构、私法上的契约调整规则和原理所体现出来的一些共性的东西,在行政契约纠纷的处理上还是应该有适用的可能和余地的。

因此,笔者认为,在行政契约的审查依据和法律适用上更多的是适用混合规则,其中公法因素应当适用公法规则,与此同时,不排斥在契约共有规律上适用私法规则。

(3)双向性审查结构。行政契约纠纷多是双方行为所致,或者互为因果,相互作用的结果,因此,法院的审查视点不可能只落在行政机关一方,只关注行政机关的行为是否合法、适当,而必须对双方行为进行综合的审视和判断。这显然与具体行政行为的司法审查模式不同,后者审查的对象无疑是、也只能是行政机关的具体行政行为。

与解决民事合同纠纷一样,法院不仅要判断契约当事人有没有违法问题,也要判断当事人有没有不恰当履行行政契约的行为,进而才有可能作出正确的裁断。因此,行政诉讼所特有的合法性审查原则(只审查具体行政行为的合法性,不审查其合理性)在行政契约问题上不适用。

(4)原告、被告资格。在传统行政诉讼上,由于行政行为公定力的缘故,行政机关不存在借助法院推行行政意志的需求,只有相对人才需要寻求法院的救济,所以,行政诉讼上的原告与被告具有恒定性的特点,也就是行使公权力的行政机关永远是、也只能是被告,相对人才有可能成为原告。

如果用这种诉讼结构来套用行政契约纠纷,就会发现:只有当行政机关行使契约中的特权或主导性权利时,其意志能够类似于具体行政行为得到直接的贯彻,不需要借助法院。除此之外,行政机关不具有特别的权威和行政法制度保障,也有要求法院干预的需求,也可能成为原告。而按照契约纠纷解决的特点,契约双方当事人之中的任何一方谁对契约履行产生不满,都应该可以诉诸法院。由此我们不难得出结论:传统的行政诉讼制度与行政契约的这种诉求不相契合,这种正当诉求在传统行政诉讼结构中得不到应有的回应。因此,行政契约的纠纷发生以及寻求解决的特点,必然要求在传统的行政诉讼之外建立特别规则,允许行政机关就契约纠纷问题提起行政诉讼,成为原告。

但问题还没有完结,在现代民营化浪潮和契约规制实践中,行政契约引起的纠纷不单单限于行政机关与契约相对人之间,假如通过行政契约的形式将公共服务的提供转移到契约当事人,就会形成公共服务购买者(行政机关)——公共服务提供者(契约相对人)——消费者之间的链条关系。原来由行政机关承担的公共服务职能,现在实际上由契约相对人来履行,那么,一旦发生消费者对服务不满,以谁为被告呢?

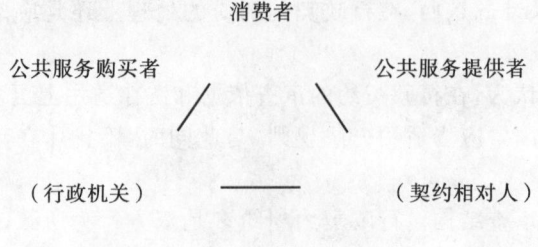

图 11-2

在英国的理论中,有两种选择:一是仍然以负有提供公共服务职能的行政机关来当被告;二是直接将公法原则适用到契约当事人。其根据正如克莱格(P. P. Craig)所说的,契约当事人是代表政府履行职责,当然要接受司法审查。[①]

在我国现有的法律制度和处理问题的一贯思路下,上述问题很可能会被分解成两个阶段、两种不同类型的法律关系来处理:一是行政机关与公共服务提供者之间是一种行政法上的关系,会缔结成为一种行政契约关系;二是公共服务提供者和消费者之间的关系,多半会被处理为一种民事合同关系。

但是,假如行政机关与契约当事人之间的协议侵害了第三人的利益,比如,无权处理第三人的权益而隐瞒第三人处理之,或者涉及第三人利益的行政契约却未征得第三人的同意,那么,第三人也有资格作为原告提起行政诉讼。

(5)举证责任。在笔者看来,行政诉讼法在举证责任的分配问题上有一个误区,想以公法与私法二元论为依托,极力否认民事诉讼上的"谁主张、谁举证"在行政诉讼上的适用性。其实,在行政诉讼上表现出来的行政机关举证责任较重,并不是有特别的规则潜在运行的结果,而是因为在行政执法阶段通常由行政机关主张权力,这在诉讼阶段的延续与结果必然表现为在更多的场合下由行政机关负举证责任,但是,其实质仍然没有逃脱"谁主张、谁举证"之樊篱。[②]

在行政契约纠纷的解决上,也没有必要制定出另外的、特别的举证责任分配规则。在行政契约缔结和履行中,由于行政机关处于强势地位(比如享有主

---

① Cf. A. C. L. Davies, *Accountability*: *A Public Law Analysis of Government by Contract*, Oxford University Press, 2001, p. 24.

② 参见余凌云、周云川:《对行政诉讼举证责任分配理论的再思考》,载《中国人民大学学报》2001年第4期。

导性权利)而引发出的争议,必然表现为行政机关在诉讼中承担较大的举证责任。对于与行政权行使交织在一起的争议,对其中行政权行使是否合法的审查,也同样适用在行政诉讼上我们早已娴熟的举证规则。

(6)反诉。以公权力性、单向性和强制性为基本特征的行政行为进入到行政诉讼之后根本不需要反诉的功能,对任何新发现或者未解决的问题,完全可以蕴含在行政过程之中,通过行政机关单方的意志就能够解决,根本不需要借助法院的力量。所以,围绕行政行为建立起来的传统行政诉讼制度之中不需要反诉制度。

但是行政契约不然。行政契约不是一种行政行为,而是一种双方行为,是合意的产物。这意味着它不能够像行政行为那样通过行政机关单方意志来运作。这既是它的优点,具有更强的吸纳相对人意愿的能力,更具有民主性;同时也是它的缺点,单方决策能力和强制力不够。在行政契约的运作中及其纠纷的解决中,行政机关自身的解决纠纷能力有限,必须依靠法院的力量来推动行政契约纠纷的解决和行政契约的履行。对于与原告诉求主张相反的意见和主张也需要提交给法院,由后者裁断是非,因此,需要有反诉这样的制度。

(7)判决形式。我国台湾学者蔡文斌先生非常敏锐地感觉到了大陆行政诉讼法规定的判决形式,以及后来通过《最高人民法院关于执行〈中华人民共和国行政诉讼法〉若干问题的解释》中增补的判决形式,在解决行政契约纠纷方面仍然存在着不足。他指出:"大陆由于对行政诉权的理论狭隘,以及缺乏司法传统,因此行政诉讼类型单一。"给付诉讼范围狭窄,确认判决与大陆法系讨论的确认诉讼不同,因此,对大陆行政诉讼法能否妥帖适应解决行政契约纠纷的需要存有疑问。①

从德国和我国台湾地区等的经验看,行政诉讼类型多是由民事诉讼类型发展而来,②所以在解决行政契约纠纷上自然得心应手。对于我国大陆地区行政诉讼制度中存在的诉讼类型狭窄,对行政契约纠纷的解决构成制约的问题,在笔者看来,没有必要另外规定新的判决形式或者规则,而应该从完善整个行政诉讼类型着手。随着行政诉讼类型制度的丰满、充实与周延,上述判决形式上存在的问题也必将迎刃而解。

---

① 参见蔡文斌:《评〈对行政法上"假契约"现象的理论思考——以警察法上各类"责任书"为考察对象〉》,载杨解君主编:《行政契约与政府信息公开——2001年海峡两岸行政法学术研讨会实录》,东南大学出版社2002年版,第362～363页。

② 参见马怀德:《行政诉讼原理》,法律出版社2003年版,第113～114页。

第十二章 行政服务及其法治化

谈及行政服务,一般公众可能会在脑海中浮现出如下几个关联的概念或意象:服务型政府、公共服务、行政服务中心抑或只是单纯的行政机关及其工作人员的服务行为等,其实,除了这些关联的概念和意象,我们仍需从行政法学意义上去认真地思考什么是行政服务,其是否构成一类行政行为,如果构成又该如何规范这类行为等一系列的问题。本章即着眼于我国当前行政实践中普遍存在的一类服务现象,意图抽象出这类现象的共性并将其构建为我国行政法中行政行为的新类型——行政服务,通过深入研究,设计出规范该类行为的法律制度,从而进一步促进我国行政法治建设事业的发展。

一、行政服务现象的捕捉

(一)"服务型政府"理念的导引

20 世纪 80 年代以来,国内外公共行政学界推陈出新,将行政模式从传统的"秩序行政"、"管制行政"中解放出来,陆续提出"新公共管理模式"(盛行时间约自 1980 年前后至 2000 年前后)、"新公共服务模式"(2000 年前后至今)和"新治理模式"(晚近的一个新发展)等新的治理模式。与此相适应,西方各国掀起一场持续至今的公共行政改革浪潮,其重要价值导向之一就是逐步实现由"以政府为中心"的管制模式向"以满足人民的需求为中心"的服务模式转变。这一系列改革浪潮对中国的行政管理体制改革也产生了重要影响。

新世纪以来,面对我国"入世"后的新形势,借鉴西方公共行政改革的理论,特别是反思"非典"疫情对政府社会管理和公共服务职能的考验,一些学者和地方官员提出建设"服务型政府"的问题,并很快得到高层认可。2004 年 2 月 21 日,温家宝总理在中央党校省部级主要领导干部"树立和落实科学发展观"专题研究班结业仪式上,以《提高认识,统一思想,牢固树立和认真落实科学发展观》为题发表讲话,首次提出我国要建设"服务型政府"的目标。同年 3 月 8 日,在参加全国人大会议期间,温家宝总理又强调:"我们要把政府办成一个服务型的政府,为市场主体服务,为社会服务,最终是为人民服务。"2005 年

3月5日,温家宝总理在十届全国人大第三次会议上所作的《政府工作报告》中,用一个完整部分来论述服务型政府建设,要求创新政府管理方式,寓管理于服务之中,更好地为基层、企业和社会公众服务;整合行政资源,降低行政成本,提高行政效率和服务水平;政府各部门要各司其职,加强协调配合;健全社会公示、社会听证等制度,让人民群众更广泛地参与公共事务管理;大力推进政务公开,加强电子政务建设,增强政府工作透明度,提高政府公信力。2007年10月15日,在党的十七大报告中,胡锦涛总书记进一步强调要"加快行政管理体制改革,建设服务型政府"①,从而最终把建设服务型政府提到了政治与行政改革的战略高度。

所谓"服务型政府",是指"在公民本位、社会本位理念指导下,在整个社会民主秩序的框架下,通过法定程序,按照公民意志组建起来的以为公民服务为宗旨并承担着服务责任的政府"②。服务型政府的本质属性,是以公民权利为本位,以提供服务为宗旨。"服务型政府"具有以下特征:一是政府的行政理念是"服务"而非"管制";二是政府的组织结构体现自治、合作、精简、便民的弹性原则;三是政府行为方式必须公开透明;四是政府决策必须通过公众和社会组织的广泛参与、对话、协商形成;五是公民有主人意识和积极态度,而不是被动接受服务的消极顾客;六是政府公务员角色定位必须是服务者,并具体扮演好组织者、引导者、倾听者、阐释者、仲裁者和行动者的角色。③ 可见,"服务型政府"这一政府模式具有丰富的内涵。但同时应当注意的是,这一概念阐述的内容具有高度的概括性和抽象性,缺乏配套的实施制度和机制,因此,在行政实践中"服务型政府"主要体现为一种价值导向理念,对我国行政法治建设以及行政管理体制改革的总体思路进行引导。

纵然行文至此我们尚未对行政服务的现象及其概念作出明确把握和科学界定,但作为行政法治建设中的重要一环,其必然受到"服务型政府"这一理念

---

① 参见杨建顺:《论"服务型政府"在行政法上的定位》,载《河南省政法管理干部学院学报》2009年第1期。

② 刘熙瑞:《"服务型政府"——经济全球化背景下中国政府改革的目标选择》,转引自杨建顺:《论"服务型政府"在行政法上的定位》,载《河南省政法管理干部学院学报》2009年第1期。由于该概念的内容广泛,几乎囊括了现代政府所必需的一切特点和要素,故此种界定被政府官员和学者们所认同。

③ 宋昌斌:《我们需要建设什么样的政府——"法治政府"与"服务型政府"关系探讨》,http://www.sxzffz.gov.cn/News_View.asp? NewsID=57,访问日期:2010年8月15日。

的深刻浸染和影响,甚至仅从其名称中的"服务"二字就可初步观察到该理念对此类行为的导引痕迹。故而,在此我们可以捕捉到行政服务现象的核心价值特征,即应当充分体现"服务型政府"的宗旨和理念。

(二)行政管理体制改革的推动——以行政审批制度改革实践为重点①

在"服务型政府"理念的引导下,我国开始在行政领域进行全面和广泛的管理体制改革探索,行政审批制度改革即是其中的重要组成部分。随着行政审批制度改革的步步深入,一种颇具创新内容的新型实体——行政服务中心②于21世纪初在全国各地纷纷成立。由于行政服务中心在我国的建立首先是从一些地方探索开始,进而在全国推广开来的,因此,各地、各级政府所设立的行政服务中心并没有完全统一的模式和设立标准,其既有相互借鉴的相同做法,又有因地制宜的不同之处。为准确把握行政服务中心的外延,有学者分别以行政服务中心是否直接享有行政审批权、行政服务中心的业务范围和功能、设立行政服务中心的政府层级、行政服务中心的机构性质、设立行政服务中心的主体等为标准对其进行了详细分类③,在此笔者仅选取与行政服务有关的一种分类进行介绍。该学者认为,如果以行政服务中心的业务范围和功能为分类标准,目前我国的行政服务中心可分为:行政审批型行政服务中心、行政事务型行政服务中心和综合服务型行政服务中心。所谓行政审批型行政服务中心,是指其业务范围全部围绕行政许可展开,其基本功能完全服务于行政审批活动。也即虽以行政服务中心命名,但中心的业务仅限于行政审批事项。所谓行政事务型行政服务中心,是指其业务范围主要涉及便民服务,

---

① 20世纪90年代以来,我国政府应对现实需求提出和持续开展了"削减行政审批"活动,《行政许可法》即是这一改革过程的阶段性成果。严格说来,行政审批与行政许可是两个不同的概念,应当说,行政审批较之行政许可而言是一个更大的范畴。客观上我国的行政审批行为存在着行政许可与非许可的其他审批、登记,本文所称行政许可仅取其狭义。

② 在名称上,各地叫法不一,除"行政服务中心"外,尚有如"政务服务中心"、"行政审批(服务)中心"、"政务大厅"、"便民服务中心"、"政务超市"、"社会服务中心"等多种名称,据有关学者统计有20种之多。

③ 参见赵永伟、唐璨:《行政服务中心理论与实践》,企业管理出版社2006年版,第45~50页。

其基本功能是提供公共服务[①],而不直接受理行政许可和行政审批。这类行政服务中心主要是指乡镇级行政服务中心,因为乡镇级基本上没有行政审批权力,不可能设立集中审批权的行政服务中心。而所谓综合服务型行政服务中心,是指其业务范围不仅包括行政审批,还包括各类社会性便民服务项目;其功能不仅是完善行政审批制度,而且还旨在提高公共服务质量。在我国目前已设的行政服务中心中,绝大多数属于此类。之所以选取这一分类标准,笔者的考虑在于,关于行政审批、行政许可等行政行为,国家和许多地方都已有相关的法律或规章加以规范,但是,关于前述所称的便民服务,目前国家和绝大多数地方尚无相应立法[②],且鉴于此类现象存在的广泛性及其内涵、外延的模糊性,为加强行政法治建设、深化行政管理体制改革,笔者认为,理论界和实务界均应尽快展开规范此类现象的法制探索。

如前所述,这一问题已经被深圳市在行政审批改革的实践中发现并出台地方政府规章——《深圳市行政服务管理规定》(以下简称《规定》)[③]对此进行了规范。起草《规定》的深圳市法制办在研究中发现,在深圳市的历次行政审批制度改革中,行政机关应公民、法人或者其他组织申请或者要求而办理的事项,有相当大一部分既不属于行政审批类的事项,也不属行政救济类(包括行政复议申请、行政赔偿申请等)的事项,而是属于纯粹提供帮助类的服务事项。这类服务事项如提供政府信息、对流浪乞讨人员提供救助、办理各种备案(如建设合同备案、建筑工程竣工验收备案、物业服务合同备案、经济执业人员备案、市外设立分公司备案等)、有关担保物权登记、补发或换发有关证照(如身

---

① 笔者认为,此处所称"公共服务"有不妥之处。通常所称"公共服务"是社会主义市场经济条件下除国防、外交等外政府的四项基本职能(即经济调节、市场监管、社会管理、公共服务)之一,包括加强城乡公共设施建设,发展教育、科技、文化、卫生、体育等公共事业,为社会公众参与社会经济、政治、文化活动等提供保障,对于公民的普通需求而言具有一定的非特定性和间接性。而此处所指的服务应该是指行政服务中心提供的一种满足公民的某种具体的、直接的需求的行为。

② 2010年3月19日,一向处于我国法制建设前沿的深圳市继续领跑全国,率先通过地方行政立法(《深圳市行政服务管理规定》)对行政服务进行了界定和规范,填补了我国相关立法的空白。

③ 《规定》将行政机关办理的不属于行政审批而是提供服务和帮助类的事项设定为行政服务,并对行政服务项目的设定、提供方式、服务程序、监督检查等进行了明确规定,要求行政机关在设定和提供行政服务时贯彻以民为本的宗旨,遵循便民、优质、高效的原则,积极推进服务型政府建设。该规定自2010年5月1日起正式实施。

份证、驾照、营业执照等)、出具有关证明(如居住证明、无犯罪证明、家庭生活困难证明)等。而且,随着行政审批制度改革的不断深化和服务型政府的逐步建立,这类事项在行政机关办理的事项中不断增多,涉及人民群众的生活、生产等方方面面。据初步统计,在深圳市第四轮行政审批制度改革(即非行政许可审批制度改革)中,经清理,市政府 37 个部门共有 78 个事项被确定为一般服务事项(即非审批类行政服务事项)。目前在市政府行政服务大厅办理的事项共约 408 项,其中属于行政审批的事项 225 项,其余的 183 项(约占 45%)属于非审批类行政服务事项。在最近新一轮的政府机构改革中,被清理减少的 152 项行政审批事项中有相当一部分转为非审批类行政服务。① 由此可见,与前述分类所称一致,当前行政审批改革实践中的确存在大量缺少相应规范的非审批类一般服务事项②,深圳市《规定》的重大意义不仅在于其弥补了我国在该领域的立法空白,对于行政法学的发展而言,更在于其对完善我国行政法关于行政行为分类所作出的积极探索。

至此,行政服务现象的轮廓已初步呈现。虽然我们的目光仅投放在行政管理体制改革进程中的一部分——行政审批制度的改革实践,但由于其在行政机关活动中的典型性、重要性及各地行政服务中心实践的高度实证性,行政服务的部分重要外部特征——非审批类、提供帮助、便民服务等仍已被零碎捕捉。

(三)公众行政参与意识的渗透

服务是指为他人做事,并使他人从中受益的一种有偿或无偿的活动。服务活动中的双方主体在地位上平等,无高低之分。在行政服务活动中,至少涉及两方主体——服务提供主体和服务接受主体,一般来说即行政机关③和请求服务的社会公众。因此,即使在行政领域,根据服务的基本概念,二者的地位也应当是平等的。行政服务不应当仅被视为是"弱势"的社会公众向"强势"的行政机关请求帮助的行为,而应当在"服务型政府"理念的导引下自觉转化为行政机关的职责,基于公众的需求在平等的地位上向其提供服务。事实上,

---

① 在此衷心感谢参与《规定》起草的、深圳市法制办黎军副主任在相关研究资料提供上的无私帮助。

② 笔者认为,此处所称"非审批类一般服务事项"与前述"便民服务"、"公共服务"在实质内容上并无二致,均指当前行政审批改革实践中存在的一些提供帮助性质的便民服务项目。

③ 应当说,行政机关只是行政服务的一般和重要的提供主体,在行政服务现象中,也存在其他的服务提供主体。这一问题会在"行政服务的提供主体"部分论及。

随着公众行政参与意识的增强,行政服务的内涵也已得到丰富和提升。

随着20世纪下半叶世界范围内民主化潮流的出现,现代行政管理和行政法制实践中越来越多地增加了直接民主因素,公众的行政参与成为新的制度价值追求和民主判断标准。所谓行政参与,是指社会公众在行政机关行使国家权力,从事国家事务和社会公共事务管理的过程中,充分发挥自身在行政管理过程中的主体性、自主性和创造性,明确自身参与行政的权利和行政机关的责任和义务,广泛地参与到行政决策、行政计划、行政立法、行政执行、行政裁决、行政指导、行政契约、行政服务、行政给付等行政过程中,共同创造互动、协调、协商、对话、合作的新型行政法律制度。其核心就是通过将公众和各类社会成员纳入行政过程,促进行政的民主化、理性化、科学化和规范化,提升行政活动的公开、公平、公正和效率。

当前中国正处于社会发展的转型时期,市场经济和民主政治的发展增强了公民的自主意识和行政效能感,也逐渐激发出了公众参与行政的热情。事实上,公众勇于和乐于在行政活动中发出自己的声音,已经成为当代中国行政领域的一大特色。在行政活动中,行政机关通过允许、鼓励行政相对人、利害关系人和一般社会公众参与行政活动过程,提升行政活动的公开性、公正性、正当性与合理性,达成政府与社会公众关系的良性互动,已经成为现代行政的一种发展趋势和正当性标准。

对于行政服务而言,纯粹请求行政机关帮助性的服务已不能完全涵盖行政服务的内容,当前,一种体现公众参与精神的行政服务要求正在悄然生发。其中,公众对于某些具有行政参与意义的行政信息的公开的要求最具代表意义。随着公众行政参与意识的增强,公共行政过程的透明度和行政信息的充分开放是非常必要的。理由很简单,公众在信息匮乏或信息不完全的情形下是难以有效参与行政过程的。因此,作为满足公民知情权、落实公民言论自由权的重要制度设计,行政信息公开制度也应充分体现在行政服务实践中。通过行政机关的优质、高效的信息服务,公众一方面可以在满足知情权的基础上作出有效的行政参与,充分保障自身权益,另一方面也可以加强对行政活动的监督,促使行政机关提高工作透明度和工作效率,减少暗箱操作的可能性。

故而,在把握行政服务现象的前述特征之后,我们还应该捕捉到当今行政民主化潮流给行政服务现象带来的新气息,即公众行政参与意识的渗透。这对我们深刻认识行政服务的性质、全面了解行政服务的内容、完整抽象行政服务的概念以及端正对待行政服务的态度有着重大理论意义和实践意义。

二、行政服务基础理论的探析

(一)行政服务的行政行为属性

通过前述三个角度对行政服务现象的捕捉,我们已经能够获得一些行政服务行为本质或外在的一些特征。这种类型的行为是否属于行政行为呢?

行政行为是行政法学研究中的核心概念,一般认为,行政行为是享有行政权能的组织或个人运用行政权对行政相对人所作的法律行为。不具有行政权能的组织或个人所作的行为,具有行政权能的组织或个人没有运用行政权所作的行为,没有针对行政相对人所作的行为,不具有法律意义的事实行为,都不是行政行为。① 这种见解虽然比较能反映行政行为的特殊性质及其使用的特殊法规范,但应当注意的是,它实际上将相对抽象的行政立法行为也纳入其中,对此,有学者认为这样的界定方式不符合确立行政行为概念的初衷,也不利于行政诉讼受案范围的扩大。故而,该学者提出了自己的见解,即"行政行为,是指行政主体为实现国家行政管理目标而依法行使国家行政权,针对具体事项或者事实,对外部采取的能产生直接行政法律效果,使具体事实规则化的行为"。② 该见解排除了行政主体的抽象行为和内部行为,与我国实定法上的"具体行政行为"概念基本重合。由于该见解更好地反映了确立行政行为概念的初衷,其正在被越来越多的年轻学者所主张和支持,笔者在此亦采用此见解。

依照此见解,笔者认为,行政行为应当包含以下要素:(1)主体要素:行政行为是行政主体所作的行为;(2)目的要素:行政行为的目的在于实现国家行政管理目标;(3)行为要素:行政行为的核心在于行政主体依法行使国家行政权;(4)效果要素:行政行为能产生具体的、直接的、外部的行政法律效果。对于行政服务而言,其主体要素、目的要素及效果要素都是明显具备的,因此,讨论的重点即在于其行为要素,即行政服务是否是行政主体依法行使国家行政权的行为。

行政权是法律上确认的国家权力之一,传统行政法学认为行政权具有单方性、强制性以及非对等性等特征,那么,以帮助、参与、平等为行为特征的行

---

① 参见姜明安:《行政法与行政诉讼法》,北京大学出版社、高等教育出版社 2005 年第 2 版,第 175 页。

② 参见杨建顺:《行政规制与权利保障》,中国人民大学出版社 2007 年版,第 281~282 页。

政服务是否属于行政主体行使行政权的行为？随着社会发展,国家行政权是否又增添了新的内涵？答案毋庸置疑是肯定的。事实上,随着市场经济体制的发展和不断完善,在此基础上建立的现代行政法学理论以及由此形成的现代行政法学精神与传统行政法学的理论和精神已发生了相当的转变。现代行政理念更加强调行政主体的服务意识,社会公众的广泛参与,以及行政行为实施过程中与行政相对人之间平等、自由的协商与合作。据此可见,行政行为已绝非执行僵硬化、单方意志化的强制行政,行政服务与现代行政法学中的行政权特征存在着高度契合。因而,行政服务具备行政行为的行为要素,其当然属于行政主体依法行使国家行政权的行为。而至此,行政服务的行政行为属性也已得到充分肯定。

（二）行政服务的概念和范围

由于行政服务事项具体类型多,覆盖范围广,因此必须明确其概念和范围,以便在实践中辨认。以深圳市为例,《规定》即同时采用了抽象概括、反向排除以及概要列举等三种形式对其进行了描述和限定。《规定》第2条把行政服务的概念定义为:"是指行政机关履行法定职责,根据公民、法人或者其他组织的要求,为其提供帮助或者办理有关事务的行为。"为与行政机关的其他行为作一区别,《规定》又同时规定"行政机关的下列行为除外:（一）根据公民、法人或者其他组织申请办理的行政审批（含行政许可和非行政许可审批、登记,下同）、行政复议、行政赔偿;（二）根据法定职责为不特定对象提供的城市管理、环境保护、医疗卫生等公共服务"。同时,《规定》第6条又列举了常见的行政服务事项,从而大致确定了行政服务的范围。

1. 行政服务的概念

应当说,作为行政服务立法的重要研究范本,《规定》给我们提供了一套较为成熟、可行的认知行政服务行为的方式,但由于立法者的身份立场、职业偏向、代表范围等多种因素的差异,难免使其认知带有一定的局限性。因此,在此我们仍需从行政法学的角度进行一次力图更加客观、全面和规范的思考。就行政服务的概念而言,笔者认为,应该从以下几个方面进行思考：

首先,行政服务的主体。如前所述,在行政服务活动中,至少涉及两方主体——服务提供主体和服务接受主体。就服务提供主体而言,根据行政行为的主体要素标准,即行政行为是否是行政主体①所作的行为、提供者是否具备行政主体资格,又可将其分为一般服务提供主体和其他服务提供主体两类。从范围上看,前者通常涉及行政机关以及法律、法规授权的具有管理公共事务职能的法人或者其他组织,后者则涉及基于行政主体的委托、购买以及其他形式而参与到行政服务活动中的符合相关条件的法人或者其他组织。由此可见,对行政服务提供主体在概念中仅采"行政机关"的表述是有失褊狭的,采用"行政主体"的表述则更为适宜,其不仅明确反映了行政服务行为的主体要素,而且也间接将其他符合相关条件的法人或者其他组织纳入行政服务提供主体的视野。就服务接受主体而言,其主体范围相对固定,即申请和要求行政服务的公民、法人或者其他组织。

其次,行政服务的内容。如前所述,随着行政民主化的不断推进,公众行政参与意识的增强,行政服务的内容不再局限于纯粹的提供帮助性质的项目,一些具有行政参与意义的服务要求在不断地被提出。因此,行政服务的概念也应充分体现这一变化和要求,增加相关内容。

再次,行政服务的程序。在行政法治的视野里,程序不仅是保障实体公平正义的制度选择,而且其本身也蕴含着相当的价值,程序建设的程度是一项制度法制化程度的重要标尺。因此,我们不仅要在实践中突出程序的价值、加强程序的建设,这一内涵也应充分反映在事物的概念当中。故而,在概念中增加如"依照法定程序"等相关表述更为适宜。

最后,行政服务的性质。这一问题不仅是理论研究的需要,而且也是分析行政服务行为是否合法、有效,以及确定行政救济机制的现实需要。前述笔者已经明确了行政服务的行政行为性质,且具体而言,其是一种具体的、依申请的、外部的行政行为。笔者认为,在概念中明示行政服务的行政行为性质更为适宜。

综合以上几点思考,结合《规定》已有表述,我们可以将行政服务的概念表述为,"是指行政主体根据公民、法人或者其他组织的申请和要求,依照法定条件和程序为其提供帮助、答复质询②或者办理其他一般行政事项的行政行

---

① 所谓行政主体,是指根据有关法律规定的条件和程序设立的,享有国家行政权,并能以自己的名义实施行政权,承担因此而产生的法律责任的行政机关以及接受法定授权的组织。参见杨建顺:《行政规制与权利保障》,中国人民大学出版社2007年版,第282页。

② 质询的本意即质疑、询问,对此处"质询"的理解应取其本意,即公众对于特定行政事项的质疑或询问,故应与作为代议机关监督权的"质询"进行区别。

为"。实际上,由于笔者认识的局限性,这一略作完善的概念所作出的判断也并非完全周延,甚至用语仍带有一定的模糊性(如"一般行政事项"),因此,我们应当在行政服务法治化的建设中继续对其进行深入的研究和探索,从而不断丰富其内涵、拓展其外延。

2. 行政服务的范围

行政服务内容丰富,若仅从抽象的概念去正面判断何种行为是行政服务行为,进而确定其范围难免会有疏漏,况且概念的提出还只是在初步探索阶段,尚缺乏多次否定之否定的完善过程。故而,若换个角度,从什么不是行政服务的角度来思考这个问题,将更有助于明确行政服务的范围。如深圳市的《规定》就将行政审批、行政复议、行政赔偿、政府公共服务等行为明确排除在外。

在此,结合《规定》进行分析,笔者认为,行政服务范围的排除标准应当有二:一是排除具有独立性和自我封闭性的行为。就《规定》中排除的行政审批而言,首先在于行政审批与行政服务表面上的冲突性。传统观点认为,行政审批是典型的运用行政权进行行政管理的行政行为之一,这一突出的"管理"特性与行政服务的"服务"精神在表面上存在着较为明显的冲突。即使在一定程度上行政审批为适应形势发展的需要已作出了一定调整,但其较为明显的"管理"色彩仍然与行政服务存在着罅隙。其次,行政审批在整个行政行为系统中的重要性——行政审批制度改革是行政管理体制改革的重点以及当前行政活动的很大一部分发生在基于行政审批制度改革而催生设立的行政服务中心的客观现实——使得公众的目光聚焦在这种行为之上。最后,由于行政审批行为的独特特征,在法律规范方面国家和该市已专门作出相关规定[①],因而这也构成了该行为的独立性和自我封闭性,而该项也是其中最重要的考虑因素。对于作为行政救济手段的行政复议、行政赔偿的排除,也主要是考虑二者的特殊性且已有相关法律规范,故而也具有相当的独立性和自我封闭性。《规定》列举式的排除尽管可以将那些不具独立性和自我封闭性的行政行为尽可能纳入行政服务的范围,但由于认识的局限性,其难免有所疏漏,从而可能导致由于行政服务的展开而使某些行政行为的独立性和自我封闭性被逐步消解。二是排除不具有具体性和直接满足性的行为。由于行政服务旨在使公众的某种

---

① 国家层面的法律规范如《行政许可法》,地方层面的法律规范则如《深圳市实施行政许可若干规定》、《深圳市非行政许可审批和登记若干规定》(该政府规章是国内第一部专门规范非行政许可审批的政府规章)等。

具体的直接需求得到满足。但如前所称,政府的公共服务是政府的基本职能之一,其对于公众普通需求的实现而言具有一定的非特定性和间接性,因而不属于行政服务的范畴。

此外,《规定》第 6 条又从正面列举了几类常见的行政服务事项,这也使得行政服务的范围更加容易得到确定,行政服务行为在实践中更加容易得到辨认,因而不失为一种值得广泛推行的立法方式。

(三) 行政服务的设定依据

行政服务的设定依据涉及行政服务行为的合法性,因此,我们首先要对行政合法性原则中"法"的范围及由此延伸的行政服务设定依据的效力层级问题进行认真探讨,继而对行政服务设定依据的现实依托展开必要阐述。

1. 行政服务设定依据的效力层级

合法性原则是行政法治原则的重要组成部分,其无疑也是行政服务应该遵从的基本原则。合法性原则亦称"依法行政原则",是指行政权力的存在、运用必须依据法规范、符合法规范,不得与法规范相抵触。其与传统"依法律行政原则"有着密切的联系,但又有着很大的不同。依法律行政的原理,最初产生于 19 世纪的德国,后来被引进到日本。"依法律行政"具体体现为法律所内在的"法规范创造力"、"法律的优位"及"法律的保留"。但由于该原则只重视行政是否依据法律,而不注重法律的内容如何,因此只能实现形式上的法治主义,并不能够实现对公民权利的实质保障。故而,以追求公共利益为己任的行政应当积极探求其所依据的法律内容以及法律之下的行政的实质内容,甚至在某些法律空白或法规范本身存在矛盾的领域中,主动推行创造性的行政,从而使"依法律行政"的理念真正成为国民权利的保障。这样的"依法律行政"才更接近现代国家法治行政的原理。合法性原则中的"法"原来就仅指议会制定的法律,随着"委任立法"的推进,人们逐步改变了依"法律"行政的观念。[①] 在我国,2000 年《中华人民共和国立法法》的规定明确了行政机关在进行行政活动时应当遵循从宪法至规章层级的"法",这也基本构成了当前行政合法性原则中的"法"的范围。之所以说"基本构成",是因为笔者认为还有例外,某些规章以下层级的行政规范性文件、甚至法的基本精神和宗旨,同样构成合法性原则中的"法",而据其作出的行政行为也同样具有行政合法性。这实际是在行政能动性和现代行政理念共同作用下产生的结果。

---

① 参见杨建顺:《行政规制与权利保障》,中国人民大学出版社 2007 年版,第 97~103 页、第 115 页。

对于行政服务而言,行政主体即不必过多地拘泥于所谓"法"的规定,在行政规范性文件规范下、甚至无任何法律规定的情况下也可以从事某些行政服务行为,因为为公众提供福祉,多做一件服务总是胜于少做一件。对此,笔者赞同《规定》的做法,即从法规范的多层级性着眼,将行政服务的设定依据放宽到行政机关的规范性文件,其第7条明确规定,"行政服务由法律、法规、规章或者行政机关的规范性文件设定"。此外,《规定》还"鼓励行政机关提供更多的行政服务","行政机关在法定职责之外应公民、法人或者其他组织的要求自愿为其提供相关服务,可以不适用本规定"。当然,这样的服务行为也不是毫无限制,其同样也需要受到法律精神、原则和规则的指引和约束。正如有的学者所言,"由于'服务行政'的出现,当人民有所请求时,即使法律、法规没有明确授权而又未明文禁止或限制的行为,政府也应当根据法的基本精神与宗旨和法定的行政自由裁量权,主动作为,积极为人民谋福利"[1]。

2. 行政服务设定依据的现实依托

如前所述,《规定》为鼓励设定行政服务,将"其他规范性文件"纳入设定依据当中。笔者认为,这一规定反映了立法者对行政服务行为精神的充分理解,不仅最大限度保证了行政服务的有法可依,而且其在实践中的现实依托也保证了《规定》的可行性。

以行政服务中心的建设为例,当前我国实践中建立了省、市、县、乡镇四个层级的行政服务中心框架体系。四级行政服务中心的职能各不相同,如行政审批权主要集中于省、市、县三级政府,而乡镇行政服务中心最贴近基层群众,主要的工作就是便民服务。对此,许多地方也有清醒的认识,在认清各级行政服务中心职能的基础上使行政(便民)服务不断向基层延伸。以河南省焦作市为例,2001年3月,焦作市成立行政服务中心,同年6月30日前,全市六县四区行政服务中心全部建立;2002年7月,全市29个办事处建立便民服务中心,同年9月全市85个乡镇也全部建立,也就是2002年9月,全市114个乡镇办事处全部建立起便民服务中心。2005年8月底前,又在各村(街)建立了便民服务代理站,挑选热心为群众服务、有能力为群众办事的人担任村(街)代理站代办员,也允许乡镇包村干部以协办员的身份参与代办,使行政服务更加贴近基层,至此焦作市形成了市、县、乡、村四级服务体系。对于各级行政服

---

[1] 参见郭道晖:《行政权的性质与依法行政原则》。转引自莫于川、郭庆珠:《论现代服务行政与服务行政法——以我国服务行政法律体系建构为重点》,载《法学杂志》2007年第2期。

中心的职能,焦作市行政服务中心在一些会议上就曾鲜明地指出,市县乡村四级服务职能各不相同,市行政服务中心的主要职能是行政审批,县级行政服务中心的主要职能是行政审批加便民服务,乡镇和办事处便民服务中心的主要职能是便民服务,村街则是乡镇"中心"的代理站。① 由此可见,如今的行政服务已越来越深入到基层,因而从一定程度上这也使得效力层级较低的法规范在规范和引导行政服务行为时能起到更大的作用。笔者认为,正是基于这样的现实依托,行政服务的设定依据才能逐步扩展到"其他规范性文件"。

(四)行政服务的原则

关于行政服务的原则,《规定》确定了"便民"、"优质"、"高效"三项。对此,笔者给予充分的认可。笔者认为,这三项原则分别从根本价值、服务质量和工作效率等三个方面对行政服务的设定和提供提出了不同要求,三者内容丰富、相互联系、密不可分。其中,便民原则作为价值原则统领其余二者,而优质原则和高效原则这二者对行政服务的要求在实践中又具有一定的对立统一性。兹论述如下:

1. 便民原则

便民,简单地说,就是方便人民群众。国家机关要为人民群众提供优质、快捷、方便的服务。笔者认为,"便民"和"服务"从根本上没有差异,其实乃对待同一问题的不同角度,"便民"强调服务行为之于服务对象的意义,而"服务"则强调服务行为之于服务主体的性质。行政服务活动中的便民就是要方便公民、法人或者其他组织申请和获得行政服务,降低行政服务的成本。从根源上说,行政机关的权力来源于人民,其宗旨是为人民服务,为人民谋福利,因此,行政权力的存在本身只是一种手段而绝非目的。但是,在过去的行政实践中,行政权力出现了严重的异化现象,许多行政机关把自己当成了权力所有者,在工作中表现出浓厚的官僚习气,滥用手中权力,吃拿卡要,甚至不惜为个人利益损害国家利益、社会公共利益和他人利益,因而也在公众心目中留下了不良的印象,诸如"门难进、脸难看、话难听、事难办"、"政府大门朝南开,有理没钱莫进来"等讽刺性话语就是对过去这类现象的生动描述。随着法治政府的建设和服务型政府的推进,理论界和实务界都在不断强调行政的服务性,应当说,过去行政活动中的那些不良现象正在日益减少,而与此同时,在服务理念

---

① 参见赵永伟、唐璨:《行政服务中心理论与实践》,企业管理出版社 2006 年版,第 13~14 页。

和便民原则①的指导下,各种凸显服务性的行政实践正在日益增多,行政审批制度改革中出现的众多提供便民服务的行政服务中心就是一个很好的例证。行政服务作为统一规范前述提供帮助、答复质询、办理一般行政事项等极具服务性质事务的行为类型,当然也应当将"便民原则"作为其根本的价值原则进行贯彻。《规定》中的很多规定都充分贯彻了这一原则,如第33条"行政机关应当将其提供行政服务的法律、法规、规章或者规范性文件在本机关公众信息网全文公布,并允许公众免费下载"、第34条"行政机关应当简化行政服务提供程序,减少提供环节,缩短提供时限,推行利用互联网、电话、传真或者邮递等方式受理行政服务申请和提供行政服务"等。

2. 优质原则和高效原则

如前所称,这两项原则分别从质量上和效率上对行政服务提出了要求,笔者认为,原则本身道理浅显,无争议性,故而研究意义不大。但如果将研究的视点放在二者的关系上,则意义颇为不同。通常认为,质量和效率二者之间往往存在着矛盾,提供高质量的服务经常意味着效率的降低,而效率的提高又不得不以牺牲服务的质量为代价。但实际上,二者的矛盾绝非难以调和,其内在具有相当的统一性。因此,通过研究行政服务提供中的质量和效率间的统一性,可以同时反驳和抵制来自行政系统内部推崇质量派和热衷效率派抑或是消极怠惰派的对于低位行政效能的理由和托词,更重要的是,这一积极认知可以使申请和要求行政服务的社会公众从根本上获益。由于这两个概念经常应用在企业的生产经营管理活动中,且二者关系密切,因此,笔者在此意图借助企业这一模型将行政服务提供的质量和效率问题并作一个部分进行简单的分析和阐释。

对于一个企业而言,效益是其第一生命线。那么如何才能实现企业效益的提升?品质和效率无疑是其中的重要因素。简单地说,就是各部门都能够又好又快地完成各项工作,只有这样,企业的效益才可以得到保证。如同企业的运作一样,行政机关的各项工作也存在"效益",也需要得到优质和高效的完成。然而,这往往只是一种理想的状态,实践中,质量和效率二者之间的矛盾广泛地存在于各项行政活动之中,行政服务也不例外。因此,如何调和二者的矛盾是我们提高行政服务"效益"的关键。

通常认为的质量和效率的关系实际上是建立在流程不发生改变的基础

---

① 值得提出的是,当前已有多部法律文件在其规定中明确提出了"便民原则",如《行政许可法》第6条、《政府信息公开条例》第5条等。

上,在这种情况下,简单地提升质量或者效率都是将有限的资源(包括人力、物力、财力、时间等)分配到不同的方面,因而当然是呈现一种负相关的关系。那么,如果我们以改变流程的视角去提升质量和效率,情况是否会有所改变呢?如果我们让资源在质量控制上的付出更有效,那么在产量不变的情况下"有效产出"(如良品数量)提升了,因此,这就在提升质量的同时也良性地影响了效率,而且节约的盈余资源还可以用于提升效率。同样,如果我们让资源在产量上的付出更有效,那么在质量不变的情况下质量管控中的相关变异源会被消除或得到规范,因此,这就在提升效率的同时也有效地改善了质量,而且盈余的资源也还可以用于提升质量。可见,在固定资源的基础上,流程的改善可以使质量和效率呈现正相关的关系,也即通过改善流程、提高资源利用效率从而最终形成质变。

笔者认为,这一原理同样适用于行政服务领域。在此,所谓的"流程"对应于行政服务的整个过程,从根本上改善行政服务的质量就是让行政机关的有限资源在服务质量控制上的付出更有效,如此在效率不变的情况下行政机关的优质行政服务的数量将会得到提升,这也将良性影响行政服务的效率。例如,为提高行政服务质量,行政机关压缩办案时限,那么在效率不变的情况下类似的高质量的行政服务的办结数量就会增多,这实际上在提高行政服务质量的同时也使行政服务的效率得到了提高。同样,从根本上提高行政服务的效率就是让行政机关的有限资源在服务效率控制上的付出更有效,那么随着冗余环节的削减、工作人员不当操作的规范,行政服务会变得更加顺畅稳定,行政服务的质量也将随着相关不良现象的消除和行为的规范而得到提高。对此,各地行政服务中心推行的"一站式"服务模式就是极好的证明,快捷、规范、高效的服务使得各项行政工作的质量得到极大提升。实际上,这两个方面都要求行政服务提供程序的高度规范化,这一问题将在后面进行论述。

综上,行政服务应在便民原则的统领下,同时满足优质、高效两项原则的要求。应当认识到,这是一组主要基于行政服务宗旨和效能而形成的原则体系,其与基于其他角度形成的原则体系具有兼容性,它们同时内含和共享行政法的基本原则,如合法性原则、合理性原则以及公开原则等。

三、行政服务法治化的现实构建

如果前述对行政服务基本理论的探析,可以视为对行政服务行为的静态考察,那么从动态运行的角度,行政服务的法治化构建主要包括如下几个方面:

(一)行政服务的提供主体及提供方式

随着现代行政法学精神的转变和行政权的内涵在新时期的新发展,行政权的行使主体与行使方式也出现了多元化和多样化的发展趋势。与此相应,行政服务的提供主体和提供方式也出现了类似的发展趋势。如前所述,行政机关已不是提供行政服务的唯一主体,法律、法规授权的组织以及具有管理公共事务职能的法人或者其他组织基于行政主体的委托也可以成为行政服务的提供主体,且随着行政分权的深入,为充分利用非政府组织的有效资源,发挥社会的力量,越来越多符合相关条件的法人或者其他组织也会通过多种形式成为行政服务的提供主体。

1. 行政服务的提供主体多元化和提供方式多样化的原因

近代意义的行政权始于资本主义初期的三权分立。纵观行政权产生以来的西方资本主义国家的行政权发展历程,其大体经历了限权、授权、控权、分权等四个阶段。其中所谓"分权"是指在政府职能改革中,将原属政府享有的部分国家行政权,通过授权或者委托的方式转移给非政府组织行使。分权阶段始于20世纪中期以后,其主要动因在于现代行政的民主化。现代行政民主化要求在行政管理过程中加强政府与社会的合作,充分利用各种社会主体资源,进行民主行政。我国的行政管理体制改革也要求实行行政分权,将一部分行政权转移给非政府组织行使,这一方面可以把有限的政府资源用于最必需的方面,提高工作质量和效率,另一方面也可以充分发挥非政府组织在社会生活中的作用,更好地实现行政目标。分权产生的直接原因在于:第一,行政管理内容的扩张与发展;第二,行政管理内容的日益专业化、复杂化。[①] 这些变化都使传统的行政管理颇感力不从心,从而也直接激发了行政权多元行使主体和多样行使方式的出现。

对于行政服务而言,一方面,突出的服务性和非强制性特征使其区别于传统的具有明显管理色彩的行政行为,因而也使得行政主体以外的行政服务提供主体能够打破过去的垄断局面,与行政主体一道为社会公众提供行政服务,因其不以国家强制力为后盾,因而也更具简便性、温和性。另一方面,由于行政服务具体类型多,覆盖范围广,而行政主体服务范围又有相当的局限性,因此,一些专业、复杂的行政服务类型由其他符合相关条件的法人或者其他组织来承担更为适宜。例如,由于政府难以做到某些服务,深圳市一位叫徐景安的老人,于2009年4月28日成立了一家名为"深圳市市民情感护理中心"的非

---

① 黎军:《行政分权与行政主体多元化》,载《深圳大学学报》2002年第19卷第4期。

营利性社会组织,该组织旨在为市民提供心理咨询服务。情感中心成立1年零3个月以来,共得到了深圳市民政部门的百万元资助,这笔钱被称为"政府购买服务"的费用。① 如今,在政府职能转移的大背景下,深圳市以清晰的政府定位、开放的政府思维以及先进的资源配置意识,将政府、市场、社会三者关系重新定位,通过向社会输出越来越多的公共事务资源,其也成为中国政府与社会组织良性互动及政府公共职能转型的最佳样本。

2. 行政服务提供主体和提供方式的主要类型

根据我国现状以及各种具体法律、法规的规定,行政服务的提供主体主要包括:(1)中央和地方各级行政机关以及法律、法规授权的组织;(2)其他具有公共管理职能的组织以及行业协会、非营利性公益性组织;(3)符合相关条件的法人或者其他组织;等等。一般的②,行政服务的提供方式也相应包括:(1)行政主体自己提供。行政主体自己提供服务时,行政机关应在法定职责范围内依法提供,法律、法规授权的具有管理公共事务职能的组织,在法定授权范围内,以自己的名义提供行政服务。(2)行政主体委托提供。委托提供一般着眼于社会能够自主解决、行业组织能够自律解决的事项。行政主体委托提供行政服务,应当与受委托单位订立委托协议,规定委托的服务项目、服务内容和委托期限等,并应将受委托单位和受委托提供行政服务的内容及时公开和备案。受委托单位在委托范围内,以委托行政主体的名义提供行政服务;未经委托行政主体同意,受委托单位不得再行委托。(3)行政主体购买提供。购买提供将重点放在市场机制能够自行调节的服务项目上,如行政主体可以通过招标采购指定社工机构为特殊人群提供专业社工服务。行政主体通过购买服务的方式提供行政服务的,应当与被购买单位签订购买提供行政服务合同,对被购买单位应当提供的服务项目、期限、质量、购买价款及支付、服务对象和方式、违约责任等作出规定。被购买单位以自己名义提供购买服务合同约定的服务,并对该行为的后果依法承担相应的民事责任。未经购买行政主体同意,被购买单位不得将购买服务合同约定的服务委托、指定或者转让给其他组织

---

① 参见李亮:《"官退民进":政府职能转型深圳样本》,http://www.legaldaily.com.cn/zmbm/content/2010-07-29/content_2211546.htm? node=7567,访问日期:2010年8月30日。

② 由于实践的复杂性,只能从一般的角度进行归纳,例如前述"深圳市市民情感护理中心"的例子,虽然是非营利性社会公益组织,但民政部门又将其资助称为"政府购买服务"的费用。可见,提供主体与提供方式的划分具有相对性,在本例中,非营利性社会公益组织的服务并非不得通过政府购买的方式获得。

或者个人提供。被购买单位提供购买合同约定的服务,应当注明该服务属于有关行政主体购买提供的行政服务。① 笔者认为,由于服务的多样性、广泛性和便捷性,购买提供或将成为我国行政管理体制改革的一个重要突破口。以深圳市为例,《中共深圳市委、深圳市人民政府关于加强社会工作人才队伍建设推进社会工作发展的意见》(2007年10月25日)提出"建立以'政府购买'社会工作服务为主要形式的财政支持机制"的要求,《深圳市推进政府职能和工作事项转移委托工作实施方案》(2010年3月17日)已明确表示,鼓励通过政府采购等法定方式,向符合条件的社会组织购买行政服务。此外,还可以通过特许经营、政府补贴、政府奖励等方式,组织、支持和引导社会力量提供行政服务。

在此,笔者还想着重强调一下委托基层群众自治组织提供行政服务。根据我国宪法和有关法律的规定,在城市和农村按居民居住地区设立居民群众自我教育、自我管理、自我服务的基层群众性自治组织,即城市居民委员会和农村村民委员会。居民委员会和村民委员会不是一级政权组织,其工作在区县或乡镇人民政府的指导下进行。前述已经提到,当前我国行政服务中心在实践中已形成了省、市、县、乡镇四级框架体系,很多地方还不断将行政服务中心建设向基层延伸。之所以强调这一类型,是因为基层群众自治组织更加接近公众生活,更能及时地解决公众的问题,更能便捷地为公众提供服务,因此,应当予以重视和鼓励。在具体操作上,可以基层行政服务中心的建设为依托,向其委托如开展促进就业、临时社会救助、代办各种证照和证明等多种服务。

(二)行政服务的程序

行政服务具体类型多,覆盖范围广,因此在实施具体的行政服务之前,各行政机关②应当首先开展本机关的行政服务项目清理工作,对清理后确定的行政服务项目向社会公布,同时对各项行政服务进行规定,将其作为提供行政服务的具体依据。行政服务项目的清理与法定化是行政服务实施前的准备工作。

---

① 参见《规定》第三章"行政服务的提供机关及方式"。

② 在此首先应当明确的是,行政主体通过购买提供行政服务的程序不属于本部分的内容。被购买单位应当制定相关服务提供办法,报购买服务的行政主体备案并通过一定途径向社会公布。被购买单位应当按照公布的服务提供办法提供服务。其次,在行政服务程序的操作和监督救济机制的应用上,行政机关的行为更具代表性和参考性,故本部分以及后一部分"行政服务的监督和救济"的论述中主要采用"行政机关"的表述。

行政服务的程序,是指行政主体在作出行政服务行为过程中所应遵循的步骤、顺序、方法、方式及时限的总和。在此,我们分别从申请与受理、核查与决定、听证、时限等几个方面来认知行政服务的程序。

1. 申请与受理

(1)行政服务是依申请行政行为,因此,行政服务程序的启动以公民、法人或者其他组织提出申请为必要。申请人既可以亲自提出行政服务申请,也可以委托代理人代为提出。但是,依法应当由申请人亲自提出申请的除外。

(2)申请人提出行政服务申请,应当提交行政服务申请书。申请人书写申请书确有困难的,可以口头申请。口头申请应当记入笔录。

(3)申请人提出行政服务申请可以通过多种途径,如通过信函、电报、电传、传真、电子数据交换和电子邮件等方式。

(4)申请人具有如实提供材料的义务。申请人申请行政服务,应当如实向行政机关提供情况,需要提供书面申请材料的,应当对申请材料实质内容的真实性负责。

(5)行政机关的禁止性义务。行政机关提供的申请书格式文本中不得包含与申请行政服务事项没有直接关系的内容。行政机关不得要求申请人提交与其申请的行政服务事项无关的材料。

(6)对申请人提出的申请的处理。对申请人提出的行政服务申请,行政机关应当根据情况作出不同处理:申请事项不属于本机关职责范围的,应当即时告知申请人不予受理,并告知其应当受理的机关;特殊情况下,行政机关应当帮助申请人向应当受理的机关办理申请。申请事项属于本机关职责范围,不需要提交申请材料的,或者申请材料齐全的,应当受理。申请材料存在可以当场更正的错误的,应当允许申请人当场更正,并在更正后受理。申请材料不齐全或者不符合法定形式的,应当当场或者在法定期限内一次告知申请人需要补正的全部内容,逾期不告知的,自收到申请材料之日起即为受理。

2. 核查与决定

受理申请人的行政服务申请之后,应当对行政服务的申请材料进行核查并根据实际情况作出是否给予行政服务的决定。根据作出决定的时间可分为当场作出决定和法定期限内作出决定。

(1)当场作出决定。申请人的申请符合行政服务提供办法规定的,行政机关应当当场作出是否提供行政服务的决定。

(2)法定期限内作出决定。不能当场作出决定的,行政机关应当在法定期限内按照规定程序作出。

在此基础上,行政机关作出提供行政服务的决定的,应当及时提供行政服务;作出不提供行政服务的决定的,应当出具书面决定并说明理由,并告知申请人享有投诉、依法申请行政复议或者提起行政诉讼的权利。

3. 听证

现代行政程序法确立的听证制度是平等原则的具体体现,也是实现行政相对人参与行政过程的权利,最终达致公正的有力保障。听证程序在作出行政行为过程中的具体适用,对于行政主体而言,有利于行政主体直接听取当事人的意见,甚至广泛听取各方面的意见,从而作出更加合法、公正的行政处理决定;对于行政相对人而言,有利于促进公众的行政参与,且客观上能够形成良好的监督机制,有效避免权力滥用。①

行政服务听证程序的启动可分为行政机关主动举行听证和申请人申请举行听证两种。前者是指对于一些涉及公共利益的重大事项,行政机关认为需要听证的,应当及时向社会公告,并举行听证。例如,行政机关提供行政服务,原则上应当是无偿的,但在法律、法规、规章另有规定的情形下,则按照有关行政事业性收费管理的规定办理。故而,有关行政机关在确定涉及公众利益的行政事业性收费标准时,就应当依法举行听证。再如,行政机关在设定政府服务项目、确定行政服务对象时,根据需要也可以主动举行听证会,广泛听取公众和社会各界的意见和建议。后者是指对于涉及自身利益的重大事项,申请人认为需要听证的,应当及时向行政机关申请,并举行听证。行政机关在作出行政服务决定前,认为该项行政服务直接涉及申请人与他人之间重大利益关系的,应当及时告知申请人、利害关系人享有要求听证的权利。申请人、利害关系人不承担行政机关组织听证的费用。行政服务听证的一般程序如下:

(1)在行政机关主动举行听证的情况下,行政机关应当于举行听证的法定期限前将听证的基本内容、时间、地点以及听证主持人的姓名进行公告;在申请人申请举行听证的情况下,应当于举行听证的法定期限前将当事人的姓名、名称及其住所、案件的基本内容、听证的时间及地点、听证主持人的姓名等进行通知,必要时予以公告。听证的时间和地点的选择,应当遵循便民原则,充分考虑当事人或其代理人的方便和需要。

(2)当事人可以亲自参加听证,也可委托代理人代为参加听证,只能由当事人亲自参见的情形除外;当事人未参加听证但提出意见书的,应视其出席并

---

① 参见杨建顺:《行政规制与权利保障》,中国人民大学出版社 2007 年版,第 789～790 页。

陈述相关内容。

(3)听证原则上应当公开举行,但涉及国家秘密、商业秘密或个人隐私时应当不予公开。此外,如果当事人申请不公开听证,或者行政机关认为公开听证难以达成听证目的,又或听证公开将严重影响公共利益或第三人的正当利益时,一般也应当不予公开。

(4)行政机关应当指定核查该行政服务申请的工作人员以外的人员为听证主持人,当事人认为主持人与该行政服务事项有直接利害关系的,有权申请回避。此外,当事人认为听证记录员与本案有利害关系的,有权申请回避;是否回避,由听证主持人依照法律的规定决定。

(5)举行听证时,核查该行政服务申请的工作人员应当提供核查意见的证据、理由,当事人可以提出证据,并进行申辩和质证。为保障听证程序的顺利进行,应明确听证主持人享有的权利,如有权要求有关行政机关提出必要的文书或陈述意见,有权限制当事人发表与行政服务事项无关联的言论等。

(6)听证应当制作笔录,听证笔录应当交听证参加人确认无误后签字或者盖章。

听证结束以后,行政机关应当根据听证笔录,作出行政服务决定;在听证结束以后,正式行政服务决定作出之前,行政机关如果发现新情况,认为有必要重新听证的,应当重新组织听证,行政机关的服务决定书应当载明听证笔录所反映的事实。

4.时限

行政程序表现为对每种步骤、方法、方式等的时间限制。① 法律对行政行为时限的规定,主要目的是为了保障行政效率。行政行为如果没有法定时限,就有可能造成拖延耽搁,给国家、社会利益造成严重损害,也会给公民、法人或者其他组织的权益造成损害。因此,对行政行为坚持法定时限的要求是非常必要的。对于行政服务而言,其获取帮助的迫切性、行政参与的及时性以及其他需求满足的快捷性更加强调坚持法定时限的必要性和严格性。违反法定时限的行政服务行为是违法行政行为,相对人对违反法定时限的行政服务行为可请求撤销,如相应行为已给相对人造成损失,相对人还可申请行政赔偿。

(三)行政服务的监督与救济

行政主体能否依法实施行政服务,与人民群众的利益密切相关。因此,一方面,必须建立健全行政服务的监督和制约机制,严格规范行政服务行为;另

---

① 杨建顺:《行政规制与权利保障》,中国人民大学出版社2007年版,第770页。

一方面,还须完善行政服务的救济机制,使公民、法人或者其他组织在合法权益受到损害时能够得到及时有效的救济。

1. 行政服务的法律监督

行政服务的法律监督可作广、狭两种理解。狭义的行政服务法律监督仅指国家监察机关依照法定职权和程序,对行政服务活动进行的监察和督促。广义的行政服务法律监督则指由所有的国家机关、社会组织和公民对行政服务活动所进行的监察和督促。在此对其作广义理解。

行政服务的法律监督主要有以下类型:

(1)国家权力机关的监督。在我国,国家权力机关是指各级人民代表大会及其常务委员会。人民代表大会及其常务委员会的监督权是宪法和法律赋予的一项重要职权。公民、法人和其他组织对行政机关及其工作人员在行政服务活动中的不法和侵权行为,可向各级国家权力机关进行投诉,寻求救济。

(2)行政监察机关的监督。各级监察部门应将本级行政机关提供行政服务的活动纳入监察范围,对行政机关及其工作人员是否依法实施行政服务进行监督检查并作出处理。当事人对行政机关及其工作人员实施行政服务中的违法、违纪行为,可向各级监察部门投诉。

(3)审计机关的监督。政府审计部门应当对行政机关在实施行政服务过程中的收费及其使用情况进行监督。此外,审计部门还应加强对行政机关购买提供行政服务经费使用情况的监督。

(4)上级行政机关对下级行政机关的监督。这种监督属于行政机关系统内部的监督。这是由我国行政机关上下级之间的领导体制决定的,具有广泛性、及时性和直接性的特点,但由于是系统内部监督,其仍不可避免地存在"互相礼让"、"官官相护"等局限性,因此,有必要加强相关制度建设,使其成为行政服务监督的重要类型之一。这种监督包含了一种重要的救济方式——行政复议,笔者在本文中将其列为法律救济的内容进行考虑。

(5)司法机关的监督。是指国家司法机关通过司法程序和司法手段对国家行政机关及其工作人员的行政服务行为所实施的监督。在我国,行政服务的司法监督主要是指检察机关和审判机关针对国家行政机关及其工作人员的违法行政服务行为所进行的侦查、审判等活动。对于公民、法人或者其他组织认为自己的合法权益因行政机关的不当行政服务行为受到侵害而提起的诉讼,笔者在本文中也将其列为法律救济的内容进行考虑。

(6)社会组织的监督。是指各政党、社会团体、群众组织和企业、事业单位对行政服务的监督。这种监督具有组织性和广泛的代表性,是行政服务法律监督体系中的重要力量。

(7)公民的监督。按照人民主权原则,每个公民都是政治权利的主体和国家的主人,因而每个人都可以成为行政服务的监督主体。舆论监督作为公民监督的重要形式,通过社会舆论、新闻媒体对行政机关及其工作人员实施行政行为过程中的一些不良行为的揭露和曝光,近年来在公民政治生活中发挥着越来越重要的作用。这种监督广泛、直接而具体,是行政服务法律监督体系的基础。

2. 行政服务的法律救济

行政服务的法律救济是指公民、法人或者其他组织认为自己的合法权益因行政主体的不当行政服务行为受到侵害,依照法律规定向有权受理的国家机关告诉并要求解决,予以补救,有关国家机关受理并作出具有法律效力的行为的活动。实际上,救济包含于广义的监督之中,前述行政服务的监督已有述及。综上,行政服务法律救济的类型主要有:

(1)投诉。行政机关不依法提供行政服务,公民、法人或者其他组织有权向本行政机关的有关机构或者其他有权机关投诉,受理投诉的有关机构和机关应当对案件进行调查,依法及时处理。

(2)行政复议。是指公民、法人或者其他组织,认为行政机关的行政服务行为不具合法性,侵犯其合法权益,依法向作出该行为的上一级行政机关申请复议,要求复查并作出决定的活动。如前所述,行政复议也是行政机关内部自我纠正错误的一种监督形式。

(3)行政诉讼。是对行政机关实施行政服务救济的基本的法律途径,它独立于行政机关之外,属于外部救济,因此更有利于保障公民、法人或者其他组织的合法权益。此外,如果行政机关的行政服务行为已给公民、法人或者其他组织的合法权益造成损害,其还有权要求行政赔偿,可以一并或单独提起行政赔偿之诉。

第十三章 行政给付及其法治化

一、行政给付概述

(一)行政给付的兴起

行政给付作为现代行政活动的重要组成部分,其兴起于现代国家对传统行政法的改造。在西方,传统行政法中的"守夜人式国家"奉行"管得最少的政府是最好的政府",国家的职能仅限于治安、税收、国防、邮政等有限领域,正如韦德所言:"直到1914年8月,除了邮局和警察以外,一名具有守法意识的英国人可以度过他的一生却几乎没有意识到政府的存在。"[1]20世纪初,随着"市场失灵"所带来的诸如经济危机、通货膨胀、失业、贫富差距悬殊等诸多社会问题,同时由于社会发展所带来的公民权利意识的提高、社会财富的积累以及行政管理理念与水平的提高等原因,国家行政的任务不再限于以秩序行政为主,秩序行政与服务行政应当在政府职能的发挥中起到同样的作用。政府对公民进行生存照顾以维持最低限度的、有尊严的生活,已是现代政府不可推卸的政治责任和法律责任。除此以外,政府还逐渐开始采取各种法律手段帮助公民、组织追求幸福和发展。

(二)行政给付的概念

1.行政给付概念在我国的演变

我国对行政给付的研究起步较晚,对于行政给付的理解也不尽统一。目前学术界使用的类似的概念有:给付行政、行政救助、行政物质帮助、行政扶持、行政发放、行政服务等。王连昌教授首先使用了"行政救助"的概念[2],由此引发了学者对行政救助的关注。后来有学者根据《宪法》第45条规定的物

---

[1] [英]威廉·韦德:《行政法》,徐炳等译,中国大百科全书出版社1997年版,第3页。

[2] 王连昌:《行政法学》,中国政法大学出版社1997年版,第177页。

质帮助权开始使用"行政物质帮助"的概念①。目前,"行政给付"作为我国行政法学中的基本范畴之一被普遍使用。

然而,即便使用同一概念,对其含义及范围的理解也存在较大分歧。在研究初始阶段,中国行政法学者一般都将行政给付等同于行政物质帮助,限于保障公民物质生活的行政行为。应松年教授就曾采用了这种狭义定义,"行政给付又称行政救助或行政物质帮助,是指行政主体基于法定职责或服务的要求,在特定相对人处于失业、年老、疾病或丧失劳动能力及其他法定的情况下,按照法律、法规、规章和其他有关行政规范的规定,对上述相对人无偿提供物质帮助或其他优待的具体行政行为"②。而随着近年来对行政模式转变的要求,有学者认识到这样的狭义定义过于狭隘,"抹杀了行政给付应有的授益功能,克减了国家与政府的义务,使受益对象及其权利范围变得极其狭窄,与现代福利国家、积极国家和给付行政模式和理念极不相称"③,从而把行政给付的范围予以扩展。例如,杨解君教授认为,"行政给付是行政主体为实现特定的公共目的,为一定的个人或者组织提供支持或补助(社会救济金、助学金、扶贫款、补贴)、建设公共设施或者为公众提供其他服务或利益,从而保障和改善公民生活条件的行政活动"④。这就将除行政物质帮助之外的行政供给和行政补贴纳入了行政给付的范围⑤。柳砚涛教授则主张更为宽泛的概念,他认为,"行政给付是行政主体为保障个人和组织的生存权和受益权,维持和促进国家与社会的稳定和发展,依照法律规定和相关政策向个人和组织,尤其是出现生存困难并符合法定保障条件的个人和组织,提供物质、安全、环境、精神等各方

---

① 例如,应松年教授认为,"行政物质帮助,是指有关行政机关依照有关法律、法规的规定,对公民、法人或者其他组织提供一定的物质利益或与物质有关的权益的行为。"参见应松年:《行政法学新论》,中国方正出版社1998年,第290~291页。类似观点还可参见胡锦光、罗杰:《行政法与行政诉讼法》,中国人民大学出版社2003年版,第127页。
② 应松年:《行政法与行政诉讼法学》,法律出版社2005年,第200页。类似观点参见叶必丰:《行政法与行政诉讼法》,中国人民大学出版社2003年版,第154页;方世荣:《行政法与行政诉讼法学》,人民法院出版社、中国人民公安大学出版社2003年版,第214页;方世荣、石佑启:《行政法与行政诉讼法》,北京大学出版社2005年版,第232页。
③ 柳砚涛:《行政给付研究》,山东人民出版社2006年版,第13页。
④ 杨解君:《行政法学》,中国方正出版社2002年版,第382页。另可参见杨解君、肖泽晟:《行政法学》,法律出版社2000年版,第350页。
⑤ 杨解君:《行政法学》,中国方正出版社2002年版,第382页。另可参见杨解君、肖泽晟:《行政法学》,法律出版社2000年版,第382~384页。

面保障的行政活动及相关制度。"[①]

2. 行政给付的概念界定

对于行政给付的概念、范围和分类,往往因各国经济实力、法制水平以及论者问题意识的不同而呈现出极大的伸缩性。即使在行政给付比较发达的德日等国家也存在分歧。作为行政法研究对象的行政给付,需要与我国现实社会结构相适应。如果行政给付的概念过窄,会将现实生活中的诸多行政行为排除在行政给付的范围之外,使该类行为受不到公法上的制约,进而克减了政府的服务职能。但如果行政给付的概念过宽,又可能导致过于宽泛的界定无法转化为法律上的制度,同样也架空了法律制度的意义。

笔者认为,行政给付是行政主体为保障公民和组织的生存与发展,依照法律、法规、规章及其他规范性文件,向其提供公共设施和服务供给、生存保障以及资金补助等物质和非物质利益的行政行为。第一,行政给付的目的具有公共性,是为保障公民和组织的生存与发展;第二,行政给付作为一种行政行为,其主体应当是行政主体;第三,行政给付的行为依据除法律、法规和规章外,还包括在特定紧急情况下的相关政策;第四,该定义通过列举将行政给付的内容确定为行政供给、行政保障和行政资助,后文将详细阐述这三类行为;第五,行政给付的标的广泛,包括物质和非物质利益,这就使行政给付的概念区别于行政物质帮助;第六,行政给付的对象不限于公民个人,还包括组织,这是由于人权观念的不断发展,组织作为人权的主体也得到承认。

3. 行政给付与给付行政概念辨析

根据行政职能和目的来看,行政可以分为管制行政和给付行政。简单来说,管制行政(又称规制行政、干预行政或侵害行政)是国家以维护公共安全和秩序为目的,对公民的权利和自由进行限制或强制的行政模式。给付行政则是以保障和改善公民生存状况为目的,通过向公民积极提供物质或非物质利益而达到行政作用的行政模式。

德国行政法学者福斯多夫于 1938 年在其代表性著作《作为给付主体的行

---

① 柳砚涛:《行政给付研究》,山东人民出版社 2006 年版,第 13 页。

政》①一文中以生存照顾②为基础首次提出了给付行政。福斯多夫认为,现代行政权应当是"一个为照顾公民生活所需,而提供积极服务、给付行为的主体",给付行政已取代干涉行政,成为现代行政的主要样态③。经过近几十年的深入研究,西方国家的给付行政理论研究收到了显著的成效。在德国,给付行政包括基础设施行政、担保给付行政、社会行政、促进行政和信息行政④。在日本,给付行政是指"通过公共设施、公共企业等进行的社会、经济、文化性的服务的提供,通过社会保障、社会扶助等进行的生活保护、保障,以及资金的交付、助成等,即通过授益性活动,积极地提高、增进国民福利的公共行政活动"⑤。可见,西方国家的给付行政是一种行政理念或行政模式,其范围广泛、内容庞杂,几乎涵盖了通过授益性活动促进公民利益的所有行政活动,法律难以作出详细具体的规定,因此日本学者高田敏认为给付行政的概念是"无法律意义的概念"⑥。而我国将行政给付视为一类具体行政行为,从而有利于通过行政行为的法律规则和法律原则对其进行制约和审查。从我国行政法学研究的具体语境和传统习惯来看,将作为行政行为的行政给付和作为行政理念的给付行政区分开来,符合我国目前对行政行为、法律制度和行政模式等范围的界分,适应现有行政法学所构建的理论体系。

需要注意的是,作为一类具体行政行为,行政给付无论在管制行政还是在给付行政时代都是存在的。在管制行政下,由于受观念和体制的制约,行政给付通常被限于狭隘的范围,行政给付法律制度并不健全。而给付行政理念的兴起,为行政给付制度的发展提供了新的契机和宽广的时代背景,对于尽可能地发挥行政的积极性和服务性,扩大行政给付范围,拓展政府职责,建立完备

---

① 这是我国台湾学者陈新民的译法,另有学者将其译为《作为服务主体的行政》。"在译名的问题方面,台湾地区法学界与日本法学界相同,将福斯多夫所提出之'服务行政'(Leistungsverwaltung)译为'给付行政'。"参见陈新民:《公法学札记》,中国政法大学出版社2001年版,第47页。

② 福斯多夫认为:"即使一个人掌握了相当程度的生活空间,亦不免有'取用'于社会的必要性。凡是所有满足人们这种'取用必要性'的设备即为'生存照顾'。"参见陈新民:《公法学札记》,中国政法大学出版社2001年版,第51、81页。

③ 陈新民:《中国行政法学原理》,中国政法大学出版社2002年版,第29页。

④ 参见[德]汉斯·J.沃尔夫等:《行政法》(第1卷),高家伟译,商务印书馆2002年版,第32~33页。

⑤ 转引自杨建顺:《日本行政法通论》,中国法制出版社1998年版,第329页。

⑥ 转引自杨建顺:《日本行政法通论》,中国法制出版社1998年版,第328~329页。

的行政给付法律制度,都有着重要的意义[①]。

(三)行政给付的性质

对行政给付性质的准确界定,有利于选择相应的法律制度。笔者认为,从行为结果来说,它是一种授益性行政行为;从行为手段来说,它是一种柔性行政行为。

1. 行政给付是一种授益性行政行为

根据学界通说,"行政行为以其内容对相对人是否有利为标准,可以分为授益行政行为和不利行政行为。授益行政行为是指行政主体为行政相对人设定权益或免除其义务的行政行为。不利行政行为是指行政主体为行政相对人设定义务或剥夺、限制其权益的行政行为,又称负担性行政行为。"[②]行政给付是一种典型的授益性行政行为,其旨在向其提供公共设施和服务供给、生存保障以及资金补助等物质和非物质利益,非物质利益包括免费教育、免费得到法律援助等,可见"益"的范围广泛。同时,行政给付的授益形式也具有多样性,行为并不一定具有明显的外在授益形式,可以直接表现为某一物品的积极供给,也可以表现为取消限制、免除义务等。总之,无论行政给付的内容是物质的还是非物质的,给付的形式是积极的还是消极的,它都是通过为给付对象提供利益而实现行政目的,是授益性行政行为。

2. 行政给付是柔性行政行为

柔性行政行为通常采取非强制性、非命令性的手段,以诱导性和引导性为主进行行政活动。有学者认为:"纯赋予权利、能力和减免义务的具体行政行为从本意上讲是有利于相对人的,但对相对人并无强制,即不能强制对方服从。"[③]对行政给付来说,相对人对授益行为一般会自愿接受,强制的手段往往成为不必要,行政主体不能强制相对人提出或者不提出、接受或者不接受某种给付。相比其他行政行为,在行政给付中,给付对象的权利居于主导地位,而给付主体的公权力则处于从属地位。行政行为的多样化、弱权力化趋势是行政民主化潮流的产物,既能缓解行政主体和行政相对人之间的冲突,又能高效

---

① 参见田思源、张洪宇:《给付行政下行政给付范围的扩张》,载杨建顺主编:《比较行政法——给付行政的法原理及实证性研究》,中国人民大学出版社2008年版,第54~57页。

② 姜明安:《行政法与行政诉讼法》,北京大学出版社、高等教育出版社2005年版,第180页。

③ 方世荣:《论具体行政行为》,武汉大学出版社1996年版,第38页。

地实现行政目的,因而各国的行政改革都在逐渐扩展柔性行政行为的运用领域。

(四)行政给付的作用

囿于利益的相对性和有限性,行政给付在具有维护公平正义、维持社会稳定等积极作用的同时,也具有一定的消极作用。

1. 行政给付的积极作用

(1)维护公平正义。公平正义是现代法治社会追求的终极价值取向,简单来说,公平正义就意味使个体在发展机会的获得上受到公正对待。而在现代社会,由于家庭出身、社会教育、物质条件的不同,每个人之间都不可避免地存在差距。这就必须借助于政府"有形的手"通过行政给付制度使不同出身的人获得正常水平的成长教育和生活状况,从而获得公正的发展机会。直观地来看,行政给付的直接目的就是维护社会正义,不论是通过基础设施供给将公共利益和公共财产普遍地分配给不特定的社会个体,还是通过拯救和帮助生存困难者和资金资助将公共财产倾斜性地分配给符合法定条件的社会个体,行政给付都体现出了公平的利益再分配机制,为社会成员提供了更好的生存和发展的机会。因此,行政给付制度被称为社会公平的调节器。

(2)维持社会稳定。俾斯麦在谈到《社会保险法》的意图时,曾经直言不讳地说:"一个期待领取养老金的人,是最守本分的,也是最容易驯服的。"[1]可见,行政给付制度在维持社会稳定方面有着重要意义。我国正处于急剧的转型期,利益分配的不公成为影响社会稳定的根本原因,从各地频繁发生的群体性事件中就可见端倪。社会个体相对平等地占有财产和利益,从而实现利益平衡,是维持社会稳定的基础。行政给付制度有助于构建公平的利益再分配机制,从而在物质上为弱势群体提供公平占有财产和利益的机会,缩小贫富差距,同时在心理上消除了弱势群体的相对剥夺感,缓和社会矛盾,从而实现了社会稳定。

2. 行政给付的消极作用

当行政给付超出合理的限度,即"一个社会如果对于社会调剂投入的比重过大,使之同这个社会的机会平等规则及按贡献进行分配规则的实现程度相脱节的话,那么,这个社会就很容易出现一种不正常的、甚至可以称作病态的高福利化现象"[2]。这种负面效应在一些高福利国家已经非常明显。

---

[1] 柳砚涛:《行政给付研究》,山东人民出版社2006年版,第46页。

[2] 吴忠民:《社会公正论》,山东人民出版社2004年版,第152页。

(1)危及个人自由和财产。从根本上来说,行政给付虽然是一种授益行政行为,同时也是国家对社会成员日常生活的干预,是行政权力对社会成员生存、发展等权利的强行调节。

首先,行政给付的过度必将带来行政权力的膨胀和行政职能的扩张,形成强政府、弱个体的不利格局,政府以服务、给付为借口摆脱法律保留原则的严格规制,其结果是导致法外行政职能扩张,行政统治逃离法律疆域成为强有力的政府,这是对个人自由最大的威胁,正如博登海默所言:"一个纯粹行政统治的国家不会对人格给予应有的尊重。"①

其次,行政给付所需的资金来源于国家的税收,而基于资源和财富的有限性,过度的行政给付必然会导致国家税收的增加,这对于纳税者无异于是另一种不公平。行政给付代表着对弱势群体的平等关注,然而,"政府一旦过于从平等的角度来考虑问题,就很有可能进一步刻意追求一种平等的结果。若此,便会对原本在先天成分中占有优势的社会成员造成新的剥夺"②。更有甚者,由于政府自利性的存在,政府也可能出于非正义目的借口公共利益和公共福利而毁损个人利益和自由。

(2)不利于发挥社会成员的积极性和创造力。由于行政给付的授益性,受益相对人仅仅付出极小代价甚至不付出代价便能获得一定利益。如果行政给付过度,极易造成受益人对行政给付的不正当期待或者恶意依赖,进而不利于发挥社会成员的积极性和创造力,形成"懒汉社会",而这反过来又会增加政府、社会和他人的负担,与行政给付的目的背道而驰。以瑞典为例,根据林德伯克的分析,过度的疾病福利、工伤福利、住房补贴、退休补贴等等,都容易引发"福利诈骗"和"福利依赖"。瑞典的疾病福利制度就造成了"泡病号"而不上班甚至一方面享受疾病支付金、失业补偿金等福利,另一方面却在黑市上打工的情况。1955年每人因病请假的天数为14天,到20世纪80年代则达到了26天③。

(五)行政给付的内容和形式

1.行政给付的内容

(1)行政供给。行政供给是指"供给、提供在现代社会条件下为进行日常

---

① [美]博登海默:《法理学:法律哲学与法律方法》,邓正来译,中国政法大学出版社1999年版,第369页。

② 吴忠民:《社会公正论》,山东人民出版社2004年版,第129页。

③ 参见赵人伟:《以瑞典为代表的福利国家的转型及其对中国的启示》,http://www.cnss.cn/new/bjzm/xjj/200912/20091211_244543.htm,访问日期:2010年8月10日。

生活所必要的财货、服务等的公行政的给付活动"[①],一般通过公共用物、公共设施(公共建筑)、公共企业等的设置和经营来实现,"包括作为健康生活之基础的电、瓦斯、自来水、废弃物(垃圾)处理等的设施整备;作为文化生活之基础的学校、公民馆、图书馆、公共礼堂、电话、邮政、电视、广播等的设施整备;作为经济活动之基础的道路、铁道、港湾等的设施整备;作为安全的生活之基础的治山、治水事业乃至劳动,由农林水产部门等实施的保安监督制度整备等"[②]。需要注意的是,与保险救助等保障类行政给付不同,行政供给一般针对不特定对象,并以对价、有偿为前提,最明显的例子就是付费使用水电。这与传统观点中行政给付的无偿性有差别,这是由于随着行政给付义务范围的扩大和给付方式的拓展,给付成本急剧增加,成本效益便成为行政给付不得不考虑的因素之一,从而在给付对象不特定的行政供给领域适用有偿给付。

(2)行政保障。行政保障是指行政主体为保障国民最低限度的、健康而文明的生活,而针对疾病、灾害、失业、年老等原因而进行的救助、扶助、保险等行政行为,最直接地体现出行政给付的授益性。大致可以将其归纳为:公扶助、社会保险、无醵出制年金(不以分担缴纳为限制条件的养老金)、社会津贴及社会福祉。[③]

(3)行政资助。从狭义上来说,行政资助是指行政主体为了保证私人、私营企业的经营安全,满足公共需要,而对其提供资金或其他财产利益的给付行为,包括补助金、资金借贷、出资、债务保证、损失补偿、保险等。国家对私个体的资助一般是基于对当地经济的扶持或基于公共需要的考虑。广义的行政资助包括了对青少年的保护和培养、提供知识和技术等非经济性给付[④]。

这三类行为在具备一定共性的同时,也各有特点,例如在是否针对特定对象、是否无偿给付、是否适用私法规定等各方面都有不同,另外对于法律保留原则适用的程度,学界也存有争议。不少学者认为,除非为确保民主性、公正性,资金性资助才应当需要具体的法律依据,否则应该个别具体地进行预算审

---

① [日]南博方:《日本行政法》,杨建顺、周作彩译,中国人民大学出版社1988年版,第29页。

② 杨建顺:《论给付行政的法原理及实现手段》,载杨建顺主编:《比较行政法——给付行政的法原理及实证性研究》,中国人民大学出版社2008年版,第25页。

③ 杨建顺:《论给付行政的法原理及实现手段》,载杨建顺主编:《比较行政法——给付行政的法原理及实证性研究》,中国人民大学出版社2008年版,第32~38页。

④ 杨建顺:《论给付行政的法原理及实现手段》,载杨建顺主编:《比较行政法——给付行政的法原理及实证性研究》,中国人民大学出版社2008年版,第38页。

议;另有学者从平等性、权力性角度出发,主张行政给付必须全部适用法律保留原则。由于行政资助的特殊性,本书将其单列一章进行论述。

2. 行政给付的形式

形式是内容的外在表现,一般来说,行政给付主要包括以下几种形式:

(1)抚恤。抚恤是指国家对因公受伤或致残的人员,或因公牺牲以及病故的人员的家属进行慰问并给予物质帮助的行为。在我国,抚恤金的适用范围比较广泛,发放对象主要是残疾、牺牲、病故的军人、人民警察、参战民兵和党政机关、民主党派、人民团体工作人员及其家属等,也包括因协助执行公务而造成人身伤亡的普通公民[①]。

(2)优待。优待是指给予军人及其子女、残疾人、未成年人和老人等某种特殊待遇、减免某些费用、免费接受教育等行为。包括对义务兵退役后就业入学的优待,对烈士子女入学升学的减免费用和降分录取,对残疾人、老人和未成年人在参观、浏览、乘坐公共交通工具时的减免费用等。

(3)安置。安置是指对被帮助人的工作和生活进行适当安排的帮助形式,适用对象主要是退伍军人、军队离退休干部、残疾人等。包括给退伍军人安排工作,对军队离退休干部进行生活费用补贴,建立福利院对残疾人进行安置等。

(4)保障。在这里主要指最低生活保障和住房保障。居民最低生活保障制度是指对城市和农村居民,凡共同生活的家庭成员人均收入低于当地城市居民最低生活保障标准的,由当地人民政府给予保障基本生活的物质帮助。我国政府在居民住房方面的保障措施主要有经济适用住房制度和廉租住房制度。前者是指政府提供政策优惠,限定建设标准、供应对象和销售价格,是具有保障性质的政策性商品住房。后者则是指以发放租赁住房补贴、实物配租、租金核减等方式保障居民的基本住房需要。

(5)社会保险。社会保险是以劳动者为保障对象,以劳动者的年老、疾病、伤残、失业、死亡等特殊事件为保障内容的一种生存保障政策。与社会救助解决的主要是脆弱社会成员的即期生存危机相比,社会保险解决的则是劳动者

---

① 如《中华人民共和国人民警察法》(以下简称《人民警察法》)第41条规定:"人民警察因公致残的,与因公致残的现役军人享受国家同样的抚恤和优待。人民警察因公牺牲或者病故的,其家属与因公牺牲或者病故的现役军人家属享受同样的抚恤和优待。"后者如《人民警察法》第34条规定:"公民和组织因协助人民警察执行职务,造成人身伤亡或者财产损失的,应当按照国家有关规定给予抚恤或者补偿。"

未来的和不确定的风险,从而是工业社会深得民心的社会安全机制①。主要包括养老保险、失业保险、工伤保险、医疗保险、生育保险等。

(6)救助。这里的救助主要指灾害救助、流浪乞讨人员救助等。②灾害救助是在公民因自然灾害而造成生活困难时,由国家和社会提供必要的资金和物质,以维持其最低生活水平的救助措施,包括基本口粮救助、衣被救助、房屋救助、药品救助、资金救助、生产资料救助等。救助站对流浪乞讨人员的救助是一项临时性社会救助措施。根据《城市生活无着的流浪乞讨人员救助管理办法》的规定,县级以上城市人民政府应当根据需要设立流浪乞讨人员救助站,采取积极措施及时救助流浪乞讨人员,并应当将救助工作所需经费列入财政预算,予以保障。主要包括提供食物、住处、医疗,帮助与亲属或所在单位提供联系等③。

(7)扶持。扶持是指行政机关为了平衡经济整体均衡发展,通过财政支持、税收和进出口政策优惠等方式对一定地区和产业进行倾向性帮助,例如,对一定企业给予补贴或贷款。有学者认为,扶持还包括基于其他社会公益目的而对弱势群体(包括公民和组织)求学、创业、发展生产的帮扶措施,例如,近年对失业人员、残疾人员创办企业的扶持。

以上几种形式只是行政给付的几种重要的表现形式,在我国行政给付制度逐渐发展的过程中,将会出现更多的形式以承载行政给付的功能,比如很多学者将法律援助列为行政给付的形式之一,行政给付的形式也将逐渐多样化。

二、行政给付基本原则

(一)依法给付原则

这是法治行政原则在行政给付领域的体现,法治行政原则最早由奥托·迈耶提出,主要包括法律优先原则和法律保留原则。"法律优先也称法律优位,是指行政应当受现行法律的约束,不得采取任何违反法律的措施;法律保留,是指行政机关只有在取得法律授权的情况下才能实施相应的行为。"④

---

① 郑功成:《社会保障学——理念、制度、实践与思辨》,商务印书馆 2000 年版,第 18~19 页。

② 也有学者认为,求助包括医疗救助、残疾人救助、老年人救助、未成年人救助、农村特困户救助等;笔者认为,这些可以归入前述优待、保障或社会保险之中。

③ 参见《城市生活无着的流浪乞讨人员救助管理办法》第 3 条、第 6 条、第 7 条。

④ [德]哈特穆特·毛雷尔:《行政法学总论》,高家伟译,法律出版社 2000 年版,第 103~104 页。

法律优先原则旨在凸显法律相对于行政立法的优越地位,要求低位阶法律规范的制定必须以高位阶的法律规范为依据,前者必须服从于后者,不得与之相抵触。行政法学界对于该原则在所有行政领域的普适性没有争议,认为该原则应无限制、无条件地适用于所有行政领域。它不仅适用于相对人,而且适用于行政组织内部;不仅适用于权力性行政活动,而且适用于非权力性行政活动;不仅适用于侵益行政行为,而且适用于授益行政行为以及事实行为等所有的行政活动①。因而在此重点讨论法律保留原则。

关于行政给付领域是否适用法律保留原则,学界众说纷纭。

全部保留说认为,根据民主主义原则,无论是侵害行政,还是包括给付行政在内的所有行政领域都应当有法律的根据。

侵害保留说认为,法律保留原则只适用于侵害行政领域,在积极行政领域应放宽甚至排除其适用,"仅在干预自由和财产时须有法律依据,而对给付行政和涉及行政内部关系的'特别权力关系'而言,却并非如此","可以在例如补助和文化领域存在进一步的'无法律的行政'"②。这种观点在盛行自由主义的 19 世纪极为流行。

笔者认为,除了特定的例外情况,行政给付领域仍然应当适用法律保留原则。主要基于以下原因:(1)行政给付在一定情况下也可能具有侵害性。例如,当存在处于竞争关系的复数的申请人时,由于行政给付的双效性,对受益人以外的人而言是不利行为或损益行为;另外,如果在授益决定中附加了一定条件及负担等附款的话,也会存在侵害的要素③;根据前述行政给付有可能加重纳税人和国家负担的消极作用,这对纳税人也是不利的影响。(2)行政给付同样涉及权力的运作,而权力的运作必须要有法律的根据。"一般来说,给付行政之目的也在于增加国民的福利,但是其给付本身就是一种权力在起作用的过程,如果作为与福利给付的交换从而使国民的自由受到侵害,那么确实福利给付中的权力滥用就会带来侵害人权的危险。"④(3)行政给付领域适用法律保留原则并不一定意味着损害行政的弹性。有学者认为,行政不应仅限于

---

① [日]南博方:《日本行政法》,杨建顺、周作彩译,中国人民大学出版社 1988 年版,第 10 页。

② [德]平特纳:《德国普通行政法》,朱林译,中国政法大学出版社 1999 年版,第 46~47 页。

③ 参见杨建顺:《论给付行政的法原理及实现手段》,载杨建顺主编:《比较行政法——给付行政的法原理及实证性研究》,中国人民大学出版社 2008 年版,第 15 页。

④ [日]大须贺明:《生存权论》,林浩译,法律出版社 2001 年版,第 60 页。

法律的执行,行政裁量在纷繁复杂的客观现实中成为必要,尤其在行政给付领域,行政裁量的自由性更强,因而不予适用法律保留原则。然而,法律保留原则并不意味着法律事无巨细的规定成为行政的桎梏,该原则可以通过目的保留、原则保留、程序保留等方式留给行政权一定的运行空间,并不会严重损害行政的弹性。

然而,必须承认法律原则有其特定的例外情况①:一是紧急情况下的行政给付。紧急情况下由于情况紧急,社会关系必须尽快恢复稳定和秩序,因此不受法律保留原则的规制,应当承认政策或命令的有效性。"法律保留只对'正常案件'是必要的,即以社会、经济和文化为目的给付,以及在较大的人群或者较长时期分配的给付。对突然出现的非常情况,如自然灾害、特别是经济危机,不需要(事先)规定授权,否则即不可能提供必要的即时救助。"②二是法治欠发达国家的无奈选择。由法治的渐进性来看,在法治欠发达国家,应当允许政策或规范性文件在一定时期内作为行政给付的依据。但是,这些政策或规范性文件必须符合基本法律原则、法律目的和自由、平等、人权等基本价值取向。

(二)平等原则

平等原则,即"禁止差别待遇原则,意指行政权的行使,不论在实体上、程序上,相同事件应为相同处理,非有合理的正当理由,不得为差别待遇。"③平等原则对行政主体有以下几点要求:第一,从多个受益人之间的关系看,行政主体应当将符合法律规定条件的任何社会成员都纳入到行政给付的范围内,平等对待所有符合条件的受给付者,即同等情况同等对待,不同情况区别对待。第二,从受益人与其他社会成员之间的关系看,行政给付是对收入的再分配,可以在一定程度上缩小社会成员发展结果的不平等,如其资金来源就是相当于从高收入者转移到低收入者。从表面上看,这是对其他社会成员财产的剥夺,为了预防"反向歧视"的危险,就必须将这种剥夺控制在一定限度内,平等地分配行政给付标的。

(三)国家辅助性原则

福斯多夫在其1959年的论文中不仅首次提出了行政给付的概念,同样也

---

① 参见柳砚涛:《行政给付研究》,山东人民出版社2006年版,第348~349页。

② [德]哈特穆特·毛雷尔:《行政法学总论》,高家伟译,法律出版社2000年版,第113页。

③ 翁岳生:《行政法》,中国法制出版社2002年版,第152页。

提出了"辅助性"理论,承认了国家的补充性角色。国家辅助原则,旨在界定国家在行政给付中的责任界限。根据该原则,国家对国民的生存考虑应当是补充性的,而生存考虑的责任首先应当由国民个人或团体自己来承担,只有国民个人或者团体自己不能很好地承担该责任时,才由国家予以填补相应的部分。① 近年福利国家频发经济危机说明过度的行政给付给政府带来庞大的财政负担,同时影响了公民积极性的发挥。因此必须坚持国家辅助原则。

在德国,"公民个人的生活需要自我负责,尽自己所能实现自我发展;同时鼓励社会团体积极组织起来,团结互助共同为促进社会福祉服务;个人自我负责与团体协作优先于国家在给付行政方面所负的责任"②。在日本,该原则被称为"补充性原则"并在法律上被实定化。在我国,辅助性在立法中也有所体现,例如《中华人民共和国老年人权益保障法》(以下简称《老年人权益保障法》)第10条规定:"老年人养老主要依靠家庭。家庭成员应当关心和照料老人。"

由国家辅助性原则又可以进一步引申出禁止过剩给付原则,这也是对国家责任的界定,即"不得对不需要给付者予以给付,不得对需要给付者予以多出其所不足部分的给付,不得对起初需要给付、经受给之后不再需要给付者予以继续给付"③。首先,行政给付必须与本国国情相适应,不能过度给付,使经济发展和社会基础设施建设得不到足够的财力支持,影响国家的长远利益。其次,行政给付的标准是满足社会成员最基本的生活需要,给予其最后的安全网,解除个人的生存危机,当然,基本生活的标准是随着经济的发展和社会的进步不断提高的。最后,行政给付的方式应当灵活多样。授人以鱼不如授人以渔,行政给付的形式不仅局限于金钱、物质给付,以长远的目光看,出于对行政给付的持续性发展,给付的方式还可以灵活多样。例如,给予公民一定的工作机会、学习培训、咨询建议、职业设计、从业的优惠条件、减免税款等。以丹麦为例,该国建立了一套被称为"灵活性"的福利体制,其失业福利体制更多关注的是失业者再就业,重视对失业者的培训,而不是让失业者失业期间也能过

---

① 杨建顺:《论给付行政的法原理及实现手段》,载杨建顺主编:《比较行政法——给付行政的法原理及实证性研究》,中国人民大学出版社2008年版,第19页。
② [德]罗尔夫·斯特博:《德国经济行政法》,苏颖霞、陈少康译,中国政法大学出版社1999年版,第66页。
③ 杨建顺:《论给付行政的法原理及实现手段》,载杨建顺主编:《比较行政法——给付行政的法原理及实证性研究》,中国人民大学出版社2008年版,第20页。

上舒适的生活。实践证明,与由于高福利而导致债务危机的希腊相比,丹麦的制度更为合理①。

三、行政给付法律关系分析

行政给付法律关系由主体、客体、内容三要素构成。行政给付法律关系主体,又称行政法主体,指行政法权利(职权)、义务(职责)的承担者,包括行政主体和行政相对人。行政给付法律关系的客体是指主体权利义务所指向的对象,包括物质利益和与物质相关的利益。行政给付法律关系的内容是指主体享有的权利和承担的义务。

(一)主体

1.行政主体

行政主体是指享有国家行政职权,能以自己的名义行使行政职权,并能独立地承担法律责任的行政机关和法律、法规、规章授权的组织。行政机关是指国家按照宪法和有关组织法设立,依法享有并使用国家行政权对国家各项行政事务进行组织、管理、监督和指挥的行政组织。被授权组织主要包括工会、妇联、青联等官办社会团体,律师协会、医师协会、注册会计师协会等行业组织,村民委员会、居民委员会等基层群众性自治组织,某些事业单位或企业组织等。我国目前最主要的行政给付主体是各级政府的民政部门、劳动和社会保障部门、教育行政部门、司法行政部门等,法律、法规、规章授权的行使公共职能的社会组织所实施的行政给付只占极小的比重。随着政府职能的转变和行政体制改革的深入,行政权的行使从传统的单向管理性与强权性转变成双向的服务与合作。同时在保障的社会化和供给的民营化等趋势下,行政机关垄断行政权的行使已经失去基础。而且,行政权的行使在许多情况下由具有相应资质的非行政机关主体承担会收到更好的效果。随着社会自治能力的增强和第三部门的兴起,政府会逐渐将更多职能授权或委托社会组织行使,行政权主体向社会转移已成为必然趋势。

2.行政相对人

在行政法律关系中,行政相对人是与行政主体相对应的另一方当事人。传统行政法学认为,行政相对人处于被管理者的地位,而随着近年来参与式民主的兴起,行政相对人被认为是具有主体性并积极影响行政过程的参与者,这在行政给付法律关系中更为突出,这是由于行政给付的柔性削弱了权力的强

---

① 参见《希腊债务危机凸显高福利弊端》,载《广州日报》2010年5月26日。

势地位,塑造了作为积极参与者的行政相对人。

另外有两点需要说明:第一,行政给付法律关系中的行政相对人不仅包括个人,还包括组织。传统人权理论只承认个人作为权利主体,"如果人权是一个人仅仅因为是人就拥有的权利,那么,只有人才拥有人权……因为只有个人是人,所以,看起来很明显,只有个人才拥有人权。"[①]随着人类对人权本质认识程度的不断深化,人权主体也不断拓展,组织作为人权主体逐渐被承认并体现在法律中。在行政给付的研究中,学界也逐渐认识到了这一点,有学者认为"组织一般在一定的情况下,也可作为行政给付的对象,如遇到灾害事故的单位,政府给予一定的技术、资金帮助,使其重新恢复生产活动"[②],"在符合特定对象要求的前提下,行政给付的对象依然具有相应的广泛性和多样性,既可以是个人,也可以是组织。"[③]例如,对民办企业、中小企业的扶持。第二,有学者认为行政相对人仅限于弱势群体,这种观点仅仅看到了行政给付的一部分,实际上,对于行政供给等针对不特定对象的行政给付来说,行政相对人包括了有权获得供给物的所有人,比如,所有人都有权使用公共设施并要求提供公共服务。

(二)客体

关于行政给付的客体范围,学界主要有两种观点:第一种观点将其限定为物质利益以及与物质相关的利益;第二种观点最为广义,包括了物质利益和精神利益,主要有生命、满足生理需要方面的权益、安全与秩序、自由、福利、生存环境、尊严、精神方面的权益以及与追求幸福有关的权益[④]。笔者认为,随着生存权内涵的拓展,行政给付的客体不再限于行政物质帮助意义上的物质利益以及与物质相关的利益,否则相当于克减了政府的义务,不利于行政给付制度的构建。有学者认为,生存权是行政给付的首要权利基础,因此给付的客体仅仅围绕保障生存权的物质利益以及与物质有关的权益,将"自由、福利、追求幸福有关的权益"等多项权益纳入行政给付的客体范围不利于凸显行政给付保障生存权的基本功能。这种观点的不足之处就在于对生存权的狭隘理解。

---

① [美]杰克·唐纳利:《普遍人权的理论与实践》,王浦劬等译,中国社会科学出版社2001年版,第16页。

② 方世荣:《行政法与行政诉讼法学》,人民法院出版社、中国人民公安大学出版社2003年版,第215页。

③ 姜明安:《行政法与行政诉讼法》,北京大学出版社、高等教育出版社2005年第2版,第273页。

④ 参见柳砚涛:《行政给付研究》,山东人民出版社2006年版,第21~29页。

传统意义上"极穷的生存权"体现了"人至少必须活着"的初级理念,然而,社会的发展扩展了人类的需求,生存权的内涵实现了从"生存"到"更好地生存"的转变,包括了除生理生存之外的环境、尊严、精神等综合需求。行政给付存在的基础除了单一的经济性贫困,还包含了文化性贫困,这种"现代式贫困"或者"崭新的贫困""夺走了国民充分地维持健康的精神文化生活的基本条件"①。因此,行政给付的客体包括了物质利益和精神利益,后者如各种公益性的文体娱乐类设施与服务的提供。而限于目前我国的经济发展状况,行政给付不可能面面俱到,否则也不利于实践中的操作与把握,因此笔者将行政给付的客体具体化为物质利益(包括金钱与实物的给付以及公共设施的建设)、优惠政策、生活安置、医疗服务、法律服务等,在具体法律规定中应当预留一定的空间以适应社会发展过程中产生的新型客体。

(三)内容

法律关系的内容,即当事人的权利义务配置。在行政给付法律关系中,体现为行政主体的职权及职责,行政相对人的权利及义务。

1.行政相对人的权利及义务

根据权利的内容及作用,可以将行政相对人的权利分为实体性权利和程序性权利,前者主要指相对人取得并使用行政给付标的权利,表明了行政相对人对资源的合法拥有状态;后者则是行使、主张或保障其取得并使用行政给付标的而拥有的权利。具体而言,行政相对人的权利主要有以下几种:

(1)取得及使用权。符合一定条件的行政相对人有权取得行政给付所提供的物质或服务,行政机关无正当理由不得拒绝提供。在取得行政给付标的后,行政相对人有实际控制即使用的权利,行政机关无正当理由不得干涉。

(2)申请权。申请权是指行政相对人可以要求行政主体提供给付的权利,大多数行政给付都属于依申请的行政行为,因此,申请权是行政给付相对人最主要的权利,也是大多数情况下启动行政给付的首要环节。

(3)知情权。对信息的占有程度决定着相对人对自己行为的理性选择程度,因此知情权是重要的程序权利,行政给付相对人有知晓行政给付相关事宜的权利,具体体现为阅览卷宗权、得到通知的权利等。关于行政给付设定、方式、对象范围、时限、救济等相关情况,都属于行政相对人应当知晓的内容。

(4)异议权。异议权是体现相对人参与行政程序的重要权利。相对人在存有异议时,有权通过异议程序提起申诉、辩解,并获得解释和说明。按国外

---

① 参见[日]大须贺明:《生存权论》,林浩译,法律出版社2001年版,第25~26页。

立法例,行政给付异议应当具有中止行政给付行为程序的法律效力。对于较为重要的行政给付,某些异议可以作为听证的前置程序或启动程序。①

(5)救济权。无救济即无权利,救济权作为事后补救措施,对于权利的实现至关重要,行政相对人在权利受损时,有权要求违法或侵权的行政机关进行纠错,主要有复议申请权、起诉权、赔偿请求权。

除了以上几种主要权利,还有学者认为,行政相对人的权利包括了听证权、参与权。笔者认为,听证与参与实际上是实现相对人程序性权利的途径,其目的就是为了实现申请权、知情权和异议权等,因此不必单列。

由于权利与义务的相对性和一致性,行政相对人在接受相关利益的同时,也应当承担相应的义务:一是,个人努力的义务。据前述的补充原则(国家给付原则),为防止对行政给付的过度依赖、减轻国家和他人的负担,生存考虑的责任首先应当由个人自己承担,"公民只有在穷尽了独立营构自己生活的途径,仍不足维持健康和文化意义上最低限度生活之后,才可针对国家而享有现实的生存权,这是生存权作为一种权利所具有的最主要的界限"②。二是,正当消费的义务。为了减少对资源的浪费,行政相对人对于给付标的,有义务进行合理正当地使用、利用或消费。

2.行政主体的职权及职责

职权是行政主体权力的具体化,体现了行政机关的行为资格或能力,而职责侧重于行政主体使用权力时的义务与责任。两者具有同体性和外延一致性,是一个行为的两个方面。因此,笔者在此将两者一并论述。行政主体的职权(责)主要有:

(1)受理与审查。行政主体在接到相对人的申请后,应当及时受理并对申请书和相关证明材料进行审查,在必要的情况下,还应当对证明材料的真实性进行调查。

(2)告知。为实现相对人的知情权,行政主体应当及时公开或告知相关事项。告知的内容包括行政给付的依据、内容、方式、时限、救济途径等。

(3)作出决定。行政机关应当根据作出的审查结论或听证笔录并结合申请人所提交的有关材料在规定的时间内作出批准或不批准的决定。对符合行政给付条件的申请人,根据具体情况确定行政给付的形式和数额;对不符合条件的和生活状况发生好转的对象,应当不予或减少给付,但应书面通知给付对

---

① 柳砚涛:《行政给付研究》,山东人民出版社2006年版,第172页。
② 林来梵:《从宪法规范到规范宪法》,法律出版社2001年版,第223页。

象,并说明理由。

(4)监督。为了避免相对人的过度恶性依赖、减轻国家负担,行政主体在作出行政给付行为之后还应当进行监督检查,抑制不正当消费,及时审查造成行政给付的原因是否仍然存在,当危及行政相对人基本生存权的事项已不存在,或者公民自己能够维持最低生活标准时,行政主体应及时更改或撤销行政给付决定。

四、行政给付在我国的法治化

根据亚里士多德对法治的经典阐述:"已成立的法律获得普遍的服从,而大家所服从的法律又应该本身是制定得良好的法律。"[1]可以看到,法治的前提首先是完备且良好的法律,完备的法律使得公民生活有法可依,良好的法律能够保障人权且促进建立合于正义和善德的政体[2]。行政给付应当适用法律保留原则,意味着给付行为应当有法律依据,其法治化首先就需要完善相应法律制度,使给付行为有法可依。

我国行政给付方面的法律规范并不少,主要有:《中华人民共和国残疾人保障法》(以下简称《残疾人保障法》)、《老年人权益保障法》、《中华人民共和国防震减灾法》、《中华人民共和国民办教育促进法》、《中华人民共和国中小企业促进法》、《城市居民最低生活保障条例》、《农村五保供养条例》、《军人抚恤优待条例》、《革命烈士褒扬条例》、《法律援助条例》、《经济适用住房管理办法》、《城镇最低收入家庭廉租住房管理办法》、《退伍义务兵安置办法》、《伤残抚恤管理暂行办法》、《优抚对象及其子女教育优待暂行办法》、《农村敬老院管理暂行办法》等。除法律、法规、规章之外,我国行政给付领域中还存在数量极为庞大的其他行政规范性文件和政策性文件。可见,现行行政给付规范大多散见于社会保障法律体系中,缺少单独的行政给付领域的法律规范载体,即统一的《行政给付法》,缺少统一的原则性和程序性规定,降低了行政给付的法治化程度。《行政给付法》应当对行政给付的内涵、行为种类、基本原则、依据、程序、救济制度等予以统一规定,在规定各类给付行为共性的同时更要注意为其差异性预留一定的运行空间,这样既能克服散乱的规范性文件的程序不严格性、

---

[1] [古希腊]亚里士多德:《政治学》,吴寿彭译,商务印书馆1983年版,第167~168页。

[2] 方卫军:《亚里士多德的法治思想》,http://www.cass.net.cn/file/200308198148.html,访问日期:2010年8月20日。

随意性和变动性,实现行政给付制度的规范性和权威性,更能灵活适应行政给付行为的多样性。前文已经对内涵、行为种类和基本原则进行了说明,在此仅对行政给付的依据、程序和救济制度予以详细论述。

(一)行政给付的依据

根据目前我国现状,笔者认为,行政给付的依据是多层次的,包括法律、法规、规章及其他规范性文件。法律包括:《残疾人保障法》、《老年人权益保障法》等等;行政法规、规章,包括:《军人抚恤优待条例》、《城市居民最低生活保障条例》等等,行政立法主要是执行性的,只有在上位法缺位、属于自身立法权范围或者有明确授权的情况下,才能创设权利义务,有些内容不宜于用法律进行硬性规定,例如,行政给付的具体给付数额就应当由灵活性稍强的行政立法来进行规定,对此已无争议。在这里需要探讨以下三个问题:

1. 宪法能否作为行政给付的依据

"尽管宪法同时规定了劳动权、休息权、受教育权等基本权利,其中也隐含了国家与政府的给付、服务和保障义务,但在权利义务的全面性和明确性上总有欠缺。"①宪法以最高效力确立了关于行政给付的基础,然而这只能产生抽象权利义务,直接以其作为行政给付依据在我国不具有理论及实践的可行性,目前宪法诉讼缺位,这种抽象的请求权并非诉讼意义上的请求权,行政给付受益人在权利得不到实现时,只能依据具体法律规定提起不作为之诉。将宪法作为行政给付的依据需要宪法诉讼制度的建立和完善。

2. 其他规范性文件能否作为行政给付的依据

笔者认为,基于行政应急性原则的要求和目前法治不健全的状况,作为政策载体的其他规范性文件可以作为行政给付的依据。需要注意的是,其他规范性文件应当主要适用于紧急情况下的行政给付,并且其他规范性文件和行政立法一样,仅限于在法律规定的方式、幅度等要求下作出具体规定,而不能创设权利义务。

3. 行政给付的私法适用问题

由于行政给付的弱权力性,对以规制行政为基础构建的传统行政法带来了重大挑战,以权力为主的公法手段不再是唯一,有学者称之为"公法私法化"倾向,甚至有学者感慨:"实体法上区别公法与私法是没有多大意义的。"②在行政给付、行政指导等弱权力性领域,私法适用的趋势更为明显,这不仅有利

---

① 柳砚涛:《行政给付研究》,山东人民出版社2006年版,第172页。
② [日]盐野宏:《行政法》,杨建顺译,法律出版社1999年版,第35页。

于降低权力运行成本,更有利于塑造自治、自律的公民社会。例如在行政供给行为中,公企业的民营化趋势使得其尤其宜于适用私法关系。在德国,"以私法形式完成行政任务,在有限的范围内是可能和得到允许的。"[1]笔者认为,私法也可以成为行政给付行为的依据,但是其适用也要受到法律保留原则的限制,"援用《民法典》的规定并不能绕开法律保留的要求"[2],如果公法对权力行使的方式、手段、程序等作了强制性规定,则必须适用公法,如果公法赋予行政机关选择公法或私法手段的自由裁量权,行政机关则可以通过合同、指导等适当的方式达成行政给付的目的。另外,根据公法领域"法无授权即禁止"的原则,若法律没有对适用公法或私法作出明确的规定,则被认为必须适用公法规定,也就是说,是否适用私法应当有法律的明确规定。

(二)行政给付的程序

行政程序被认为具有实体目的以外的独立价值,"程序的控制之所以重要就是因为在实体上不得不赋予行政机关很大的权力"[3],毋庸置疑,从现代行政程序的起源可知,其核心是对强大的行政权力的规范和控制。行政给付应当遵循法定程序,主要环节有申请、受理、审查、决定、监督检查,在这些环节中应当贯彻以下几个制度:

1. 听证制度

行政主体在作出涉及公民、法人或其他组织利益的重大事项或重大决定之前,依照公平、公正、公开的原则充分听取公民、法人或其他组织的意见并据以作出行政决定。在行政给付中,听证作为民主的程序化或制度化,可以在行政程序中有效地整合公众的需求和意见,从而为公众的利益表达提供一个制度化的机制;同时,听证也是防止行政主体专制、规范行政主体行为、节省救济成本的有效手段。

2. 信息公开制度

"没有公开则无所谓正义"[4],公开的主旨在于避免暗箱操作,使正义以看得见的方式得以实现。信息公开是行政相对人实现知情权的有效途径。从广义上来说,查阅卷宗、表明身份、告知和送达、说明理由等都是信息公开的具体

---

① 于安:《德国行政法》,清华大学出版社1999年版,第16页。

② [德]汉斯·J.沃尔夫、奥托·巴霍夫、罗尔夫·施托贝尔:《行政法》(第2卷),高家伟译,商务印书馆2002年版,第164页。

③ 王名扬:《英国行政法》,中国政法大学出版社1987年版,第62~64页。

④ [美]哈罗德·J.伯尔曼:《法律与宗教》,梁治平译,三联书店1991年版,第48页。

体现。根据信息公开制度,行政机关应当及时主动公开或经申请公开行政给付的依据、内容、方式、时限、救济等相关事项。

3. 时效制度

时效制度要求行政机关和行政相对人在一定期限内作出一定行为,否则将要承担一定后果。这是出于对行政程序效率的考虑,如果允许其无休止地拖沓延迟,非但不符合行政管理对效率的需求,而且使行政相对人的权利义务处于长时间的不确定状态,不利于相对人权利的实现。法律应当规定行政给付受理、审查、提出异议、提起复议和诉讼的期限,否则,对行政机关来说就是不作为,对相对人来说就意味着权利的失效。

(三)行政给付的法律救济

权利的实现需要救济制度的支撑,尤其当公民面对强势地位的权力时,完备的救济制度就显得尤为重要。行政给付涉及权力的运行,且其覆盖面广,与个人的生存与发展息息相关,当行政给付行为对公民产生不利影响时,应当允许其通过救济制度予以弥补。现行法律救济制度主要有行政救济和司法救济。

1. 行政救济

行政救济是行政机关的内部纠错机制,当事人不服行政决定时,可以向行政机关提出予以撤销或变更的请求。我国行政救济的主要方式是行政复议,行政相对人如果对行政主体作出的行政给付行为或不予给付、拒绝给付等行为不服,可以向行政主体或其上级部门提起行政复议。

然而,我国行政复议由于其复议机构的不独立而难以公正地进行监督。以英美为例,其社会保障争议处理有其单独的程序和办法。美国有社会保障申诉委员会制度,对决定不服的申请人可以启动与初步申请相同的"再考量"(reconsideration)程序,但再考量程序的审查人实行回避原则,当"再考量"申请被驳回后,申诉人接下来可以启动由联邦行政法官主持的重新听证,在听证后根据具体情形交由申诉委员会作出裁决,对此裁决不服者可以向联邦地方法院起诉[1];英国有两级上诉体制(也称为"三级裁决体制"),其中一级裁决为行政裁决,二级裁决向上诉仲裁庭提出,申请人若对二次裁决不服还有权向社会保障专员继续上诉即三级裁决。[2] 我国可以借鉴此类制度,在行政复议的基础上建立独立的申诉委员会或社会保障专员制度。以社会保障金的发放为

---

[1] 宋华琳:《美国的社会保障申诉委员会制度》,载《环球法律评论》2004年第1期。

[2] 刘黎民、刘庚华:《英国的社会保障争议处理》,载《中国社会保障》2006年第3期。

例,对贫困程度和伤残程度等事实问题的审查通常涉及医学等方面的专业知识,因此,强调发挥独立的委员会的作用,就更具有现实意义。

2. 司法救济

行政相对人认为行政给付义务机关没有依法履行给付职责,侵犯其合法权益时,可以向人民法院起诉。司法作为社会公正和权利保障的最后屏障,行政给付行为同样应当纳入到司法救济机制中,行政给付"从表面上看是纯粹的服务性活动,但它们事实上却构成了对政府的强制性权力的实施,并且是以宣称其在某些领域拥有排他性权利为基础的"①。因此,作为一种具体行政行为,将其纳入行政诉讼的受案范围是理所当然的。

(1)扩大受案范围。对行政给付提起诉讼的依据,主要是《中华人民共和国行政诉讼法》(以下简称《行政诉讼法》)第11条第6款规定,公民认为行政机关没有依法发给抚恤金而起诉的,人民法院应当受理。笔者认为,本条中的抚恤金的范围应当做扩大解释,应当包括其他行政给付标的,有学者认为:"抚恤金是国家给生活面临困难的公民发放的救助费用,其范围包括行政机关应当发放的救济金、福利金、保险金等。"②当然,行政给付标的还包括一些非物质利益,因此将行政给付纳入到司法救济中还需要行政诉讼受案范围的进一步扩大。

(2)完善行政给付诉讼。不作为行为在行政给付侵权案件中极为普遍,如对行政相对人申请行政给付不予答复、不予给付、不按标准给付等行为。这就要求完善针对行政不作为的行政给付诉讼,这是相对于撤销之诉的一种诉讼类型,即相对人请求法院判决行政主体履行法定职责的诉讼类型。目前,我国《行政诉讼法》对于财产上的行政给付之诉是有所体现的,如上述《行政诉讼法》第11条第6款,但是其范围仅限于特定的几种具体行政行为,而行政给付行为的发展要求突破这种局限性。首先,行政给付中存在大量的通过行政合同进行的行为,应当将行政合同的履行纳入行政给付之诉,有学者认为:"除了请求支付抚恤金及行政赔偿金等传统类型的财产给付诉讼之外,我国未来财产给付之诉的新动向将表现为行政补偿之诉和合同给付诉讼。"③其次,行政

---

① [英]哈耶克:《自由秩序原理(下)》,邓正来译,三联书店1997年版,第10页。

② 杨海坤、黄学贤:《行政诉讼基本原理与制度完善》,中国人事出版社2005年版,第78页。

③ 章志远:《给付行政与行政诉讼法的新发展》,http://law.china.cn/features/2009-05/07/content_2958412.htm,访问日期:2010年8月20日。

给付过程中存在大量的事实行为,如行政供给中公共设施的修建、管理、维护等,"将请求作出事实行为之诉纳入行政给付诉讼的范围无疑能够进一步强化行政诉讼制度对行政相对人合法权益的司法保障功能"[①]。德国法律就赋予了行政事实行为的相对人以排除请求权和作为请求权。前者是指行政相对人要求行政主体停止侵害状态的请求权,后者是指行政相对人要求行政主体履行法定职责的请求权[②]。

(3)建立行政公益诉讼。行政给付通常具有公益色彩,尤其是以不特定人为给付对象的行政供给涉及的都是不特定公众的利益,若行政主体以给付之名而滥用权力,通常会损害公共利益。建立行政公益诉讼便是对传统"权利受到侵害"的原告资格的扩展。允许无直接利害关系的人起诉侵犯国家利益、社会公共利益的行为,是行政公益诉讼的直接目的,有利于提高行政给付行为的法治化程度,进而保护行政相对人的利益。

另外,仅有法治之法并不必然导致法治,行政给付的法治化同样需要理念的转变,"给付行政模式下,行政给付不再是国家与政府对人民的恩赐,而是人民基于社会契约理论、公权利理论和服务政府理念所享有的权利"[③]。柔性行政行为的兴起是对强权行政的重大挑战,建立服务型政府需要改变根深蒂固的封建理念。行政给付行为应当以新的行政法观念为指导,以最大限度服务于行政相对人的生存和发展为基本价值导向,充分体现行政主体"为人民服务"的行政理念。

---

① 章志远:《给付行政与行政诉讼法的新发展》,http://law.china.cn/features/2009-05/07/content_2958412.htm,访问日期:2010年8月20日。

② 参见沈开举、王红建:《论事实行为》,http://www.cncasky.com/get/lgxd/000808788.htm,访问日期:2010年8月20日。

③ 柳砚涛:《行政给付研究》,山东人民出版社2006年版,第2页。

第十四章 行政资助及其法治化

一、行政资助概述

(一)概念

行政资助(administrative subsidy),也称行政补助或行政补贴,是行政主体为实现公共目的,为相对方提供资金或物质帮助,从而使相对方在获得物质支持或政策支持的条件下,去实现自己的利益需求的行政行为方式。对于这个概念,特别要把握以下几点:

1. 行政资助的目的

从目的来说,行政资助虽然只是使一部分相对人获益,但其出发点却是为公共目的而设立的,亦即行政资助的终极目的是增进人民的整体福利。

2. 行政资助的依据

从依据上看,行政资助的法律规范形式十分广泛,包括宪法、法律、行政法规和规章等不同形式的规范性文件。行政资助权是宪法所规定的政府权力之一,而申请和接受行政资助也是公民的基本权利之一。

3. 行政资助的方式

就方式而言,行政资助的种类很多,传统行政法意义上的行政资助是以物质帮助方式为主的,但随着现代行政理念的发展和各国行政改革的演进,行政资助越来越突破原来的物质形式,转而以政府的优惠政策、优质服务的形式出现,行政资助从单纯资金形式发展到行政资源利用等多种形式。

对于行政资助的特征,一般认为行政资助具有授益性、非强制性、激励性、灵活性和可兼容性。所谓授益性指行政资助可以为相对方带来直接或间接的利益。非强制性指行政资助一般是依申请的一种行政行为,而且在接受资助时,行政相对方有拒绝的权利,亦即行政资助是一种基于同意而不是基于强制的行政行为。激励性是指行政资助的目的不在于抑制或规制,而是鼓励、促进相对方在自己的权利范围内去积极地实现自己的利益。灵活性是指相对于其他行政行为方式,行政资助的手段、方法和途径很多,由于行政资助的实质内容是不同性质的利益的给予或让渡,其灵活性的内涵是十分丰富的。可兼容性是指行政资助可以与其他行政行为共同使用,特别是可以与行政计划、行政合同、行政指导等非强制行为结合使用。

(二)行政资助概念与其相关概念

1. 行政资助与行政计划

行政资助与行政计划之间有一定的交叉,特别是涉及一些特殊区域、特殊产业及特殊人群的资助问题上,这些资助基本上是以行政计划的方式启动,即首先由政府先以行政计划的形式纳入预算,在预算得到批准之后再实施。而在具体的行政资助完成之后,行政机关还要根据具体的执行情况进行决算。可见,行政资助经常与行政计划相联系,在具体的运作过程中二者之间是互相配合的。从形式意义上讲,行政资助经常成为行政计划的一个组成部分,因为行政资助能够集中体现行政主体的公法意志。

2. 行政资助与行政合同

行政资助与行政合同之间同样有一定的交叉,在行政资助的计划得到批准之后,往往在行政主体与行政相对人之间形成某种形式的行政合同或契约关系。在现实当中,通过合同的方式进行行政资助已经成为各国政府普遍采用的行政手段之一,因为行政合同不但可以增进行政资助的效果,同时也有利于政府对行政资助进行监督和调整。

3. 行政资助与行政指导

行政资助与行政指导在行为方式上亦有一定的重合,但是行政资助更侧重于用切实的方式对相对人进行具体的物质帮助,大有"扶上马再送一程"的味道。这里反映出行政主体以公共资源对行政相对人私人事务的参与和支持。而行政指导则主要是以政府所掌握的信息资源对相对人进行指导和建议,至于相对人是否采用其指导意见,则要看相对人的自我判断能力,行政指导以相对人的经济自立和自我实现为重要特征。

(三)分类

就我国目前行政管理的现状来看,存在着多种多样的行政资助行为模式。但是由于行政行为理论发展滞后的缘故,行政资助的性质常常被人们误解,不是将其与行政给付混淆,就是将其与行政救助混淆;由于这种行为的性质不确定,在许多行政法教材中也极少论及行政资助;而我国又没有一部统一的行政程序法典,以程序法的方式规制行政资助也归于虚幻。因此,行政资助所采用的行政行为方式正是行政法理论研究和实践研究的重点。如下,笔者拟采用分类的方式进行研究。

1. 行政供给资助与行政发展资助①

以行政资助的性质为划分标准,可以将行政资助分为行政供给资助和行政发展资助。这种分类以现代国家的基本职能为标准。

行政供给资助,是指提供公民日常生活必不可少的公共设施、公共企业、公共服务等形式的行政资助。由于这些设施的目的乃是为公共利益,因此理应由国家提供全部资金。由政府直接投资、自行管理的公共设施和公共企业是政府向社会提供的最全面、最普遍的行政资助形式。这可以看做是国家所提供的普遍的福利设施。

行政发展资助,是指行政主体为实现某些特殊行业、特殊领域、特殊地域的发展而提供的资助、补贴、补助等各种形式的物质帮助或政策支持。发展资助主要包括三种形式,一是直接物质资助,二是优惠政策资助,三是优质服务资助。在这一类行政资助中,政府只提供部分资金支持或者只提供有利的外部环境,而激发行政相对方自己的创造能力以实现自己的利益。虽然这种形式的资助相对于供给资助来说,资助的数量少、直接受益性差,但是这种资助却激发相对人的内在活力,实践中效果十分明显。

2. 给付性资助和影响性资助②

给付性资助是指采用资金、借款、担保等方式对相对方进行物质帮助,这种资助方式可以对相对方的利益产生积极而直观的作用。给付性资助又分为两种形式:一是经济援助,二是经济促进。前者的具体方式包括:对失去的部分进行补贴或补助、奖励和奖金、利率优惠贷款、提供贷款担保、实物援助、优先委托、减价、优先使用等;而后者的具体方式则包括:税收优惠、交费优惠和

---

① 这种分类是以日本行政法学界的行政作用理论为基础的。一般意义上讲,行政作用包括秩序行政、保护行政和给付行政。行政资助的内容多属给付行政范畴。学理上,给付行政是指通过公共设施、公共企业等进行的社会、经济、文化性服务的提供,通过社会保障、公共扶助等进行的生活保护、保障,以及资金的交付、助成等,即通过授益性活动,积极地提高、增进国民福利的公行政活动。给付行政一般包括供给行政、社会保障行政和资助行政。参见[日]南博方:《日本行政法》,杨建顺、周作彩译,中国人民大学出版社1988年版,第29~30页。

② 这种分类是以德国行政法学界的经济促进理论为基础的。在德国,"经济促进"这个概念已被立法、国家实践和行政实践普遍接受。经济法文献把"经济促进"这个词主要用于地方经济促进,有时也称经济指导或援助(《国家援助法》)。参见[德]罗尔夫·斯特博:《德国经济行政法》,苏颖霞、陈少康译,中国政法大学出版社1999年版,第243页~247页。

收费优惠等。

影响性资助是指建立有利于相对方的外部整体环境,改善公共服务的质量,为相对方提供创业和发展的机会。具体包括:提供各种高效的审批手续、提供咨询服务等。影响性资助是各国行政改革的产物,其主要目的是提高行政效率,为相对方的投资兴业创造良好的投资环境。

3. 对公民的资助和对组织的资助

对公民的资助是指以公民个人或者家庭为对象的资助形式,这种资助的目的是提高个人的生存能力或发展能力。由于个人与家庭是社会的基本细胞,在生产生活方面,都起着关键的支撑作用。因此,从某种意义上说,个人既是社会的起点,也是社会的终点。这样,将公民生存和发展所需要的物质条件提供给个人和家庭都有十分重要的意义。例如,欧洲和美国很多国家的生育资助、家庭资助都是采用公民个人资助或者家庭资助的形式实施的。

对组织的资助是指以企业、民间团体、公共事业以及地区、国家、国际组织等为对象而设立的行政资助,这种资助的目的在于提高组织的活动能力,如企业创新资助、志愿组织资助、社区体育设施投入、产业拉动性投资、西部开发投资、非洲经济援助、国际项目资助等等。随着世界经济一体化进程的不断加快,不同性质的组织在国际和国内社会越来越多,其公共性不断彰显。在这样的背景下,政府对于各类组织的资助也会越来越多。

二、行政资助与依法行政

(一)行政资助在公法领域的勃兴

1. 现代公法的产生是行政资助制度确立和发展的基础

近代西方的市民革命使国家和社会的二元格局初步形成,而与这种社会形态的更替相对应的是法律体系的进化:过去传统的私法体系之上出现了以宪法和行政法为核心的公法体系,这样就使过去的以民商法为中心的一元法律格局成为公法和私法并存的二元格局。由于传统的立宪思想是对国家和政府所具有的"必要的恶"(necessary evil)限制,因此政府采取了一种消极无为的方式。但随着资本主义的发展,自由竞争的缺陷逐渐显露出来,与此同时,国家在社会生活中的作用则日益显著,政府对经济的调整和控制手段不断更新。特别是自德国《魏玛宪法》以来,公民的社会权利得到确认之后,国家承担了保障和促进公民福利的义务。与此相应的是,国家的职能需要进行实质性的转变,从过去的消极无为到积极作为。在这一过程中,首先是国家承担了提供社会所需公共产品和公共服务的职能,公共企业、公共设施等公共福利项目的建设成为行政资助的主要方式;其次是国家承担了公民社会、经济和文化权利的保障和促进义务,公民的受教育权、劳动权、社会保障权成为国家进行资助的重要领域。行政资助的立法在各个国家的法律体系当中,以劳动法、教育法、保险法、企业促进法、产业振兴法等形式纷纷确立。随着现代政府改革浪潮的不断兴起,各国政府越来越重视用行政激励、提供优惠政策的方式为社会提供更加公平、更加富有效率的新型公共产品,在这一过程中,高科技产业政策、吸引投资等优惠政策不断以行政资助的方式推陈出新。

2.私法与公法的互相融合渗透是行政资助制度完善的途径

政府对经济的直接的、大规模的参与导致了市场经济的萎缩,在世界范围内,以苏联为代表的计划经济国家,由于政府承担了几乎全部的投资和管理而导致经济活力丧失。而以美国、英国、法国和德国为代表的市场经济国家则由于建设福利国家的目标使得自由竞争受到一定程度的压抑。面对市场与政府关系的调整之必要,各个国家纷纷对政府参与经济的限度和方式进行深入探索。总体而言,各国经济学家探索的结果是将市场优势与政府的优势结合起来。市场与政府相结合的理念在法律层面的反映就是私法理念向公法渗透,同时公法理念向私法反渗透,进而形成在"公法基础上的私法",国家不断以公法手段对私法关系进行深度调整。[①] 在公法与私法日益融合借鉴的背景下,行政资助呈现出三个发展趋势:一是私法的核心理念不断渗入行政资助过程。市场经济中自由平等、公平竞争、等价有偿的基本原则被行政资助制度吸收进来。例如,过去由政府全部投资经营的国有企业实行市场化以后,行政资助的资金从过去完全由政府负责到政府只出一部分、企业负责一部分,再发展到政府不出资金,而只提供优惠政策的间接的影响性资助。社会保障制度的改革也通过政府的示范性投资而吸引更多的民间机构和社会力量提供资金来源,各种形式的保险基金也通过商业化运作减少政府负担。总之,行政资助借助市场机制的结果就是使政府资金能够在自由竞争规律的支配下发挥更大的作用。二是公法理念全面渗入行政资助过程。民主原则、平等原则、法治原则成为行政资助制度的基础,同时比例原则、信赖保护原则等行政法原则也受到重视。这些公法理念的渗入使行政资助能够在更大的范围内发挥政府对经济的调整和控制功能。三是行政资助的程序化理念不断彰显。"二战"前行政资助只是政府手中的权柄,政府有完全的资助决定权和执行权,相对人被排斥在政

---

① [日]美浓部达吉:《公法与私法》,黄冯明译,中国政法大学出版社2003年版,第35页。

府决策之外。在行政资助的执行过程中,由于资助的标准、范围、程序不公开,造成大量的相对人受到不公平的待遇。但由于当时学界和司法界普遍认为政府资助是授益性的,因而即使得不到政府资助也不能得到救济。"二战"之后,行政程序法的普遍制定和颁行使得程序正义的理念深入人心。在行政程序法治的背景下,行政资助的法治化进程不断加快,行政资助的科学化、规范化程度也不断提高。

(二)行政资助的功能

行政资助之所以备受青睐,是因为行政资助具有一些特殊性质的功能,这些功能可以概括为:

1. 保证社会基本需求,提高社会稳定和繁荣程度

总体而言,行政资助对于公平正义和稳定繁荣有如下几个方面的贡献:一是提供普遍的公共产品,满足人民日常所需,稳定人民生活基本秩序。二是对自由竞争的结果进行一定程度的修正和纠偏,使竞争的"失败者"或"弱势群体"也得到一定利益,与竞争"胜利者"共享竞争成果,维持竞争规则的持久性。三是通过对某些特殊行业和前沿行业进行制度激励,提高企业和个人的竞争能力,提高经济生产效率,促进社会和谐繁荣。

2. 保障公民基本权利,实现国家目的

公民的基本权利体系经历了三次大的历史性嬗变,总体上呈现出不断提升的趋势。第一代人权是以近代西方市民革命中所确立的人身自由、精神自由和经济自由为中心,统称为"三大自由";第二代人权是指19世纪末20世纪初社会主义运动所提倡的社会权利,以《魏玛宪法》所确立的经济、社会和文化权利为中心;第三代人权则是第二次世界大战之后反对殖民主义压迫的民族解放运动中所提倡的各种权利,其中包括各个国家或民族的生存权、发展权和民族自决权等所谓的"集体权利"。① 在第一代人权的发展过程中,行政资助还处于萌芽状态;但自进入第二代人权历程,行政资助就成为一种重要的政府职能,从保证社会公共产品的供应,到提供教育资助、企业信贷支持及残疾扶助,在与公民社会权利相关的每一个领域,几乎都可以见到不同形式的行政资助;而进入第三代人权发展的时代,行政资助的形式更加多样化。由于行政资助方式的不断改进,行政资助与自由竞争和市场规律结合得更加紧密,其效率也不断提高。

---

① 参见韩大元、林来梵、郑贤君:《宪法学专题研究》,中国人民大学出版社2004年版,第270页。

3. 调整社会结构,激发经济活力

社会和经济的发展经常会由于历史和自然的原因而造成不平衡的结果,而这种不平衡会影响社会的整体发展。例如,我国东北地区的大型工业和农业基地由于国家结构性的调整而呈现的不平衡态势,需要国家从政策和法律层面给予关注。国家借助进行宏观经济管理的权力,可以制定产业促进政策,倡导符合发展前景的新兴行业。可见,行政资助作为一种行为方式,能够起到对不同地区、不同行业给予扶持、帮助的作用。

4. 提高政府公信力,建立政府权威

一个现代政府的权威不但在于合法性,而且更在于正当性。而所谓的正当性在行政管理中一般体现为行政行为的民主性、科学性和合理性。行政资助对于建设现代政府提供了一种重要的手段和途径:一是行政资助可以给人民带来普遍的福利,有利于树立政府在社会中的权威地位;二是行政资助的效果可以证明政府的科学决策和管理水平,通过行政资助为人民带来更大的利益;三是行政资助可以成为推动改善政府服务质量的动力,树立政府在人民心中的公仆形象。

(三) 行政资助所面临的挑战

1. 行政资助与自由竞争之间的紧张关系

在依法行政的理念下,行政资助是一种获取利益性质的资助行为,政府资助的直接结果就是使市场中的某些企业和公民获得了比较优势,这就使自由竞争、机会均等的秩序发生一定的"变异"。如何认识行政资助对自由秩序的干扰?在竞争不平等的情况下,行政资助会不会造成一种经济惰性,从而使自由竞争的生机受到减损?我们认为,行政资助与自由主义从长远上来看,是一种相互补充和相互协调的关系,因为:一则,自由竞争的法治基础是平等竞争,亦即在市场当中双方主体的地位平等和机会平等是自由竞争制度的前提条件。政府以社会公共利益代表者的身份对自由原则之基础加以调整,这对自由竞争本身也是一种促进,这样就可以使自由竞争更加充分有效。二则,自由竞争虽是个体之间的行为,但从人类社会的整体而言,很多利益(如环境利益)是可以共享的。因此从整体的角度来看,对个别竞争主体进行资助并不违背自由原则。而且从更深的层面来看,行政资助反而会使社会更加平等,在平等基础上的竞争则会更加自由。三则,行政资助所资助范围、对象以及资助的程序既是行政权力的实施过程,也是行政权与行政相对方权利的互动过程,因而在公开、平等的博弈过程中自由同样会有广阔的发展空间。可见,行政资助与自由竞争的关系并不像人们表面上理解的那样,我们更需要关注的是社会的、

公共的和整体的自由,从长远角度、更深的层面和行政资助的公共性方面反而可以求得自由的正解。当然,在现实当中,有很多的行政资助由于制度设计的不合理,造成资助过于泛滥,过于迁就。如美国和英国的一些高"福利病"制度,造成很多不劳动而只靠吃救济的现象。但这种现象只能说明行政资助的科学性问题,而不能说明其对于自由价值的贬损。

2. 行政资助立法的性质面临公法与私法的冲突

政府在援用行政资助手段的实践中,以何种方式实施资助?以私法原则还是以公法原则处理?这些问题与行政资助的性质紧密相关。对此,德国曾经有过两阶段理论,该理论认为行政资助可分为两个不同的阶段。第一个阶段是:决定是否批准行政资助,具有公法性质,是行政行为。第二阶段是:如何发放行政资助,具有私法性质,是以贷款合同的形式推行。这种理论一方面试图保持法治国家的约束,另一方面又试图保持成熟而又实用的私法法律形式,将私法与公法在行政资助的过程当中有机地结合起来。但由于这种分割有些过于机械,于实践当中操作性不强,因而又有三种替代方案产生。第一种替代方案是将行政资助定位为一种行政行为,而将金钱的给付视为该行政行为的附款行为,这样政府与被资助方就形成一种持续的公法关系,从而具有公法贷款关系的特征。第二种替代方案是将行政资助与行政合同相结合,将行政资助的内容以合同的形式确定下来,形成公法合同关系。第三种替代方案是将行政资助定位为私法合同(行政私法)而受公法约束。① 从上述德国行政资助理论变迁的过程来看,行政资助处于公法与私法交界处,行政资助的目的和资金来源虽然都具有明显的公法性质,但其操作过程却在很多方面具有私法属性。因此,不能将行政资助作片面理解,而应该以现实中各个国家的法治体系为背景,联系行政执法和司法理念来进行分析。但从总的趋势上讲,私法与公法之间没有一条明显的界限,而且两种法治理念也日益融合,公法与私法中很多法律行为可以互相借鉴。因此,在这样的前提下,法治的理念就是一个综合的、整体的理念,既有公法理念,也有私法理念,既有实体法原则,也有程序法原则。可见,政府于行政资助当中所奉行的法律是一个综合而全面的法律体系,这个体系的合法性和有效性有赖于制度的设计者、执行者和参与者的三方博弈。

---

① 参见[德]哈特穆特·毛雷尔:《行政法学论》,高家伟译,法律出版社 2000 年版,第426~432页。

3. 行政资助面临法治与人治模式的选择

从行政资助的历史来看,行政资助常在以下几个方面表现出难以控制的特征:一是行政资助经常是以政策的形式出台,而不是以法律的形式出台,对于政策的合法性、规范性、公平性等问题没有可以提出质疑的有效机制,因而使很多政策游离于法律监督之外。二是由于行政资助的范围十分广泛,资助的前提条件及申报程序也大相径庭,因而缺少有力的程序控制,民主参与和民主监督被隔绝在外。三是对于没有得到行政资助以及得到资助后又被剥夺资助的相对人,各个国家的司法体系提供了不同的保护范围,但总的来讲是不足的。行政特权在行政资助的问题上大量存在,腐败问题也多与资助监督乏力相伴而生。

(四)行政资助的法治化路径

行政资助的法治化路径可以概括为三个层面:

1. 理论研究层面

对行政资助概念的内涵、外延进行深入的探索研究,廓清行政资助的范围和种类,找出行政资助的共性,厘清行政资助与行政给付的关系,界定行政资助在行政行为中的地位,总结行政资助中所涉及的法治原理和经济原理。为按照公平、科学、法治的原则去进行制度设计打下理论基础,进而使行政资助成为政府管理社会、服务社会的利器。

2. 实践研究层面

对行政资助的性质进行全面的研究,将行政资助作为一种正式的非强制行政行为,吸收经济学、行政管理学中的宏观经济管理、行政补贴、政策制定等经济的、行政的知识,扩大行政资助的关涉面。同时注意不仅要从行政法的角度来看待行政资助,而且还要从公法、私法以及法治统一的角度对其进行重新认识和重新解释,发掘行政资助行为中的基本原理和基本价值,提高行政资助的科学化和法治化程度。

3. 立法研究层面

加强对行政资助行为规范与程序规范的立法,尽量将行政资助的实践纳入依法行政理念的支配与控制之下,同时通过将行政资助纠纷纳入司法审查范围,保证行政资助中公民诉权的完全实现。

三、行政资助中的权力(权利)与职责(义务)

(一)权利义务配置的机理:行政资助中的基本设计原理

行政资助作为行政法上的手段,是为政府推行行政政策、实现行政目的服务的。因此,考虑行政资助中实体权利义务的配置模式时应将基点确定为:既能有效地促成行政资助所预期的特定行政目的的实现,同时又能以实现特定行政目的"必需"为限度,禁止在权利义务上的不合理联结。而特定行政目的能否顺利实现,涉及行政资助中相对人对行政资助的态度及相关行动。为促成行政机关所预期的行政目标的完成,就必须赋予行政机关在资助中适度的主导性权力,同时积极发挥相对一方对行政机关履行职责的监督作用。

但是,行政资助中实体权利义务要按照保证特定行政目的优先实现的原则来配置,并不等于否定受资助相对人的积极作用,有关制度设计必须考虑如何有利于实现和保障相对人接受资助的权利和信赖利益、反射利益。因此,还应该存在以保证相对一方参与资助所预期的利益实现为目的的权利义务配置。

(二)行政机关适度的主导性权力以及相应义务

1. 必要性

由于行政资助往往以特殊公共事业为基本出发点,因此以确保行政资助所预期的特定目的实现为原则的权利义务配置,首先要求在行政资助中赋予行政机关主导性权力。这是因为行政资助所预期的行政目的为行政机关的职责范围,并由其所拟订,赋予其主导性权力,能够使行政机关导引行政资助的执行,并保证行政资助的结果符合行政机关的预期发展目标。

赋予行政机关在资助中主导性权力,已成为现代行政资助理论和制度发展的趋势,同时由于行政资助中政府掌握资助的决定和发放的权力,使得行政机关的主导地位更成为一种不争的事实。其理由是:首先,在法律上,政府是公共利益的代表,政府的主导地位是与其合法地位相一致的。其次,在事实上,行政资助的发放必须按照既定的法律程序进行,政府的执法自然要求与其相一致的制度保障,否则行政资助的公共性目的难以保证。

2. 主导性权力

在行政资助过程中,主导性权力一般是接受资助的前提。相对方要得到行政资助,就必须接受行政机关的决定权和发放权。因为,行政资助行为多由行政主体单方提供资金或物质支持,而相对方则只是接受帮助,对于行政资助所带来的巨大利益也会促使其接受这样的要求。

(1)对行政资助的审查决定权。行政机关所掌握的审查决定权,是其主导性权力的具体表现。一般而言,行政机关从程序要件和实质要件两个方面进行审查和决定。程序要件是指相对方所申报的程序性资料,实质要件则是指行政相对人所提出的申请条件,行政机关的主要任务就是审查相对方的资格、能力等具体条件是否与行政机关预期的设定条件相符合。

(2)对资助执行的指导与监督权。赋予行政机关对资助执行的指导与监督权,对于督促相对一方切实执行其所承担的义务,减少因执行而产生的纠纷,保证行政资助的执行向着行政机关所预期的方向发展,具有极其重大的意义。一般来讲,行政机关对于资助的执行采取两种态度进行指导和监督,一是宽松的态度,二是严格的态度。前者一般发生在失业、救济等社会保障方面,行政机关对于相对方如何消费只进行结果的监督。而对于后者,行政机关则是结合资助目的进行用途监督或者专项监督,这种监督更加注重资金的使用过程。例如,美国政府对国家科学基金会的项目就实行严格的评审制度。①

(3)发放行政资助的执行权。行政资助是通过发放资金、给予补贴、拨款、实行优惠政策等方式执行的,这是与行政机关所享有的审查决定权相一致的权力形态,资金发放的渠道、方式、数额等具体的形式都是行政机关在给予行政资助时应当考虑的重要内容。

(4)行政资助解除权。行政资助解除权是一项由行政机关基于行政资助的审查决定权、执行权而当然享有的一项权力。行政资助虽然是应相对人申请的一种权力,但从整体过程来看,行政机关显然具有一定的主导性。因此,在行政机关发放资助的过程中,如果发现相对方申请材料不实,或者不具有获得行政资助的资格或条件,行政机关就可以行使单方解除权,而且还可以收回相对方不应当获得的资金或收益。行政机关在行使资助解除权时要向相对方说明理由,听取相对方的申辩意见,同时还要注意信赖利益保护原则。

(5)对行政资助的解释权。在行政资助的过程中,有可能发生双方对原订资助条款理解分歧或条款规定不明确的问题,这就必须解决对资助解释权的配置问题。基于行政资助是基于公共利益的考量,可以考虑将解释权赋予行政机关。但与此同时,为保障相对人合法权益不致因为行政机关滥用解释权而受到侵害,应允许相对人申请行政救济。

(三)受资助相对一方的配合性权利

一般而言,行政资助的相对方虽然只表现为一种申请或接受和领取的权利,但这项权利却是受到国家宪法和法律特殊保障的。作为一个主权国家的公民,理所应当享有国家资助的权利,这是现代国家基本人权保障的一个重要方面,对公民而言,享受国家资助也是追求幸福生活、享有人格尊严、实现个性

---

① 范英、郑永和、魏一鸣、韩建国:《海外科学基金评审方法与实践》,科学出版社2004年版,第40～54页。

发展的重要条件。

1．受资助方的权利是一项基本权利

公民享有行政资助的权利是一项基本权利的理念最初在德国《魏玛宪法》中得到确认，如其第119条规定："家族之清洁健康及社会之改良，为国家与公共团体之任务，其有儿童众多之家庭，得享受相当之扶助以轻负担。产妇得要求保护及扶助之。"在公民的社会权利不断扩大的趋势下，《经济、社会及文化权利国际公约》中更是广泛地规定了社会保障和社会保险权，家庭、母亲、儿童和少年受保护和协助权，获得相当的生活水准权，达到最高的体质和心理健康标准的权利，受教育权，参加文化生活权，享受科学进步及其所产生的利益权等形式的权利。

2．受资助方的权利是一项积极的权利

行政资助的相对方在享受资助或扶助时，并不是处于消极被动的状态，与人们日常理解所不同的是，行政资助有很多是依申请的行政行为，没有相对方的主动申报，行政资助就不可能发生。例如，教育资助是以相对人积极申请为启动条件的。同时，有的行政资助在相对方接受资助之后，还需要以积极的方式去实现资助的目的，如高科技项目资助，国家一般只负责项目启动经费，而其他配套资金则需要企业自己解决，这样相对方单纯的被动接受就是不可能的。

（1）行政资助申请决定权。行政相对方行使申请决定权，需要从两个方面着手：一是自己决定是否申请，这是相对方自我意志的体现，任何国家机关不得强制和压迫。二是相对方自己负责申报的相关材料，并对申报材料的真实性负责。

（2）行政资助获得权。在获得行政机关的批准之后，相对方在法律上就获得了受到资助的权利，可以接受资金、补贴和拨款，或者享受优惠政策。

（3）行政资助未获得的申辩权。当行政机关没有批准相对方的申请，或者行政机关撤销资助时，相对方有权利将自己的意见和主张向行政机关表达，行政机关应当受理，并记入档案。

（4）行政资助未获得的救济权。对于应当获得而未获得或者获得的数额不符合法律的规定，相对方认为行政机关侵犯其基本权利，可以采取申诉、复议、行政诉讼等方式进行救济。

综上，在行政资助中，行政机关与行政相对方的权力和权利的配置是互相配合、互相对应的。由于行政资助的特殊公共目的，必然内在地决定行政资助的法律关系中双方的权利义务配置是不对等的，表现为支配权力的重心向行政机关一方倾斜。但是,这种倾斜的程度应当有一定限度,也就是应以实现特定行政目的所必须为衡量标准,不得施加给相对一方与实现特定行政目的无关或不必要的义务或权利,行政机关更不能以资助为条件强迫相对方在法律规定之外违背意愿地放弃正当利益或输送不正当利益。

四、行政资助的程序

(一)行政资助的政府内部运作程序

1. 制定资助计划

由于行政资助的资金主要来自于政府预算,因此将行政资助纳入政府财政计划是十分必要的。这是行政资助的开始程序,也是最为关键的程序。资助的范围、资助的方式、资助的数额、资助的效果预测等,都需要政府从宏观的视角出发,根据经济和社会发展的需要进行统筹安排。资助计划的制订机关一般是政府的计划部门。国外许多国家的行政资助计划都有相对人参与制定政策的程序,这既是行政民主的具体体现,同时也可以提高资金的使用效率,有利于提高政府公信力。

2. 资助资金到位

这是用于行政资助的资金在政府的不同职能部门之间流动的过程。一般最主要的方式是政府间转移支付,即资金从不同的渠道,汇聚到行政资助的具体实施部门。在实践中很多资助资金由政府亲自发放,但也有通过银行或其他委托机构发放的。由政府委托的资金发放通常采用委托合同的形式确定双方的权利义务关系。

(二)相对方的申请及批准程序

1. 申请

行政资助多数是一种授益性和依申请的行政行为,因此,一般是由行政相对方向行政机关提出申请。申请的形式有口头申请和书面申请两种,申请资料的主要内容:申请人身份事项,申请人的资格事项(是否属于资助范围),申请人申请意向表达(是否愿意接受资助)等。

2. 听证

为保证行政资助的公平和公开,在程序上设计了行政资助的听证程序,但这并不意味着每一件资助案例都要进行听证,为保证行政机关考量公共利益而及时行使主导性权利,要尽量避免行政程序上的过分牵制,仅在涉及相对人重大利益时,要求行政机关必须举行听证;在其他情况下则由行政机关自由斟酌是举行听证会,还是用说明理由的方式来替代。

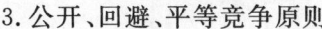

3. 公开、回避、平等竞争原则

为保证行政资助目的的实现,在资助的申请过程中要特别注意行政法基本原则的适用:公开原则、回避原则及平等竞争原则。

公开原则的价值在于增加程序参加人参与程序活动的目的性和针对性,使资助活动的整个过程中出现的错误容易被发现和及时纠正。在行政资助的过程中,除公开会损及公共利益的情况外,行政机关有义务将所有与资助有关的情况予以公开,包括对可能接受行政资助相对人的基本情况、参加竞争的条件、资格的审查及甄选的结果等,以接受来自公众的监督,防止与杜绝"黑箱操作"。

回避原则通过相对一方对执法主体中立性态度的挑剔,与执法人员的自我回避,来维护行政资助权行使的权威性和客观公正性。需要回避的情况包括:(1)行政机关工作人员和行政资助的结果有着个人的利害关系;(2)行政机关工作人员与参加竞争的相对人之间存在利害关系;(3)行政机关工作人员与受行政资助的第三人有利害关系。

平等竞争原则是保障最有适格条件的相对人得到行政资助的制度性措施。在行政资助中,经常有很多相对方提出申请,因此行政机关就应当有一种遴选或选择机制。行政机关所设计的遴选标准就应当符合平等竞争原则的规定,一方面不得限制相对方依宪法所享有的平等权,另一方面要对相对方进行比较,保证最符合资助条件的相对方得到资助。

4. 批准或驳回及说明理由

批准符合条件的资助申请,驳回不符合条件的资助申请,是行政机关行使行政权力的主要方式。但无论批准或驳回都应当证明行政机关已经作了审慎的考量。因此,行政机关应当将这一考量过程向相对方进行说明。说明理由是法治原理和民主原理在行政资助中的具体体现,法治原理要求行政机关的行政行为符合法律规定,同时行政资助也必须体现对公民基本权利的尊重和保护。因此,行政机关对相对方资助申请的批准或驳回都需要说明理由。要求行政机关承担这种义务,能够使行政机关在作出决定时更加审慎,同时也便于对决定的正确性进行事后的审查和判断,为相对人申请救济打下良好的证据基础。

5.参与保留①

参与保留的原则同样适用于行政资助,因为现代行政资助的内容和方式往往具有一种开放的多元结构,批准机关、发放机关、监督机关的不一致性要求对行政资助进行全面的控制,因此建立合理而高效的参与保留机制就是现代行政资助的特色之一。

(三)行政资助的执行程序

1.签订行政合同

行政资助通常以行政合同的形式实施,合同的核心内容是关涉接受行政资助一方的权利和义务及资助方的权利和义务。关于行政合同的知识另请参阅本书相关章节。

2.行政资助的资助方式

行政资助的相对方通常以资金的方式得到行政资助,行政机关通常以拨款的方式进行支付,但也有影响性资助是通过直接享受行政机关提供的优质服务的方式得到的。

3.行政资助的协调与咨询

由于相对方所得到的行政资助具有公共目的,因此项目的进行也通常需要以符合公共目的的方式进行,但同时行政相对方也有自己的经济利益目标,公与私之间的矛盾经常存在。另一方面,在资金的运用方面也会出现各种各样的问题,因此对于项目的咨询和指导就必不可少。例如,德国在科学研究的资助中就专门设立了具有这种功能的机构对政府资助项目进行协调和咨询。

4.行政资助的监督和审查

相对方在得到行政资助之后应当按照资助合同的要求去实施受资助的项目,因此行政机关的监督和审查机制就是必要的。实践中的监督和审查一般有两种方式,一是受资助方定期向资助方提供书面报告,说明项目的进展情况,二是资助方主动对项目进展情况进行视察或调查。

5.行政资助的完成

行政资助的完成是指相对方在得到行政资助之后按照资助合同的要求实施了受资助的全部项目,资助进行到这一最后阶段,一般由资助方组织验收,验收的方式有两种,一种是自行验收,由行政机关在自己的职权和专业范围内

---

① 在缔结行政资助时必须征得其他行政机关(多为上级行政机关)的核准、同意或通过与其会同办理的程序,也能在一定程度上抑制行政恣意,增加决定的正确性。这在行政法理论上称为"参与保留"。

进行,另一种是委托验收,由行政机关委托中介组织或专业机构代为验收。

五、行政资助的法律救济

(一)非司法救济途径

行政资助属于一种积极的行政作用,其特殊属性(即授益性、非强制性、单方决定性、灵活性、可兼容性)决定了其救济方式与强制行政行为如行政处罚、行政命令等消极的、侵害式的行政行为的救济方式有很大的不同。从各国的实践来看,非诉讼救济已经成为非常重要的救济方式。

1.沟通、协商或者由政府出面调处

由行政机关和行政相对人就行政资助的分歧意见进行沟通和协商是一种非常见效的纠纷解决机制,双方通过非正式的谈判与意见交流来消弭彼此对资助理解的差异以及有关纷争,是诸种解决方法中成本最低且效益最高的解决方式,在我国传统文化背景下,对于处理长期存在管理和被管理关系的资助争议极具价值。

2.申诉

目前,为解决特定行政资助纠纷,行政机关在行政体系内部专门设立了独立的处理机构,如中国的信访机构、欧盟的监督专员委员会、日本的苦情处理机构、香港的申诉专员公署等,都是受理对行政资助不满和意见的专门机关。从实践来看,这些机构一般采用灵活而积极的方式进行多方面的协调和斡旋,其目标是争取在行政体系内解决问题和争议。

3.行政复议

根据《中华人民共和国行政复议法》第6条第10项的规定,"申请行政机关依法发放抚恤金、社会保险金或者最低生活保障费,行政机关没有依法发放的"可以提起行政复议,但是由于行政资助的范围十分广泛,同时,又由于我国的行政复议采用列举式的复议范围,就使得大量的行政资助行为成为不可复议的事项,其结果往往造成行政资助纠纷不能在行政过程内得到有效解决。

(二)司法救济途径

1.外国行政资助诉讼救济的特点

在美国和日本由普通法院受理行政诉讼案件的体制下,行政资助被作为行政诉讼案件受理。由于现代民主法治和三权分立的理念,行政机关的执法行为被纳入司法审查的范围之内。由于行政资助通常是行政机关所为,或者因遵循行政程序而成为行政诉讼的一种类型。美国《联邦行政程序法》第七百零二节明确规定了申请司法审查的权利:"任何人由于机关的行为而受到不法的侵害,或者在某一有关法律意义内的不利影响或侵害时,有权对该行为请求司法审查。美国法院受理的诉讼不是寻求金钱赔偿,而是控告行政机关或其官员或职员,以官方身份的或在法律权力掩饰下的作为或不作为时,不得以该诉讼反对美国或美国是必不可少的当事人为理由而驳回或拒绝给予救济。美国在这类诉讼中可以被指名作为被告,也可以针对美国作出判决或命令。"美国行政程序法这样的规定,就给予了相对人进行救济的可能性。这是一种典型的广泛式行政救济。与此类似,《日本国宪法》第72条第2款规定:"行政机关不能作为终审机关进行审判",显然,宪法的这一规定为行政诉讼范围的广泛性提供了条件。

以法国和德国为代表的大陆法系国家,行政案件通常由行政法院或专门的法院来审理,因而行政诉讼适用专门的行政诉讼程序。在法国,由于存在普通法院和行政法院两套系统,因而案件的性质判断就成为影响案件结果的关键性因素。在此问题上,法国司法实践经历了主体标准、公务标准和多元标准几个阶段,引用上述标准可以将行政案件与民事案件相区别。① 一般意义上讲,行政资助由于其特定的公共服务目的和实施主体的公法性质,其案件一般多在行政法院系统中得到解决。在德国,《行政法院法》第40条规定:"一切未被联邦法律划归为其他法院管辖的非宪法性质的公法上争议,对之均可提起行政诉讼,州法律范畴的公法争议,也可以由州法律划归其他法院管辖。"同时,德国在行政法院之外,还设立财政法院、劳动法院和社会法院等专门的法院系统来解决具有高度专业技术性质的各类纠纷。② 在这样的司法体系下,受行政资助的相对人就可以根据不同的案件性质选择不同的法院受理。

2. 我国目前行政资助诉讼救济的特点

受我国行政组织法及《中华人民共和国行政诉讼法》(以下简称《行政诉讼法》)所规定的受案范围影响,行政资助案件目前还不能得到充分的救济。具体表现在如下几个方面:

(1)行政诉讼受案范围受具体行政行为的限制。与西方国家的做法不同,我国《行政诉讼法》规定行政诉讼范围仅限于具体行政行为,抽象行政行为从一开始就被完全排除在行政诉讼受案范围之外。而行政资助案件经常涉及规定资助的规范性文件本身就不合法的情况。

---

① 参见王名扬:《法国行政法》,中国政法大学出版社1988年版,第573~580页。
② 参见[德]W.鲁吉奥:《联邦德国政治制度》,转引自韩大元:《外国宪法》,中国人民大学出版社2000年版,第136页。

(2)行政诉讼受案范围受人身权、财产权的限制。依照《行政诉讼法》第11条第1款的规定,人民法院只受理公民、法人或者其他组织因行政机关和行政机关工作人员侵犯其人身权、财产权提起诉讼的行政案件,公民所享有的其他权利受到行政机关具体行政行为的侵犯,不属于人民法院行政诉讼受案范围。行政资助中,政府没有批准的行政资助一般不认为是公民的财产权,可能性的财产收益是否是公民的法定财产权还需要进一步解释。

(3)对行政资助理论缺乏全面科学的论证。由于目前我国行政资助并没有成为一个确切的行政法概念,因而其内涵、外延及范围都存在着很大的不确定性。在行政管理中,行政资助的方式又是灵活多样的,其实施的机关也各不相同,实施程序更是大相径庭。同时行政资助本身也与行政指导、行政计划和政府采购联系在一起,其专有的属性并不十分明显,这就更增加了对行政资助进行科学规范的难度。

(4)竞争者诉讼应用的贫乏。行政资助常常带来一个三面性的行政法关系——在给一方授益的同时,却给另一方造成侵害,而这正是利害调整型行政法所要作用的领域。在事前的调整程序中没有能通过比较式听证等制度调整好不同的利益,则必然要将利益冲突带入行政诉讼之中。竞争者诉讼就是解决这一利益冲突、控制行政资助裁量的重要方式。举例来说,《中华人民共和国民办教育促进法》第44、45条规定,县级以上各级人民政府可以设立专项资金,用于资助民办学校的发展,奖励和表彰有突出贡献的集体和个人;可以采取经费资助,出租、转让闲置的国有资产等措施对民办学校予以扶持。政府资助了甲民办学校,则可能侵犯乙民办学校的自主性和公平竞争权。乙学校应该有权提起行政诉讼,维护自己的合法权益。这一点在我国《最高人民法院关于执行〈中华人民共和国行政诉讼法〉若干问题的解释》第13条第1项——"被诉的具体行政行为涉及其相邻权或者公平竞争权的","公民、法人或者其他组织可以依法提起行政诉讼"——中已经明确下来,但现实中法院受理的这一类型的案件却少之又少。

(5)行政组织法的落后和行政程序法的不发达。行政资助所要求的行政主体在各自职权范围内进行资助,但行政组织法通常没有对行政机关职权的准确界定,现实中造成很多越权和空权的现象。同时,由于统一的行政程序法尚未出台,行政资助行为游离于程序性法律的规范之外。

第十五章　行政奖励及其法治化

引子：从一则案例说起

2005年初,深圳市龙岗区公安分局龙新派出所在其辖区怡丰路上悬挂"坚决打击河南籍敲诈勒索团伙"和"凡举报河南籍团伙敲诈勒索犯罪、破获案件的,奖励500元"的大横幅,此举引起了社会上的广泛争议,许多人质疑警方这种打击犯罪的方式存在地域歧视。①

2005年4月15日,居住在郑州市的两位河南籍公民任诚宇、李东照,以龙岗公安分局的行为侵害了二人的名誉权为由起诉该局。原告二人在诉状中称,他们均是河南籍爱国守法公民。河南是中华文明的发祥地,二人从小在这块土地上生长,像爱护自己的生命一样热爱自己的家乡和家乡的声誉,并以自己是河南人而骄傲。二原告在郑州看到歧视河南人横幅的报道后,感觉受到极大侮辱。二人认为,龙新派出所对两人家乡的地域歧视和对整个河南籍人群的否定性社会评价,不仅严重违背了《中华人民共和国宪法》第33条确立的"法律面前一律平等"原则,而且直接损害了二原告家乡及所有河南籍中国公民和河南籍侨民的声誉,粗暴伤害了二原告对家乡的感情及对家乡应有的荣誉感。因此,二人认为,龙新派出所的行为已侵害了他们作为公民所应享有的名誉权和精神健康权,故请求法院判令被告对二原告公开赔礼道歉,并将道歉内容在国家级新闻媒体上公开发表;同时判令被告承担本案受理费。郑州市高新区人民法院经研究决定,受理了该案。②

上述的深圳公安地域歧视案是2005年引起社会公众普遍关注的案件之一,各界人士、各种观点围绕此案的方方面面展开了激烈争论。就此案与行政

---

① 秦鸿雁、李朝红:《深圳挂横幅打击"河南帮",专家称存在歧视》,载《新京报》2005年3月31日。

② 韩俊杰、郭文政、刘学:《歧视横幅惹怒河南人,两公民怒告深圳警方》,载《中国青年报》2005年4月15日。

法有关的内容来说，下列问题是值得我们研究分析的：

第一个问题是，此案中深圳警方的行为应当如何定性？

案中深圳警方悬挂的横幅内容有二，一为"坚决打击河南籍敲诈勒索团伙"，一为"凡举报河南籍团伙敲诈勒索犯罪、破获案件的，奖励500元"。前者在性质上属于行政机关的一种宣传口号，并没有确定任何法律上的权利义务关系，显然不属于具体行政行为之列。而后者就具有较为详细的内容了，主要是提出了对特定案件有效举报者的奖励，显然属于行政奖励的内容，但我们也应当注意到，就横幅的内容来看，它并非奖励的实施（即不是宣告因某事对某一特定对象给予奖励）而是奖励的创设。当然，无论如何，有一点是可以肯定的，那就是深圳警方悬挂横幅的行为均是其履行职权的行为，这种行为所可能引起的并非民事侵权纠纷，而只可能是行政侵权纠纷。①

随之而来的第二个问题是，案中有关行政奖励的内容是否合法？

案中横幅所述第二项内容实际上设定了一个行政奖励事项，我们可以对这一事项略作分解。其一，该奖项的奖励主体是有关警方；其二，其奖励客体是举报河南籍团伙敲诈勒索犯罪并有助于破获案件的行为；其三，其奖励对象是实施被奖励行为的公民；其四，其奖励内容为500元；该奖项的其他要素，如奖励依据、奖励程序等则未见其详。那么，从这一奖项的已知要素来看，该奖项是否合法呢？其答案自然是否定的。这一奖项合法要件的缺失在于其奖励客体，即其鼓励公民实施的行为包含了不法内容，构成了对河南籍居民的歧视。因此，本案深圳警方所挂横幅中的行政奖励内容是违法的。

最后的问题是，这一违法的行政奖励是否可诉呢？

首先应当指出，在本案中，郑州市高新区法院将其作为民事案件受理，是建立在对案件性质根本错误的判断之上的。行政机关因履行职权而造成的侵权，应当通过行政诉讼而非民事诉讼解决，因此，郑州高新区法院以民事案件受理此案，属于明显错误。

既然如此，那么，这一案件是否可能作为行政案件受理呢？笔者认为不能。对照行政诉讼的基本受案要件，我们可以发现，尽管案中深圳警方的行为具有履行职权的属性而符合行政诉讼受案的职权标准，但其在行为标准与结果标准上却均不符合有关要求。就行为标准而言，警方在横幅中表述的内容属于行政奖励的创设而非实施，是向非特定的公民发出的号召与鼓励，并可反复、多次地适用于符合横幅宣告条件的公民身上，故其性质应属抽象行政行为

---

① 刘飞宇：《对于"河南地域歧视案"的规范分析》，载《法制日报》2005年4月28日。

而非具体行政行为,而抽象行为显然不在行政诉讼受理之列。就结果标准而言,警方悬挂横幅的行为并未确定地损害两位原告的利益。我们需要注意到,横幅内容的指向并非所有的河南籍居民,而是处于龙新派出所辖内并有敲诈勒索犯罪嫌疑的河南籍居民,而案件的原告任诚宇、李东照显然不在后者之列,其利益(依其主张为名誉权和精神健康权)与龙新派出所的行为并未构成充分的利害关系。因此,尽管案中深圳警方悬挂横幅中的奖励内容有违法之嫌,但依照我国有关制度的现行规定,此案尚不能够通过诉讼途径获得救济。

在本案中,深圳警方所采取的行政奖励手段,作为行政行为的一种方式,由于其明显的单方性特征而带有传统行政行为方式的浓厚痕迹。但与此同时,由于其具有弱强制性的特征,又与行政处罚、行政许可等其他传统行为方式有所不同。行政奖励是现代政府积极干预社会、配置资源的一种有效手段,但它在任一合法要件上的缺失都有可能给他人利益带来损害。因此,我们一方面要尽可能地在现行制度框架之内为行政奖励寻找救济途径,同时也要在整个行政救济制度的发展中谋求对行政奖励当事人更加充分、周全的保护。

一、行政奖励概说

在对各种行政行为的研究中,行政奖励这种行为向来较受冷落。目前学界对此问题虽有所著述,但数量不多,研究的深度、广度也嫌不足。在不同时期研究行政奖励的著述中,对它的定义前后变化较大,这既反映了人们对它的认识在不断深化,也反映出这些认识在大部分的时间里还仅仅停留在比较幼稚的阶段。

比较主流行政法教材对行政奖励的定义,可以发现它们之间有明显的相互沿用的痕迹,或者说这只是"一种定义、各自表述",它们之间的分歧并未构成实质性的差别。这些定义多强调行政奖励的目的在于"表扬先进、鞭策后进",而奖励的主体乃是"行政机关"或"行政主体",奖励的客体是诸如"进行创造性劳动"、"为国家和社会作出显著贡献"、"严格遵纪守法"、"认真完成国家计划与任务"等先进行为,奖励的对象自然是实施了上述行为的"单位和个人"

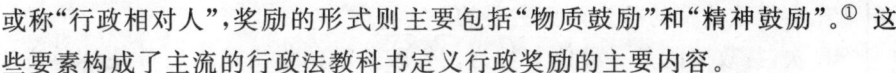

或称"行政相对人",奖励的形式则主要包括"物质鼓励"和"精神鼓励"。① 这些要素构成了主流的行政法教科书定义行政奖励的主要内容。

毫无疑问,这些政治教科书式的语言带有浓重的时代痕迹,并由于没有得到及时的革新而保留至今。正是这些因素所带来的约束,使得此类定义下的行政奖励,其范围明显过于狭窄,且和现实严重脱节,因此有予以更新的必要。这一方面的努力,在傅红伟博士的《行政奖励研究》一书中有集中的体现,通过其努力,最后将行政奖励归结为"行政主体为实现行政目标,通过赋予物质、精神及其他权益,引导、激励和支持行政相对人实施一定的符合政府施政意图行为的非强制行政行为"。② 姑且不论将行政奖励界定为非强制行为是否恰当,这一定义在努力拓展行政奖励外延的同时难免也显得有些矫枉过正,行政主体赋予相对人以利益以使其实施符合政府意图的行为显然不应只有行政奖励一种,如行政指导——甚至包括行政许可中的某些部分似乎也已经可以被上述定义所概括,如此一来,这样的定义就未免显得有些空洞。而且,这一定义也难以包括行政主体针对某些行为作出的带有事后追认性质的奖励。简言之,这一定义仍然难以令人满意。

为了对行政奖励作一个更加准确的定义,我们不妨先对这一行为在行政法上的属性作一下分析:

首先,行政奖励无疑是一种授益性行政行为。这一点是显而易见的,行政奖励给予相对人的是某种物质或精神上的权益,这便是它的内容。至于相对人为了获得奖励而作出贡献的行为,则是奖励的客体。相对人为此而进行的努力和付出并不能否定奖励行为的授益性特征。

其次,行政奖励可以是依申请的行为,也可以是依职权的行为。这一点也容易理解,行政奖励在设定之后,便可能产生符合奖励条件的人,行政主体既可能因其提出授奖申请而给予奖励,也可能在当事人没有申请的情况下主动给予奖励。当然,有很多行政奖励在设定的时候便要求以当事人的申请为前提,此时便排除了行政主体依职权授予该种奖励的可能。甚至可以说,这种依

---

① 参见罗豪才:《行政法论》,光明日报出版社 1988 年版,第 215 页;罗豪才:《行政法学》,北京大学出版社 1996 年版,第 245 页;应松年主编:《行政法学新论》,中国方正出版社 1998 年版,第 285 页;姜明安:《行政法与行政诉讼法》,北京大学出版社、高等教育出版社 1999 年版,第 193 页;杨海坤:《中国行政法基本理论》,南京大学出版社 1992 年版,第 369 页。

② 傅红伟:《行政奖励研究》,北京大学出版社 2003 年版,第 33~34 页。

申请作出行政奖励的行为是更主要的。

再次,行政奖励是一种单方行为。行政奖励的作出是由行政主体单方决定的,尽管行政奖励的作出必须以相对人实施了受奖行为,某些情况下还必须以相对人的申请为前提,但这并不影响它的单方性。必须注意,只要符合法定条件,行政主体在作出奖励决定的时候,是无须考虑相对人的意志也无须取得相对人合意的。这就如同行政许可一样,虽然相对人希望获得许可必须具备相关的许可条件并提出申请,但这并不影响行政机关在作出许可时单方决定的权力。对于行政奖励的这一属性,已有学者作出分析与肯定。①

最后,行政奖励是一种弱强制性的行为。笔者以为,在行政奖励的诸多属性中,这一点最为值得关注。通说认为,行政奖励是一种非强制性的行为,主要是鉴于一方面当事人对受奖行为的实施是自愿的,另一方面其对奖励的接受与否也是自愿的。② 当然,已经有人对此提出过质疑,笔者认为这种怀疑不无道理。③ 一方面,行政奖励包括了对某些义务性行为的奖励,这些行为是被奖励者原本就应当履行的义务,只不过因为其履行得较为出色、卓越而受到了奖励而已,则当事人对于实施这种被奖励的行为并没有选择的余地。另一方面,许多依申请作出的行政奖励中(尤其是竞争性的奖励),授奖者为了维护其自身以及奖项的权威性,也不允许受奖者放弃奖励,否则受奖者便有可能遭受行政机关的不利对待。因此,行政奖励并非绝对地不具有强制力,严格地讲,只能称之为一种弱强制性的行为,而不是非强制性的行为。

此外,行政奖励还有其极为特殊之处,那就是行政奖励法律关系的主体有可能是不完整的。诸如,受奖者有可能已经因实施受奖励行为而死亡(如因见义勇为而身死、因忠于职守而殉职、因受奖人去世多年后其贡献始获肯定等),或受奖人在申请奖励之后、决定奖励之前已经死亡。但是,此时行政机关往往仍向死者颁发奖励,如追赠各种荣誉称号。毫无疑问,自然人的死亡必然导致其作为法律关系主体的地位丧失,死者不能成为行政法律关系中的一方当事人。如行政处罚中,若应受罚者已经死亡,处罚便不应作出;又如行政许可中,

---

① 沈开举:《行政实体法与行政程序法学》,郑州大学出版社 2004 年版,第 317 页。

② 如姜明安:《行政法与行政诉讼法》,北京大学出版社、高等教育出版社 1999 年版,第 194 页;熊文钊:《现代行政法原理》,法律出版社 2000 年版,第 320 页;傅红伟:《行政奖励研究》,北京大学出版社 2003 年版,第 45 页。以上著述均认为行政奖励是非强制的行为。

③ 沈开举:《行政实体法与行政程序法学》,郑州大学出版社 2004 年版,第 318 页注释之①。

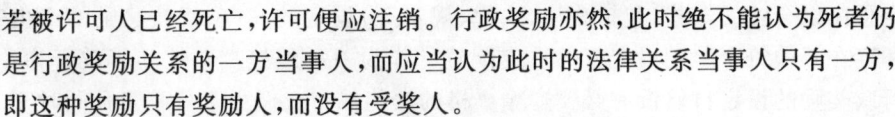

若被许可人已经死亡,许可便应注销。行政奖励亦然,此时绝不能认为死者仍是行政奖励关系的一方当事人,而应当认为此时的法律关系当事人只有一方,即这种奖励只有奖励人,而没有受奖人。

结合以上分析,笔者认为,行政奖励可以被定义为:对于公民、法人或其他组织实施的符合行政目标或行政意图的某种行为,行政主体为表示对该种行为的肯定、鼓励、支持与倡导,赋予行为人以某种物质或精神上的利益,以示表彰的行为。

二、行政奖励的合法要件

对一种行政行为作静态上的分析,主要在于考察它的合法要件。一种行政行为的合法要件,是行政法治原则在这种行为中的具体体现。一种行政行为的合法要件有多少,就意味着这种行为必须在多少个方面上符合法的要求,只有这种行为的全部合法要件同时且完全地被满足,我们才可以将其称作是一个合法的行为。

对于行政奖励的合法要件,许多著述都有所涉及,这些合法要件主要是通过套用行政行为的一般合法要件而得到的,从中难以发现行政奖励的特殊性。这些观点认为,一个行政奖励行为的合法主要应当满足这样一些条件,诸如:合法的奖励主体、合法的奖励权限、合法的奖励条件和标准、合法的奖励原因、合法的奖励形式、合法的奖励程序,等等。①

笔者认为,在现代行政活动中,行政行为的整个谱系是庞大而复杂的,每一种行为都有自己的特征与构成,故而每一种行政行为的合法要件也就必然各不相同。行政奖励是行政主体通过奖赏的形式鼓励相对人去实施受奖行为的,也就是说这种行为实际上是行为人在鼓励别人从事另外一种行为。因此,分析行政奖励的合法要件,除了分析奖励行为本身,还要关注奖励的客体——即受奖行为的合法要件。总的来讲,笔者认为行政奖励的合法要件至少应当包括以下几个方面:

第一,奖励的依据合法。行政奖励与许多其他行政行为一样,都包括设定与实施两个主要阶段,只有依法设定的奖励,才能够成为行政主体实施奖励的合法依据。奖励依据的合法,主要指的是该奖励必须是由合法的主体通过法

---

① 如罗豪才:《行政法学》,北京大学出版社 1996 年版,第 246~247 页;皮纯协:《行政法学》,群众出版社 2000 年版,第 179 页;沈开举:《行政实体法与行政程序法学》,郑州大学出版社 2004 年版,第 318 页。

定程序以合法的形式(包括法律、法规、规章等)设定的,一项行政奖励的产生和存在必须符合奖励设定权的法定配置。作为一种纯粹授益性的行政行为,行政奖励的设定自然没有必要遵循严格的法律保留。但由于行政奖励同时又可能被政府作为一种重要的资源配置手段来使用,行政奖励实施的不当也极容易造成公民利益的损害,因此其设定权限也不应过宽、过滥。笔者认为,上至中央政府,下至乡镇政府,都应有设定必要之行政奖励事项的权力。但对于具有重大社会影响力的国家级、省部级奖项,则必须通过法律、法规、规章的方式加以设定。

第二,奖励的主体合法。也就是说,奖励者应当是一个适格的行为主体,奖励的实施应当在实施者的法定权限之内。具体而言,奖励主体应当是有权的行政机关或者依法获得授权的社会组织。一般情况下,为了强调其权威性,行政奖励不应由奖励者委托其他机关、机构、组织或个人实施,除非其亲自实施在客观上存在困难。应当注意,某些在政府的倡导或支持下,由社会组织发起、设立并实施的奖励并非行政奖励,而属于社会奖励。

第三,奖励的客体合法。奖励的客体即是受奖行为,行政主体通过奖赏方式鼓励、提倡或支持相对人实施的应当是合法的行为。即使有利于实现行政目的,行政主体也绝不能奖励相对人从事犯罪、违法、侵犯他人合法权益或者违背社会善良风俗的行为。近年来,某些引起社会普遍关注的行政奖励案件,其争议多集中于奖励客体的合法性上。例如,2003年7月,广州市公安局为加强道路交通管理发布《关于奖励市民拍摄交通违章的通告》,规定市民凡自行摄录下机动车辆违章行驶、停放的照片、录像资料,送经交通管理部门确认后,被采用并在当地电视台播出的,一律奖励人民币200～300元。此举使许多市民踊跃参与,积极举报违章车辆,当地的交通秩序一时间明显好转,但该举措也引发了一系列负面后果。有违章驾车者去往不愿被别人知道的地方,电视台将车辆及背景播出后,引起家庭关系、同事关系紧张,甚至影响了当事人此后的正常生活的;有乘车人以肖像权、名誉权受到侵害,把电视台、交管部门告上法庭的;有违章司机被单位开除,认为是交管部门超范围行使权力引起的;有抢拍者被违章车辆故意撞伤后,向交管部门索赔的;甚至有利用偷拍照片向驾车人索要高额"保密费"的;等等。此事曾激起轩然大波,成为轰动当时的公共事件。

第四,奖励的对象合法。即受奖者合法,也就是说,受奖者应当是实施了符合奖励条件的行为的单位或个人。对不符合条件的对象给予奖励,对符合条件的人不予奖励,由他人冒领奖励或参与接受奖励,遗漏对实施受奖行为的共同行为人的奖励,凡此种种均属奖励对象上的错误。

第五,奖励的内容合法。无论行政主体给予相对人的是物质利益、精神利益或者其他利益,这种作为奖励内容的利益必须是合法的。在物质奖励上,主要是禁止奖励者将不法财物作为奖励内容,如给提供违法行为线索者以罚款的提成;在精神奖励上,主要是防止因奖励行为而带来对他人已有荣誉的损害;在其他奖励上,如赋予受奖人某种资格或为其提供某种便利等,要特别注意不能因为对某个对象的奖励而影响了他人与受奖者的公平竞争权。

第六,奖励的等级和标准合法。即应当按照不同受奖者的条件高低而给予其正确等级和适当标准的奖励,如对条件较低者以高于条件较高者的奖励,对于条件相同者以不同等级和标准的奖励,或者对于条件有差异的人以同等的奖励,均属奖励的等级和标准违法。

第七,奖励的程序合法。即应当根据合法程序作出奖励,较为完整的奖励程序应当包括申请(针对依申请的奖励)或提议(针对依职权的奖励)、受理(针对依申请的奖励)或接受(针对依职权的奖励)、审查、决定、公布、颁奖等步骤。较为重要的选项可能包括多轮评审,并有告示、处理异议等环节。未经合法程序而授予的奖励应被视为违法。由于奖励属于授益性行为,且涉及受奖者与他人间重大利益的可能性较小,因此在程序上一般没有听证的必要。

三、行政奖励的运行过程

如果说分析一种行政行为的合法要件是对它做静态的考察,那么,研究它的运行过程就是对它做动态的考察。静态分析的重点在于关注这种行为如何方能合法,动态分析的重点则在于关注这种行为如何方能有效——即通过何种运行方式,可以使它最有效地达到行政主体运用它的目的。

(一)行政奖励的创设

一种行政行为的创设是它发生的逻辑起点。行政奖励的创设,主要指有权主体通过一定形式对奖励主体、奖励权限、奖励条件、奖励程序等方面作出的规定。有学者认为,行政奖励创设的可能途径主要有二,一是通过法律规范创设,二是通过行政合同约定,同时认为后者只是一种例外。① 笔者对此基本同意,但同时认为,以行政合同方式约定奖励不应当仅仅被视为例外,而应当成为其主要方式之一,这一点在行政机关对经济事务的管理中应用得尤其突出,如地方政府对招商引资行为的奖励。与行政处罚、行政许可等行为强调其

---

① 傅红伟:《行政奖励研究》,北京大学出版社 2003 年版,第 182 页。

创设的集中、严格有所不同,行政奖励作为行政主体用于激励相对人的利益杠杆,其创设应当体现灵活、机动、多样的原则。

一方面,我们不应对创设行政奖励的法律规范层次要求过高。不但法律与行政法规这样较高阶的规范有权创设行政奖励,即使是地方性法规、行政规章等较低阶的规范也应当在上位法缺位的情况下享有奖励创设权,包括在没有正式法律规范的情况下,也应允许其他行政规范性文件创设行政奖励。不仅如此,较高阶的规范可以只对奖励的创设作原则性的规定,而由其下位法作出进一步的具体规范。当然,笔者并不同意在没有任何规范依据的情况下仍可创设奖励的观点,①因为行政奖励实际上是一种国家资源或公共资源向个体分配的过程,如无任何规范依据便允许行政主体向他人分配这种资源,则极有可能损害其他社会成员的利益,并为滥设奖励开方便之门。

另一方面,应允许行政主体在不违背法律原则的前提下通过合同约定奖励。当然,以合同方式约定的奖励由于没有具体法律规范作为依据,往往较易导致纠纷,则合同中对奖励条件、奖励程序、奖励内容等方面的约定应当更为详尽,如无法作详细约定,也可约定参照其他奖励的规定而实施。

(二)行政奖励的实施

关于行政奖励的实施,多数观点认为主要包括提出奖励、审查批准、公布评议、授予奖励四个主要阶段。实际上,由于奖励类型的不同,其实施的阶段与步骤也是不尽相同的。行政奖励的实施过程可以大致归纳如下:

第一,奖励程序的启动。由于行政奖励包括了依申请的奖励与依职权的奖励,则奖励程序的启动必然有所不同。依申请的奖励,以当事人的申请、申报为启动程序的条件,此时应当允许当事人使用灵活、多样的方式申请奖励,并严格设定行政主体受理申请的期限;依职权的奖励,则可以通过提名、推荐乃至实施机关自我发现等方式启动奖励程序;某些既可依申请也可依职权作出的奖励,则可以采以上方式开始奖励的实施。总之,奖励程序的启动应当不拘一格,以便利、高效为原则。

第二,对奖励的实质审查。奖励的实施者必须对当事人的有关材料进行真实性、有效性等方面的实质审查,为保证公正,审查应当由两名以上行政工作人员进行。审查完毕之后,必须出具审查结论,并由审查人员签名盖章并报送决定者。

第三,奖励的决定与公布。奖励的决定应当由奖励主体的负责人作出,重

---

① 胡芬:《行政奖励的创设权分析》,载《行政与法》2003 年第 8 期。

大奖励的决定应当由其负责人集体讨论作出,对于奖励程序启动之后到作出奖励决定之间的期限应当有所限定。除非涉及国家秘密,否则行政奖励在决定之后,均应在一定期限内公布其内容。

第四,对奖励的公众评议(公众异议)。公众评议(公众异议)不是奖励的必经阶段,因为一般的奖励不至于对他人利益构成重大影响,但通过竞争决定的奖励在公布后应当接受评议,以便有关的利害关系人提出异议。

第五,奖励的授予。奖励授予的形式应当多样化,颁发奖励证书或证明、奖状、奖金、奖品等固然是最为主要的授奖方式,但减免受奖人负担或义务、为受奖人提供便利等奖励方式则往往不存在一个明显的授奖环节。

第六,特殊情况下的听证。奖励的实施一般没有听证的必要,但对于某些为多个申请人所竞争的重大奖励,在必要的情况下可以适用听证程序,作为一种例外。

四、行政奖励的法律救济

多数著述在论及行政奖励的法律救济时,都无一例外地肯定它的可救济性并指出了对它的救济途径,尤以肯定行政奖励的可诉性为重点。[①] 对此,笔者不打算作应然层面上的分析,而是以我国现有的救济制度为前提,讨论行政奖励在现实条件下获得救济的可能。

(一)行政诉讼

对于行政奖励是否可诉的问题,笔者同样持肯定态度。同时认为,这一结论的得出并不需要其他的论证,而是依据我国行政诉讼制度的现有规定便可当然得到。尽管《中华人民共和国行政诉讼法》(以下简称《行政诉讼法》)第11条第1款第1～7项中并未明确将行政奖励纳入其受案范围,但其第8项作为一个兜底条款规定"行政机关侵犯其他人身权、财产权的"行为同样可诉。那么行政奖励是否属于该项规定的范围之内呢?这就应当根据《行政诉讼法》所规定的受案标准来加以判断了。《行政诉讼法》第2条规定,"公民、法人或者其他组织认为行政机关和行政机关工作人员的具体行政行为侵犯其合法权益,有权依照本法向人民法院提起诉讼";其第5条规定,"人民法院审理行政案件,对具体行政行为是否合法进行审查";《最高人民法院关于执行〈中华人民共和国行政诉讼法〉若干问题的解释》第1条规定,"公民、法人或者其他组

[①] 如傅红伟:《行政奖励研究》,北京大学出版社2003年版,第200页;林莉红:《行政奖励诉讼初探》,载《法学杂志》2002年第2期。

织对具有国家行政职权的机关和组织及其工作人员的行政行为不服,依法提起诉讼的,属于人民法院行政诉讼的受案范围"。结合前述《行政诉讼法》第11条第1款第8项的规定,我们可以将行政诉讼的受案标准归结为以下几点:(1)职权标准,即被诉的行为必须是具有国家行政职权的机关和组织及其工作人员实施的;(2)行为标准,这包括两个方面,一方面要求被诉的是一个具体行政行为,另一方面法院只受理因行为违法而引发的争议;(3)结果标准,被诉的行为必须侵犯了公民、法人或其他组织的合法权益,结合《行政诉讼法》第11条第1款第8项的规定,这种合法权益应当表现为人身权或财产权。那么,行政奖励是否符合上述的行政诉讼受案标准呢?我们不妨对此作一分析:

首先,行政奖励符合上述职权标准。这一点显而易见,行政奖励是行政主体行使职权的行为,自然符合有关规范在这一标准上的规定,对此无需赘言。

其次,行政奖励符合上述行为标准。毫无疑问,行政奖励是一种具体行政行为,即使套用最狭义的具体行政行为标准,也不能否认它作为一种具体行政行为的属性。原《最高人民法院关于贯彻执行〈中华人民共和国行政诉讼法〉若干问题的意见(试行)》曾对具体行政行为作出如此定义:"具体行政行为"是指国家行政机关和行政机关工作人员、法律法规授权的组织、行政机关委托的组织或者个人在行政管理活动中行使行政职权,针对特定的公民、法人或者其他组织,就特定的具体事项,作出的有关该公民、法人或者其他组织权利义务的单方行为。① 笔者将这一定义概括为具体行政行为的四个属性:(1)处分性,即该行为应当能够引起公民、法人或者其他组织权利义务上的变动;(2)特定性,该行为是针对特定的公民、法人或者其他组织,就特定的具体事项作出的;(3)单方性,即该行为是一种单方行为;(4)外部性,即该行为是对行政组织外部实施的管理活动。显而易见地,行政奖励完全符合上述性质,自然应当被认为是具体行政行为的一种。②

当然,就行为上的标准而言,必须是由于行政奖励的合法性方面引起的争议,方能属于行政诉讼受案范围。行政奖励的合法要件已如前述,其合法要件

---

① 尽管这一司法解释目前已经失效,但它对具体行政行为的这一定义却是目前公认的最为严格、狭窄的定义,由于对具体行政行为的界定多有争论,此处我们以"官方"定义为准,因为即便如此,行政奖励也完全符合这一标准。

② 就行政奖励的"外部性"这一属性而言,必须明确我们这里所谈论的行政奖励,并不包括行政组织对其内部工作人员的奖励,因为这属于公务员管理的范畴,是行政学、组织学而非行政法学研究的对象,对此,可以参见崔卓兰:《行政奖励若干问题初探》,载《吉林大学社会科学学报》1996年第5期。

中的任何缺失都构成行政奖励的违法,当事人即可据此提起行政诉讼。而对于由行政奖励的合理性引起的争议,主要是行政主体裁量不当时引起的争议,便不能被纳入行政诉讼之中。①

最后,行政奖励也符合上述的结果标准。如引起纠纷的行政奖励属于物质奖励或属于可以带来物质利益的其他奖励,则其违法便可能损害当事人的财产权;如引起纠纷的行政奖励属于精神奖励或属于可以带来精神利益的其他奖励,则其违法往往损害当事人的荣誉权,而荣誉权显然属于人身权。在这一方面,行政奖励与行政诉讼的受案标准也是相符的。

因此,根据现行规定,由于行政奖励违法而损害当事人合法权益的情形,当事人通过行政诉讼寻求救济是完全可能的,现实中也已有为数众多的案例发生并通过司法程序得到解决。

(二)行政复议

由于行政复议的受案标准较之行政诉讼更为宽松,则行政复议理所当然地也是行政奖励的法律救济途径之一。值得指出的是,由于行政复议不仅审查行政行为的合法性,还可以审查其合理性,因此对于因行政主体裁量失当而引起的行政奖励纠纷,虽然不能提起行政诉讼,但可以通过行政复议加以解决。同时,由于行政复议具有附带审查的功能,对于规章以下的其他行政规范性文件因奖励的设定而引起的纠纷,也可一并在复议中解决。

(三)行政赔偿

通过法定途径被确认为违法的行政奖励行为,有关合法利益受到该行为损害的人均可申请国家赔偿。但必须指出,由于《中华人民共和国国家赔偿法》规定国家赔偿的范围仅限于物质损失,以及因公民人身自由权、生命健康权被损害而同时发生的名誉、荣誉等精神损失。因此,在精神奖励中,由于行政主体的违法给当事人带来的精神损失,往往是无法获得国家赔偿的。

---

① 林莉红:《行政奖励诉讼初探》,载《法学杂志》2002年第2期。

第十六章 政府采购及其法治化①

一、政府采购的基本理论

(一)政府采购的基本含义

1.政府采购的概念

关于政府采购,目前学界尚无统一概念。根据《中华人民共和国政府采购法》(以下简称《政府采购法》)第2条的规定,政府采购是指各级国家机关、事业单位和团体组织,使用财政性资金采购依法制定的集中采购目录以内的或者采购限额标准以上的货物、工程和服务的行为。这也是目前国内多数学者引用的表述。

政府采购制度是政府调节经济和社会生活的一种重要手段,也是财政支出管理的一个重要环节。完善、合理的政府采购制度能够有效提高财政资金的利用效率。政府采购制度的作用表现为以下三个方面:从宏观角度看,实施政府采购制度有利于强化政府宏观调控,可以相应地抑制社会需求和增加有效的社会供给,以此拉动社会内部有效的需求和刺激消费。由于政府采购的规模巨大,政府采购的数量、品种和频率能够对社会需求施加影响。同时,通过政策性的调整又可以在稳定物价、保护民族工业以及改善投资环境等方面发挥积极的作用。从微观角度看,政府采购制度有利于节约财政支出,降低行政成本,提高财政资金的使用效益。政府支出具有自然的扩张性,每个国家都面临着公共支出膨胀的问题。对政府采购进行制度性的约束,可以有效抑制政府的支出膨胀和人员膨胀。政府采购制度中的财政预算、集中采购、竞争机制、监督采购等制度可以加强财政支出管理,减少浪费。从廉政建设角度看,实施政府采购制度有利于增加行政透明度。由专门的政府采购机构负责采购,使用单位不再直接拥有采购的权力,只负责最后的验收,而采购资金由财

---

① 本章初稿由北京中医药大学赵静副教授和中国人民大学博士生王宇飞协助作者作了修改补充,谨致谢忱!

政部门统一负责向供应商直接拨付。将政府采购行为置于财政部门、供应商和社会公众等全方位监督的机制当中，在公开、公正、透明的环境中动作，可以有效地防止腐败行为的发生。

2. 政府采购的性质

政府采购的性质究竟属"行政"，还是属"民事"，学者们一直存在着争议。完整的政府采购过程大体包括三个阶段：政府采购合同的意向形成阶段、合同签订阶段、合同履行与管理阶段。不同阶段，政府采购表现的法律属性是不同的。

第一阶段和第三阶段被多数学者认为是偏重于行政性质。第二阶段的性质归属，学界存在较大争议。政府采购活动中，合同是最有效的确定法律关系、平衡合同双方权利义务的形式，是整个政府采购法律调整体系中的一个重要环节。政府采购行为不论以何种方式进行，最终都将在采购人与供应商之间以合同的形式来履行。因此，政府采购的性质在某种程度上可以说取决于政府采购合同的性质。然而，对于政府采购合同的法律属性，学者们历来分歧较大，主要有三种代表性的观点。第一种观点是行政合同说，认为政府采购合同是行政合同，理由是："政府采购的优益性特点使得政府采购合同具有区别于民事合同的合法性质，这使得该合同的设立、履行、变更和解除等方面均呈现法定化的特点。政府机关必须在法定授权范围内缔结合同，并要严格遵守'物有所值'的原则。出于公共利益的考虑，政府机关在政府采购活动中还享有一定限度的行政特权，比如政府机关享有合同履行的监督控制权。"第二种观点是民事合同说，认为政府采购合同是"政府机关作为平等的民事主体与其他公民法人之间订立的有关民事权利义务的民事合同，如购买文具、修缮房屋、新建大楼等合同，仍然应受合同法调整"；"当国家以国有资产为基础参与各种民事法律关系时，国家是以民事主体身份出现的；政府各种采购行为也是一种民事行为，尽管对此种行为要制定专门的政府采购法予以规范，但由此所产生的合同关系也应当适用合同法"；"国家机关和实行预算管理的事业单位、团体组织，一旦同供应商签订了政府采购合同，双方就是平等的民事主体之间的关系，采购人必须严格遵守合同"。第三种观点是混合说，认为政府采购合同兼具民事性和行政性。"采购契约应该是一种'混合契约'（Mischvertrag）。它代表了游离在民事契约和行政行为之间的行政契约的一种典型形态。"[①]对

---

① 张照东：《政府采购的法律属性》，http://www.ccgp.gov.cn，访问日期：2010年8月5日。

比上述三种观点,笔者较为赞同第三种观点。但同时认为,政府采购合同属于偏重于行政性的混合型合同。一方面,作为市场经济社会中的一个重要消费者,在西方资本主义社会中,国家极少通过国有企业来生产和制造行政机关履行公务所必需的商品和劳务。行政机关通常要到市场上去订购所需物品。这实际上反映的是公法私法化及私法精神的合理延伸与渗透。在一定程度上,政府采购合同吸纳了私法自治基础上平等、自愿等原则和契约形式,并以此来实现公共意志、公共利益,是私法精神向"公"领域的合理的延伸与渗透。但政府采购合同又不同于一般的民事合同,"在特定情况下,采购契约却有可能与一般商业契约有着实质的区别,发生性质的转变。而促成变化的原因首先根源于政府采购所具有的经济重要性和其本身所蕴含的公益性"①。而且,在政府采购合同中,由于权力要素的渗透,合同双方不再是两个"任意性"的个体意志,其中一个属于公共意志,使财产性因素和权力性因素相结合,导致了"组织性与财产性"法律关系的产生。另一方面,民事合同的相对性决定了民事合同法律关系的不透明性,政府采购主体和行为性质的特殊性,以及利益相关者的参与、监督的公众性,要约与承诺制度的公开化和受限制性,决定了政府采购合同制度和合同法律关系的复杂性,它需要通过具体的制度安排将政府采购合同的整个缔结过程,合同的主要条款内容,合同的履行、监督与管理,各政府采购法律关系主体的权利、义务、责任及相关诉讼和救济制度都予以明确化、公开化、透明化。② "采购契约中一方当事人被视为公共利益的代表,这就决定了公法契约(public contract)有别于纯属私人之间签订的契约的特殊性(specificity)。行政机关形成签订契约的意志的方式,他们的契约行为所受到的来自预算和政治上的约束,契约本身所蕴含的公共利益,以及对契约履行必须施加严格的监督,所有这些都使得公法契约行为(public contracting activities)构成独自的法律类别,要受到特别规则和原则的调整。"③政府采购作为国家的政策工具对增加就业机会、照顾少数民族或偏远落后地区的经济发展,对实现其他有助于社会发展的政治公益目的都将起到重大的作用。伴随着民主思潮、福利国家、给付行政等新型国家目的观的出现,行政作用不再限于传统的秩序国家所确立的保护国家安全和独立、维持社会公共秩序以及确保财

---

① 余凌云:《行政契约论》,中国人民大学出版社2000年版,第189页。

② 赵忠江:《论政府采购制度的法律特征》,载《大连理工大学学报》(社会科学版)2003年第1期。

③ 转引自余凌云:《行政契约论》,中国人民大学出版社2000年版,第192页。

政收入的消极秩序作用,而向积极整备环境、经济、地域空间等秩序行政方面,以及社会保障、公共义务的供给、资金补助行政等给付行政方面扩展,为达到上述行政目的,就存在着使用多种多样的行政手段。① 政府采购恰恰是这种趋势在社会实践中的反映。

3. 政府采购的特征

对政府采购特征的描述归纳起来有如下几点:第一,采购资金属于国家财政性资金,具有公共性;第二,采购活动具有非营利性,主要是为实现政府职能,正所谓"取之于民而用于民";第三,采购主体的特定性,政府采购的主体主要是依赖于国家财政拨款的国家机关、事业单位和团体组织;第四,政府采购对象具有广泛性与复杂性,政府采购对象包罗万象,按国际上通行的做法可以分为货物、工程和服务;第五,采购程序严格依照法定规则,采购过程的透明与非任意性规则是政府采购与普通的民事买卖的重要区别;第六,政府采购受政策性影响较大,政府采购属于国家宏观经济政策的重要组成部分,要最大可能地节约财政资金、购买本国产品、保护民族工业、扶植中小企业、鼓励科技创新等。

(二)政府采购的基本原则

政府采购的基本原则是指在进行政府采购的一系列活动中所应遵循的基本指导思想。关于政府采购的基本原则,学者们众说纷纭②。笔者认为,政府采购的基本原则应当包括以下四个方面:

1. 公开性原则(disclosures)

政府采购的公开性原则,又可以称为"透明性原则",是指有关政府采购的法律政策、采购程序和采购活动的诸项内容都要公开,并保证其能被及时了解和查证。

公开性原则是政府采购制度的首要原则,是世界各国管理公共支出的一个共同原则。世界贸易组织的《政府采购协议》序言中明确提出"本协议各缔

---

① [日]石井昇:《行政契约的理论和程序》,东京弘文堂1998年版,第5页。

② 诸如,"五项说",即公开透明原则、公平竞争原则、公正原则、诚实信用原则和经济有效紧密结合原则,王亚琴:《政府采购与行政权利救济》,人民法院出版社2004年版,第16~21页;"六项说(一)",即公开性原则、公正性原则、公平性原则、竞争性原则、高效性原则和透明度原则,王亚星:《政府采购制度创新》,中国时代经济出版社2002年版,第22~27页;"六项说(二)",即竞争性原则、公开性原则、公平性原则、提高国民竞争力原则、扩大政府采购的范围与规模原则、逐步国际化原则,杨灿明、李景友:《政府采购问题研究》,经济科学出版社2004年版,第226~229页。

约国承认各方期望提高政府采购规则、程序和措施的透明性"。第 17 条进一步强调了政府采购的透明度问题,指出"每一缔约方应鼓励其实体说明来自本协议缔约方国家投标的条件,包括背离竞争性招标程序或援引诉讼程序的条件,以确保每个实体授予合同的透明度"。政府采购遵循公开性原则的目的在于提高政府采购决策的透明度,防止"暗箱操作"、"钱权交易"等腐败现象的滋生。遵循公开性原则既能适应市场经济的客观要求,又有利于发挥市场机制在支出管理中的重要作用,实现政府与市场在支出管理领域的最佳结合。①

2. 公平性原则(equity)

政府采购的公平性原则是指所有参加竞争的投标商都能获得平等的竞争机会并受到同等待遇。

政府采购作为政府参与市场活动的一种形式,必须履行市场准入规则,对投标的企业一视同仁,给予他们平等竞争的机会。公平性原则一方面要求实现形式意义上的公平,即为所有可能参加竞争的供应商提供平等的机会,采购主体向所有的供应商提供的信息一致,在资格预审或投标评价时,对所有的供应商适用同一标准。另一方面要求实现实质意义上的公平,即平等并不意味着相等,对于弱势的民族企业、中小企业的照顾不是对公平性原则的破坏,而是实质平等的实现。在公平的基础上才能发挥竞争的作用,才能保证提供物美价廉的商品和服务。

3. 效率原则(efficiency)

政府采购的效率原则是指采购主体在节约人力、物力和财力的情形下采购到质量最理想的货物、工程和服务行为。

效率包括经济效率和管理效率两方面,经济效率要求政府及其采购官员在采购时节约开支,强化预算约束,使公共资金使用效率最大化。"效率最大化原则不仅要求每一行为的收益超过成本,而且要求每一行为处于这样的临界点,即行为扩展的边际成本要与边际收益相当,因为它决定了获得最大净收益的最佳状态。"②管理效率要求政府经常公布招标信息,减少中间环节,规范支出管理,提高支出效能。使纳税人的纳税资金发挥最大的效益,正是建立政府采购制度的基本价值取向。

4. 竞争性原则(competitions)

政府采购的竞争性原则是指政府采购合同的签订要通过招投标等公平竞

---

① 胡家诗、杨志安:《政府采购研究》,辽宁大学出版社 2002 年版,第 48 页。
② 杨灿明、李景友:《政府采购问题研究》,经济科学出版社 2004 年版,第 26 页。

争的方式进行,所有有意参与投标的人在机会、待遇平等的条件下依靠自己的实力获取中标。

"竞争性原则是政府采购制度的灵魂,没有竞争就没有政府采购制度。"[1] 一方面,市场经济的本质就是在公平有序的环境中实现竞争,以此推动社会向前发展。可以说,竞争性的政府采购对于高新技术产业的发育起到非常大的激励和促进作用。另一方面,"政府采购的一个重要假设是竞争价格是一种合理价格,其采购利益要通过供应商间最大限度的竞争来实现"。[2] 通过竞争,政府采购可形成买方市场,促使供应商提供优质、高效、廉价的商品和服务,形成对采购方有利的局面。

二、政府采购制度的运行状况

(一)背景问题

政府采购制度和其他法律制度一样都经历了从无到有、从低到高的演变过程。由于历史发展和文化传统及经济发展的差异,中外政府采购制度的发展也存在着较大的差异。

比较而言,从国际的角度来看,政府采购行为随着国家的出现就已产生,而政府采购制度则是在近代资本主义制度形成以后才出现的。人类社会很早就出现了政府采购行为,最早的一张采购单可追溯到公元前2800年到2400年的叙利亚,它写在红色的陶制木板上;公元前3世纪的雅典也有政府采购的记录,人们还发现了恺撒军团的采购订单。[3] 随着政治体制的民主化和经济体制的市场化,政府采购活动与过去相比,已经发生了质的变化。伴随着资本主义国家对政府采购管理逐步成熟,政府采购制度也就应运而生了。政府采购制度最先出现在英国,随后很多法治较为发达的西方国家也纷纷建立了政府采购制度。近年来,随着世界经济一体化进程的加快,政府采购开始进入了国际贸易领域。从促进全球贸易自由化的角度出发,一些国际组织制定了一系列关于政府采购的协议,为政府采购在法律、规则、原则与程序等方面设立了统一的国际标准。

我国政府采购的历史是源远流长的,春秋战国时期已有文献记载,但我国

---

[1] 杨灿明、李景友:《政府采购问题研究》,经济科学出版社2004年版,第25页。

[2] 王亚星:《政府采购制度创新》,中国时代经济出版社2002年版,第25页。

[3] Cf. Charles K. Coe, *Public Financial Management*, Prentice-Hall Inc., 1989, p. 87.

现代意义上的政府采购制度发展相对滞后。1995年至1998年是我国政府采购制度的试点阶段。1995年,党的十四届五中全会通过的《中共中央关于制定国民经济和社会发展"九五"计划和2010远景目标的建议》明确提出"实现今后十五年的奋斗目标,关键是实现两个具有全局意义的根本性转变,一是从传统的计划经济体制向社会主义市场经济体制转变,一是经济增长方式从粗放型向集约型转变"。在这种背景下,为实现加强财政宏观调控能力、强化财政职能、基本消灭财政赤字等财政改革的目标,我国上海等地陆续开展了政府采购的实践。1996年,上海财政局和卫生局决定,联合各大医院以"公开招标,集中采购"的方法,并根据合同约定金额给各大医院拨款。这一举措打破了我国传统的财政支付方式,"阳光采购"的试点工作正式开始起步。1998年,第一次"政府采购试点会议"召开,同时在财政部预算司设立政府采购处,专门管理政府采购工作,此举标志着政府采购工作在全国全面启动。1999年至2002年是我国政府采购制度的推广阶段。1999年,中央国家机关的政府采购工作逐步展开,民政部、卫生部等部门开展了政府采购商品的尝试,国务院机关事务管理局等部门还制定了具体办法。至1999年底,政府采购机构在全国28个省、自治区、直辖市和计划单列市纷纷建立。2002年6月,第九届全国人民代表大会通过了《政府采购法》,该法于2003年1月1日起正式实施,奠定了我国政府采购制度的法律基础,也标志着我国政府采购进入到立法规范阶段。

(二)政府采购当事人

《政府采购法》第14条规定:政府采购当事人是指在政府采购活动中享有权利和承担义务的各类主体,包括采购人、采购代理机构和供应商等。

采购人属于需求方主体。按照《政府采购法》第15条的规定,采购人是指使用财政性资金依法进行政府采购的国家机关、事业单位、团体组织。显然,这里的采购人不同于一般的民事买方主体。第一,采购人所使用的资金是财政性资金;第二,采购人的购买目的是为公益而非私益;第三,购买程序依法进行,不同于私法领域中依当事人意思自治;第四,采购人身份只能是国家机关、事业单位和团体组织。

采购代理机构又称集中采购机构,根据《政府采购法》第16条的规定,设区的市、自治州以上人民政府根据本级政府采购项目组织集中采购的需要设立集中采购机构。集中采购机构是非营利事业法人,根据采购人的委托办理采购事宜。我国政府采购实行集中采购与分散采购相结合的采购模式。从国际经验看,集中采购通常是由集中采购机构负责组织实施事务。我国在政府采购制度刚刚起步和发展的情况下,设置集中采购机构是必要的,其承担集中采购任务可以促进采购的专业化,更好地发挥集中采购的优越性。

供应商属于供方主体,按照《政府采购法》第21条的规定,供应商是指向采购人提供货物、工程或者服务的法人、其他组织或者自然人。供应商是指国内供应商,理由如下:第一,是政府采购本质属性的要求。因为政府采购的主要资金来源于纳税人,因此也应当将供货的机会给予纳税人,这种做法从根本上说,是为了保护公共利益和国家利益。从国际上看,世界上也没有一个国家的政府采购市场是完全开放的。第二,虽然世界贸易组织的《政府采购协议》规定政府采购的供应商不应局限于本国供应商,但我国并未签署该协议,因此不必受其约束。第三,对国内供应商提供的实质性保护,不仅可以引导企业的投资方向,而且可以在一定程度上改善本国的产业结构。

政府采购当事人应当严格依照政府采购制度的规定进行政府采购活动,不得相互串通损害国家、社会和他人的合法权益,不得以任何手段排斥其他供应商参与竞争。采购代理机构不得以不正当手段谋取非法利益。供应商是市场主体,以营利为目的,应通过正当渠道获得商业机会,不得以不正当手段谋求中标或成交。

(三)政府采购方式

政府采购属于政府行为,各采购人为履行政府职能而购买货物、工程和服务的活动必须予以规范。规范采购方式,明确各采购方式所适用的范围,以免在实际工作中出现随意选用采购方式的问题是非常必要的。《政府采购法》第26条规定政府采购方式为公开招标、邀请招标、竞争性谈判、单一来源采购、询价和国务院政府采购监督管理部门认定的其他采购方式等六种。此六种方式可以按照是否采用招投标方式分为两大类,即招标性采购和非招标性采购。其中招标性采购包括公开招标、邀请招标两种,非招标性采购包括竞争性谈判、单一来源采购、询价和国务院政府采购监督管理部门认定的其他采购方式等四种。

1. 招标性采购

招标性采购是指通过招标的方式,邀请特定或不特定的供应商参加投标,采购人通过某种事先确定并公布的标准从所有投标中评选出中标的供应商,并与之签订合同的一种采购形式。

招标性采购包括了公开招标和邀请招标两种,其中公开招标应是政府采购的主要采购方式,它与其他采购方式相比,无论是透明度上,还是程序上,都是最富有竞争力和规范的采购方式,也能最大限度地实现公开、公正、公平原则。世界银行《贷款采购指南》把公开招标作为最能充分实现资金的经济和效率要求的方式,要求借款国以此作为最基本的采购方式。《政府采购法》第28条规定,采购人不得将应当以公开招标方式采购的货物或者服务化整为零或者以其他任何方式规避公开招标采购,以此来强调公开招标的应然使用性。

公开招标与其他采购方式不是并行关系,而是政府采购的首选方式。但公开招标存在着程序环节多、采购周期长、费用较高等缺陷。作为对公开招标方式的一种补充,《政府采购法》第29条规定了邀请招标的方式及其适用情形。所谓邀请招标,也称选择性招标,由采购人根据供应商或承包商的资信和业绩,选择一定数目的法人或其他组织(不少于三家),向其发出招标邀请书,邀请他们参加投标竞争,从中选定中标的供应商。邀请招标方式适用于两种情形:一是采购项目具有特殊性,潜在供应商数量较少,公开招标与不公开招标均不影响提供产品供应商数量的;二是若采用公开招标方式,所需时间和费用占政府采购项目总价值的比例过大的。

2. 非招标性采购

非招标性采购是指除招标性采购以外的采购方式,主要适用于采购有时间限制、采购来源单一等采购项目。非招标性采购的方式包括竞争性谈判、单一来源采购、询价、国务院政府采购监督管理部门认定的其他采购方式等四种。

竞争性谈判方式采购主要适用于紧急情况下或由于所采购货物、工程的技术特点、服务性质的需要,采购人通过与多位供应商进行谈判确定最优供应商的一种采购方式。单一来源方式采购是指没有竞争性的采购,主要用于所采购产品的来源渠道单一或属知识产权类商品或后续维修扩充等特殊情况的采购。询价采购方式,就是我们通常所说的货比三家,这是一种相对简单而又快速的采购方式,即采购人向有关供应商发出询价通知书让其报价,然后在报价的基础上进行比较并确定最优供应商的一种采购方式。值得注意的是,询价采购方式只允许供应商报出不得更改的报价。法律规定,采购的货物规格、标准统一、现货货源充足且价格变化幅度小的政府采购项目,可以采用询价方式采购。国务院政府采购监督管理部门认定的其他采购方式是一项弹性条款。授权国务院政府采购监督管理部门认定其他的采购方式是必要的,这些其他采购方式在程序上应当由国务院政府采购监督管理部门认定,应符合政府采购实践的要求。

(四)政府采购程序

政府采购程序主要包括前面所说的三个阶段。

1. 签订合同的意向形成阶段

通常情况下,政府采购的第一步是首先由采购主体提出采购需求,报财政部门审核,得到批准后才能进行采购。财政部门在审核时既要考虑采购预算的限额,又要考虑各采购主体采购要求的合理性。从政府采购工作看,开展采购工作的前提是,预算中有安排,并且项目要具体,资金预算要明确。只有这样,才能为政府采购监督管理部门有的放矢地制定政府采购计划,实施有效监督管理提供依据;同时,方便采购人和集中采购机构有计划地开展采购活动,为供应商了解年度政府采购市场的规模和结构,并客观地作出经营策略提供依据。我国《政府采购法》第6条规定,负有编制部门预算职责的部门在编制下一财政年度部门预算时,应当将该财政年度政府采购的项目及资金预算列出,报本级财政部门汇总。部门预算的审批,按预算管理权限和程序进行。按照该条规定,各部门在编制部门预算时,凡是属于本法规定的政府采购项目,都应在部门预算的相关科目中详细列明,包括项目具体名称和预算等事项。人民代表大会(以下简称"人大")批准了部门预算,也就批准了其中的政府采购预算。只有经人大批准的采购项目,才能开展采购活动。

2. 合同签订阶段

按照我国现行的法律,采购人对于采取什么样的采购方式拥有较大的自主权。一般来说,选择采购方式应结合每个项目的具体情况予以确定。适宜的采购方式可以节约采购时间和成本,实现社会资源的最大公益化。

要约和承诺是合同成立的必经阶段,政府采购合同也不例外。由于政府采购方式的多样性,因而每种不同的采购方式所反映的要约与承诺的层次组合也不尽相同。以政府采购中最常用的公开招标方式为例,其签订合同的程序大体是:第一,发布招标公告。发布招标公告时,应尽量发布内容翔实、程序严明的预审公告,限制参与企业资质,避免浪费。第二,投标。由有意参与此次政府采购活动的供应商根据自己的实力进行投标。货物和服务项目实行招标方式采购的,自招标文件发出之日起至投标人提交投标文件截止之日止,不得少于20日,要求采购人或集中采购机构必须为投标人提交投标书留有最低限度的时间,确保投标人及时对其采购意向作出响应,避免因时间过短或者过长而给采购工作带来负面影响。第三,开标。采购人必须按招标文件规定的时间、地点和规则进行,采取公开的方式,做好唱标工作并记录开标的全过程。第四,评标和决标。由专门委员会对所有有效的投标进行评价,按照"最低投标报价"与"综合投标报价"等方法进行评比,选择对于此次采购最有利的投标。

中标、成交通知书对采购人和中标、成交供应商均具有法律效力。采购人与中标、成交供应商应当在中标、成交通知书发出之日起30日内,按照采购文件确定的事项签订政府采购合同。中标、成交通知书发出后,采购人改变中标、成交结果的,或者中标、成交供应商放弃中标、成交项目的,应当依法承担法律责任。国务院政府采购监督管理部门应当会同国务院有关部门,规定政府采购合同必须具备的条款。

3.合同履行与管理阶段

第一,履行采购合同。在该阶段,供应商必须按照合同的各项规定,向采购人提供货物、工程或服务并有权获得相应价款。双方当事人不得擅自变更、中止或者终止合同,否则属于违约。但是,如果政府采购合同继续履行将损害国家利益和社会公共利益的,双方当事人应当变更、中止或者终止合同。有过错的一方应当承担赔偿责任,双方都有过错的,各自承担相应的责任。

第二,合同的管理。政府采购项目的采购合同自签订之日起7个工作日内,采购人应当将合同副本报同级政府采购监督管理部门和有关部门备案。采购人、采购代理机构对政府采购项目每项采购活动的采购文件应当妥善保存,不得伪造、变造、隐匿或者销毁。采购文件的保存期限为从采购结束之日起至少保存15年。采购文件包括采购活动记录、采购预算、招标文件、投标文件、评标标准、评估报告、定标文件、合同文本、验收证明、质疑答复、投诉处理决定及其他有关文件、资料。

在政府采购合同执行过程中或执行完毕后,采购实体要对合同执行的最终结果进行效益评估。采购人或者其委托的采购代理机构应当组织对供应商履约的验收。大型或者复杂的政府采购项目,应当邀请国家认可的质量检测机构参加验收工作。验收方成员应当在验收书上签字,并承担相应的法律责任。采购人在采购活动完成后,应当将采购结果予以公布。政府采购监督管理部门应当对政府采购项目的采购活动进行检查,政府采购当事人应当如实反映情况,提供有关材料。政府采购监督管理部门应当对集中采购机构的采购价格、节约资金效果、服务质量、信誉状况、有无违法行为等事项进行考核,并定期如实公布考核结果。审计机关应当对政府采购进行审计监督。政府采购监督管理部门、政府采购各当事人有关政府采购的活动,应当接受审计机关的审计监督。监察机关应当加强对参与政府采购活动的国家机关、国家公务员和国家行政机关任命的其他人员实施监察。任何单位和个人对政府采购活动中的违法行为,有权控告和检举,有关部门、机关应当依照各自职责及时处理。

(五)政府采购纠纷的解决机制

政府采购合同实质上是行政契约的一种变形,因此,有关政府采购纠纷解决的一般原理,可以参考本书"行政契约"部分法律救济的内容。这里仅就我国现行政府采购制度的具体内容进行分析,政府采购活动中产生的纠纷按照其性质的不同,可以分为两大类,即民事性采购合同纠纷和行政性采购活动纠纷。

1. 利用合同的规制

《政府采购法》第43条规定,政府采购合同适用合同法。采购人和供应商之间的权利和义务,应当按照平等、自愿的原则以合同方式约定。这一规定合理与否我们暂且不论,但是,它似乎表明了这样一种含义,即政府采购合同是处于平等法律地位的采购人与供应商之间设立、变更、终止民事权利义务关系的协议,也就意味着《合同法》的基本原则、合同的订立与效力、合同的履行及变更和转让、合同的权利义务终止以及违约责任等规定都适用于政府采购合同。同时也说明,政府采购合同的当事人之间的法律地位平等,一方不得将自己的意志强加给另一方当事人。依法成立的采购合同对双方当事人都具有法律约束力。依此,有学者指出,因政府采购合同发生的纠纷,适用民事诉讼或仲裁来解决。① 这一观点值得商榷,照此观点,不知该如何理解《政府采购法》第58条的规定,"投诉人对政府采购监督管理部门的投诉处理决定不服或者政府采购监督管理部门逾期未作处理的,可以依法申请行政复议或者向人民法院提起行政诉讼"。显然,《政府采购法》的这两条规定给学者们留下了广泛的讨论空间,其中不免产生许多歧义。

2. 行政内部救济

在政府采购活动中,由采购人发布采购信息,包括采购的对象、采购的标准、供应商的准入条件、实行的采购方式等。因此,采购人往往处于主动地位,供应商则相对比较被动。如果采购人再存在某些不透明行为,就有可能对供应商产生不利影响。从维护供应商合法权益的角度出发,法律设置了询问、质疑与投诉等制度性规定。

供应商对政府采购活动事项有疑问的,可以向采购人、采购代理机构提出询问,对方应当及时作出答复,但答复的内容不得涉及商业秘密。这里需要注意以下几个问题:第一,所有供应商都享有对政府采购活动事项进行询问的权利;第二,询问对象为采购人和采购代理机构;第三,对于供应商的询问,采购

---

① 杨灿明、李景友:《政府采购问题研究》,经济科学出版社2004年版,第240页。

人、采购代理机构必须及时作出答复,但答复的内容不得涉及商业秘密;第四,供应商对政府采购活动事项提出询问以及对方作出答复的方式,可采取书面或口头方式。

供应商认为采购文件、采购过程和中标、成交结果使自己的权益受到损害的,可以在知道或者应该知道其权益受到损害之日起7个工作日内,以书面形式向采购人、采购代理机构提出质疑。采购人、采购代理机构应当在收到供应商的书面质疑后7个工作日内作出答复,并以书面形式通知质疑供应商和其他有关供应商,答复的内容不得涉及商业秘密。显然,与询问相比,质疑的提出受到了一些限制,如质疑的范围、条件、时限和形式等。质疑供应商对采购人、采购代理机构的答复不满意或者采购人、采购代理机构未在规定的时间内作出答复的,可以在答复期满后15个工作日内向同级政府采购监督管理部门投诉。政府采购监督管理部门应当在收到投诉后30个工作日内,对投诉事项作出处理决定,并以书面形式通知投诉人和与投诉事项有关的当事人。政府采购监督管理部门在处理投诉事项期间,可以视具体情况书面通知采购人暂停采购活动,但暂停时间最长不得超过30日。投诉人对政府采购监督管理部门的投诉处理决定不服或者政府采购监督管理部门逾期未作处理的,可以依法申请行政复议或者向人民法院提起行政诉讼。在此,《政府采购法》为真正体现执政为民、行政的最大公益化,对政府采购活动的行政救济与司法救济措施的规定是值得肯定的。

除此以外,为贯彻政府采购制度的基本原则,实现政府采购的根本目标,《政府采购法》以专章的形式分别规定了政府采购当事人应当承担的法律责任,并明确规定"政府采购监督管理部门应当加强对政府采购活动及集中采购机构的监督检查"。这里的监督检查,应当是全方位、多层次的,既包括对采购人、采购代理机构的采购活动进行监督检查,也包括对供应商参加政府采购活动的情况进行监督检查,尤其要对集中采购机构加强监督检查。也就是说,凡是涉及政府采购活动的,政府采购监督管理部门都必须加强监督检查,及时发现问题,解决问题,并对违法行为依法进行处理。

三、对政府采购制度的反思

(一)我国政府采购制度存在的问题

对于我国来说,政府采购制度属于"舶来品",国内没有现成的经验,国外的做法也不能完全照搬,因此,在实际运作中难免要出现一些问题。纵观我国政府采购制度,问题主要体现在以下三个方面:

第一,思想上存在认识的误区。受传统思想的影响,许多人认为,在行政法律关系中,行政机关处于管理者的地位,公民处于被管理者的地位,两者不可能平等。因此,政府采购被认为是政府财政部门想垄断采购事务,改变支出单位的既得利益。也有人认为,政府采购就是政府针对其部门的控购。有人更是认为,政府采购是倒退到计划经济时代的统购统销。这些观点实质上都是对政府采购制度的一种误解。其实,政府采购制度体现的正是现代行政法的新理念,即国家应当在"维护、监督行政主体依法行政与保护公民、法人、其他组织的合法权益之间谋求一种平衡——一种通过对行政主体与行政相对方的有效激励和制约,实现行政权与相对方权利的结构性均衡,以兼顾公共利益和个人利益,确保社会的持续、稳定发展"[1]。因此,要认识到在市场经济社会中,纳税人纳税的前提是其与政府之间存在着一种社会管理的契约关系。纳税人是委托方,政府是受委托方,受委托方没有不为委托方谋利的理由。同时,也要强化集约理财的观念,树立政府也是消费者的意识。

第二,经济制度层面存在的问题。万事开头难,政府采购的第一步需要进行有效的财政预算。虽然,目前财政部门规定了预算单位必须制定滚动预算和部门预算,但我国预算管理体制仍然不尽完善,诸如编制周期短,编制项目比较粗,不够细化等。在这种预算编制和审批制度下,项目不具体,预算不准确,预算执行的随意性较大。反映到政府采购上,就出现了无预算采购、重复采购、盲目采购等现象,政府采购工作也因项目不明确,缺乏计划性,难以全面推行。财政部门分散的审批制度使一本预算往往批了再批,批准预算时间不统一,直接影响了政府采购效率。目前,政府采购在资金管理方面也存在不少问题。主要体现在:政府采购资金预算约束力不强;采购资金总量分散失控;采购资金运作效率低下;采购资金结算控管不强;集中支付制度尚未建立,缺少必要的制约手段[2]。另外,我国现行的国库管理和会计核算方面也存在着诸多问题,不适应政府采购制度改革的需要。

第三,法律制度层面存在的问题。西方政府采购制度发达的国家都有完备的法律法规体系来统一规范政府采购行为,促进政府采购目标的实现。例如美国,有关政府采购的法律法规据不完全统计有500多个。我国近年来也相继出台了一系列的政府采购法律法规,但只有《政府采购法》和《中华人民共

---

[1] 罗豪才:《现代行政法制的发展趋势》,法律出版社2004年版,第7页。

[2] 杨灿明、李景友:《政府采购问题研究》,经济科学出版社2004年版,第207~211页。

和国招标投标法》(以下简称《招标投标法》)是由全国人大常委会颁布实施的,其余的大部分是部门规章、地方规定、办法等,立法层次较低,规定不统一,且多为指导性的规定,约束力明显不强。除此以外,现行法律所规定的采购程序也不够完善和规范。例如,《招标投标法》对邀请招标的规定很少,尤其是对邀请招标中邀请对象的选择未作出明确规定。这使很多人认为邀请招标就是公开招标的一种简化方式,约束力相对于公开招标来讲要低。只要采用这种方式,并且任意邀请三家以上供应商就行。因此,在实施过程中,招标单位以种种理由回避公开招标采购方式,选择邀请招标方式。由此产生的一系列问题,诸如假招标、人情标、串通投标等现象大量产生,导致招标质量得不到保证,资金使用效益不高。此外,《政府采购法》文本也存在诸多问题,如缺少采购信息发布、供应商资质审核等方面的规定,救济程序规定和监督体系设置也都有不足。

(二)域外制度实践经验

1. 国外政府采购的经验

政府采购制度最先出现在英国。英国近代政府采购制度首先在政府办公用品方面推行。1782年,英国废除了以前政府采购中的分散制,设立了专门的采购机构——文具公用局(Stationery Office),凡属于各机关公文之印刷、用具之购买,均归其执掌。该局后来发展为物资供应部,专门负责采购政府各部门所需物资。英国当时设立专司政府采购机构的目的在于满足政府日常管理职能需要,提高政府资金的使用效率,因此,它考虑的是商品的价值因素和质量因素,以最低廉的价格获得质量最佳的产品,满足使用者的需要。[①] 由于给予了采购者一定的选择供应商的自由裁量权,使得采购者往往背离公共资金所有者的意图去追求个人好处,不完全依据商品价值和质量因素选择供应商。为杜绝这种现象的发生,英国政府在随后的政府采购法中确立了"物有所值"的原则[②]。英国的重要贡献在于首先对政府采购行为进行立法,从而对政府采购实行法制化管理,规范了政府采购行为,为日后政府采购制度的发展奠定了基础。

英国的政府采购法制化对早期的美国产生了一定的影响。美国的政府采购最早可以追溯到独立战争时期,当时的采购对象主要是军需物资。由于战

---

① 肖北庚:《国际组织政府采购规则比较研究》,中国方正出版社2003年版,第11页。

② 物有所值是指所采购物品在价格、质量等方面都必须满足使用者的要求。

时所需要的物资往往是急需的,并且采购数额巨大,直接的采购方式又使得采购主体具有很大的自由裁量权,因此政府采购领域中不断出现徇私舞弊的丑闻。出于规范采购行为的原因,1861年美国国会通过了一项联邦法案,对政府采购方式、程序及必须实行公开招标的采购等内容作出了详细的规定,这些规定为美国以后的政府采购立法奠定了基础。① 美国政府规定采购必须依照法定的方式进行,并针对不同的采购方式进行了不同的立法。目前,涉及政府采购方面的法律有500多部,规定的采购方式主要有三种,即小额采购、大额采购和电子贸易。贯彻诸如公开竞争、公平公正、公众利益与承包商利益平衡等政府采购原则,形成了比较完善的招标采购制度。从整体上讲,美国的政府采购制度具有这样几个特点:第一,规则完备;第二,充分竞争;第三,申诉监督②。

2. 我国特殊地区的政府采购制度

根据"一国两制"的原则,我国香港、澳门特别行政区都实行独立的政府采购制度。1997年5月香港特别行政区加入了世界贸易组织的《政府采购协议》,作为《政府采购协议》的成员,应当保证其政府采购制度与《政府采购协议》的原则与目标相一致。香港政府采购的主管机构是香港政府的财政司,其主要任务是确保政府采购活动得以有效的贯彻和执行。香港的政府采购实行责任原则、物有所值原则、公开透明原则和公平竞争原则。除小额物品由各政府部门直接采购外,政府采购均实行集中、直接采购制度,不涉及任何中介机构。目前,香港的政府采购正在进行着积极的改革,主要体现在:第一,推行采购卡,加强小额采购管理。第二,建立电子系统,提高采购效率。第三,改善采购管理系统,增加监管功能。第四,兴建政府物料营运中心,强化统一管理③。澳门早在回归祖国之前就以葡萄牙政府管辖地区的身份加入了关贸总协定及其《政府采购协议》,回归后仍然在"一国两制"原则的指导下履行其作为《政府采购协议》成员方的义务。由于澳门实行独立的财税制度,并且实行低税率政策,所以其财源是有限的。这在一定程度上决定了其政府采购规模相对较小,

---

① Cf. Steven Kelman, *Procurement and Public Management*,转引自肖北庚:《国际组织政府采购规则比较研究》,中国方正出版社2003年版,第12页。

② 王亚琴:《政府采购与行政权利救济》,人民法院出版社2004年版,第109~111页。

③ 王亚琴:《政府采购与行政权利救济》,人民法院出版社2004年版,第138~146页。

采购数量较少。从澳门财政支出看,澳门政府采购主要集中在三个方面:一是政府行政方面的采购;二是建设投资采购;三是地区自治机构的行政和建设所需采购。

为了规范政府采购活动,防止腐败行为的发生,我国台湾地区在20世纪50年代初由"监察院"制定了《机关营缮工程暨购置定制变卖财物稽查条例》,该条例对于防范公共工程腐败起到了积极的作用。1998年5月,台湾地区制定颁布了"政府采购法",内容包括总则、招标、投标、履约管理、异议及申诉、罚则等。"政府采购法"中明确规定,要建立体现公开、透明、公平、竞争原则的政府采购制度。根据台湾地区1998年"政府采购法"的规定,政府采购适用于政府机关、公立学校、公营事业办理的工程之定做、财物之买受及定制和承租、劳务之委任或雇佣等;确定了政府采购的主管机关为"行政院"的采购暨公共工程委员会;确定了采购招标方式为公开招标、选择性招标及限制性招标,其中以公开招标方式为主;在政府采购主管机关、"中央政府"、"地方政府"中设立了采购申诉审议委员会,处理厂商申诉案件、调解履约争议以及处理厂商对不良记录通知不服提出的申诉。异议与申诉制度被认为是台湾地区政府采购制度的精髓所在。厂商依该法对所获得权益的维护和保障都有赖于异议与申诉制度的建立。如果没有有效的救济途径,政府采购目标就难以实现。①

3. 国际组织的主要采购制度

随着世界经济一体化和国际贸易自由化的进程,政府采购制度受到了国际一体化的影响,带有了国际化的趋势。

1993年达成并于1996年对签约方正式生效的《政府采购协议》是世界贸易组织协议之一,其宗旨是建立一个有效的关于政府采购的法律、规则、程序和做法方面的权利与义务的多边框架,以实现世界贸易的扩大和更大程度的自由化,改善协调世界贸易运行的国际框架。该协议对政府采购主体、采购对象、采购方式以及采购的基本原则与规则、技术规格、招标程序、资料提供的义务、质疑程序、政府采购委员会争端的解决、协议的例外等都作了较为翔实的规定。作为具有国际性质的公共规则,这一协议在各国政府采购制度的设定过程中已越来越受到重视。

《政府采购协议》是1994年由联合国贸易法委员会在第27届年会上通过的《贸易法委员会货物、工程和服务采购示范法》(以下简称《示范法》)以及与之配套的文件《立法指南》的简称,它是迄今为止联合国贸易法委员会关于货

---

① 罗昌发:《政府采购法与政府采购协定论析》,元照出版公司2000年版,第325页。

物、工程和服务采购方面制定的较为完善的示范性法律文件。值得注意的是,《示范法》不是法,对任何国家都没有约束力,它存在的意义是重在示范。《示范法》就其力争实现的目标、适用范围、供应商的资格审查、采购的方法与适用条件、招标程序以及审查等问题作出了示范性的规定。

(三)我国政府采购制度的完善路径

政府采购制度在我国的成熟与完善是一个复杂的系统工程,应总结我国现行政府采购制度存在的问题,借鉴国外的成功经验,从思想层面、制度层面等多角度正确认识政府采购制度的本质属性。

1. 寻找理论基础

任何一种制度的产生,都离不开理论的支撑。为政府采购制度寻找充分的理论基础,对于完善这一制度无疑具有重要的意义。支撑政府采购的理论可以从政治、经济、法治等几个角度来理顺。

政府采购是现代行政的新方式,其通过优化配置财政资源、合理分配收入,从而实现政府职能与百姓利益的整合。公共管理理论认为,行政就是管理,作为管理的政府在决策方面的角色是资源分配者。资源分配者是管理者组织战略制定的核心,而资源分配中的资源不仅包括时间、金钱、物质材料、人力以及信誉等管理者分配的一级资源,而且也包括管理者通过购买行为对资源的再分配。① 这样,政府的购买行为就被看做是分配公共财产、解决劳动力就业的重要形式。

政府采购制度与经济生活关系密切,布坎南的寻租理论是政府采购制度得以建立的重要支撑点。在布坎南的寻租理论中,租金伴随着寻租的程序是由于政府实施的市场进入限制造成了有租可寻的稀缺机会。稀缺机会是有弹性的,如果不实行某种平等的分配制度,这种弹性就使人们有可能以低于潜在的租金的代价获得这种稀缺机会。所以,租金的产生既在于政府控制造成的利益差别,也在于政府控制的分配弹性。因此,在分析当前我国实现政府购买性支出时所出现的寻租现象,就要考虑政府的控制范围和政府的实际控制力这两个因素。②

任何一项制度的建立都应当是以法制的态势表现出来,纵观政府采购制度的法学理论基础,主要借助于以下三个方面:

---

① Henry Mintzberg, *The Nature of Managerial Work*,转引自肖北庚:《国际组织政府采购规则比较研究》,中国方正出版社2003年版,第22页。

② 胡家诗、杨志安:《政府采购研究》,辽宁大学出版社2002年版,第5页。

第一,"以人为本"的宪政理念。我国的宪政观念,正由传统的以国家为本位的宪法基本权利价值理念向国家与公民并重的价值理念转型。传统的以国家为本位的权利结构价值取向,使权利的享有依赖于国家权力的赋予,在这种情况下,不仅造成了个人权利的残缺,同时,也使社会资源分配成为一种权力关系。权力在其中大行其道。国家权力伸入到社会的每一个角落,控制了社会、经济中个人生活的每一个方面。① 2004 宪法修正案以"国家尊重和保障人权"这样明示性的条款确认了宪法的基本人权原则,同时,也根据权利价值理念转型的实际,进一步充实了包括财产权在内的一些基本权利内容。

第二,确立"服务公共"的政府采购价值目标。政府采购程序应当服从于服务公共的价值目标。政府采购的整套管理系统是使其真正发挥宏观调控、完善公共服务和节约财政资金的多重功能。政府采购应当重在管理、指导、协调和服务,而不应当重在监督、审批和处罚。从公共管理角度来说,采购是手段,服务公共是目标。

第三,现代行政法治理念。法制建设与法治理念密不可分,现代行政法制建设,必然要有法治理念的引导。行政法治观念与行政法律制度之间具有较强的互动性,行政权无论是在人们的观念上,还是在制度的设计中都在由过分积极向适度积极转变;由管理行政向服务行政转变;由单一的、强制的方式向多样的、弹性的方式转变;由无限自由裁量权向适度自由裁量权转变;由人治向法治转变。作为行政法制项下的政府采购法律制度,在建设与完善的过程中,必然要与现代行政法治理念保持一致。

2.完善制度构建

目前,关于政府采购的规则不论是从经济的角度还是从法律规范的角度,都还存在着许多缺欠,要求我们进一步加大改革的力度。从宏观的角度看,国家政策、法律法规、经济制度等都会对政府采购产生巨大的影响,稳定国家政策、完善经济与法律制度就成了我们当前的重大任务。现行有关政府采购的法律法规在一定程度上为我国的政府采购制度奠定了法律基础,但这些规定在许多方面过于粗糙甚至有许多立法空白。从微观的角度看,目前我国大部分省市的政府采购范围通常集中在交通工具、医疗设备和办公用品等,与其他

---

① 张树义:《中国社会结构变迁的法学透视》,中国政法大学出版社 2002 年版,第 92 页。

国家相比,我国政府采购的规模小,范围较窄①。再有,我国现有的政府采购队伍的专业化水平还不是很高,而政府采购作为一项全新的系统工程,由于政策性强、涉及面广,因此培养掌握专业领域知识的政府采购人员也是一项急务。此外,针对政府采购信息沟通渠道不畅,政府采购标准不统一、管理机制不健全,都需要从法律制度层面来认知和完善。

同时,对于任何一个有效的政府采购制度而言,仅仅进行采购规则的立法建设是远远不够的,与采购过程的规制建设相对应,还有一个至关重要的、不可忽视的机制建设,即完善当事人的权利救济制度。政府采购作为市场经济条件下将权力与权利结合并加以强化、提高行政效率和经济效率的法律程序和契约方式,除市场经济主体地位独立、权利自由和公正的市场规则之外,还要求完善的法律救济制度。② 救济程序是政府采购制度不可缺少的一项内容。在政府采购制度受到某种破坏的情况下,有效而完善的救济程序能保证制度的健康运行。在政府采购制度中建立、健全争议解决机制或权利救济机制,是现代社会法治的基本要求,也是一个国家行政法治水平的重要体现。遗憾的是,《政府采购法》关于政府采购救济制度的规定尚存在着许多矛盾与空白之处。我们认为,在处理政府采购纠纷时,如何选择适用公法性的行政法和私法性的合同法乃是一个疑难问题,单纯适用行政法或单纯适用合同法都难以获得公益与私益的平衡。政府采购合同应当是行政规则与合同法条款的特殊结合。《政府采购法》在设计的救济制度时还要理顺以下几个方面的问题:

第一,政府采购活动与政府采购合同的关系,两者是并列的关系还是包容的关系抑或是交叉的关系;

第二,权利救济的"被救济主体"是否是广义的采购当事人;

第三,如何克服民事诉讼当事人地位的"完全平等"与政府采购性质的不完全适合,以及如何克服行政诉讼被救济主体的单方性;

第四,是否要在政府采购的救济制度中设计公益诉讼制度;

第五,如何在政府采购中整合各种救济方式。

---

① 根据国际经验,一个国家政府采购的规模一般为 GDP 的 10%,或为财政支出的 30% 左右。按前一个口径计算,我国政府采购规模应在 11000 亿元以上,按后一个口径计算,也应在 7000 亿元左右。而 2003 年我国地方政府的采购规模仅为 1396.60 亿元左右,中央政府的采购规模为 262.80 亿元左右。

② 王亚琴:《政府采购与行政权利救济》,人民法院出版社 2004 年版,第 226 页。

3. 加强政府采购管理

"徒法不足以自行"。虽然我国《政府采购法》在规范政府采购行为,提高资金使用效益,维护国家和社会公益,以及防范腐败、支持节能环保和促进自主创新等方面设立了相应完备的规则,但实践中,规避政府采购,操作执行环节不规范,部分政府采购效率低、价格高等问题仍然比较突出,一些违反法纪、贪污腐败的现象时有发生,造成财政资金损失浪费。为切实解决这些问题,全面深化政府采购制度改革,国务院2009年就进一步加强政府采购管理工作出台的《国务院办公厅关于进一步加强政府采购管理工作的意见》指出:政府采购坚持应采尽采,进一步强化和实现依法采购;坚持管采分离,进一步完善监管和运行机制;坚持预算约束,进一步提高政府采购效率和质量;坚持政策功能,进一步服务好经济和社会发展大局;坚持依法处罚,进一步严肃法律制度约束;坚持体系建设,进一步推进电子化政府采购;坚持考核培训,进一步加强政府采购队伍建设。

第十七章 行政经营及其法治化

近年来,伴随着政府职能的转变,行政经营成为多学科竞相参与研究的领域。究其实质,行政经营就是地方各级政府的一种职能,是地方政府在行政管理的过程中引入经济学中的经营理念,以市场经济手段对所掌握的自然资源、基础设施资源、人文资源等进行优化整合和市场化营运。其中,自然资源主要是指政府管辖的土地、山水、空间等;基础设施资源主要是指政府管辖的电力、道路、桥梁、通信网络以及市政公用设施等;人文资源主要是指人力资源、文化资源、科技资源和政府资源等。简而言之,行政经营是政府充分发挥其自主性,改善和提高其综合面貌、综合能力、综合经济实力等方面的一个系统工程。

一、行政经营理念的发端

(一)国外城市经营理念的形成与发展

目前,我们所谈及的行政经营理念,源于国外的城市经营理念。

城市经营(Urban Management)理念的出现,最早可以追溯到20世纪70年代,是一种被研究者从经济人的众多业务中发掘而来的特殊形式,其实质是通过对权力的操纵而达到分配资源的目的。城市经营概念的提出直接针对政府机构,考察的是如何利用政府权力满足社会对基础设施和公共服务的需求。这个理念一经提出,立即引起国际上众多理论和实践工作者的关注。

1978年威廉姆斯在其研究成果《城市经营:对相关领域的考察》一文中考察了城市经营过程中的参与者,他发现相当多的争论集中在政府(包括中央政府和地方政府)的角色问题上。因此,他认为,城市经营的本质就是彻底弄清城市的性质、城市的社会与经济结构及城市内部的权力关系。也就是说,城市经营究竟应该由政府包揽还是应该包括更广范围的参与者?私人企业是否可以参与城市的经营管理?这些问题归根到底是如何对城市经营过程进行整合的问题。伦纳德也认为,城市经营带有政治色彩,城市经营的提出源于对权力的关注。城市经营中的权力指的是政府官员所拥有的分配资源和设备的权力。基础设施及公共服务的供给与经营参与者的范围是一对孪生的权力问题,说穿了就是政府机构和其他非政府组织和个体在提供服务方面的权力分配和协调问题。①

20世纪80年代以后,发达国家对发展中国家的援助方向发生了一些变化,援助资金逐渐转向制度能力建设,而非先前的重点工程项目。这一变化实际上体现了发达国家对发展中国家城市经营管理制度的干预过程,这一过程对城市经营理念的进一步充实具有深远的影响。丘吉尔(Churchill,1985)认为,"城市经营含义正变得日益丰富,城市经营不再仅仅指系统控制,而是一系列行为关系,通过城市经营,城市居民的种种行为之间以及与城市的各种管理行为之间都会互相影响。"②显然,在城市发展问题上,单一空间的干预方式已经被一个更为精细和复杂的思想所替代。

莎玛(Sharma,1989)把城市经营界定为一系列指导城市范围内社会、物质和经济发展的行为,是为了保证基本服务的必要供应而采取的干预方式,以促进经济的发展和福利的提高。罗科迪(Rakodi,1991)的观点与此相同,他认为,"城市经营的目标是保证系统的各个组成部分是被管理着的,从而使一个城市的日常运行成为可能,以支持和鼓励所有经济活动的开展,并满足居民居住及使用各项设施和服务的需要。"③由此可见,两位学者都认识到城市经营对城市运作结果的战略性职责。理查森(Richardson,1993)则提供了三种测试城市经营是否成功的方法:首先是对都市管理者实施空间战略能力的测试——管理效率的合理测试;其次是对提供城市基础设施和服务能力的测试,以判断能否满足快速增长的城市人口的需要——管理有效性的合理测试;最后一项测试比较简单但是非常关键,即对具体操作和维护的测试。④

在城市经营理念被提出后的20多年的发展历程中,城市经营的内涵被逐渐充实,但一直缺少一个整体的定义,马丁利(Mattingly,1994)因此呼吁,需要"一个更清晰的关于城市经营的定义"。然而,直到1995年,沃纳(Werna,1995)认为"城市经营这一概念还是令人难以琢磨的"。麦基尔(McGill,1998)从一个实践工作者的角度反驳了沃纳等人的观点,他认为,城市经营的

---

① 王翠文:《市政管理》,天津大学出版社2005年版,第178页。
② 张蔚文、徐建春:《对国外城市经营理念的考察与借鉴》,载《城市规划》2002年第11期。
③ 张蔚文、徐建春:《对国外城市经营理念的考察与借鉴》,载《城市规划》2002年第11期。
④ 张蔚文、徐建春:《对国外城市经营理念的考察与借鉴》,载《城市规划》2002年第11期。

基本含义应该建立在两个简单的但又是基础的目标之上:首先是规划,即规划如何供应和维护一个城市的基础设施和公共服务;其次是城市地方政府的合理定位,即地方政府的职责应该是从组织上和财政上确保基础设施和公共服务的供给和维护。①

(二)行政经营理念在我国的兴起

在英文里,经营和管理是一个词——Management。从国外城市经营(Urban Management)概念的形成与发展历史看,其内涵更侧重于一种战略性管理,或者说政府对城市发展的战略性干预,其目的是促进经济的整体发展和福利的全面提高。在中文中经营和管理则具有不同含义:经营是直接取得效益的活动,经营的目的是以尽可能少的资本投入调动更多的社会资源,经过一定的创新活动,实现创造利润的目的;而管理则是促进经营成功的必要条件。但长期以来,我们只讲管理而不讲经营。在计划经济时期,中国的土地、基础设施、基本公共服务都是由国家统一投入、统一管理、供国民无偿或低价使用,没有形成再投入机制;加之经济实力不足、资金匮乏以及重视程度不够等因素,使各地发展普遍存在基础设施落后、公共服务水平低的问题。改革开放以来,随着中国经济的快速发展,人口增长和产业发展对基础设施的需求越来越大,要求也越来越高,城市基础设施落后成为一段时期内阻碍地区经济社会发展的突出"瓶颈"。同时,随着融资体制的改革,国家对城市基础设施的直接投资日益减少,城市发展逐渐形成了基础设施需求强劲但有效供给不足的突出矛盾。为建立多元化的投融资渠道,筹集建设资金,解决城市基础设施等公共物品长期被动滞后的局面,中国各地政府开始重视引进国际城市管理的经验,学习运用市场规则进行城市基础设施建设,着力改善城市环境与形象,提升城市的竞争力,行政经营理念应运而生。

中国城市经营的最早行为可以追溯到1982年深圳市率先实行城市土地有偿使用制度试点,而真正把城市经营作为系统性概念进行研究并付诸实践是近年的事情。1991年,大连市率先提出了城市经营的模式。大连从1993年到1999年通过城市经营实现融资,多挣多花了268个亿。新增的资金主要是依靠经营城市得来的。苏州市1999年协议利用外资和实际利用外资分别达35.4亿和28.6亿美元,均超过了浙江省的总和(30.3亿和25.2亿美

---

① 张蔚文、徐建春:《对国外城市经营理念的考察与借鉴》,载《城市规划》2002年第11期。

元)。①

行政经营的理念正是在城市经营的实践中被逐步认识、接受和推广的。

二、行政经营的内涵和目标

(一)行政经营的内涵

行政经营是一个市场化的过程。具体而言,行政经营有以下几个方面的内涵和特征:

1. 行政经营的主体

行政经营首先是一个整体概念,政府是不可或缺的参与者,因为只有政府才能对市政建设的整体发展作出战略性决策。尽管行政经营的过程中引入了企业化组织和企业化的管理,鼓励市场竞争,运行机制向市场化方向发展,但从根本上讲,它还是政府对市政进行管理和建设的一种手段,是政府对公共事务的经营和管理,最终代表的是民众的利益。因此,行政经营本质上还是一种行政行为,是市场经济条件下的政府行为。同时,行政经营的整体性特征也决定了其他非政府组织也应该在行政经营中发挥积极的作用。尽管中国现阶段的体制背景决定了政府控制的公共资源不能完全交给市场来运作,政府在行政经营过程中发挥了主导作用,但这并不意味着政府是行政经营的唯一主体。

2. 行政经营的客体

行政经营打破了政府是公共物品唯一供给者的局面,承认了公共物品供给主体的多元化。政府将经营性和准经营性的资产推向市场,通过市场机制的作用提高公共物品和服务的供给水平和供给效率,有效缓解了政府的财政负担。同时,对于非经营性资产,政府提供财政支持,但这种财政支持不再是过去的无偿划拨,而是专款专用。现阶段,行政经营的对象就是经营性资产和准经营性资产,包括有形资产和无形资产。其中,有形资产包括土地、基础设施、公用设施、环境设施、旅游设施及其附属物等;无形资产包括开发权、使用权、经营权、冠名权、广告权等相关权益。当然,城市形象、城市品牌等无形资产也是行政经营的重要领域。

3. 行政经营的模式

中国目前很多地方政府把行政经营作为增加地方财政收入的一项重要工作来抓,行政经营的目标偏重于经济利益的获得。但长期实行资金导向的行政经营模式会使市政建设、发展、规划和管理以及经营本身面临很多矛盾,很

---

① 王翠文:《市政管理》,天津大学出版社 2005 年版,第 176 页。

容易引发一系列问题,如为了追求短期收入而对资源进行不合理的开发;处理不好短期建设与长期规划的关系;等等。

行政经营不同于企业经营,市政建设与发展显然比企业运营更为复杂。企业可以把利益最大化作为自己的唯一经营目标,但行政经营除了考虑经济效益外,还必须兼顾生态、环境、文化、社会福利等众多方面的因素。行政经营是一个战略性的框架和任务,也是一个整合众多资源并使其得到优化配置的过程,其目的是促进经济的整体发展和福利的全面提高。从行政经营的最终目的来说,行政经营就是要通过市政建设,改善环境与功能,进而造福民众,增进福利。因此,行政经营更应该侧重于功能导向。政府要以市政功能的提升、城市竞争力的提高和可持续发展作为行政经营的落脚点,将行政经营的重点放在战略资源上。

4. 行政经营的性质

行政经营绝不仅仅是为了解决政府的财政短缺问题,提高竞争力才是行政经营的首选目标。因此,行政经营的范围不但包括目前最常见的基础设施投资融资,还包含了影响竞争力的所有项目,而且对城市竞争力理解的视野,应该从单纯的城市内部的资源配置转向更大的区域范围内的资源配置。

作为政府行为,行政经营包含了行政管理的内涵。行政经营意味着政府的管理职能从计划经济时代高度集中的计划管理模式,转变为相对灵活的、以市场为基础的经营管理模式。行政经营提出了将公共物品的管理权承包给私人主体,实现了政府所有权职能与管理权职能的分离,打破了公共物品的所有权必须与管理权相结合的误区,是公共物品管理上的一次革命。政府通过与承包人签订契约,把公共物品的经营管理权转让给私人主体,意味着政府可以从微观管理领域隐退,私人主体在政府的监督下对公共物品进行管理和运营,实现了所有权与经营管理权的真正分离。其结果,一方面有利于政府的低成本运作,有利于政府把主要精力放在宏观管理上,节约政府管理微观主体所付出的大量的协调成本和组织成本;另一方面,有利于实现城市资产管理的硬约束,实现低成本、节约化、高效率管理,调动管理者的积极性,提高管理水平。①

(二)行政经营的目标

1. 缓解政府在市政建设资金上的困境

随着中国城市化的加速发展,资金成为制约城市发展的最大因素。在这样的背景下行政经营应运而生。传统的市政建设模式下,政府统包统揽基本

---

① 王翠文:《市政管理》,天津大学出版社 2005 年版,第 180~181 页。

建设。随着经济发展对市政建设的要求越来越高,各项基础设施和服务供给难以满足现实的需求,政府面临着市政建设需求庞大但投资供给不足的窘境。通过行政经营,政府把各项可经营项目推向市场,实行企业化经营,本着"谁投资、谁受益"的原则,吸引各方投资者参与,打破政府单一投资的模式局限,扩大市政建设资金来源渠道,使公共建设项目资金由原来的单纯依赖政府转向依托市场和社会,广开财源以解决市政建设的资金难题,这是行政经营最基本的出发点。

2. 提高公共建设项目的效率

在计划经济体制下,公共建设部门被视为是福利部门,建设和管理方式依靠行政命令,建设周期长、资源浪费多,生产效率缺乏保障措施。从世界各国的经验看,公共建设行业的政府干预方式正在发生变化。那些原本由国家和地方政府部门经营的公共领域,一旦打破行业垄断,引入竞争机制,允许私人经营,这个领域的生产效率、供给水平、服务质量就大为改善。政府通过改变经营管理方式,实行投资主体多元化,由投资者组织项目公司进行企业化管理,自负盈亏,使得建设者必须考虑投入产出,努力降低成本,提高了基础设施部门的效率。这一过程就实现了行政经营的重要目标之一,即运用市场经济的手段,对资源进行资本化聚集、重组和运营,实现资源和资本在容量、结构、功能方面的优化,实现建设投入和产出的良性循环。

3. 推动政府职能的积极转变

随着社会的飞速发展,政府的内在压力和外部压力日趋显著。内在压力源于经济的高速发展与滞后的基础建设供给以及僵化的管理体制之间的矛盾;外部压力则来源于经济全球化背景下生产要素的自由流动与城市吸引力不足、竞争力有限的矛盾。行政经营就是内在压力与外部压力共同作用的结果,它要求我们解决体制问题,对于不利于竞争的落后管理模式进行变革。换句话说,行政经营实际上是经济转型期政府行为方式的变革,所采取的模式往往与地方政府自身职能的转变和市场经济的成熟程度相关联。在"服务型政府"理念的引导下,我国开始在行政领域进行全面和广泛的管理体制改革探索。政府在其组织和所属公共机构中,引入市场方式或准市场方式,依靠激励机制来大幅度提高工作效率,可以推动政府职能积极转变。

4. 增强竞争力,促进可持续发展

政府的竞争力管理和各种规划都要求确定合理有效的竞争策略,成功的竞争策略意味着竞争成功了一半。国内学者对影响城市竞争力的因素分析显示,城市政府的管理水平、政府职能的有效发挥与城市竞争力提升具有密切关系。① 在政府机制的作用下,行政经营始终要兼顾整体利益,尽可能避免市场的负面效应,达到经济效益、社会效益和生态效益的统一。行政经营是一个战略性的框架和任务,也是一个整合众多资源并使其得到优化配置的过程,行政经营的目标是实现整体利益最大化,而非单纯的利润最大化。行政经营的核心应该是着眼于解决社会发展中的各种矛盾,做好资源的供给与需求的规划、市场利益和公众利益、长远利益和近期利益的综合平衡,增强地区竞争力,促进可持续发展。

三、行政经营的潜在风险

在我国,通常认为,城市经营是指利用市场手段,将城市可以用来经营的部分存量资产和生产要素推向市场进行重新组合和优化配置,从中获得收益,再将这部分收入投入到城市建设的新领域,走以城养城、以城建城的城建市场化之路,由此促进城市经济环境的不断优化和城市建设的全面进步,进而推动城市的国际化进程。② 可见,行政经营的提出蕴含了制度设计者良好的初衷。但是,政府利用市场手段发展城市,可能导致公权力的扩张,暗藏着诸多风险,引来诸多质疑。

(一)滋生腐败现象的风险

在现行的政治经济体制下,政府积极投身于行政经营是普遍现象。这主要是因为地方政府管理权限自主性的扩大和投资体制的转变。行政经营虽然在经营对象和内容上与企业经营有所区别,但还是以营利为目的的市场行为。由于市场发育不健全,加上行政经营的约束机制尚未形成,政府作为重要主体,在行政经营中极易出现腐败现象。

首先,政府执掌着行政管辖权,同时其产权相对模糊,一旦从事经营活动,因不具备企业所具有的激励和约束机制,道德风险和机会成本都相对较高。其次,政府是市场经济秩序的监管者,监管者自己从事经营活动,"既当选手又当裁判",这是对市场公平竞争原则的否定,权力寻租、暗箱操作和以权谋私的现象难免出现并得不到真正的遏制。这不仅会导致资源利用效率降低,还会因为滋生腐败而损害政府形象,大大降低政府的公信力。

---

① 王翠文:《市政管理》,天津大学出版社2005年版,第174页。
② 中共青岛市委党校课题组:《青岛市国际化发展战略目标定位》,载《青岛行政学院学报》2000年第2期。

(二)市政建设规模失控的风险

行政经营的最基本目标就是要广开财源解决市政建设的资金难题,利用政府信用负债开发,加快建设进程。应当承认,在经营领域完全依靠自身积累扩大规模很难有大的作为,因此,负债经营是经营者抢抓机遇提升竞争能力的重要手段。虽然政府财政收入有限,但银行考虑到政府的权力和信用,很少会限制政府借贷,这恰好容易导致市政建设规模失控。

在行政经营中,政府首先需要大力发展的就是公用基础设施建设。如"十五"前4年,上海市市政公用基础设施建设完成投资1580亿元,预计期末完成投资2000亿元,同比约增长50%。① 但众所周知,公用基础设施建设属于公共产品,很难以经营方式回收资金,即使设法回收,周期也很长。此外,一些地方政府没有足够的经验和能力,简单地把行政经营的内容定位在商业项目上,盲目规划建设中央商务区(CBD)、商业街。不少政府官员缺乏合理规划和缜密思考,只关注局部利益而忽视整体和社会利益,为追求政绩,喜欢扩大建设规模,提出的项目虽然都附有洋洋洒洒的"可行性研究分析报告"和项目目标预测,但往往并不能准确把握客观实际情况,不但不能实现项目投资的最佳经营成果,还导致发展的无序和规模失控。2005年度深圳绩效审计报告表明,政府经营项目亏损严重。据审计报告,深圳市妇女儿童发展中心大厦项目开工建设前未进行可行性研究,也未编制项目总概算,计划投资额由立项时的2980万元增加为2001年的3.02亿元,属典型的"三边"工程和"钓鱼"工程。而且主体工程层层非法转包、部分单项工程未招标、建设工期延误。深圳市银湖旅游中心累计亏损1248万元,其中2002年至2004年亏损707万元。② 更让人痛心的是,中央一再三令五申,绝不能搞劳民伤财的"形象工程",但各地还是在行政经营中接连推出"形象工程"。有报道称:山西蒲县这个仅10万人口的偏远地方,财政收入不到3亿,却花费2亿建造了形似"鸟巢"的文化宫。③ 一旦市政建设规模失控,建设债务无法按时归还,政府将陷入债务危机之中。

---

① 熊建平:《上海"十五"市政公用基础设施建设情况》,http://www.shzgh.org/renda/node2763/node2764/node2769/node2771/userobject1ai31250.html,访问日期:2010年8月20日。

② 普德法:《深圳2005审计清单公布 政府经营项目亏损严重》,http://www.china.com.cn/chinese/difang/1036496.html,访问日期:2010年8月20日。

③ 范子军:《劳民伤财的形象工程花一分钱都嫌多》,http://www.gxnews.com.cn/staticpages/20100711/newgx4c399273-3094690.shtml,访问日期:2010年8月20日。

(三)资源日渐枯竭的风险

在全世界呼吁节能减排的今天,对资源的合理利用和保护显得尤为重要,毕竟很多的物质资源是无法再生的,而环境资源一旦遭到破坏将对整个人类的生存带来致命的威胁。温家宝总理在 2007 年全国节能减排工作电视电话会议上说过:"近几年,我国经济快速增长,各项建设取得巨大成就,但也付出了很大的资源和环境代价,经济发展与资源环境的矛盾日趋尖锐,群众对环境污染问题反映强烈。这种状况与经济结构不合理、增长方式粗放直接相关。2006 年,我们国家 GDP 的总量只占世界 GDP 总量的 5.5%,但是我们消耗的能源占了全世界的 15%,我们消耗的钢材占了 30%,消耗的水泥占了 54%,这几个数字可以说明,我国资源消耗高这个状况确实是非常严重,经济增长的方式非常粗放。不加快调整结构、转变增长方式,资源支撑不住,环境容纳不下,社会承受不起,经济发展难以为继。"①

然而现实情况却令人担忧。在行政经营中,不少地方政府看重的是近期收益,不少政府官员想的是尽快树立自己的"政绩",对于各种物质资源、甚至不可再生资源的利用都存在着高消耗的情况。因为地方政府不仅可以动用地方资产和地方财政资金,还可以动用国家投资和拨款,甚至还可以通过税收减免、土地批租等方式,将今后几十年的可预见收益作为投入;更重要的是,地方政府还可能将本地区的矿产资源、生态资源等用作经营性投入。当他们一味追求近期经营收益最大化的时候,各种资源正面临枯竭的危险。

其中,土地资本的日渐枯竭就是一个显而易见的事实。土地经营是政府行政经营的一项主要内容。土地是不可再生的资源,土地供应状况直接关系到市政建设的发展空间、发展潜力和发展方向。要使有限的空间发挥最大的效用,必须高度重视对土地供应和运营的管理,努力提高土地资产的利用效率和地域空间的生态环境效益及经济效益。但是,有的政府官员将行政经营严重地片面化、单向化直至完全歪曲,直截了当地断定行政经营就是买卖土地、抓房地产,进而热衷于土地大买卖、城市大拆迁。不少地方政府在行政经营中,为实现土地收益最大化,不仅征收近期土地使用费,而且把土地未来收益也收入囊中。具体表现为:在土地租赁、批租和入股三种形式中,政府相关部门坚持把土地批租作为土地有偿使用的基本形式。通过所谓批租,一次性收

---

① 温家宝:《高度重视狠抓落实　进一步加强节能减排工作——在全国节能减排工作电视电话会议上的讲话》,http://news1.jrj.com.cn/news/2007-04-27/000002195283.html,访问日期:2010 年 8 月 20 日。

取几十年的土地使用费(住宅70年、工业50年、商业40年)。这种形式表面上看政府得益颇多,其实政府却因此丧失了后续半个世纪左右土地增值的收益权,流失更多。同时,不少地方政府已经并将继续把更多耕地转为城市建设用地。在农用地向非农用地的转变中,政府既能获得土地改换用途而取得的产业级差收益,还能以批租形式获得几十年的地租,进一步实现土地收益最大化。结果导致中央政府有关保护耕地的要求在地方往往形同虚设,耕地数量绝对减少、耕地总体质量相对下降。

(四)地方保护主义的风险

市场经济的发展要求破除地方封锁和垄断,在统一、开放、公平、竞争、有序的条件下,实现生产要素和产品的自由流动与优化组合,真正形成面向国内开放、国际开放的完整市场体系。这是社会利用市场机制优化资源配置的必要条件。为此,政府作为国家行政管理机关,应当是维护市场经济秩序、确保企业公平竞争的主导力量。但是,在行政经营的模式中,地方政府常常又是区域之间不正当竞争的组织者和支持者,使市场经济逐步沦为"地方经济"。

行政经营实质上是把地方经济作为一个整体来经营,这显然为政府实施地方保护主义提供了理论依据,增大了市场秩序治理的难度。政府必须尽快发展地方经济,才能扩大市政建设规模,改善市民生活,增加地方公共福利。但市场有限,地区之间、企业之间的差别也很大。后进地区和后进企业在竞争中往往处于劣势地位,但它们在与地方政府的关系上却具有相对优势,在一定程度上甚至是利益共同体。因此,企业和地方政府联合起来构筑贸易壁垒,保护本地区产品,成为企业之间、地区之间竞争的一种主要手段。毕竟政府执掌地方各部门管理大权,有条件利用种种行政和经济手段实施地方封锁和垄断,或变相的封锁和垄断。

四、行政经营的法治化构想

著名经济学家蒂伯特在对市场经济中政府所起的作用进行研究的过程中发现,在真实的经济活动过程中,政府并不是单一的。从中央到地方各个层级存在大量类似的政府组织。倘若经济要素和资源在这些组织间能够自由流动,政府之间就会产生竞争。市民可以通过用脚投票的方式迫使政府改善城市的环境。西方城市经济学对政府角色的这一认识最早可以追溯到边沁的法律思想中。他将政府管理的目标定位为满足被管理者的最大幸福,设想政府将扮演较古典自由主义理论更为积极的角色。而在罗斯福实行新政以后,"新的政府理论如果不是动态的,那么至少是流动的。旧的理念视政府的作用为实施法律、维持社会秩序和保卫边疆。但对社会施加影响并非政府功能的组成部分,人们也不期望立法超越支撑明确和既定习惯的作用。相反,新的理念视政府为运动的发起者……政府不仅仅要规制社会,而且要改善社会"①。

因此,按照法学家的观点,在行政经营中,政府应该积极地改善社会生活,应为满足民众的最大幸福而采取相应的行动。但行政经营的实质是行政行为,是政府凭借国家公权、利用市场手段所进行的系列活动,稍有不慎,就可能导致公权力的扩张,带来种种恶果。毕竟政府及其官员追求利益最大化是当前不可否认的现实。公共选择派代表人物布坎南在其著作《宪法经济学》提出了立宪政治的基本原则。他认为,人有坏的一面,也有好的一面,但"在设计政治制度及对宪法确定若干检查和控制条款时,每个人必须被当作一个无赖,他的所有行为除了追求私人利益外,别无其他目的"。因此,"立宪政治的一个重要原理是要做以下的假定——掌权者将滥用政治权力去促进特殊的利益;这不是因为情形常常如此,而是因为这是事物的自然趋势,这是自由制度特别要加以防止的"。②因此,我们在进行制度设计的时候应当以权力限制为出发点。要明确政府的权力不是统治社会的工具,而是服务社会的形式。在行政经营中,防止政府及其官员作恶,强调政府对于社会、对于民众的责任是非常重要的。唯有这样,才能消解行政经营中出现的一切不和谐因素,防止政府机关"与民争利"的现象出现甚至泛滥化、深刻化(在现实生活中常见异化了的"行政经营"压迫市场主体、扭曲市场机制的弊端),真正实现行政经营法治化。

(一)行政经营的法律秩序模式——回应型法律秩序模式

计划经济时代,我国在行政管理中采取的法律秩序模式是压制型法律秩序模式。与压制型法律秩序模式相适应的是权力本位和行政国家的概念,表现为庞大的行政体系事无巨细地监控人们的思想和行为,依据国家计划进行资源配置。这种由国家决定社会生活一切事宜的极端制度毫无疑问会导致主体的自觉性、能动性丧失,资源处于无效率或低效率的运行状态。③ 同时,法律工具主义盛行,权力披着法律的外衣,却不受法律的约束,强制成为社会生

---

① [英]卡罗尔·哈洛、理查德·罗林斯:《法律与行政》,杨伟东等译,商务印书馆2004年版,第47页。

② [美]布坎南:《宪法经济学》,载《公法论丛》(第二集),三联书店1996年版,第342页。

③ 董彪:《"政府经营城市理念"的法律问题思考——以城市化进程中政府角色定位为中心》,载《云南社会科学》2007年第5期。

活中公权力运作的基本方式。

虽然我国已由计划经济转入市场经济多年,但当前,地方政府的行政经营中依然充斥着压制型法律秩序模式的影子。这里仅以城市化进程中争议颇多的强制拆迁为例加以说明。我国城市化进程中,各地政府在大搞市政建设的同时经常使用强制拆迁的方式,其中不乏为实现商业利益目的而动用公权力的拆迁。在这些强制拆迁的过程中,公权力处于绝对的支配地位,当事人几乎没有抗衡和抵御的能力。在这种强制性的公权行为中,公权力在公共意志的名义下强行推行行政主体的单方意志,吞噬私权主体的自由空间。之所以会出现这样的情况,就是因为法律规范对权力没能真正起到规范作用。首先,我国以宪法、物权法为代表的法律规范关于权力限制和私权保护的规定过于原则和抽象,无法为政府行政经营的行为模式提供确定的指引。例如,依据现行法律的规定,政府与被拆迁人之间的征收法律关系被隐形化。政府虽然扮演了行政管理者的角色,事实上行使征收的权力,但是并不需要给予被拆迁人相应的补偿。权利和义务的分离,使得公权力行使的结果只是财政收入的增加、政绩的增加,而没有相应的成本支出。其次,在行政经营中,地方政府行使某些自由裁量权几乎不受限制,因市政建设和发展而侵犯当事人合法权益的事情时有发生。例如,依据现行法律规定,拆迁人提出申请后,政府是否授予行政许可完全取决于其自由裁量,属于不具有公开性的内部行为。在利益最大化动机的驱使下,政府为了增加财政收入、减少财政支出,获取政绩,很容易与商业利益达成同盟。因此,政府对审批城市房屋拆迁项目本身就具有内在的动力。同时,城市房屋拆迁活动在进入正式拆迁阶段之前,被拆迁人根本无法通过正式的渠道了解情况、参与拆迁活动。由于缺乏了解、参与和表达诉求的可能性,被拆迁人极易将政府的拆迁行为与野蛮、粗暴联系起来,进而猜测、怀疑背后有腐败、谋私利的因素,进而滋生厌恶、仇恨和敌视公权力的情绪。由于内心缺乏认同感,即使政府单纯因市政建设而进行的拆迁从根本上讲有利于民众,当事人也不会采取合作、支持的态度,而是漠然、抵制,甚至采用暴力抗法、跳楼、自焚等极端方式来对抗公权力的行使。这种压制型法律秩序模式对于民众的自由进行了过度限制,必然增加公权力实现预期目标的运作成本且效率低下,还引发了各种非议,对社会和谐造成极大破坏。

因此,从应然的角度而言,当务之急,我国的行政经营应当实现从压制型法律秩序模式向回应型法律秩序模式的转变。

回应型法律秩序是建立在承认差异性、尊重价值多元化的基础上的法律秩序模式。在这种法律秩序模式下,各种利益和价值都将得到尊重,并通过相互抗衡和协商的方式达成一致。在回应型法律秩序模式中,政府利用公权力和市场经济手段进行行政经营既受到法律保护,也受到法律规制。政府不得随意扩张其权力,政府的意志和利益受到法律的限制,政府所推行的不是单方意志,政府必须回应社会多元化的利益需要。政府及其部门虽然仍然具有利用国家强制力实施强制行为的可能性,但是并不以强制为主要手段,而是在尊重各利益相关方意见的基础上,通过协商、妥协、交涉最终达成一致意见。

在社会自治中寻求国家强制的可行性路径是回应型法律秩序的目标。我们要改变以往命令——服从、管理——压制的模式,尊重人的主体性,在公共领域之外为私权主体预留广阔的自治空间。以私法自治作为抵御公权力肆意入侵的屏障,就能起到制约公权力的作用。在私法自治、权利本位的基础上,在政府进行行政经营的过程中,私权主体的知情权、参与权和拒绝权应当受到尊重和保护。此时的私权主体对公权力而言,不再是被动的屈从,而是积极主动的回应。

但是,应该看到,社会自治虽然具有深厚的社会根基、心理基础,是法律问题思考的基点,但与之相对立的国家强制也不容忽视。私法自治与国家强制从来就不壁垒分明,两者之间存在着密切的牵连关系,而且在一定情况下可以发生转化,即管制法令摇身一变成为民事规范。私法自治的空间,包括法律行为和事实行为,实际上随着国家管理强度的增减而上下调整。[①] 在政治国家与市民社会二元分离的框架中,我们既不能过于强调政治国家的作用,将公权力转变成一种压制社会自治的工具,窒息社会发展的生命力;也不能完全否认国家强制的现实存在及其重要性。正如平衡论者所主张的,制度设计依赖于利益相关主体各方之间的博弈,在尊重各方的基础上,通过平等协商、对话的方式,达成权利与权利之间、权利与权力之间的平衡,达到主体之间"双赢"或者"多赢"的效果。

(二)行政经营中的法律制度设计

在国家体制改革不断深化、经济建设如火如荼的过程中,各级地方政府将发挥越来越重要的作用。行政经营的大力实施,不仅可以充分利用国家和地方的宝贵资金,有力推动地方经济发展,还能促进公用基础设施建设的市场化,提高建设效率和服务质量,造福人民。但正如前文所述,政府利用市场手段发展城市,潜伏着诸多危机。要想克服其中的种种弊端,还需要我们完善相应的法律制度。

---

① 苏永钦:《走入新世纪的私法自治》,中国政法大学出版社2002年版,第7~14页。

1.加强行政经营中的政务公开法治建设

政务公开是社会主义政治文明的重要内容,是推进依法行政的重要内容和建设法治政府的基本前提。党的十七届四中全会指出:"凡涉及群众切身利益的重大决策都要向社会公开,接受群众监督。"我们应借鉴国内外一些推行政务公开的好经验、好做法,制定适合我国国情的制度或规定,并在实践中不断完善,逐步把政务公开纳入规范化、制度化轨道。通过"透明政治"、"透明行政",将政府的行政经营行为充分暴露在阳光下。

2008年5月1日起正式实施的《中华人民共和国政府信息公开条例》(以下简称《条例》)在施行中暴露出很多不足,其中最重要的是其实施过程中蕴含着两大冲突。一是公开与保密的冲突。《条例》第14条规定,行政机关在公开政府信息前,应当依照《中华人民共和国保守国家秘密法》(以下简称《保密法》)以及其他法律、法规和国家有关规定对拟公开的政府信息进行审查。而且《保密法》是全国人大常委会通过的法律,《条例》是国务院通过的行政法规,前者的法律效力等级高于后者。这就意味着,不论是从法律位阶上,还是从逻辑上,政府信息公开的要求都应符合"保密"的要求。既然政府信息公开的标准和权力主要掌握在行政机关手中,那么,现实中难免出现行政机关以"保密"为由,拒绝公开一些原本并不涉及国家秘密、商业秘密、个人隐私的政府信息。毕竟,民众比较关注的信息,往往是一些较为敏感、公开难度较大的信息,这会使负责信息公开的政府工作人员陷入两难的抉择之中:是公开,还是保密?虽然《保密法》早在1989年就已经开始实施,而且2010年4月29日经第十一届全国人民代表大会常务委员会第十四次会议修订,但相应的,信息公开的考核、监督的机制还有欠缺。对于民众咨询,政府工作人员往往会倾向于选择保密。因为一旦错把应当保密的信息进行了公开,就会触犯法律;而如果没有及时公开应当公开的信息,其所要承担的责任往往要轻很多。2010年4月29日新修订的《保密法》也仅在第43条对此有所提及:"保密行政管理部门发现国家秘密确定、变更或者解除不当的,应当及时通知有关机关、单位予以纠正。"相对于泄密所要承担的种种法律责任而言,这一条只说"纠正"、不说"责任",显得特别苍白无力,及时公开也就成了一句空话。二是"排除法"与"列举法"的冲突。政府信息公开制度的理念是"以公开为原则、以不公开为例外"。"以不公开为例外"其实就是"排除法"。同时,《条例》又采取了"列举法",比较详细地规定了政府主动公开的信息事项。尽管"列举法"本身没有任何问题,但是却意味着对于一些在《条例》中没有列举的信息,行政机关可以主动公开,也可以不主动公开,而这种不公开并不会承担法律责任。时间一长,就可能助长政府部门的惰性,减少公开的信息内容,"排除法"形同虚设,民众还是无法详尽了解自己关注的信息。

政务公开法治化建设的当务之急,是要在《条例》的基础上制定《政府信息公开法》。在这部法律当中,首先,要依法明确政务公开的主体,最大限度地保护民众的合法权益。鉴于行政经营的特殊性,凡是在行政经营中依法行使国家权力的国家机关及通过依法授权而行使国家权力的各种组织,都应作为政务公开的主体。也就是说,除了各级政府机关及其职能部门,通过依法授权而行使国家权力的各种组织,如供电、自来水、煤气、邮政、电信、市内交通等部门,一旦参与行政经营并行使国家权力,也应实行政务公开。其次,《政府信息公开法》要对政务公开的程序作出规定。政务公开是一项严肃的工作,必须按程序办事。当前行政经营政务公开实践中存在的一个重要问题,就是政务公开的随意性太强,缺乏刚性程序规定。只有有效规范行政程序,才能赋予政务公开可操作性和实践性,从实体和程序两个方面保证民众在行政经营中的知情权和监督权。此外,建议立法时结合我国国情,尽量实现政务公开形式的多样化,切实增加依申请公开的规定和对利害关系人公开的内容,提高行政经营政务公开的水平。再次,应对政府公开的信息范围予以明确界定,否则立法便没有现实可操作性。政务公开的范围应该包括除国家机密、商业秘密、个人合法隐私之外的所有信息材料和文件。立法应对政府部门的文件及相关信息的公开范围和公开程序作出详细的规定,并明确规定政府哪些类型的会议可以向民众公开,接受民众的旁听和新闻媒体的报道。加大动态性内容的公开,注重对事项的事前决策情况、事中监督执行情况、事后整改情况的公布,注重民众想知道、有疑问的隐性内容的公开,注重对民众反馈意见的处理答复情况的公开。要突出重点,把行政经营中的重点部门、重点项目、突出问题、民众反映强烈的热点问题以及易发矛盾纠纷的难点问题作为政务公开的重点。

除制定《政府信息公开法》外,政务公开法治化,还须从如下五个方面完善立法,以建立政务公开的法律体系:一是在有关全社会和公民重大利益的法律中增设"公开"程序。二是实行财政公开,健全公共财政,确保政府事权与财权的公开透明。三是建立健全国家公务员财产申报和公开法律制度,制定《国家公职人员财产申报法》,借鉴西方国家的经验对财产申报对象、财产申报时间、财产申报内容、财产申报违法处罚等作出明确规定。四是制定符合网络环境要求的政府信息公开配套法律法规,对政府网站公布的各种信息的内容、范围和审核程序等进行严格规定,指导各级政府将各种政策法规、公共财政、政府采购、人事行政等政府信息通过网络向公众提供,使公众切实享有知情权、信息平等权。当前,我国政府网站的建设水平参差不齐。有的地方政府的门户网站,绝大多数内容转自新闻媒体,有用信息严重缺乏。有的网站或栏目的建设从成立之初就处于"建设中"的状态,多年不变,形成了门户网站的"烂尾工程"。还有部分政府网站的建设纯粹是为了完成政府信息化建设任务,是应对上级测评而建的"面子"工程,披露的所谓信息对民众而言毫无指导意义。要想改变这个现状,不但要加强政府信息化建设,还得完善符合网络环境要求的政府信息公开配套法律法规。五是尽快制定《个人隐私法》和《商业秘密法》,切实保障个人隐私、商业秘密和国家机密不受侵害。同时,政务公开部门要建立社会通报制度和投诉反馈制度,建立相应的监督机构,赋予广大群众监督权,以实现政务的依法公开,保证法律责任的落实。要建立司法救济制度,对于政务公开主体不依法公开,并因此而给利害关系人造成损失的,利害关系人可通过司法救济渠道来维护自身合法权益。

2. 建立保障民众积极参与行政经营的有效机制

在现代法治国家,正当程序的原理强调对参与程序的保障,它意味着通过参与程序的设定和运作,尽可能广泛地听取具有多元化价值观、处于不同利害关系中的个人以及集团的意见,以求得对各利害关系人之间的利益加以调整。① 尽管政府在行政经营中起着举足轻重的作用,但如果没有广大利益相关者的积极参与,政府行政经营的成本将会十分高昂,效率将会非常低下。在这一点上,我们可以借鉴美国的做法。

美国很多城市的政府调动利益相关者参与城市管理的方式很多,而且大多已经制度化。常见的方式有:议员和政府官员走访市民、公共舆论、听证会等。其中,听证会是一种应用广泛也最为有效的参与形式。

美国城市的政府还建立了一整套机制,调动利益相关者全过程参与城市管理。首先,各利益相关者共同参与,发现城市的问题。在美国,被列为市政府或市议会的议题,从形式上看是由政府官员或市议员决定的,实际上他们只是利益相关者的代言人。他们的问题可能是联邦政府的指示或建议,可能是某政府官员为了政绩而提出的发展报告,或某议员为了选票采纳的选民的要求,也可能是为某个利益集团服务的媒体提出和渲染的问题。其次,参与决策。由于资源有限,发现的问题必须通过一定的程序,确定解决的优先顺序。即使是先解决的问题,也需要确定某种优先的方案。这一过程涉及各方面的利益,需要各利益相关者共同参与决定。这种参与过程既是集思广益的过程,

---

① 杨建顺:《行政规划与权利保障》,中国人民大学出版社2007年版,第171页。

也是协调各利益相关者利益的过程。再次,参与实施。由于决策过程广泛参与,决策结果透明度高,在实施过程中,各利益相关者只能按照要求行事。同时,由于决策的透明性,各利益相关者对自身的权利义务比较清楚,如果利益遭到损害,就会要求赔偿。最后,参与监督。科学决策贵在落实,决策落实贵在监督。由于决策把各方面利益有效协调起来,能够有效调动利益相关者监督决策落实,提高监督效率。否则,仅仅依靠执法部门监督,不仅成本高昂,而且效率也会很低。①

我们应该学习美国的上述管理经验,政府在作重大决策前提前公告相关信息,通过专家论证、行政听证、征求意见等一套合理机制的建立来保障民众参与行政经营的权利。要通过对话、协商等方式,鼓励民众对政府的决策积极回应,达成一致。在更全面客观地把握民意的基础上,作出相应科学合理的行政经营的决策。这样决策易于得到民众广泛的理解和支持,既有利于决策的执行,也有利于社会的监督。

3. 健全行政经营中的行政问责制

行政问责制是指特定的问责主体针对各级政府及其公务员承担的职责和义务的履行情况而实施的,并要求其承担否定性结果的一种规范。2006 年 3 月 5 日,温家宝总理在十届全国人大四次会议上作的《政府工作报告》中指出,"我们要建立健全行政问责制,提高政府执行力和公信力"。至此,行政问责制的理念正式在中国的政府法制化轨道中得以推行。

鉴于行政经营的特殊性,在经营过程中推行行政问责制是非常有必要的。推行行政问责制不仅可以防止官员腐败,还可以防止由于官员随意决策而给地方发展带来的毁灭性灾难。但是实践表明,我国的行政问责制目前还有很多地方需要完善。

首先,我国的行政问责目前还没有专门的、完善的成文法。问责的主要依据还是一些规章以下的其他规范性文件,这些文件虽有一定的约束力,但只能算是内部纪律规范。因此,要健全行政经营中的行政问责制,就要制定一部专门的行政问责条例,将官员问责体系进一步系统化。这套完整的问责体系应当包括问责事由、问责条件、问责主体、问责范围、问责程序以及问责的法律后果等。构建这套体系,首先要明确的是官员问责的条件。虽然《公务员法》规定,"领导成员因工作严重失误、失职造成重大损失或者恶劣社会影响的",应

---

① 北京市城市管理赴美考察团:《美国是如何管理城市的》,载《城市问题》2002 年第 1 期。

当引咎辞职。但该规定过于抽象,不利于指导实践,什么是"工作严重失误",什么是"重大损失",这些问责条件都需要进一步细化。

其次,根据世界各国问责制的实践,问责制既需要同体问责,也需要异体问责,而关键是异体问责。鉴于目前我国问责主体不够全面,行政问责工作由纪检监察机关独揽的局面,建议我国应着重建立以民意和舆论监督为基础,以权力机关为主导,民主党派、人民团体、大众媒体、社会公众等多方有序参与、相互配合、共同促进的异体问责体系。不同的问责主体在分工负责的基础上要相互配合、功能互补。

再次,必须全面拓宽问责领域。2006年1月1日起实施的《中华人民共和国公务员法》第十三章第82条规定:"领导成员因工作严重失误、失职造成重大损失或者恶劣社会影响的,或者对重大事故负有领导责任的,应当引咎辞去领导职务。""领导成员应当引咎辞职或者因其他原因不再适合担任现任领导职务,本人不提出辞职的,应当责令其辞去领导职务。"但是,在执行过程中存在的主要问题是问责对象有限和问责范围狭小。现有的问责案例多集中于公共安全事故,而行政经营中很多带有根本性、全局性的决策失误,以及施政失败、造成重大损失的,则很少纳入行政问责的范围。但恰恰是这些情况,对经济建设和地方发展造成了重大隐患,也严重影响了政府的执行力和公信力。因此,建议今后的立法中,将行政经营中的下列情形都纳入行政问责的范围:违法行政,滥用职权;违反程序,决策失误;执行不力,效能低下;管理不善,用人失察;防范不力,处置失当;泄露机密,违反纪律等。

最后,要完善问责程序。目前,问责机制的启动程序尚不健全。在什么情况下启动官员问责制并没有一个可以依据的标准,没有明确的问责启动程序,可能出现"该问责者未被问责,不该问责者却被问了责"的现象。这是亟待改进的地方。专门的行政问责条例还应对问责程序作出明确的规定。行政问责的具体程序可能会因问责主体和对象的不同而有所差异,但总体上需要经过下列几个相互衔接的阶段:(1)立案。依职权或依申请启动问责程序。(2)调查。收集与责任行为的有无、责任结果的大小以及因果关系存在与否相关的证据,并听取当事人的陈述和申辩。(3)决定。根据认定的事实和相关的法律规定,选择与责任相适应的责任形式。(4)通知。送达问责决定,告知救济途径。(5)执行。按照管理权限,落实惩戒内容。针对我国人大和公民两种主要问责主体缺位严重的情况,完善问责程序还应重点从这两方面来加强。加强人大的问责功能是我国行政问责制度设计的一个最为关键的突破口。完善人大问责程序,一方面对于人大机构所拥有的对政府行政行为的审查权、建议权和否决权,必须明确规定其应用方式和运作机制;另一方面还要把宪法赋予人大问责政府官员的具体形式——质询权、罢免权、调查权,通过规范程序加以保证,使之具有可操作性。而完善公民问责,则需要建立一套可启动、有依据的公民问责程序,使公民监督政府的权利真正发挥出来。当然,在完善问责程序时,也应关注被问责官员的权利,给他们开辟更有效的权利救济渠道。

在规范行政问责制的同时,还应该健全与之相对应的官员复出机制。如果没有科学的制度支撑,官员复出缺乏严格的程序性,会令行政问责的权威性和严肃性受到损害。只有通过制度化程序赋予权力的复出官员,才会让公众心服口服,而官员在重新履职的过程中也才会更有底气。笔者认为,应当规定引咎辞职的官员在一定的期限内不得再担任领导职务。但对于那些确有所长,或者在实践中重新赢得社会认可的官员,则应当通过公开的方式和程序,允许其重新参政。特别是对于主动引咎辞职的领导干部,可以予以适当安排,并建立跟踪机制,努力形成领导干部既"能上能下"又"能下能上"的良好局面。

4. 进行土地租赁制的改革

我国从20世纪80年代开始的土地批租模式,基本上是从香港搬过来的。土地批租会产生两种结果:一种可能是政府用"寅吃卯粮"的超国民收入搞基本建设;另一种是政府通过多收地租挤占了利息和利润,抬高了企业的二次成本,严重影响了企业的生存和发展。这两种可能都会产生一个严重后果:一届政府在任期内花掉了40～70年的地租收入,显然不合理,也不利于今后的长期发展。更值得注意的是,由于政府的短期行为以及土地市场的不规范,土地批租容易形成总量失控,使得大片耕地被占用,"圈而不用"、"圈而滥用"的现象伴随而生,房价自然就会居高不下,导致很多普通老百姓买不起自己的房。建议今后将批租模式改为年租模式。年租方式能够明确地体现土地公有制的基本属性,而且年租能够随时间的推移而体现土地的实际价值,同样,年租金的方式可使土地初始出让的价格下降,致使初始投入成本大大减少。在土地价值评估方式确定之后,年租金的租率可以作为有效的政策杠杆,调节地租收入在远期和近期的分配,以及与土地有相关利益的各方之间的关系。从社会层面看,通过实行年租制,可以有效避免由于一次出让即为长期占有、从事土地投机、形成暴富的社会现象的产生,也能有效遏制高房价;从政府层面看,虽然每年取得的地租收入较少,但因此可以每年重估租值及调整租率,能够持续不断地取得土地增值的收入,就可以使政府的租地收入得到平衡。

第十八章　行政协调及其法治化

随着改革开放的不断深入,中国社会结构已经发生了深刻变化。相应的,行政主体面对的行政事务也日益复杂,很多问题仅依靠一个行政主体的力量难以有效地解决。尽管中国既有法律规范对行政主体间的相互协调、协助作出了一些规定,但多数规定较为原则,缺乏可操作性,在实践中没有得到很好的遵守和执行。由于行政主体间协调配合的缺乏,行政主体职权的单一性和管理事项的复杂性之间的矛盾日益凸显,行政管理目标的实现经常遇到困难。为了加强行政主体的协调与配合,促进行政管理目标的顺利实现,应进一步完善行政协调制度。

一、行政协调的内涵及特征

(一)行政协调的内涵

行政协调是指行政主体在实施行政管理过程中,基于自身条件的限制和执行公务的需要,通过与其他行政主体的沟通、协调,使其他行政主体配合其实施某一行政行为或以共同名义作出行政行为的法律制度。[1] 为了行文方便,我们将因需要协助而主动与其他行政主体沟通、协调的行政主体简称为协调提出方,将行政协调的另一方简称为协调承受方。我们可以从以下几个方面来理解这一制度:第一,从行为主体角度看,行政协调的行为主体为行政主体,即行政机关、法律法规授权的组织。受委托的组织在获得委托机关的同意后也可以以委托机关的名义通过与其他行政主体的沟通、协调获得协助。在

---

[1] 需要说明的是,"行政协调"这一术语在行政学中被广泛使用。由于笔者是从行政法学的视角研究行政协调的,因而本书中的"行政协调"与行政学中的"行政协调"在内涵上有较大区别。行政学界一般将行政协调界定为:"公共行政管理系统在系统内部的各要素之间、系统与外部环境之间进行改善关系、调整行为,以期协同一致地实现行政目标的管理活动。""其目的在于将行政系统中分散、冲突、矛盾的行为调谐整合为集体、合作、协同的行为,从而使行政管理运行有序化、高效化。"参见李琪:《略论现代行政协调》,载《北京行政学院学报》1999年第2期。

行政协调主体间的关系上,双方既可以有隶属关系,也可以无隶属关系。① 第二,从协调动因角度看,行政协调的发生往往是由于协调提出方因自身条件的限制无法完成某项公务或亲自完成会造成行为的不经济。也就是说,协调提出方行政职权行使障碍的存在是行政协调发生的动因。第三,从职权角度看,行政协调关系的双方均应在各自的职权范围内作出行为。这是职权法定原则对行政协调双方的要求。

(二)行政协调的特征

1. 行政协调启动的主动性

行政主体在行政管理活动过程中应采取各种措施实现行政目标。通常情况下,行政主体通过自身职权的行使就能实现行政目标。然而,行政主体在行使行政职权过程中难免遇到因自身条件的限制无法完成某项公务或亲自完成会造成行为不经济的情况,此时行政主体若勉力为之,其结果必然是行政目标无法实现或是造成行政资源的浪费。在这种情况下,行政主体的最佳选择就是通过主动与其他行政主体的沟通与协调,获得对方的协助,以便顺利实现行政目标。在这个过程中,行政主体积极主动地启动行政协调就显得十分重要。

2. 行政协调方式的多样性

行政主体可以同其上级行政主体、下级行政主体以及没有隶属关系的行政主体发生行政协调关系。根据协调对象的不同,行政主体可采取多种协调方式:对上级行政主体应采用请示、报告等方式;对下级行政主体可以直接采用行政命令、行政指挥的方式;对没有隶属关系的行政主体则可采用发函、口头协商、签订协助协议等方式。

3. 行政协调内容的公务性

行政协调发生在行政主体进行行政管理的过程中。行政协调的双方均为行政主体。协调提出方启动行政协调的目的在于排除行政职权障碍,实现行

---

① 由于这里的"行政协调"是行政主体获得行政协助的方式,与行政协助有着密切的关系,我们需对学界关于"行政协助"的已有研究给予充分关注。有的学者认为:"行政协助的请求主体与被请求主体之间必须处于同一行政级别或者没有隶属关系,即横向同级、斜向不同级。"参见黄学贤、周春华:《行政协助概念评析与重塑》,载《法治论丛》2007年第3期。实际上,存在隶属关系的行政主体之间也经常发生协助行为,只不过此时协助的发生起因于上级行政机关的命令或下级行政机关的请示。既然这时的协助源于命令或请示,那么再使用"行政协调"来概括获得行政协助的方式是否妥当? 其实,笔者是在较为宽泛的意义上使用"行政协调"这个概念的,它表征了行政主体在遇到行政职权障碍时的一种积极寻求协助的态度。

政目标。协调承受方接受协调提出方的协助请求后,应在其职权范围内对协调提出方给予人力、物资和信息等方面的帮助,最终协助其实现既定的行政目标。上述行政协调的启动、目的以及过程均是围绕"行政公务"展开的。这说明行政协调具有明显的公务性。

(三)行政协调制度与相近制度的比较

1. 行政协调与行政协助

行政协助是指"在公务启动之后、行政职权行使的过程中,由于法律因素或者事实因素的限制,行政主体或者行政机关委托的组织无法自行执行职务或者自行执行职务会带来严重不经济,基于公共利益的需要,向无隶属关系的行政主体提出协助请求,由被请求主体在自身职权范围内对请求主体的行政职务从旁帮助或者由请求主体与被请求主体以共同的名义就需要协助的事务针对行政相对人行使行政职权,并承担相应法律责任的行为及其制度"①。由于行政主体启动行政协调的目的亦是获得其他行政主体的协助,因此可以说二者是十分相近的概念,它们都是对行政职务协助关系的描述。不过,二者强调的侧重点有所不同:行政协调强调行政主体在遇到行政职权障碍时的一种积极主动寻求协助的态度,而行政协助则更多地强调被请求主体法定或约定的协助义务。除此之外,二者的区别还体现在获取协助的方式上。在行政协调制度中,行政主体可采用命令、发函、口头协商、签订协助协议等多种方式获得协助;而在行政协助制度中,行政主体发起请求的方式主要是发送书面函件。

2. 行政协调与行政委托

行政委托是指"行政主体在其职权和职责范围内,根据行政管理的实际需要自行决定将其行政职权或行政事务委托给另一行政主体或其他组织,以及特殊情况下委托给个人,受委托者以委托者的名义行使行政职权、实施行政管理行为,并由委托者承担法律后果"②。行政协调与行政委托都是行政主体为了实现自己职权范围内的行政目标而寻求外部力量的过程中作出的行政行为,这使得二者极易发生混淆。对于二者,我们可以从以下几个方面进行区分:

(1)主体不同。行政协调的主体限于行政主体,即行政机关和法律法规授权的组织;行政委托则既可以发生在行政主体之间,也可以发生在行政主体与

---

① 周春华:《行政协助过程规制论》,苏州大学2008届硕士学位论文,第12页。
② 莫于川:《行政职权的行政法解析与重构》,载《重庆社会科学》2004年第1期。

其他组织或个人之间。

(2)行为实施名义不同。在行政协调关系中,协调承受方是以自己的名义实施协助行为的;受委托组织则必须以委托机关的名义行使行政职权。

(3)法律责任归属不同。协调承受方是在自身职权范围内为协调提起方提供帮助,并独自或与协调提起方共同承担相应的法律责任;受委托组织只是委托机关行政职权的行为主体,其行为的法律责任由委托机关承担。

3.行政协调与行政调解

"行政调解是指具有调解纠纷职能的国家行政机关,根据国家政策、法律,以自愿为原则,在分清责任、明辨是非的基础上,通过说服教育,促使双方当事人互谅互让,从而达成协议解决纠纷的活动。"①如果仅从字面理解,"行政协调"可能被认为是一种行政主体主导的纠纷解决方式,其实,它与我们常见的行政调解存在较为明显的区别:

(1)主体不同。行政协调的主体较为宽泛,而行政调解的主体却是特定的,只有法律规定有行政调解权的行政机关才可以开展行政调解。行政调解的主体包括基层人民政府、公安机关、婚姻登记机关等。

(2)性质不同。行政协调包含着若干行为:协调提起方与协调承受方之间的协调行为以及协调承受方的协助行为。协调行为属于内部行政行为,协助行为因协助内容的不同可能是具体行政行为,也可能是行政事实行为。②由于行政调解属于诉讼外调解,所达成的协议不具有法律上的强制执行效力,因此行政调解属于行政事实行为。

(3)目的不同。行政协调的目的在于排除行政职权障碍,实现行政目标。行政调解的目的则是以快捷、低廉、尊重意思自治的方式解决当事人之间的冲突。

4.行政协调与联合执法

联合执法是指"两个或两个以上不同职能的行政执法主体分别派出一定数量的工作人员组成联合执法队伍或机构共同进行行政管理或行政处罚活

---

① 方世荣:《行政法与行政诉讼法学》,中国政法大学出版社 2007 年第 3 版,第 267 页。

② 协调承受方接受协助请求后,单独或与协调提起方共同针对特定行政相对人作出的行为属于具体行政行为;协调承受方仅提供文书或其他资料等,不直接参与外部行为作出时,相应的协助行为属于行政事实行为。

动"①。联合执法是行政合作、行政协作的一种形式,而行政协调同样涉及行政协作,这使得二者具有一定的相似性。不过,行政协调与联合执法还是存在较大区别的。二者的主要区别有:

(1)产生依据不同。在一般情况下,行政协调启动的前提是有关法律规范规定了协调承受方对协调提出方的协助义务。如《中华人民共和国行政监察法》(以下简称《行政监察法》)第22条规定:"监察机关在办理行政违纪案件中,可以提请公安、审计、税务、海关、工商行政管理等机关予以协助。"联合执法是适应市场经济和社会发展的需要而出现的。中国目前并没有形成关于联合执法的具体法律制度。实践中,明确授权作出组建联合执法机构决定的行政主体本身大多不具有行政规章的制定权②。

(2)启动主体不同。行政协调由遇到行政职权障碍的一方通过与其他行政主体的沟通、协调来启动。联合执法多是由一级政府组织相关行政部门实施执法行为。

(3)法律责任承担方式不同。在行政协调过程中,一般情况下由协调提出方对相应行政行为给行政相对人造成的损失承担法律责任,协调承受方则对协助行为承担法律责任。而在联合执法中,法律责任则由在相应行政决定中署名的行政主体承担。

二、行政协调的制度功能

(一)促进行政一体化

行政一体化大体包括两层含义:首先是指在一个行政辖区内,尽可能所有之权限应集中于一个机关或者集中由统一的一位首长所指挥的行政机关群中;其第二层意义是指所有国家机关应该以相同的思考对外做成决定。③ 虽然行政一体化只是一个学术性概念而非实定法概念,但它所体现的将行政系统视为一体而进行必要的指挥和监督的机制却值得肯定,因为它"不仅保证了行政管理的权威性和效率性,也保证了从国家意志到社会意志的顺利实

---

① 黄少华:《从审判实践看行政机关在行政执法中存在的问题及其对策》,http://www.courtjdz.com/lunwen-xz/xz1.htm,访问日期:2010年8月22日。
② 李延:《我国行政协助法制化研究》,广西师范大学2006届硕士学位论文,第31页。
③ 翁岳生:《行政法》(上册),中国法制出版社2000年版,第282页。

现"①。实际上,在一个行政区域内,一个行政相对人面对着当地许多的行政机关,这些行政机关对他实施管理、提供服务,他也许分不清楚这么多的行政机关,但他知道这是"政府"在实施管理、提供服务并影响着他的权益,这些行政机关在他的心目中就是"一个政府"。然而,现代的行政事务越来越繁杂,越来越多样化,这就在客观上使行政系统的分工越来越细致,职能也越来越独立。行政系统这种细化分工的趋势与行政一体化并不矛盾。分工并不意味着各自为政,更不意味着对立,行政权从宏观上来讲仍然是一体的。不过,在中国的行政实践中,部门保护主义、地方保护主义等各种形式的保护主义却在一定范围内存在。这些错误的倾向严重阻碍了行政一体化的实现。行政协调制度的建立和完善则有利于增进行政系统在层级间、部门间、地域间的配合与协作,促进行政一体化。

（二）提高行政效率

行政效率是指行政投入与行政产出之比。这里所说的行政投入,指行政主体在履行行政职能过程中"包括资金、土地资源、人力资源、公共信息资源以及其他社会资源的耗费"②;行政产出是指行政活动的成果和效益,包括各种有形的物质成果、无形的精神成果以及直接的、间接的经济和社会效益。"在一个特定的社会历史时期,政府能够获取的社会资源是有限的,同时,行政手段、行政方法,包括行政管理体制等制度性行政资源也具有稀缺性。"③在这种情况下,行政主体应采取积极措施节约行政资源、降低行政投入,以提高行政效率。行政协调恰恰是行政主体提高行政效率的一种重要手段。它发生在行政主体因自身条件的限制无法完成某项公务或亲自完成会造成行为不经济的情况下。此时,行政主体通过积极主动地开展行政协调充分发掘行政系统内部现有资源,将促进行政资源的合理利用,顺利实现行政管理目标。

（三）保障行政相对人权益

从表面来看,行政协调容易被认为仅是一种内部行政行为,和行政相对人没有任何关系。其实,行政协调包含着若干行为:协调提起方与协调承受方之间的协调行为以及协调承受方的协助行为。其中协调承受方的协助行为很有可能是一个具体行政行为,会涉及行政相对人的权益。再者,行政协调的启动

---

① 郑悦琛:《行政协助制度研究》,中国政法大学2007届硕士学位论文,第15页。
② 包国宪、张塽:《转型期政府行政成本问题初探》,载《甘肃社会科学》2007年第3期。
③ 王麟:《行政协助论纲》,载《法商研究》2006年第1期。

出于排除行政职权障碍以实现行政目标的需要。而这里的行政目标则与行政相对人的权益有关。如果相应的行政目标因行政主体难以获得协助未能实现,势必会影响行政相对人的权益。行政协调制度的确立则可以较好地促进行政主体间的配合与协助,及时排除行政障碍,顺利实现行政目标,使行政相对人的权益得到有效保护。

三、国外或其他地区行政协调制度考察①

从世界范围来看,对行政协调制度规定得较为完善的是大陆法系国家和地区。这与大陆法系国家和地区将制定法作为主要法律渊源有密切关系。由于英美法系国家有浓厚的判例法传统,因此这些国家主要是通过判例或法理来规制行政协调关系,缺乏关于行政协调的统一立法规定。正因如此,笔者对国外或其他地区行政协调制度的考察将主要围绕大陆法系国家或地区展开。

(一)立法概况

1.德国

德国在其宪法及行政程序法中均规定了行政协调制度。《德国基本法》第35条第12项规定:"联邦与各邦之一切行政机关应互为法律上及职务上协助。"本项规定为德国行政协调制度的产生奠定了坚实基础。在具体法律制度上,1966年的《西德(原联邦德国)行政程序法标准草案》(又称《慕尼黑草案》)第3条至第7条规定了公务协助(行政协调)的有关内容。1976年的《联邦德国行政程序法》基本上沿袭了《慕尼黑草案》关于行政协调的内容,在第4条至第8条规定了公务协助(行政协调)。这5条对行政协调的定位、事项范围、协调承受方的选择、争议的处理、法律责任的承担以及协助费用的负担等内容都作了详细规定。可以说,《联邦德国行政程序法》对行政协调的规定是比较完备的。

2.韩国

韩国最早的关于行政协调的规定出现在《韩国行政程序法草案》(1987年)中,该草案第7条对行政协调作出了规定。《韩国行政程序法》(1996年)则在总则中对行政协调作出了进一步的规定。该法第一章"总则"的第二节的标题就是"行政机关之管辖与协调"。其中,第7条规定:"行政机关为圆满履行行政事务,应相互协调。"该条可谓行政协调的一般原则。第8条则对行政协调的事项范围、协调承受方拒绝协助的情形、协调提出方对协调承受方所派

---

① 对于行政协调,域外法律制度中一般将其称为公务协助或行政协助。

人员的指挥权、协助费用的负担等内容作了规定。与德国的有关规定相比,《韩国行政程序法》对行政协调的规定略显单薄。当然,韩国的规定也有一定特色,这主要体现在以下两个方面:一是关于协调提出方对协调承受方所派人员指挥权的规定。该法第8条第5款规定:"为行政协助而被派遣之职员接受请求协助之行政机关之指挥。但对该职员之服务,如其他法令等有特殊规定时,依其他法令。"①二是在协助费用的负担上不同于德国,即由协调提起方负担协助费用,而《联邦德国行政程序法》第8条第1款则规定:"提出请求的当局不必向被请求当局缴纳行政费。"②

3. 西班牙

西班牙1992年颁布的《公共行政机关及共同的行政程序法》在序编和第一编对行政协调的原则和具体要求作出了规定。③ 该法于1999年被修订,此次修订使该法关于行政协调的规定更加完善。该法第3条2款对行政协调作出了一般性的规定:"公共行政机关根据合作和协作原则处理相互间的关系,并按照效率及服务于公民的原则进行活动。"④第4条则规定了行政协调的事项范围、协调承受方拒绝协助的事由及说明义务等内容。与德国行政程序法的相关规定相比,该法对行政协调制度的规定比较简略,缺乏系统性。

4. 中国台湾地区

中国台湾地区的"行政程序法"(1999年)和"行政执行法"(2005年)均对行政协调作出了规定。台湾地区"行政程序法"(1999年)第19条对行政协调作了集中规定。其第19条第1款规定:"行政机关为发挥共同一体之行政机能,应于其权限范围内互相协助。"⑤该款属于台湾地区行政协调的一般原则,它表明行政协调的重要功能是促进行政一体化。第19条的其他六款规定了行政协调的方式、事由、协调承受方拒绝协助的事由、争议的处理以及协助费用的负担等内容。"行政执行法"(2005年)则对行政执行过程中的行政协调作了专门规定。该法的主要特色是对行政执行过程中行政协调的事由作了特别规定。该法第6条第1款规定:"执行机关遇有下列情形之一者,得于必要时请求其他机关协助之:一、须在管辖区域外执行者。二、无适当之执行人员

---

① 车美玉译:《韩国行政程序法》(1996年),载《行政法学研究》1997年第3期。
② 于安编:《德国行政法》,清华大学出版社1999年版,第196页。
③ 王麟:《比较行政协助制度研究》,载《法律科学》2005年第5期。
④ 应松年:《外国行政程序法汇编》,中国法制出版社2004年版,第302页。
⑤ 《行政法规》,元照出版有限公司2002年版,第87页。

者。三、执行时有遭遇抗拒之虞者。四、执行目的有难于实现之虞者。五、执行事项涉及其他机关者。"由于"行政执行法"(2005年)第6条属于行政协调的特别规定,在涉及行政强制执行和即时强制过程中的行政协调时,应优先于"行政程序法"(1999年)第19条适用。除此之外,台湾地区还在"水土保持法"、"有线电视法"、"监察法"、"自来水法"、"邮电法"等单行法律中规定了行政协调的有关内容。① 可以说,台湾地区关于行政协调的有关规定是比较系统、完善的。

(二)对我国的启示

从上述大陆法系国家和地区有关法律对行政协调的规定,我们可以获得以下几点启示:

1. 应由《行政程序法》对行政协调作统一规定

虽然在内容的繁简上不尽相同,但上述国家或地区均存在关于行政协调的统一规定。这就为行政协调提供了统一的法律依据,有利于促进行政协调在实践中的规范运作。而我国则没有关于行政协调的统一规定。已有法律规范对行政协调的规定多数都比较原则化,没有对行政协调的事项范围、具体程序、争议处理、法律责任承担等问题作出规定。而这种原则化的规定难以对行政主体起到明确的指导作用,严重影响了行政协调制度价值的发挥。为此,我国应该借鉴上述国家或地区的立法经验,在《行政程序法》中对行政协调作出统一规定。

2.《行政程序法》对行政协调的规定应具体明确

在上述国家或地区中,德国、韩国、中国台湾地区关于行政协调的规定较为详尽,西班牙的有关规定则较为简略,仅涉及行政协调的事项范围、协调承受方拒绝协助的事由及说明义务等内容。在这两种立法方式上,我国应选择前者,即《行政程序法》应对行政协调作具体明确的规定。这是因为只有法律规定的具体、明确才能较好地发挥对实践的指引作用。而我国现行行政协调规范的主要问题是过于原则化,难以有效指引行政协调实践。具体来说,我国未来的《行政程序法》应对行政协调的程序、事项范围、争议的处理、法律责任的承担以及协助费用的负担等内容作出规定。

3. 行政协调立法中应注重保障行政相对人权益

尽管上述国家或地区均存在关于行政协调的统一规定,但这些规定无不是从行政主体的角度展开的,而未涉及行政相对人在行政协调过程中的权益

---

① 周春华:《行政协助过程规制论》,苏州大学2008届硕士学位论文,第38页。

保障问题。如前文所述,行政协调行为包含着若干个行为,即协调提起方与协调承受方之间的协调行为以及协调承受方的协助行为。其中,协调承受方的协助行为完全可能是一个具体行政行为。如协助行为是具体行政行为,该行为的作出就必将涉及行政相对人的权益。为了保障行政协调过程中行政相对人的权益,今后的行政协调立法中可考虑设置表明身份、告知、陈述或申辩等程序。

四、我国现行行政协调制度存在的问题

(一)立法层面存在的问题

1. 缺乏关于行政协调的统一规定

目前,我国没有行政协调的单行立法,也没有对行政协调作统一规定的《行政程序法》,这使我国缺乏关于行政协调的统一规定。尽管某些法律、法规和规章对行政协调作了个别规定,如《中华人民共和国国家审计法》(以下简称《审计法》)、《中华人民共和国铁路法》(以下简称《铁路法》)等,但这些规定往往局限于某一部门、某一领域,不具有普遍的指导作用。统一行政协调制度的缺乏使得实践中行政协调的运作缺乏应有的强制力,行政主体的协助请求容易受到协调承受方的拒绝、推诿。这不仅影响了行政活动的效率,也直接或间接地损害了行政相对人的权益。值得一提的是,湖南省政府于2008年4月颁布了《湖南省行政程序规定》。该规定第17条对行政协调的事项范围、协调承受方拒绝协助的告知义务、争议的处理、法律责任的承担等内容作了规定。这为今后的行政协调立法积累了一定经验。

2. 现有相关规定缺乏可操作性

我国现有法律规范对行政协调的规定多数都比较原则,缺乏可操作性。如,《审计法》第37条规定:"审计机关履行审计监督职责,可以提请公安、监察、财政、税务、海关、价格、工商行政管理等机关予以协助。"再如,《铁路法》第56条第1款规定:"在车站和旅客列车内,发生法律规定需要检疫的传染病时,由铁路卫生检疫机构进行检疫;根据铁路卫生检疫机构的请求,地方卫生检疫机构应予协助。"这两部法律的有关条款均未对行政协调的具体程序、争议处理、法律责任承担等问题作出规定。这可以说是现有行政协调法律规范的通病。而这种原则化的规定使得行政协调未能受到法律的有效规制,协调效果不佳,严重影响了行政协调制度功能的发挥。

(二)实践层面存在的问题

1.行政协调过多倚重法律制度外因素

由于我国缺乏关于行政协调的统一规定,现有相关规定又缺乏可操作性,这使得行政协调的运作过多地倚重行政首长的个人威望、行政惯例等法律制度外因素。实践中,行政协调关系基本上是靠两个部门间的感情来维系,关系好的往往给予协助,关系一般的需要给一定的利益作为回报,有些还要看协调承受方的脸色。① 行政协调的这种非制度化运作存在诸多弊端:其一,过多借助制度外因素将增加行政成本,降低行政效率;其二,易出现超越权限现象,进而侵害行政相对人权益;其三,导致行政协调的运作不稳定、无秩序。

2.行政协调受到保护主义阻碍

行政一体化的意义在于"分工基础上的共同合作"②,亦即行政主体应在坚持分工的前提下密切配合、相互协作。然而,我国行政主体间的协调与协作主要受到了部门保护主义和地方保护主义的严重阻碍。部门保护主义和地方保护主义使行政主体仅注重维护本部门或本地区的利益,对其他行政主体采取不合作、不协助的消极态度,降低了行政效率。更有甚者,行政主体不仅不协助其他行政主体,"而且在执法中袒护自己主管的企业、组织"③。这种利益驱动下的保护主义将本部门、本地区的行政权从国家整体行政权中割裂出来,已成为行政协调的严重障碍。

3.行政相对人的权益没有得到有效保障

如前文所述,行政协调除了涉及协调提起方和协调承受方之外,还将直接关涉到行政相对人的权益,因此,行政相对人也是行政协调法律关系的主体,但这尚未受到现有有关法律规范的确认。有关法律规范未对行政协调过程中行政相对人的权利及权利受损时的救济渠道作出规定。这使得行政相对人在行政协调过程中不了解自己是否享有知情权、申辩权等权利,也不知道自己因协助行为权益受损时应如何寻求法律救济。与此同时,硬性法律规定的缺乏使得行政主体对行政相对人在行政协调过程中的权利未给予充分重视。因此,可以说,目前行政相对人在行政协调过程中的权益未能得到有效保障。

---

① 金国坤:《行政协作机制研究》,载《广西政法管理干部学院学报》2007年第4期。

② 韩若楠:《行政协助制度探析》,中国政法大学2009届硕士学位论文,第3页。

③ 李延、练琪:《论建立我国行政协助制度的困难和意义》,载《太原师范学院学报》(社会科学版)2006年第1期。

五、完善我国行政协调制度的思路及具体构想

（一）完善我国行政协调制度的思路

1. 构建统一的行政协调法律体系

由于我国现行行政协调制度的最大问题是缺乏关于行政协调的统一规定,因此完善中国行政协调制度的重中之重就是构建统一的行政协调法律体系。大陆法系国家一般是在《行政程序法》中对行政协调作通则性规定,再由单行法律对具体领域的行政协调进行规定。中国行政协调制度的构建也可遵循这一思路,即以制定统一行政程序法为契机,将行政协调制度纳入其中,构建一套以行政程序法为核心的行政协调法律体系。目前,应松年、姜明安等专家学者领衔提出了各自的《中华人民共和国行政程序法(专家建议稿)》[以下简称《行政程序法(专家建议稿)》]。这些《行政程序法(专家建议稿)》都规定了行政协调制度,其中应松年教授主持起草的版本最为详尽。应松年教授主持起草的《行政程序法(专家建议稿)》(2004年11月)第14条和第15条对行政协调的事项范围、协调承受方拒绝协助时的通知义务、争议的处理、法律责任的承担以及协助费用的负担等行政协调制度的主要内容作出了规定。该建议稿对行政协调制度的设定思路是值得肯定的,不过该稿未规定行政协调的方式、协调承受方拒绝的事由等内容,且现有规定亦存在可商榷之处,笔者将在下文对有关内容进行详细分析。

构建统一的行政协调法律体系除了要将行政协调纳入将要制定的《行政程序法》之外,还需要做以下工作:其一,完善行政组织立法。行政组织法具有设定权力的功能,即"行政组织法可以对行政组织的权限作出统一明确的规定"①。合理、规范的职权设定是行政协调制度得以有效实行的前提。然而,现有的行政组织立法未能对中央到地方各级政府的职能权限、机构设置和运行原则等问题作出明确、科学的界定。这使得实践中常常出现职权交叉、职权真空等问题,影响了行政协调制度的顺畅运作。在完善行政组织法的过程中,除了要更为规范、合理地设定职权外,还应明确行政主体相互协助的义务。其二,修订现行有关法律规范,即在总结实践经验的基础上修订现行法律规范的有关规定。其三,制定某些特殊领域的法律规范。相对于一般行政协调来说,涉外协调、紧急状态下的行政协调等都具有各自的特殊性,因此,应就这些特殊领域的行政协调制定相应的法律规范。

---

① 应松年、薛刚凌:《行政组织法与依法行政》,载《行政法学研究》1998年第1期。

2. 培育行政一体化观念,促进行政协调顺畅开展

中国的行政协调制度运行不畅的原因除了立法上的不足外,还包括行政主体及行政执法人员较为缺乏行政一体化的观念。行政一体化观念较为缺乏的突出表现就是在一定范围内存在的部门保护主义、地方保护主义等各种形式的保护主义。由于行政一体化强调行政系统的一体性及行政主体在坚持分工前提下的密切配合、相互协作,因此,培育行政执法人员的行政一体化观念对于弱化部门保护主义和地方保护主义等各种形式的保护主义,促进行政协调的顺畅运作具有十分积极的意义。行政一体化观念的培育可通过举办专题讲座、组织专门培训等方式进行。相应的教育培训活动要使行政执法人员明白行政系统具有一体性,行政协助是其应履行的法定义务。在这个过程中,行政主体的负责人树立行政一体化观念尤为重要。当然,行政一体化观念的培育还应辅以相应的法律制度,特别是应予协助而拒绝协助或延迟协助等情况下的法律责任制度。

3. 在行政协调制度中设置行政相对人权益保障机制

保障行政相对人的合法权益是行政法的一个重要功能,各项行政法律制度均应注重这一功能的发挥。而我国目前的行政协调制度却未对行政相对人的权益保护问题给予足够关注,致使行政相对人在行政协调过程中的权益未能得到有效保障。为此,在行政协调制度中设置行政相对人权益保障机制就十分必要。这一机制的构建可从以下两个方面入手:一是保障行政相对人在行政协调过程中的知情权、参与权,为此可考虑设置表明身份、告知、陈述或申辩等程序;二是明确规定行政相对人权益受损时的救济途径,即行政相对人以何种方式就何主体向何处提出救济。

(二)我国行政协调制度的具体构建

1. 行政协调的主体

由于行政协调是行政主体之间在行使职权过程中发生的一种关系,因此协调提起方与协调承受方均应为行政主体,即行政机关、法律法规授权的组织。如,西班牙《公共行政机关及共同的行政程序法》(1999年)的第3条第2款就规定:"公共行政机关根据合作和协作原则处理相互间的关系,并按照效率及服务于公民的原则进行活动。"在具体的行政协调过程中,还有一个相关的问题值得关注,即协调提起方和协调承受方是否都须对协助事项有相应的行政职权。学界对此有一定的分歧。有的学者认为,协调提起方对协助事项应有管辖权,协调承受方则无管辖权。① 有的学者则认为,行政协调的双方主体对协助事项均应有管辖权。② 多数学者则认为,协调承受方对于协助事项可以有相应的行政职权,也可以没有相应的行政职权,但协调承受方必须执掌处理协助事项的职权。③ 笔者赞同多数学者的观点。行政协调多发生在协调提出方因自身条件的限制无法完成某项公务的情况下,而其常见的理由就是该主体对具体事项没有行政权限。如,《突发公共卫生事件应急条例》第44条规定:"在突发事件中需要接受隔离治疗、医学观察措施的病人、疑似病人和传染病病人密切接触者在卫生行政主管部门或者有关机构采取医学措施时应当予以配合;拒绝配合的,由公安机关依法协助强制执行。"在本条中,卫生行政主管部门或者有关机构对于拒绝配合的病人、疑似病人等就没有强制隔离权。而协调承受方对协助事项必须具有行政职权,否则其协助行为就属于超越职权的行为。

2. 行政协调的事项范围

行政协调的事项范围即行政主体可以就哪些事项提起行政协调。这是行政协调发生的前提,德国、韩国及中国台湾地区的《行政程序法》都对此作出了规定。《联邦德国行政程序法》第5条第1款规定:"有以下情形的,当局可以特别请求公务协助:(1)由于法律原因,当局不能自行实施公务的;(2)由于事实原因,尤其是缺乏实施公务所必需的人员或机构,当局不能自行实施公务的;(3)任务的完成依赖于对事实的了解,当局对其不了解而且当局自己不能查明的;(4)完成任务所必需的文书或其他证明资料,为被请求当局拥有的;(5)当局自己实施公务比请求协助需要支付更多费用的。"④《韩国行政程序法》第8条第1项除了在具体措辞上与德国不同外,实际上是对其规定的重述。中国台湾地区"行政程序法"第19条第2款亦是关于行政协调事项范围的规定,其前五项规定了法律原因、人员设备不足等五种情形,也属于对《联邦德国行政程序法》有关内容的重述。该款第6项规定了兜底条款——"其他职务上有正当理由须请求协助者",该条款弥补了列举式规定的不足,值得我国大陆地区在今后的行政协调立法中加以借鉴。依据上述立法例,行政协调发

---

① 叶必丰:《行政法学》,武汉大学出版社1996年版,第152页。
② 阮军:《论查控工作的性质定位及其制度的进一步完善》,载《武警学院学报》2002年第5期。
③ 杨临宏、王志华:《论行政协助制度》,载《学术探索》2004年第3期。
④ 于安:《德国行政法》,清华大学出版社1999年版,第194页。

生的事项范围可被概括为因法律或事实原因造成的不能自行执行公务、事实调查困难、他方占有文书资料、他方实施更为经济等。

应松年教授主持起草的《行政程序法(专家建议稿)》第14条第2款规定："有下列情形之一的,行政机关可以请求其他行政机关协助:(1)独自行使职权难以达到行政目的的;(2)执行公务需要的事实资料不得由行政机关自行调查的;(3)执行公务所必需的文书、资料、信息为其他行政机关所掌握,行政机关自行收集难以获得的;(4)其他必须请求行政协助的情形。"该规定基本囊括了行政协调的事项范围,不过未规定他方实施更为经济的情形,而该情形其实是行政协调发生的一个重要事由。该款规定的另外一个缺陷是其第1项表述比较抽象,不够明确。为此,笔者建议将该款修改为:"有下列情形之一的,行政机关可以请求其他行政机关协助:(1)由于法律上的原因,行政机关无法自行执行公务的;(2)由于缺乏人员、设备等事实原因,行政机关无法自行执行公务的;(3)执行公务需要的事实资料不得由行政机关自行调查的;(4)执行公务所必需的文书或其他资料为其他行政机关所掌握,行政机关自行收集难以获得的;(5)由其他行政机关协助执行,比较经济的;(6)其他职务上有正当理由需请求协助的情形。"

3. 协调承受方拒绝协助的事由

对于协调提起方提出的协助请求,协调承受方既可能接受,也可能拒绝。为了防止协调承受方随意拒绝协助请求,有必要对协调承受方拒绝协助的事由作出规定。德国、韩国、中国台湾地区等国家或地区的《行政程序法》对此均作了规定。《联邦德国行政程序法》第5条第2款规定:"在下列情况下,被请求机关不允许提供协助:(1)因法定原因,不能提供协助;(2)如提供协助,会严重损害联邦或州的利益。……如有关档案依法或依性质应予以保密时,被请求机关尤其不得提供相应的书证、案卷或有关咨询。"该法第5条第3款规定:"在下列情况下,被请求机关无须提供协助:(1)其他机关较为方便或较小花费即可提供协助;(2)被请求机关须支出极不相称的巨大开支方可提供协助;(3)考虑到请求协助机关的职能,被请求机关如提供协助即会严重损及自身职能。"《韩国行政程序法》第8条第2项规定:"依第1项之规定,受请求行政协助之行政机关,有下列各款情形,可以拒绝。(1)有明显理由认为受请求机关以外之行政机关能为较有效率且经济之协助时。(2)有明显理由认为行政协助将显然阻碍受请求之行政机关执行固有职务时。"从上述规定来看,这些国家设定的必须拒绝的事由是基于合法性考虑,可以拒绝的事由则是基于合理性考虑。

关于协调承受方拒绝协助的事由,应松年教授主持起草的《行政程序法(专家建议稿)》第14条仅提到"被请求协助的行政机关没有正当理由的,不得拒绝协助",并未对拒绝事由作出明确规定。为了避免协调承受方推脱属于自己职责范围内的协助义务,同时也为了使其拒绝提供不属于自己职权范围内的协助事项有法律依据,使职权法定原则在行政协调法律关系中得以有效体现,[①]《行政程序法》应对协调承受方拒绝协助的事由作出明确规定。结合域外的相关规定,笔者认为,应松年教授主持起草的《行政程序法(专家建议稿)》应增加以下内容:"有下列情形之一的,被请求的行政机关不得提供协助:(1)提供协助将会严重损害国家利益或社会公共利益的;(2)请求事项明显超出被请求主体权限范围的;(3)被请求机关对有关事实,根据法律或依其性质应当保密的。""有下列情形之一的,被请求的行政机关可以拒绝协助:(1)有明显的理由认为其他行政机关能提供较有效率且经济的协助的;(2)有明显的理由认为提供协助将严重阻碍被请求机关执行固有职务的。"

4.行政协调方式

根据协调承受方的不同,行政主体可采取多种协调方式,如对没有隶属关系的行政主体,可采用发函、口头协商、签订协助协议等方式;对下级行政主体则可以直接采用行政命令、行政指挥的方式。由于存在隶属关系的行政主体间的行政协调方式比较单一,且为大家所熟知,因此,这里主要探讨没有隶属关系的行政主体间的行政协调方式。

以行政协调行为产生的直接依据为标准,没有隶属关系的行政主体间的行政协调可以分为法定协调和任意协调。[②] 法定协调的方式应以书面形式为主,具体来说就是出具《请求协助函》。如中国台湾地区"行政程序法"第19条第3项规定,行政协调"除紧急情形外,应以书面为之"。为了促进法定协调的规范化运作,协调提出方出具的《请求协助函》在内容上可包括请求协助的法律依据、请求协助的具体事项和要求等。若情况紧急,行政协调则可以口头形式提出,但应在事后补充书面材料。任意协调的方式则应以签订协助协议为主。协助协议的内容可包括协助事项、协助方式、费用负担、有效期限等。

5.协助行为的实施

在接受协助请求后,协调承受方就应积极实施协助行为。在协助行为实施过程中,需要注意三个问题:一是协助行为的法律依据问题。对此,《联邦德

---

① 周春华:《行政协助过程规制论》,苏州大学2008届硕士学位论文,第66页。
② 王麟:《行政协助论纲》,载《法商研究》2006年第1期。

国行政程序法》第7条第1款规定:"通过公务协助实现的措施可得性,以对提出请求的当局有效的法律为依据;公务协助的实施以对被请求的当局有效的法律为依据。"该款规定明确了行政协调过程中各行为合法性的判断标准,可为中国今后的行政协调立法所借鉴。需要说明的是,如果协调承受方与协调提起方以共同名义作出行政决定,那么这个行政决定的作出及执行应当依据双方共同遵循的法律、法规、规章等。二是协调提起方对协调承受方人员的指挥权问题。关于这一问题,《韩国行政程序法》第8条第5款规定:"为行政协助而被派遣的职员接受协助的行政机关的指挥监督。但对该职员的服务,如其他法令等有特殊规定时,依其他法令。"该规定可概括为:有规定依照规定,无规定则服从协调提出方指挥。这种思路为中国行政协调立法提供了有益参考。三是协助的中止问题。"在执行过程中行政相对人或其他利害关系人对协助所依据的具体行政行为提出异议,协助主体应当对异议申请进行审查,认为异议成立的,可以中止协助执行,并将中止决定和中止理由书面递交请求主体。"①如果协调提起方维持该具体行政行为,协调承受方应当继续履行协助义务。

6.行政协调中争议的处理

对于行政协调中双方主体间争议的处理,《联邦德国行政程序法》第5条第5款规定:"被请求的当局认为没有义务提供协助的,应当将这种意见通知提出请求的当局。提出请求的当局坚持公务协助的,由其共同的业务主管监督当局对公务协助的义务作出决定;如果没有这样的共同业务主管监督当局,由被请求当局的业务主管监督当局作出决定。"中国台湾地区"行政程序法"也作出了类似规定。关于这一问题,应松年教授主持起草的《行政程序法(专家建议稿)》第14条第4款规定:"因协助发生争议的,由请求机关与协助机关的共同上级机关裁决。"可以说,该规定是存在较大缺陷的,因为它未能回答在双方没有共同上级机关时争议如何解决的问题。有的学者就此提出另外一种思路,即由协调承受方的上级机关作为初步的裁决机关,如果协调提起方对其裁决没有异议的,初步裁决就是生效的裁决,但如果协调提起方不服协调承受方的上级机关的裁决的,可以请求其共同的上级机关作出最终的裁决。②鉴于这种观点更符合行政效率原则,笔者赞同这一思路。

---

① 张琨、沈刚伟:《论行政协助的程序》,载《安徽警官职业学院学报》2003年第5A期。

② 杨临宏、王志华:《论行政协助制度》,载《学术探索》2004年第3期。

7.行政协调中协助费用的负担

关于行政协调中协助费用的负担方式,有三种方案可供选择:第一,由协调提出方负担全部的费用;第二,由协调承受方负担全部的费用;第三,由协调提出方和协调承受方共同负担。韩国和中国台湾地区选择了第一种方案,德国则以第二种方案为主。《联邦德国行政程序法》第8条第1款规定:"提出请求的当局不必向被请求当局缴纳行政费。一个具体事项的费用超过50马克的,应当根据要求向被请求当局偿付所支出的费用。当局彼此提供公务协助同为债权人的,不再偿付费用。"该条款原则上规定协助费用由协调承受方负担,其中的例外规定则表示当协调承受方垫付的费用超过一定限额时,可要求协调提起方偿还这笔费用。应松年教授主持起草的《行政程序法(专家建议稿)》第15条第2款规定:"行政协助所需费用由请求机关承担。"考虑到由协调提起方承担协助费用可以鼓励协调承受方积极提供协助,笔者基本赞同这一思路。不过,为了将这一问题规定得更加明确,笔者建议将该款修改为:"行政协助所需费用由请求机关负担,其负担金额及负担方法由请求机关与被请求机关协议决定;达不成协议的,由争议解决机关裁决。"

8.行政协调中法律责任的承担

关于行政协调中法律责任的承担问题,《联邦德国行政程序法》第7条第2款规定:"提出请求的当局对被请求当局承担有关措施合法性的责任,被请求的当局得对公务协助的实施承担责任。"应松年教授主持起草的《行政程序法(专家建议稿)》借鉴了该条款,其第15条第1款规定:"根据行政协助作出的行政决定,由请求机关承担责任;实施行政协助,由协助机关自行承担责任。"应该说,这一规定提供了行政协调中法律责任承担的基本模式。不过有两种具体情况值得注意:一是在协调承受方仅实施了事实协助行为,并未参与外部行政行为作出的情况下,由于行政相对人一般难以获知这一事实协助行为,因此这种情况下不宜由协调承受方直接向行政相对人承担法律责任,而可由协调提起方承担责任后向其追偿。二是协调承受方与协调提起方以共同名义作出行政行为时,应当共同承担相应的法律责任,双方的具体责任则应依据各自在行政行为作出过程中的作用程度进行划分。

第十九章 行政调解及其法治化

一、概述

(一)行政调解的概念

行政调解是指为解决民事争议和部分行政争议,争议各方在国家行政主体的主持下,以国家的法律规范、原则和精神为依据,在自愿的基础上,通过友好协商达成协议,以解决争议的方法和活动。

对于行政调解的概念要重点把握以下几点:

(1)必须是在行政主体主持下进行的调解。行政调解的调解主持人必须是行政主体。司法机关如人民法院等和社会群众组织主持下所作的调解不属于行政调解。

(2)行政调解的对象是民事争议和部分行政争议。根据我国的法律规定和现实的实践,行政调解的对象是民事争议和部分行政争议,并不是所有的行政争议都可以进行行政调解。因为行政法的一般理论认为法律规定的行政职权既是行政主体的职权也是其职责,未经法律的允许行政主体不得自由地处分。在绝大多数情况下,行政主体行使职权时不得与行政相对人自行和解,因此也不得接受调解。能够接受行政调解的只有行政赔偿争议,因为行政赔偿争议并不直接涉及法律规定的行政主体职权的行使,只是行政主体向当事人的财产赔偿,可以在有关行政主体的主持下进行调解。

(3)行政调解的对象一般是与主持调解的行政主体的职权相关的争议。如交通事故造成的争议一般由交通管理部门主持调解;轻微的伤害事件造成的争议一般由治安管理部门主持调解;等等。1990年司法部发布的《民间纠纷处理办法》把对民间纠纷的行政调解授予了对社会进行直接管理的基层人民政府。

(4)行政调解以自愿、平等为原则。主持行政调解的行政主体不得以行使行政职权为由进行强制调解。行政调解只能在争议双方自愿的基础上进行,强制调解无效。在调解的过程中,接受行政调解的双方地位是平等的,即使是关于行政赔偿争议的调解,也应当坚持平等的原则。

(5)除行政仲裁外,行政调解不发生强制执行的法律效力。根据我国的法律规定,除行政仲裁外,行政主体主持的行政调解没有强制双方当事人履行的法律效力。行政调解协议生效后一方当事人不得以另一方当事人不履行协议为由申请行政主体或人民法院强制执行。行政主体也不得主动强制一方或双方当事人履行行政调解协议。主持行政调解的行政主体也不会由于主持行政调解而成为行政诉讼的被告。根据《最高人民法院关于执行〈中华人民共和国行政诉讼法〉若干问题的解释》第1条第2款的规定,公民、法人或者其他组织对行政调解行为以及法律规定的仲裁行为不服提起行政诉讼的,不属于人民法院行政诉讼的受案范围。

(6)行政调解不影响当事人诉权的行使,也不影响法院的审理和判决。当事人争议的事项经过行政调解达成协议后,如果当事人不服,仍然可以向法院提起诉讼,法院不得以行政调解达成协议为由拒绝受理。如《中华人民共和国道路交通安全法》(以下简称《道路交通安全法》)第74条第2款规定:"经公安机关交通管理部门调解,当事人未达成协议或者调解书生效后不履行的,当事人可以向人民法院提起民事诉讼。"法院在审理争议事项的时候,在查清事实和作出判决时应当独立完成,不受行政调解协议的影响,因为调解协议可能是当事人在相互妥协的情况下达成的。当然在双方当事人完全认可的情况下,法院可以采信调解协议作为其查清事实的依据。

中国法律制度最引人注目的一个方面是调解在解决纠纷中有着重要地位。特别是行政调解制度,作为一种"东方经验"在中国源远流长。近些年来,伴随着包括一般意义上的非诉讼纠纷解决方式(ADR)在内的许多欧美国家的调解再生运动,作为中国本土资源的调解更加受到各国关注。美国联邦最高法院的前任首席大法官Warren Barger对中国的调解机制加以赞许,倡议西方国家应在这个方面向中国学习。① 深入研究中国的行政调解制度,无论在理论上还是在实践上都具有积极意义。2008年10月1日起施行的《湖南省行政程序规定》对于行政调解作出了一系列规定,其立法建制的创新实践值得关注和推广。

(二)行政调解的范围

行政调解的对象是民事争议和部分行政争议。前文已经指出,部分行政

---

① 参见《美国大法官在上海》,载 British Broadcasting Corporation, *Summary of World Broadcasts*, Part 3: *The Far East I SWB/FEI*, Sept. 10, 1981, at A1/1.

争议是指行政赔偿争议。从实践中来看,行政调解主要是用来解决平等主体之间的民事争议的,那么,是否所有的民事争议都属于行政调解的对象呢?

从与行政机关职权行使关系的视角分析,民事争议可以分为两种:一是平等民事主体之间基于合意达成民事合同,在履行合同过程中所产生的民事纠纷,此类民事纠纷一般与行政机关职权的行使无直接的关联,纠纷的解决一般也与行政机关职权的行使无关;二是民事纠纷的形成与合同无关,纠纷的产生和解决会与行政机关职权的行使产生密切的关联。如,两个公民因打架斗殴而产生的伤害赔偿纠纷,此纠纷产生的基础原因是打架斗殴,而打架斗殴涉及公安机关的社会治安管理职权,根据我国现有的法律规定,公安机关在进行社会治安管理的过程中,可以对当事人之间的伤害赔偿纠纷进行调解。此外,还有很多民事纠纷的产生基础与行政机关职权的行使存在密切的联系,如,产品质量侵权纠纷、卫生医疗事故损害赔偿纠纷等。

笔者认为,对于以上两类民事争议,第一类不宜列入行政调解的对象范畴,行政调解的民事争议对象应当仅仅包括第二类纠纷。因为根据传统的三权分立的观点,立法、行政和司法有各自的职权领域和范围,相互之间不得僭越。随着社会的发展,虽然彼此之间的界限开始变得有些模糊,比如,行政机关拥有了行政立法权,也拥有了大量准司法性的行政权力,如行政调解、行政裁决等权力,但是,对于民事纠纷的解决传统上是司法权的领域,即使行政机关现在可以从事某些准司法行为,也应当局限在与行政管理职权有关的领域,即仅仅可以解决第二类民事纠纷,因为这类纠纷毕竟与行政机关职权的行使相关。至于与行政机关职权行使没有关联的合同类的民事纠纷,应当由法院来进行处理,否则就是行政权超越了司法权的领域。

一般来讲,行政调解适用的民事争议主要包括:

(1)与治安管理有关的侵权损害赔偿纠纷。公安机关负有治安管理的职责,对于与治安管理有关的损害赔偿纠纷,公安机关可以进行调解。如,《中华人民共和国治安管理处罚法》第9条规定:"对于因民间纠纷引起的打架斗殴或者损毁他人财物等违反治安管理行为,情节较轻的,公安机关可以调解处理。经公安机关调解,当事人达成协议的,不予处罚。经调解未达成协议或者达成协议后不履行的,公安机关应当依照本法的规定对违反治安管理行为人给予处罚,并告知当事人可以就民事争议依法向人民法院提起民事诉讼。"

(2)与道路交通安全管理有关的侵权损害赔偿纠纷。公安交通管理部门负责道路交通安全的管理,对于与道路交通安全有关的损害赔偿纠纷,公安交通管理机关可以进行调解。如,《道路交通安全法》第74条规定:"对交通事故损害赔偿的争议,当事人可以请求公安机关交通管理部门调解,也可以直接向人民法院提起民事诉讼。经公安机关交通管理部门调解,当事人未达成协议或者调解书生效后不履行的,当事人可以向人民法院提起民事诉讼。"

(3)与医疗卫生管理有关的侵权损害赔偿纠纷。卫生行政部门负责医疗卫生事业的管理,可以对因医疗事故而产生的损害赔偿纠纷进行调解。如,根据《医疗事故处理条例》第48条的规定:"已确定为医疗事故的,卫生行政部门应医疗事故争议双方当事人请求,可以进行医疗事故赔偿调解。调解时,应当遵循当事人双方自愿原则,并应当依据本条例的规定计算赔偿数额。经调解,双方当事人就赔偿数额达成协议的,制作调解书,双方当事人应当履行;调解不成或者经调解达成协议后一方反悔的,卫生行政部门不再调解。"

(4)与环境管理有关的侵权损害赔偿纠纷。环境行政管理部门可以对因环境侵权造成的损害赔偿纠纷进行调解。如,《中华人民共和国环境保护法》第41条第2款规定:"赔偿责任和赔偿金额的纠纷,可以根据当事人的请求,由环境保护行政主管部门或者其他依照法律规定行使环境监督管理权的部门处理;当事人对处理决定不服的,可以向人民法院起诉。当事人也可以直接向人民法院起诉。"有学者认为,该条所说的"处理"就包括调解。① 《中华人民共和国环境噪声污染防治法》第61条规定:"受到环境噪声污染危害的单位和个人,有权要求加害人排除危害;造成损失的,依法赔偿损失。赔偿责任和赔偿金额的纠纷,可以根据当事人的请求,由环境保护行政主管部门或者其他环境噪声污染防治工作的监督管理部门、机构调解处理;调解不成的,当事人可以向人民法院起诉。当事人也可以直接向人民法院起诉。"

(5)与知识产权管理有关的侵权损害赔偿纠纷。知识产权行政管理机关可以对知识产权侵权损害赔偿纠纷进行调解。如,《中华人民共和国专利法》(以下简称《专利法》)第60条规定:"未经专利权人许可,实施其专利,即侵犯其专利权,引起纠纷的,由当事人协商解决;不愿协商或者协商不成的,专利权人或者利害关系人可以向人民法院起诉,也可以请求管理专利工作的部门处理。管理专利工作的部门处理时,认定侵权行为成立的,可以责令侵权人立即停止侵权行为,当事人不服的,可以自收到处理通知之日起十五日内依照《中华人民共和国行政诉讼法》向人民法院起诉;侵权人期满不起诉又不停止侵权行为的,管理专利工作的部门可以申请人民法院强制执行。进行处理的管理专利工作的部门应当事人的请求,可以就侵犯专利权的赔偿数额进行调解;调

---

① 参见湛中乐等:《行政调解、行政和解制度研究》,法律出版社2009年版,第85页。

解不成的,当事人可以依照《中华人民共和国民事诉讼法》向人民法院起诉。"《中华人民共和国商标法》第 3 条对于商标侵权纠纷的解决有和《专利法》第 60 条大致相同的规定。《中华人民共和国著作权法》第 54 条第 1 款规定:"著作权纠纷可以调解,也可以根据当事人达成的书面仲裁协议或者著作权合同中的仲裁条款,向仲裁机构申请仲裁。"

(6)与产品质量管理有关的侵权损害赔偿纠纷。产品质量行政管理机关可以对因产品质量引起的侵权损害赔偿纠纷进行调解。《中华人民共和国产品质量法》第 47 条规定:"因产品质量发生民事纠纷时,当事人可以通过协商或者调解解决。当事人不愿通过协商、调解解决或者协商、调解不成的,可以根据当事人各方的协议向仲裁机构申请仲裁;当事人各方没有达成仲裁协议或者仲裁协议无效的,可以直接向人民法院起诉。"

(7)与土地行政管理有关的侵权纠纷。有土地行政管理职权的行政机关可以对土地侵权纠纷进行调解。如,《中华人民共和国农村土地承包经营纠纷调解仲裁法》第 3 条规定:"发生农村土地承包经营纠纷的,当事人可以自行和解,也可以请求村民委员会、乡(镇)人民政府等调解。"

(三)行政调解的性质

从行政调解的相关理论研究来看,其进展明显滞后于制度的调整与实践。《最高人民法院关于执行〈中华人民共和国行政诉讼法〉若干问题的解释》第 1 条第 2 款第 3 项规定,行政机关对民事争议的调解行为不属于人民法院行政诉讼的受案范围。那么,行政调解究竟是一种什么性质的行为?

在行政法学界,对行政调解的性质争议颇大。有学者把行政调解当作为具体行政行为,和行政许可、行政确认、行政裁决等并列。[1] 另有学者则认为行政调解不属于具体行政行为,而是一种与行政相关的行为。[2] 也有学者认为,行政调解从本质上说不具有权力的性质,只要某种纠纷与其行政管理职权有一定程度的联系,不需要法律、法规的特别授权,该行政机关就可以对此纠纷进行调解。[3] 还有学者认为,行政调解是行政指导行为。[4] 其理由是:第一,

---

[1] 姜明安:《行政法与行政诉讼法》,北京大学出版社、高等教育出版社 1999 年版,第 177 页。

[2] 胡建森:《行政法学》,法律出版社 2003 年第 2 版,第 368 页。

[3] 应松年:《当代中国行政法》(下卷),中国方正出版社 2005 年版,第 1107~1108 页。

[4] 喻少如:《多元纠纷解决机制中的行政调解》,载《学术界》2007 年第 6 期。

行政调解属于一种非强制性行为。这是由调解的本质决定的,调解程序的启动、进行和终结取决于纠纷的双方当事人,调解者只是居间劝和。调解者所拥有的调解权力是一种合意性的权力,以合同关系为基础的权力,其特征类似于仲裁机构经仲裁协议而取得的对案件的仲裁权。而行政许可、行政裁决则更多地体现行政权的单方性和强制性,其行为在法律上被视为行政意志的最后决定。第二,行政调解作为行政指导活动需要法律授权。依法行政强调一切行政活动于法有据,并且行政调解不同于和解。和解属于当事人之间的一种合同,只要双方当事人约定让步以终止争执,或防止争执发生因而签订合同即可,原则上无须任何司法权或行政权的介入或协助,和解人员的资格、和解程序的进行、和解的内容,只要和解双方当事人均无异议,法律不必加以任何限制。但调解是一种法定机制,调解人员的资格、程序的进行、调解的内容,法律上均须作出一定的规定。

至于行政调解的性质,笔者认为,行政调解是一种较为典型的非强制性行政行为。强制性行政行为与非强制性行政行为是对行政行为的一种新的分类方式,这种分类方式的特点是以双方主体之间的意志强弱关系作为界分点,凡以行政主体的意思表示作为最终决断的行政行为,称为强制性行政行为,而以相对方主体的意思表示作为最终决断的行政行为,称为非强制性行政行为。从现实经验来看,强制性行政行为包括行政许可、行政命令、行政处罚、行政强制等方式,非强制性行政行为包括行政指导、行政合同、行政资助、行政调解、行政经营、行政服务等新型行政行为。

(四)行政调解与相关概念的关系

1. 行政调解与行政裁决

对于行政裁决的定义,不同的人表述虽然有所差异,但是其实质内涵并没有太大的差异。一般认为,所谓行政裁决,是指行政主体依照法律授权,对平等主体之间发生的、与行政管理活动密切相关的、特定的民事纠纷进行审查并作出裁决的具体行政行为。[①] 行政裁决是行政机关裁决民事争议的行政司法制度。民事争议传统上应当由法院管辖,但是随着社会经济关系的迅速发展,特别是进入20世纪以后,各种社会关系和利益冲突变得越来越复杂。传统意义上消极国家的定位已经不能适应社会经济的发展,为保持社会经济生活的稳定和利益的协调与平衡,国家不得不对社会经济生活进行积极的干预。行政机关也开始适用准司法程序处理一些传统上由法院处理的民事争议,行政

---

① 参见皮纯协:《行政法学》,群众出版社2000年版,第175页。

裁决制度逐步得以完善和发展。

行政裁决与行政调解既有联系也有区别。联系主要表现为：行政裁决与行政调解都可以用来解决民事争议，在解决争议时都由行政主体主持，程序都较为简便快捷。但两者的区别也是很明显的，主要表现为三个方面：

首先，行政调解解决争议的范围要比行政裁决广。行政调解解决的争议既包括民事争议也包括部分行政争议。而行政裁决解决的争议只是民事争议。

其次，两种行为体现的意志表示不同。行政裁决在意志表示上具有单方性，是行政机关运用职权根据自己单方意志而为的行为，是单方意志的结果，它不受纠纷双方当事人的意志的支配。而行政调解则建立在双方当事人自愿的基础之上，充分尊重并体现双方当事人的意愿，调解达成的协议是双方当事人合意的结果。而行政主体仅扮演居中主持调解的角色，其意志不能强加给当事人。

再次，法律效果不同。行政裁决在效果上具有强制性，行政裁决结果一经作出就具有法律效力，当事人若未经法定程序或未有法定事由不履行裁决结果确定的义务，有关行政机关可以通过法定程序强制当事人履行。行政调解达成的协议，除行政仲裁协议外，对当事人不具有强制约束力，在一方不履行协议时，另一方不得申请行政机关或人民法院强制执行，在当事人不履行协议时行政机关也不得主动强制当事人履行。

从总体上考量，行政调解与行政裁决相比，前者更好地体现了现代行政法民主法治的理念，通过相对人充分参与调解过程来体现相对人的意志，而政府仅承担居中主持协调工作。这样尽量少一些行政强制命令，多一些体现相对人意志的内容，会尽可能地减少行政主体与相对人之间的冲突。充分尊重相对人的意志，充分尊重相对人民主参与的权利是现代行政法的基本价值之一。行政调解正是顺应了这种价值理念的要求。

2. 行政调解与行政仲裁

行政仲裁是行政机关以第三者身份对当事人之间的民事纠纷，按照仲裁程序作出公断的制度。它是我国特有的一项行政司法制度。[①] 行政仲裁是行政调解的一种方式。在1994年《中华人民共和国仲裁法》（以下简称《仲裁法》）颁布之前，我国的行政仲裁包括经济合同行政仲裁和劳动争议仲裁等，在

---

① 参见张尚鷟：《走出低谷的中国行政法学》，中国政法大学出版社1991年版，第281页。

《仲裁法》颁布以后,诸如合同纠纷、产品质量纠纷等不再适用行政仲裁,而改为了民间仲裁。目前,只有劳动争议仲裁仍保留着行政仲裁的属性。在法律效果上,行政仲裁与其他行政调解不一样,行政仲裁具有强制执行的法律效力。《中华人民共和国劳动法》第83条规定:"劳动争议当事人对仲裁裁决不服的,可以自收到仲裁裁决书之日起十五日内向人民法院提起诉讼。一方当事人在法定期限内不起诉又不履行仲裁裁决的,另一方当事人可以申请人民法院强制执行。"《中华人民共和国企业劳动争议处理条例》第30条规定:"当事人对仲裁裁决不服的,自收到裁决书之日起十五日内,可以向人民法院起诉;期满不起诉的,裁决书即发生法律效力。"第31条规定:"当事人对发生法律效力的调解书和裁决书,应当依照规定的期限履行。一方当事人逾期不履行的,另一方当事人可以申请人民法院强制执行。"

3. 行政调解与行政指导

行政指导的行为类型主要包括助成性行政指导、规制性行政指导、调停性行政指导、合作性行政指导等。行政调解在功能上虽然与调停性行政指导有很大的类似性,二者存在一些交叉,但毕竟有很多的不同,而且从我国目前行政指导的立法现实来看,还没有一部单独规范行政指导的规章以上的法律规范性文件,如果将行政调解归于行政指导,势必以降低行政调解这种制度的规范性为代价。特别值得我们注意的是,行政调解已经成为一种可以单独存在的行政行为制度了,如,劳动争议调解、消费者纠纷的调解、交通事故处理及调解、土地和林木权属争议的调解、医疗纠纷协商与行政调解、知识产权纠纷的调解等等。因此,从现实的角度看,不宜将行政调解归于行政指导。此外,从相互关系来看,由于行政指导行为过程中的法律关系或事实关系主要存在于行政主体与行政相对人之间,以线性结构为特征,而在行政调解过程中,有关法律关系主要存在于争议当事人之间,行政机关的职能是居间调解,三者之间呈现等腰三角形结构。二者逻辑结构上的上述不同,也表明将行政调解简单地等同于调停性行政指导是不恰当的。

(五)新的历史条件下行政调解的作用

作为在我国由来已久的一种典型的"东方经验",行政调解是一种独具特色的行政管理方式,而且随着现代市场经济的建立与发展和行政法治的不断深入,其被赋予了新的生机与活力,在更广泛、更深刻的意义上发挥着不可低估的作用。

第一,有利于树立正确的行政法理念,从管理、控权转向服务。包括有助于提高公民的权利意识,增强法制观念。①

第二,行政调解有助于政府转变行为方式,摒弃过去单纯依靠行政命令、动辄实施强制处罚的管理方式,向着更多依靠平等协商、说服教育的行为方式转变。

第三,行政调解有助于政府机关深入体察民情、社情,实施、改进工作,也有助于行政机关的积极行政。

第四,行政调解有利于提高行政效率,减少讼争发生,维护社会秩序,增进安定团结。行政调解不仅运用了法律手段,而且多用讲道理、说利弊的方式化解双方当事人的矛盾,使双方当事人明白事理,消除心中的芥蒂,这必将对稳定社会秩序产生积极的影响。

第五,行政调解有助于行政机关积极主动行政。行政调解不仅在最低要求上完成了对纠纷的解决,而且在更高层次上使行政机关脱离了单纯为维护既定秩序服务的行政目标,而是进一步采取积极主动的方式,创立一种既为法律所允许,又为当事人和其共同认可和赞同的更合理、更完善的社会关系,从而在更全面、更彻底的意义上履行自己的职责。这种由消极、被动行政向积极、主动行政的转变,恰恰反映了现代行政精神的基本要求。

二、行政调解的原则

(一)自愿原则

1.程序意义上的自愿:双方当事人是否选择调解的自愿

选择行政调解是争议当事人的一种程序意义上的权利,当事人没有必须接受调解的义务。行政调解是否进行必须完全建立在当事人自愿的基础之上,如果有一方不同意,调解就不能开始。如果调解已经开始,但是有一方或双方不同意继续进行调解的,行政机关就应当尊重当事人的意愿停止调解。

2.实体意义上的自愿:双方当事人是否接受调解结果、达成协议的自愿

行政机关在行政调解中只是处于居中主持的地位,不能利用行政职权强迫当事人接受调解意见,调解协议应当由当事人协商达成,协议内容应当完全尊重当事人的意愿。

(二)合法原则

行政机关的调解活动和调解协议的内容必须在法律、法规许可的范围内,不得违背现有的法律、法规的规定、原则和法律的精神,否则调解协议无效。

---

① 参见孙红梅、汪立艳:《行政调解初探》,载《长白学刊》2001年第5期。

一般来讲,调解协议的达成需要当事人的妥协和让步,但是任何妥协和让步都不能违背法律的规定和法律的原则、精神,行政机关也不得强迫当事人接受违背法律精神的协议。

(三)公正原则

行政机关在调解的过程中,应当秉持公平、正义的理念,不能有偏私。若从事行政调解工作的公务人员与当事人有利害关系,应当主动回避,当事人也可以申请公务人员回避。

(四)平等原则

在行政调解的过程中,民事争议的双方当事人地位平等,在程序上平等地享有权利、承担义务,行政机关应当平等地对待双方当事人。

三、行政调解的程序

我国法律目前尚没有关于行政调解的统一的程序规定,从部分法律规定和法律实践上来看,行政调解一般包括以下程序:

(一)启动

行政机关在进行行政管理过程中发现与行政管理活动有关的民事纠纷,行政机关可以主动进行调解,若当事人明确表示无需调解的,调解活动应当及时终止。

行政调解一般须由当事人向有关的行政机关提出申请。申请行政调解一般采用书面形式,根据具体情况,也可以灵活地采用口头或其他形式。申请应当主要包括以下内容:申请人的基本情况、争议的事实及有关的证据、具体的请求、理由等。

(二)受理

有关行政机关在接到当事人行政调解的申请后,应当进行审查,若争议的各方当事人都同意以行政调解的方式解决行政争议,行政机关应当受理。若有一方当事人不同意进行调解或者有当事人已就该争议向人民法院起诉,行政机关应当告知申请调解的当事人不予受理。

(三)管辖

一般来讲,当事人应当向县级人民政府所属的相关执法部门或乡镇基层人民政府申请行政调解。所谓"相关执法部门",是指与民事争议产生基础相关的行政管理部门。如,因打架造成的侵权损害赔偿与治安管理相关,应当向县政府所属的公安机关申请调解,为方便当事人,也可以向乡镇基层人民政府申请调解,基层人民政府认为存在技术或其他困难不宜由自己进行调解的,应当及时告知当事人向有关的执法部门申请调解。

(四)处理

行政机关受理调解申请后,应当及时、认真地审查有关的材料,组织当事人进行协商、调解。调解时,主持调解的人员应当认真听取当事人的意见,查证核实有关证据,进行必要的说服劝解,做好调解笔录,在符合法律、法规的前提下,促使当事人在平等协商的基础上达成调解协议。如果有当事人不再愿意进行调解,行政机关应当停止调解。若经调解达成协议,当事人应当签署协议书。

(五)调解协议书的效力

我国现有的实定法对行政调解协议并没有明确的规定,一般认为,行政调解协议书不具有强制执行的效力,当事人不可以申请行政机关强制执行行政调解协议的内容。从理论上讲,行政调解协议是平等的民事主体之间达成的协议,与一般的具体行政行为有本质的不同,不应赋予行政机关强制执行的效力。笔者认为,虽然行政调解协议不具有申请行政机关强制执行的效力,但是并非没有法律效力。正如有的学者所指出的,经当事人签字的行政调解协议书具有民事合同性质,当事人不得随便反悔,应当自觉履行;调解协议书不经人民法院按照法定程序的审查,不得撤销。[①]

对于行政调解协议书的效力,可以按以下两种方式进行处理:

一是把它视为民事主体之间达成的协议,双方当事人应当按协议的内容履行,一方不履行的,另一方可以要求对方承担违约责任,对方不承担的,可以向法院提起民事诉讼。

二是一方当事人可以向法院申请确认协议书的内容,另一方当事人若有正当理由可以主张该协议书无效,法院经审查认为当事人主张协议书无效的理由不成立,协议书的内容无违法、不当的,应当依法确认协议书的内容,对于确认后的协议书,当事人可以向法院申请强制执行。

2009年最高人民法院发布的《关于建立健全诉讼与非诉讼相衔接的矛盾纠纷解决机制的若干意见》(以下简称《意见》)基本上认可了以上做法,该《意见》第8条规定:"为有效化解行政管理活动中发生的各类矛盾纠纷,人民法院鼓励和支持行政机关依当事人申请或者依职权进行调解、裁决或者依法作出其他处理。调解、裁决或者依法作出的其他处理具有法律效力。当事人不服

---

① 参见段守万:《行政调解和裁决的强化及法律控制的完善》,载《云南行政学院学报》2007年第6期。

行政机关对平等主体之间民事争议所作的调解、裁决或者其他处理,以对方当事人为被告就原争议向人民法院起诉的,由人民法院作为民事案件受理。法律或司法解释明确规定作为行政案件受理的,人民法院在对行政行为进行审查时,可对其中的民事争议一并审理,并在作出行政判决的同时,依法对当事人之间的民事争议一并作出民事判决。行政机关依法对民事纠纷进行调处后达成的有民事权利义务内容的调解协议或者作出的其他不属于可诉具体行政行为的处理,经双方当事人签字或者盖章后,具有民事合同性质,法律另有规定的除外。"第20条规定:"经行政机关、人民调解组织、商事调解组织、行业调解组织或者其他具有调解职能的组织调解达成的具有民事合同性质的协议,经调解组织和调解员签字盖章后,当事人可以申请有管辖权的人民法院确认其效力。当事人请求履行调解协议、请求变更、撤销调解协议或者请求确认调解协议无效的,可以向人民法院提起诉讼。"第25条规定:"人民法院依法审查后,决定是否确认调解协议的效力。确认调解协议效力的决定送达双方当事人后发生法律效力,一方当事人拒绝履行的,另一方当事人可以依法申请人民法院强制执行。"最高人民法院发布的《意见》并非一个司法解释,而只是向全国各级法院发布的一个指导性文件,笔者揣度,最高人民法院之所以没有制定正式的司法解释,重要因素之一是当前理论界和实务界对行政调解协议效力的认知还不够成熟,仍需进一步研究和总结实践中的经验。尽管如此,《意见》对行政调解协议的效力已作出初步认同。笔者相信,随着实践的日益深入,立法上一定会对此有更明确的界定。

(六)行政调解与行政裁决、行政诉讼的衔接

行政调解虽然有利于化解社会矛盾,及时有效地解决纠纷,但是,在实践中要避免久调不决的问题出现,对于当事人拒绝调解或难以调解成功的,符合裁决条件的应当及时裁决,不符合裁决条件的应当告知当事人在法定期限内提起行政诉讼。

四、我国的行政调解制度及其完善

(一)我国行政调解制度的法律文化背景和历史发展

调解是我国古代社会解决社会纠纷的一个重要方式,也是我国古代传统法律文化的一个重要内容。在中国古代,经过调处而平息诉讼称为"和息"、"和对"。早在西周的铜器铭文中,已有调处的记载。[①] 我国漫长的封建社会

---

① 参见张晋藩:《中国法律的传统与近代转型》,法律出版社1997年版,第283页。

的法律思想、文化和制度是建立在儒家文化的基础之上的,儒家文化强调礼治,主张息诉止争,以和为贵。孔子的著名政治理想"听讼,吾犹人也,必也使无讼乎"(《论语·颜渊》)被历代统治者所推崇,视为施政和社会秩序所能达到的最高境界,可以说也是调解所追求的理念。然而,理想和现实总是有一定的距离,在正常的社会生活中,纠纷毕竟是无法避免的,因此,以各种方式"息讼",就成为执政者的目标。其中,调解是最为普遍和有效的方式。汉代的调解已经十分发达;两宋时期,民间纠纷增多,调解开始制度化;至明清时期已臻于完备,调解基本上都是民间(诉讼外)调解与官府(诉讼中)调解同时并重,相辅相成,构成了一个相对严密的多元化纠纷解决机制。[①] 古代民间调解的方式主要有宗族调解、邻里调解等,国家不介入调解的过程,调解一般由宗族家长或地方乡绅、邻里等主持。官府调解主要是在诉讼中进行的调解,因此,以诉讼调解为主。但是,在中国古代由于行政权和司法权不分,地方官吏既是地方行政长官,又是司法审判官员,因此,古代的官府调解以司法调解为主,也包括部分"行政调解"。古代的"行政调解"与现代意义上的行政调解有很大的不同,古代官府在调解的过程中往往有更多的强制的成分,甚至强迫当事人达成和解。

在新中国成立以前,在革命根据地和解放区,行政调解就是解决纠纷的一种重要的制度和方式。早在第二次国内革命战争期间,1931年11月中华苏维埃中央执行委员会第一次全体会议通过的《苏维埃地方政府暂行组织条例》第17条规定:"乡苏维埃有权解决未涉及犯罪行为的各种争执问题。"根据这一规定,川陕省苏维埃政府明确指出,作为政权基本单位的村苏维埃负责解决群众的纠纷,实行村、乡、区逐级调解制度,在调解纠纷的过程中,遇有重大问题,基层苏维埃政府有权向审判机关告发。[②] 这儿所提到的调解是以基层政府的调解为主。调解在抗日战争时期的革命根据地发展到了一个新阶段,并形成制度化、法律化的系统,成为当时纠纷解决的主要方式。1937年至1941年为调解制度发展的初期阶段,1941年以后进入制度化、法律化阶段,各根据地政府相继制定了一系列有关调解的法规条例。此后,在经历了解放战争阶

---

① 参见范愉:《非诉讼纠纷解决机制研究》,中国人民大学出版社2000年版,第66~67页。

② 参见江伟、杨荣新:《人民调解学概论》,法律出版社1994年版,第26~27页。

段后,这一制度被直接带入了新中国。①

新中国成立以后,调解制度得到了进一步的发展和完善,为解决纠纷,化解矛盾,维护社会的稳定发挥了积极的作用。行政调解作为调解制度的重要组成部分,在新中国成立后也得到了长足的进步和发展。一些法律法规规定了行政调解的内容,行政调解成为人民政府及其工作部门,特别是基层人民政府工作的重要内容。在建设法治政府、构建和谐社会的新时期,应当进一步发挥行政调解的积极作用,探索进一步建构和完善行政调解制度的新途径,在当事人自愿的基础上充分发挥行政机关居中调处纠纷,维护社会和谐的职能。

(二)我国现行行政调解制度的不足与完善

我国行政调解制度存在很多的不足,有很大的完善余地。

有人把我国行政调解制度的不足总结为以下几个方面:②

一是法律体系不健全。各种层次的法律文件中都能找到有关行政调解的零星规定,由于没有统一的制度设置,各种有关行政调解的规定难免存在冲突,无法形成有机统一的行政调解规范体系。二是调解的范围存在局限。适用范围比较模糊,自由度大。三是程序设置上存在缺失。行政调解的规定散见于各种法律文件之中,程序性规定不统一,缺乏统一的标准,没有针对行政调解的特点设计相应的程序。实践中,行政机关往往参照行政程序和诉讼程序进行调解,随意性大,影响了调解的威信。四是调解的组织机构存在缺陷。目前,各级行政机关都能进行行政调解,缺乏管辖范围的划分,行政调解的主体存在职能上的交叉,容易造成实践中的混乱。五是调解人员素质参差不齐。由于多不是专职的调解人员,没有经过必要的培训,往往缺乏专业知识和经验、技巧。六是政府各职能部门缺少协同机制。实践中,行政调解存在"各自为战"的情况,职责范围的划分给各职能部门的协调带来一定的难度,难以形成解决纠纷的合力。七是对行政调解存在认识上的偏差。行政主体对于行政调解存在两种倾向,有的不够重视,对行政调解缺乏主动性;有的过于倚重,导致大量纠纷涌入行政部门。八是对行政调解的运用上存在偏差。有的行政机关在调解中存在片面强调分清是非、依法定责,将调解过程等同于行政执法过程,而不是寻求双方利益的平衡点,往往导致调解不能达成一致。有的行政机

---

① 参见范愉:《非诉讼纠纷解决机制研究》,中国人民大学出版社2000年版,第76页。

② 参见吴志明:《大调解——应对社会矛盾凸显的东方经验》,法律出版社2010年版,第98~101页。

关在行政调解时功利性太强,急于求成,不惜放弃公平和正义,侵害当事人权益。九是与其他纠纷解决方式的衔接不够。

笔者认同以上对我国行政调解制度不足的分析,除此之外,还存在以下不足:

一是理论界和实务界对于行政调解的性质定位缺乏清晰的认识,给制度的实践带来诸多问题。比如,若把行政调解视为具体行政行为,则必然会面临诉讼等问题,行政机关可能成为被告,因此,行政机关难免会认为民事纠纷本来是司法解决的问题,现在一旦调解就有可能把民事纠纷推变为行政纠纷,矛盾的焦点就会集中到行政机关身上,在实践中必然会能躲则躲。笔者认为,行政调解是一种非强制性行政行为,调解行为不具有法律上的强制力,行政机关只是居中进行疏导、说服当事人合理解决民事纠纷,因此,行政机关不会成为行政诉讼的被告,也不会成为纠纷的焦点,这样会有利于实践中行政调解的进行。

二是对于行政调解协议的效力缺乏明确的界定,使得在实践中行政调解的效果大打折扣。在现有的法律实践中,即使达成了调解协议,一般也不具有法律效力,在协议未履行的情况下,当事人可以随时撕毁协议,结果是很多情况下不仅大大浪费了行政资源,也使得当事人对于行政调解的热情不高。

三是保证调解结果公正的制度设计不健全。比如,如何防止行政机关利用自身掌握的行政资源强迫调解;回避制度如何操作等都缺乏明确的规定,相对于司法调解的公正性,行政调解的公正性明显让当事人存在疑虑。

目前,可以从以下几个方面对行政调解制度进行完善:

一是采取统一规定和单行立法相结合的方式加强行政调解的立法工作,明确一些最基本的制度和原则。行政调解涉及诸多领域,如公安、土地管理、知识产权管理、环境卫生管理、产品质量管理等,若要制定一个统一的立法囊括所有的行政调解领域是不现实的。可以首先制定一个统一的原则性较强的全国性立法,规定一些最基本的制度和原则,比如基本的程序、调解的效力等,把具体的内容规定授权各部门的单行立法去解决,这样既可以避免造成重大的震荡,又能保证统一性和灵活性的结合。

二是加强行政调解人员和行政调解组织的专业化建设。行政调解主要是用来解决民事纠纷的,和行政执法有根本性的不同。行政执法是行政机关高权性的活动,讲究权威性、强制性和单方性,而行政调解是非强制性行为,若仍沿用行政执法的理念和做法,利用行政机关的管理职能和对行政资源的垄断,有意或无意地迫使当事人接受调解,必然会引起当事人的不满。要破除行政机关工作人员以管理为先的思维来应对民事纠纷的解决不是一个简单的过程,需要专门的法律培训,建立专门的行政调解机构并配备专业的调解人员,才能保证行政调解不被异化。

第二十章 行政道歉及其法治化

一、行政道歉概念的引出

近年来,关于道歉的事例层出不穷,上至国家元首,下至个人,多层面、多类型的道歉已成为引人关注的社会热点。纵观目前法学界的相关称谓,有国际法律关系领域的"国家道歉"、司法领域的"司法道歉"、国内刑事法律关系领域的"刑事道歉"以及民事法律关系领域的"民事道歉",同时亦有"政府道歉"、"官员道歉"的说法,但尚无抽象为"行政道歉"的提法。

国家道歉是指国家之间、国家对外国人(含组织)基于国际公法法律关系而进行的道歉。国际公法认为,道歉是从事国际不当行为的主体对受害方造成的损害予以精神上的赔偿所采取的法律责任形式,其具有国际法上的法律意义、且产生实际的法律效果,而不是一般政治意义上或者道义上的行为。就方式而言,"道歉可以是承认错误、口头道歉、书面正式道歉或其他合适的方式"①。1970年原联邦德国总理勃朗特出访波兰时,在华沙犹太人死难者纪念碑前下跪忏悔,即是以行动来表达因二战期间德国纳粹对于犹太人的杀戮行为而生的道歉之意。而且国家道歉这种责任形式可以适用于任何一种国际不当行为,特别是损害他国的荣誉、尊严的国际不当行为。② 可见,在国际公法中,国家道歉是国家承担责任的形式之一,而且适用范围非常广泛,可谓是"有损害,必有道歉"。

一国司法机关因司法审判而进行的道歉即为司法道歉,此类道歉相对少见。比较典型的一例是发生在1700年,曾经参与审判的美国马塞诸塞州法官萨缪尔·休厄尔站在教堂前就1692年"萨利姆镇审鬼案"的荒唐审判向公众正式道歉。

刑事道歉是被追究刑事责任的人向受害人进行的道歉。《中华人民共和

---

① 邵津:《国际法》,北京大学出版社、高等教育出版社2005年第2版,第420页。
② 参见王献枢:《国际法》,中国政法大学出版社1994年版,第134页。

国刑法》第 37 条规定了若干非刑罚处罚的方法。具体指:对于犯罪情节轻微不需要判处刑罚的,可以免予刑事处罚,但是可以根据案件的不同情况,予以训诫或者责令具结悔过、赔礼道歉、赔偿损失,或者由主管部门予以行政处罚或者行政处分。也就是说,人民法院在宣告被告人有罪的前提下,责令被告人公开向被害人当面承认罪错,表示歉意,并保证今后不再侵犯被害人的合法权益。刑事道歉应当公开进行,既可以在宣判时公开向被害人赔礼道歉,也可以专门召开有关人员参加的大会由被告人公开道歉;既可以通过口头方式进行,也可以以书面方式道歉。刑事道歉作为一种刑事责任,表明行为人的行为是犯罪行为,他所承担的是刑事责任。由于刑事道歉是人民法院责令被告人实施的,故仍然反映了国家对犯罪行为的否定评价和对被告人的遣责。"这种方式对于促使犯罪人悔过自新,平息被害人及周围群众的愤怒,促进犯罪人与被害人及周围群众的和解,具有重要意义。"[1]

民事道歉则是在民事法律关系中发生的道歉行为。"赔礼道歉早在中华人民共和国成立之前,在解放区司法调解中即是行之有效的方法,《民法通则》将赔礼道歉上升为民事责任,多年的实践证明受欢迎,效果好。"[2]民事道歉属于以恢复非财产权利损害为目的而以强制责任人承担非财产上的不利后果为内容的责任形式,且属于补救性的责任形式。[3]《中华人民共和国民法通则》第 120 条规定,公民的姓名权、肖像权、名誉权、荣誉权受到侵害的,有权要求停止侵害,恢复名誉,消除影响,赔礼道歉,并可以要求赔偿损失。法人的名称权、名誉权、荣誉权受到侵害的,亦适用上述规定。该法第 134 条进一步说明,赔礼道歉是承担民事责任的主要方式之一,可以单独适用,也可以合并适用。关于民事道歉在民事领域中的适用范围,有人主张仅适用于《民法通则》所规定的公民和法人的姓名权(名称权)、名誉权、荣誉权以及公民肖像权侵害案[4],亦有人指出适用范围很广,只要行为人因为主观上的过错侵犯他人的财产权和人身权,都可责令行为人承担民事道歉的责任。[5] 此外,《最高人民法院关于贯彻执行〈中华人民共和国民法通则〉若干问题的意见》第 162 条第 2

---

[1] 杜雪晶、刘亚娜:《我国非刑罚处罚的方法》,载《行政与法》2004 年第 11 期。

[2] 魏振瀛:《论请求权的性质与体系——未来我国民法典中的请求权(上)》,载《中外法学》2003 年第 4 期。

[3] 参见郑立、王作堂:《民法学》,北京大学出版社 1994 年第 2 版,第 548~549 页。

[4] 参见丁建军:《浅谈民事责任中的赔礼道歉》,载《法律适用》1997 年第 2 期。

[5] 参见魏振瀛:《民法》,北京大学出版社、高等教育出版社 2002 年版,第 721 页。

款、《最高人民法院关于审理名誉权案件若干问题的解答》第10条第2款、《最高人民法院关于确定民事侵权精神损害赔偿责任若干问题的解释》第8条、《消费者权益保护法》第43条和《著作权法》第46条、第47条均有关于民事道歉的规定。

而所谓官员道歉,是指"政府及其官员就自身的作为或不作为行为对社会所引起的不良后果,向社会公众表示承认错误、表达内疚、请求原谅的一种行为"①。政府道歉,即"政府及其成员就自身的作为或不作为行为所引起的对政治客体的不良后果,向政治客体公开表示歉意的行为"②。上述两种道歉就实质内涵而言,存在大幅度的交叉,重合的部分非常明显。就致歉主体而言,一个是"政府及其官员",一个是"政府及其成员"。那么,何为"官员"?何为"成员"?"官员"和"成员"似乎都不是法律用语,看似存在包涵与被包涵的关系。而无论是"政府及其官员",还是"政府及其成员",实际上都是行政机关及其工作人员,其代表的都是行政权,主要行使的是行政权,道歉的起因也都是行政权的行使出现了问题抑或是发生了其他影响行政机关形象的情形,引起的不良后果都是社会公众或者特定行政相对人对行政机关不满。此外,享有行政权的被授权组织也会因上述类似问题而道歉。因此,以更加突显行政主体身份和行政权性质的"行政道歉"一词来替代"官员道歉"和"政府道歉",将二者予以统一,就显得更为贴切和顺理成章了。

于是,一个构建在"政府道歉"、"官员道歉"这两个常见但不够准确的概念基础上的新概念"行政道歉"应运而生,它有广义和狭义之分。狭义的行政道歉是指行政主体及其工作人员因行政权的行使而损害了社会公众或者特定行政相对人的合法权益时,予以表达歉意的行政责任承担方式。广义的行政道歉是指行政主体及其工作人员向社会公众或者特定行政相对人表达歉意的行政责任承担方式。③

二、行政道歉的特质及其功能

就性质而言,行政道歉是行政主体及其工作人员承担行政责任的方式之一。行政问责的方式包括诫勉谈话、通报批评、责令公开检讨、责令公开道歉、

---

① 周亚越:《官员道歉、问责及其制度安排》,载《云南社会科学》2009年第1期。
② 李秀秀、刘旭:《关于我国政府道歉及其制度化的几点思考》,载《法制与社会》2008年第4期(上)。
③ 本书的相关研究在于广义的行政道歉。

责令辞职、建议免职、纪律处分等等。① 有学者更进一步明确,行政道歉是"行政主体所承担的补救性行政责任中最轻的一种"②。

行政道歉有着不同于其他类型的道歉的特有品质——致歉主体恒定性、致歉对象多样性、非选择性、规范性、独立性、补充性等。从上述行政道歉的概念可见,行政道歉是由行政主体及其工作人员作出的,且行政道歉的致歉方只能是行政主体及其工作人员,不可能是一般民事主体或者其他国家机关。此项特质将行政道歉与国家道歉、司法道歉、刑事道歉、民事道歉区别开来。其次,行政道歉的致歉对象不仅包括行政相对人,还包括社会公众;既可能是特定的一个人,也可能是不特定的多数人。这也是有别于其他类型的道歉的。再次,行政道歉并非基于行政主体或者其工作人员的自愿选择。在法定道歉的情形下,即使致歉主体不愿意,也必须要服从法规范而予以道歉。复次,无论形式还是实质,行政道歉都必须符合相应规范,严格按照要求行事,避免随意性。最后,行政道歉是独立的行政责任方式,不依附于其他责任方式,可以独立地行使和适用。同时,在诸多行政责任方式中,行政道歉只是处于辅助性地位,而非主要的责任方式,其往往是其他责任方式的补充。

拥有上述特质的行政道歉,其功能也是不同于其他类型的道歉的。行政道歉的功能即行政道歉在应然状态下的作用。政治家塞涅卡在《道德书简》中指出:"道歉既不伤害道歉者,也不伤害接受道歉的人。"道歉是一种美德,不仅能化解矛盾,而且会给自己及对方带来轻松和快乐。而行政道歉是处于优势地位的行政主体及其工作人员的示弱表现,其抚慰致歉对象精神、恢复客观的社会评价、警示其他行政主体、树立责任政府形象的功能更为突出。

在传统的行政管理关系中,行政主体扮演着管理者的角色,总体而言,与被管理者之间是领导与服从、主动与被动、优势与劣势的关系。再加上中国几千年的"官本位"思想残余的影响,哪怕是行政主体的点滴示弱表现都会令致歉对象受宠若惊,甚至是感激涕零。"虽然这对受损害者的物质损害没有补益,但使其精神得到安慰,能平息消除其不满情绪。"③而这种精神抚慰势必会使得人们心理上得到某种满足,益于心情的舒畅和压力的释放,进而缓和了官民关系。司法裁判能带来公正,但带不来和解。"真正的道歉能够实现宽恕与

---

① 李军鹏:《责任政府与政府问责制》,人民出版社 2009 年版,第 221 页。
② 崔卓兰:《行政法学》,吉林大学出版社 1998 年版,第 368 页。
③ 崔卓兰:《行政法学》,吉林大学出版社 1998 年版,第 368 页。

和解,继续发展双方之间的关系。"①行政道歉促使致歉对象恢复对行政主体及其工作人员的客观评价,同时也恢复了社会对于受损害的致歉对象的原有正确评价,维护了个人尊严与公权力的权威,有助于改善政民关系、官民关系。而且这种行政主体的示弱表现,对于其他行政主体而言,也是一种警示,警告其他行政主体不要犯类似的错误,不要重蹈覆辙,从而产生教育和告诫的作用。而这一切都为树立责任政府、亲民政府的良好形象奠定了基础,并促进我国和谐社会的构建。

三、行政道歉的类型化分析

类型化的目的在于更好地理解行政道歉的内涵,以便更好地规范行政道歉行为。不同类型的行政道歉,有着不同的适用条件和操作要求。具体来说,根据致歉对象的性质,可以分为面向行政相对人的行政道歉和面向社会公众的行政道歉;以行政道歉形式的不同,可以分为口头道歉和书面道歉;以行政道歉规范的差异,有法定道歉和非法定道歉之别;从道歉关系的角度看,包括内部道歉和外部道歉;以道歉场合的不同,区分为私下道歉与公开道歉。

面向行政相对人的行政道歉往往适用于致歉主体侵害了特定行政相对人权益的情形。由于该类道歉涉及的是特定人的权益,因此常常要求在一定范围内当面向特定相对人表示歉意,与特定相对人密切沟通,争取谅解。面向社会公众的行政道歉通常适用于影响面较广、非针对特定相对人的情形,其道歉方式一般要求在公开媒体上致歉。

书面道歉是较为正式和庄重的道歉,通常是以道歉信为载体,便于留存;而口头道歉则是通过口头语言予以致歉的形式,相对来说,固定性较差,但是操作便捷、灵活。很多的行政道歉是以书面形式作出的,而口头的行政道歉也并非罕见。

依法规范进行的行政道歉即为法定道歉,行政道歉应以法定道歉为主,因为致歉主体作为国家公权力的化身和代表,一言一行,都直接影响了政府的形象和公信力。尤其是作为承担行政责任的方式之一,行政道歉更应该以规范为本色,以法制度、法规范来约束自身的道歉行为,严格按照法定程序和法定标准来执行。但是,我们不得不承认的是,法并非万能,并不能预知所有的未来。所以还要留有余地,给予行政主体及其工作人员以道德层面道歉的空间,

---

① [美]盖瑞·查普曼、詹妮费·托马斯:《道歉的五种语言》,吕海霞译,中国电影出版社2007年版,第5页。

辅以非法定道歉,这似乎更能够体现责任政府的精神与理念。

基于内部关系而进行的行政道歉属于内部行政关系范畴,它是在行政系统内部基于隶属或者协作关系而产生的,如行政机关向公务员的道歉。外部行政道歉则是基于外部行政关系而形成的,属于行政管理关系、行政监督关系以及行政救济关系领域,绝大多数的行政道歉为外部行政道歉。

如果致歉对象或者道歉事项涉及国家秘密、商业秘密或者个人隐私,或者应致歉对象的要求,行政道歉可以以私下道歉的方式进行,否则行政道歉应该是公开进行的。这主要是考虑到,一方面要尊重致歉对象的感受,兼顾特定秘密的保护;另一方面,"阳光是最好的防腐剂",同时也是最好的教育场所。所以行政道歉应以公开道歉为原则,以私下道歉为特例。

四、行政道歉的现存问题

虽然我国的制定法上还没有"行政道歉"的正式称谓,更没有严格意义上的"行政道歉制度",但是,通过实证分析不难发现,现实中"行政道歉"的事例很多,应用的范围和情形非常广泛,几乎天天都能够在新闻媒体上看到相关报道。2002年3月7日,国务委员吴仪就"假种子、假化肥、假农药"问题道歉;2004年,吉林省省长洪虎就"2·15"特大火灾道歉;2005年,北京市市长王岐山因供暖问题向市民致歉;2005年6月25日,山西省榆社县就该县高考升学率滑坡通过电视公开向全县人民道歉;2006年,安徽某市市长在该市人代会上因为2005年9项政府工作任务没完成而"向全市人民和全体代表表示深深的歉意";2007年10月10日,卫生部举行例行新闻发布会,新闻发言人毛群安就"推迟两类执业医师考试"一事,代表国家医师资格考试考务组织管理机构向考生致歉;韩国首尔市长吴世勋于2008年2月12日向民众公开道歉——"(首尔市政府)未能尽全力保护和管理历史文化资源,对此我深感责任重大。今后将竭尽所能,复原文化遗产。"[①]2008年7月18日,深圳市副市长张思平以3公里路被堵3小时的亲身经历痛斥交通拥堵,并在会上向龙岗市民真诚致歉;2008年,贵州省委书记石宗源就"6·28"围堵政府和少数不法分子打砸抢烧突发事件向黔北小县瓮安父老乡亲含泪道歉;武汉市市长阮成发在2009年武汉召开"两会"期间因工作失误连作三次检讨和道歉;铁道部于2009年春运期间就北京站出票事件向广大旅客公开道歉;2009年8月17日,马英九90度的鞠躬被定格为7秒,以不断鞠躬的诚意,代表"政府"就莫拉克

---

① 王石川:《国宝被焚,首尔市长为何道歉?》,载《新京报》2008年2月13日。

台风的救灾疏失向全社会道歉;2010年5月11日,河南省商丘市政法委书记王建民握着冤狱10多年的"杀人犯"赵作海的手代表市政法部门表示歉意。上述较为典型的行政道歉事例只是冰山一角,无论国外,还是国内,无论是什么层次,无论是什么领域,每天都在发生着行政道歉。就是在这样一个"道歉"的时代,我们不能仅仅停留在事例的表面,深入进去,才会发现其中更多的问题,这似乎是更值得关注的。

(1)概念混淆,语意不明,多类道歉之间界限不确定,相关基础性研究尚属空白。前文已述,目前尚且没有统一的行政道歉概念,"官员道歉"、"政府道歉"等称谓混杂,且与"政治道歉"、"国家道歉"等其他说法也常常混用。基本概念的混淆,自然导致理论研究与实践操作的混乱,因此,这就有待于理论界率先确认并推行"行政道歉"这一概念,明确它与其他类型的道歉之间的界限,做好相关的基础性研究工作,以便根源性地规范行政道歉。

(2)有关行政道歉的立法滞后,相关法律文件凤毛麟角,这与实践中行政道歉的大量存在不相适应,致使"无法可依、无法可循"的现象突出。

1994年5月12日第八届全国人民代表大会常务委员会第七次会议通过的《中华人民共和国国家赔偿法》第30条首次规定了行政道歉,即在行政赔偿中,如果赔偿义务人侵害了受害人的人身自由权,并造成受害人名誉、荣誉权损害的,应当在侵权行为影响的范围内,为受害人消除影响、恢复名誉、赔礼道歉。该法的修正案(2010年)则在第35条扩大了行政道歉的适用范围——如果行政赔偿义务人侵害了受害人的人身自由权或者生命健康权,致人精神损害的,应当在侵权行为影响的范围内,为受害人消除影响、恢复名誉、赔礼道歉;造成严重后果的,应当支付相应的精神损害抚慰金。2005年4月27日第十届全国人民代表大会常务委员会第十五次会议通过的《中华人民共和国公务员法》第103条规定,行政机关因错误的具体人事处理对公务员造成名誉损害的,应当赔礼道歉、恢复名誉、消除影响;造成经济损失的,应当依法给予赔偿。2006年3月1日起施行的《中华人民共和国治安管理处罚法》第117条规定,公安机关及其人民警察违法行使职权,侵犯公民、法人和其他组织合法权益的,应当赔礼道歉;造成损害的,应当依法承担赔偿责任。2010年6月25日经由第十一届全国人民代表大会常务委员会第十五次会议修正的《中华人民共和国行政监察法》新增加了一个条款,即第23条,其规定监察机关根据检查、调查结果,认为需要给予责令公开道歉、停职检查、引咎辞职、责令辞职、免职等问责处理的,可以提出监察建议。目前,在浩如烟海的行政法律规范中只有上述四部法律涉及行政道歉。

《中华人民共和国海关行政赔偿办法》、《国家经贸委行政审批管理办法》等部门规章规定了在侵害行政相对人时行政道歉的法定义务。此外，一些地方政府规章也对行政道歉有所涉及，如，《重庆市政府部门行政首长问责暂行办法》(以下简称《重庆问责办法》)规定了通过市级主要新闻媒体向社会公开道歉的追究责任方式；《广州市党政领导干部问责暂行办法》、《深圳市人民政府部门行政首长问责暂行办法》都规定了责令公开道歉的责任承担方式；《深圳市行政过错责任追究办法》指出不履行或不正确履行职责，造成严重后果或者严重社会影响，不按规定向公众道歉的，应当追究行政机关及有关责任人的行政过错责任；《深圳市政府部门责任检讨及失职道歉暂行办法》(以下简称《深圳道歉办法》)则是对行政道歉规范的较为细致、影响较大的地方政府规章，其要求实行政府部门失职道歉制度。政府部门不履行或者不正确履行职责，造成严重后果或者严重社会影响的，应当向公众道歉。政府部门向公众道歉，应当采取召开新闻发布会、在市级主要报纸刊载道歉书等形式，且其道歉内容应当包括履责不力的原因、整改具体措施及进度安排。

另外，行政道歉也散见于其他规范性文件中。中共中央办公厅、国务院办公厅于2009年6月30日印发了《关于实行党政领导干部问责的暂行规定》(以下简称《问责规定》)，其中，第7条规定，对党政领导干部实行问责的方式分为：责令公开道歉、停职检查、引咎辞职、责令辞职、免职。第17条进一步补充，作出责令公开道歉决定的，还应当写明公开道歉的方式、范围等。之后，全国各地纷纷出台了落实上述规定的具体实施办法，如，《广东省〈关于实行党政领导干部问责的暂行规定〉实施办法》、《重庆市实施〈关于实行党政领导干部问责的暂行规定〉办法》、《西藏自治区贯彻落实〈关于实行党政领导干部问责的暂行规定〉的实施意见》、《江西省贯彻落实〈关于实行党政领导干部问责的暂行规定〉的实施办法》等。

总体来说，关于行政道歉的规范性文件数量很少，层级高的更少。而且无论是法律层面有关行政道歉的规定，还是行政规章、其他规范性文件有关行政道歉的规定，都仅仅停留在"蜻蜓点水"式的规则层面，具体的操作规范并没有明确，这为实践中的执行埋下了隐患。

(3)就现有行政道歉规范来看，相关规定不尽合理。

一则，没有统一的行政道歉基本原则。上述法律文件中，只有《深圳道歉办法》第6条简要规定了行政道歉的原则，即"政府部门实施检讨及道歉，应当主动、及时和真诚。政府部门实施检讨及道歉，应当与纠正错误、健全制度、改进工作、实施问责相结合"。其余法律文件对于行政道歉的基本原则只字未提。而基本原则是规则的根本,是制度的导向。根本不明、导向不明,相关的规则和制度自然就是混乱的。

二则,设置的行政道歉门槛过高且过窄。《深圳道歉办法》规定,政府部门不履行或者不正确履行职责,造成严重后果或者严重社会影响的,应当向公众道歉。难道一定要有严重的不利后果才能道歉?而何为严重呢?这似乎又是一个自由裁量的情节,以及为政府部门开脱的借口。而在邻国日本,仅仅因为报错樱花盛开日期,日本气象局官员就在电视上向全国民众鞠躬道歉。① 这道歉门槛的高低差别,体现了政府对待公众的态度以及对自身定位的判断。另外,该办法只规定了"不履行或者不正确履行职责"时的行政道歉,而与职责无关、但与行政主体公信力、良好形象有关的不良非职责行为,就不应该道歉吗? 2008年3月10日美国纽约州州长斯皮策在夫人陪同下就自己卷入召妓事件公开向家人和公众道歉。② 此例就属于与职责无关的行政道歉,因为其不良行为不仅仅是其个人行为,由于其处于特殊的位置,作为公务员,是政府形象的代言人,所以在其个人形象受到影响的同时,行政机关的良好形象亦受到损害,因此其进行行政道歉是必要的。

三则,行政道歉形式的规定不够多样化。通过对现有规范的梳理不难发现,行政道歉的路径局限于新闻发布会、报纸电视等新闻媒体,具体形式以书面道歉居多,这不符合现今多样化时代的氛围和个性化需求。

四则,行政道歉的程序鲜有规定,导致具体操作时不够郑重,随意性、任意性较强,道歉流于形式的现象比较普遍。有些行政道歉由于程序的缺陷,使得既有的行政道歉功能没有得到实现。

五则,行政道歉的致歉主体范围过窄。《国家经贸委行政审批管理办法》的致歉主体包括国家经贸委负有审批或者监督职责的司局及工作人员;《重庆问责办法》的致歉主体为市政府部门行政首长;《问责规定》中规定的致歉主体是中共中央、国务院的工作部门及其内设机构的领导成员;县级以上地方各级党委、政府及其工作部门的领导成员,上列工作部门内设机构的领导成员。有些法律文件虽然提及行政道歉,但却没有明确致歉主体。③

---

① 参见于平:《"官员失职道歉"制度有三缺憾:应让民众看到诚意》,载《决策探索》(上半月)2007年第10期。
② 参见《美国纽约州长承认卷入召妓丑闻 向公众道歉》,http://news.sohu.com/20080311/n255635219.shtml,访问日期:2010年8月26日。
③ 参见《中华人民共和国海关行政赔偿办法》第60条。

六则,行政道歉的后续责任缺失。《国家经贸委行政审批管理办法》要求,行政道歉之后依据有关规定,仍应对有关责任人员给予相应的行政处分;触犯《中华人民共和国刑法》的,依法移送司法机关追究刑事责任。《深圳市行政过错责任追究办法》则指出不履行或不正确履行职责,造成严重后果或者严重社会影响,不按规定向公众道歉的,应当追究行政机关及有关责任人的行政过错责任。《问责规定》第14条进一步规定,政府部门向公众道歉后,未能按承诺期限落实整改措施的,追究有关责任人员的行政责任。但纵观高位阶的法律以及其他法律文件却没有关于行政道歉后续责任的规定。

(4)现有规范的执行情况堪忧,"作秀"道歉、"被迫"道歉、"洗责"道歉、"缺位"道歉[①]等异型道歉比比皆是。

2008年7月5日,因道路改造等工作给市民带来不便,株洲市市委书记陈君文委托身边工作人员在网上向群众道歉。[②] 无独有偶,海南省政府副秘书长王一新受海南省省长罗保铭的委托通过海南主要媒体,代表省政府向因限电而造成生活、生产和工作不便的全省居民和企业道歉。[③] 温家宝总理在2008年初向因雪灾而滞留的旅客当面致歉,市委书记、省长怎么就不能"屈尊"亲自道歉呢?试问委托道歉如何能够体现道歉者的诚意呢?而诚意不足的道歉更多带有"作秀"的成分。2007年12月3日,四川阆中市分管交通的副市长文春涛就一段乡村公路未能按时通车在电视上向全市群众公开检讨,而该道歉竟然是阆中市市委、市政府慎重研究后的决定,而非分管副市长本人的意愿。这难免有"组织决定、个人被迫"之嫌。而道歉了就免除后续责任的现象,更使得道歉成为"洗责"的路径;领导道歉、具体工作人员不道歉的缺位道歉,使得道歉的环节链条出现断裂。

上述种种问题已经严重损害了行政道歉的原有功能,损害了政府形象和官民关系。此时,行政道歉的法治化道路就自然地成了我们的选择。

五、行政道歉法治化

行政道歉的现存问题决定了行政道歉法治化的必要性,那么其法治化在

---

① 周亚越:《官员道歉、问责及其制度安排》,载《云南社会科学》2009年第1期。
② 参见《市政工程扰民株洲市委书记致歉 网友称难得》,http://www.chinazhuzhou.gov.cn/sitepublish/site1/gov/zwdt/gzdt/content_569.html,访问日期:2010年8月26日。
③ 参见钟宁:《海南省政府因限电向百姓道歉》,载《广西电业》2007年第3期。

当今的中国是否具有可行性呢?

自古以来,我国行政道歉的事例就屡见不鲜。就形式而言,"从'禹汤罪己'到清朝,史不绝书,并延续到近代,最后是袁世凯仿罪己诏形式的退位申令"。① 罪己诏是我国古代史的一个特有现象,它是帝王公开承认错误、表达悔意、承担责任的一种方式,也就是古代行政道歉的方式之一。《左传》庄公十一年记载,"禹汤罪己,其兴也勃焉"。禹汤为何罪己,尚不得知,但可见的是其罪己的效果甚好,国家得以进一步兴旺和蓬勃发展。最早见于文字详细记载的是秦穆公的罪己诏。秦穆公利令智昏,盲目讨伐郑国,结果大败,其悔过作誓——"我心之忧日月逾迈……邦之杌陧,曰由一少;邦之荣怀,亦尚一人之庆。"②秦穆公坦诚承认国家的危难,在于君主用人不当;而国家的安宁,在于任用贤能。其悔改之情,日月可见,自誓改过。汉武帝作为"一代英主",到了晚年也对自身的功过进行了深刻反省。"朕即位以来,所为狂悖,使天下愁苦,不可追悔。自今事有伤害百姓,靡费天下者,悉罢之。""今又请远田轮台,欲超亭隧,是扰劳天下,非所以优民也,朕也忍闻?""当今务在禁苛暴,止擅赋,为本农,号马复令以补缺,毋令乏武备而已"。③ 这就是历史上著名的"轮台罪己诏",其不仅被历代帝王和史学家奉为罪己典范,而且由于诚恳罪己之后的改正措施而颇得人心,巩固了汉武帝以及西汉王朝的地位。而唐德宗更是在执政失误、导致兵变的情况下,罪诏天下:"上累于祖宗,下负于蒸庶,痛心靦貌,罪实在予,永言愧悼,若坠泉谷。自今中外所上书奏,不得更言圣神文武之号……朕以不德自陷范亡,固其宜也。公辈无罪,宜早降以救室家。群臣皆顿首流涕,期尽死力。"④唐德宗以自责其罪、自贬其身的举动,赢得了大臣和将士的誓死效命,终将危机平息下去。元英宗面对奉元路行宫正殿和上都用监库的火灾,不仅直接命令卫士救火,还向群臣检讨自己的责任。⑤

在"王权至上"、"君为臣纲"的封建社会,贵为帝王的国家最高行政长官,竟然可以屈尊公开自责道歉,这主要是源于作为中国封建时代文化思想主流的儒家伦理道德。孔子提出"善人为邦","其身正,不令而行,其身不正,虽令

---

① 张绪穗:《试论罪己诏》,载《玉林师专学报》1994年第15卷。
② (汉)孔安国传:《尚书·秦誓第三十二》,(唐)陆德明释文,上海函芬楼借吴兴刘氏嘉叶堂藏宋刊本。
③ (汉)班固:《前汉书·第九十六》,同治8年,金陵书局刊。
④ (宋)司马光:《资治通鉴》卷229,陈明卿太史评阅,康熙35年雕,金阊绿荫文雅堂藏板。
⑤ 参见如如:《"罪己诏"及其它》,载《浙江消防》2002年第7期。

不从。"①《荀子致士》也载明了荀子的主张,"君者仪也,民者景也,仪正则景正"。也就是说,作为君主一定要成为民众的模样,起到表率作用。自然在做错的时候,就要彰显帝王风范,深表悔意,率先承认并改正错误,以图臣民的谅解,确保自己的江山社稷。这就是我国行政道歉法治化的传统文化基础。

而今日之中国,奉行的是人民主权思想,权力来源于人民,要向人民负责。当权力侵害人民利益或者影响权力自身形象时,向人民道歉,就显得顺理成章了。更何况建立"责任政府、服务政府、亲民政府"已经成为当前的任务和使命,已成为现实的执政理念和社会氛围。"官民"不再是过去那种对立的状态,我们的政府是"为人民服务"的政府,是人民当家做主的政府,更应该是一个爱民、亲民、充分尊重和保障人权的政府。这是行政道歉法治化的现实思想基础。

赔礼道歉原本是一种道德责任,是行为人基于内心反省或者外界指引而为自己的错误行为向受害人承认错误,表示歉意。在现代社会里,"金钱不再是万能的",人们更加重视精神上的感受和满足。有的受害人并不在乎金钱赔偿,而格外注重侵权人的赔礼道歉,甚至只要侵权人道歉,受害人就可以放弃索赔权而撤诉;而有的侵权人对金钱赔偿并不在意,但向受害人赔礼道歉,却是其不愿意接受的。例如,在庄羽诉郭敬明抄袭案中,被告很快向原告支付了法院判定的赔偿金,但却坚持拒绝赔礼道歉。可见赔礼道歉往往能够起到"令受害者欣慰,令施害者痛苦"的作用。相对于普通民事侵权而言,行政侵权无论在性质上,还是在程度上都要严重得多,给受害人造成的损害也更大。另一方面,受中国传统文化的影响,我国人民乐于接受赔礼道歉,其作用往往是其他方式无法替代的。② 因此,行政主体在为此承担行政责任时,必须以更具有人性化以及人文关怀精神的责任形式来满足受害人精神抚慰的要求。这是行政道歉法治化的道德基础。

而从法学的角度看,法理学确立的法的价值——正义、秩序、效率等等,恰恰是行政主体向行政相对人或者全社会的行政道歉可以带给我们正义实现的成就感,从而赢得较为稳定的社会秩序。有了相对人和全社会的配合与支持,自然得以保证较高的行政效率。宪法是以尊重和保障人权为己任的,行政道歉正是尊重行政相对人、尊重社会成员的体现,且是以尊重为前提的,是对致

---

① 夏延章、唐满先、刘方元译注:《四书今译》,江西人民出版社 1986 年版,第 130 页。
② 参见郭川阳:《论国家赔偿之赔礼道歉》,http://www.chinalawedu.com/news/2005/2/li61204759371822500217328.html,访问日期:2010 年 8 月 26 日。

歉对象的切身感受和实际权益的尊重。有了尊重,并通过行政道歉的后续责任追究制度和补救措施以实现进一步的人权保障。而行政法的实质是规范和控制行政权,行政主体及其工作人员作为监控对象,做了不应该做的,没做应该做的,因此承担最起码的道歉责任,这既是必然结果,恐怕又只是承担责任的"初级阶段"。上述可见行政道歉法治化的法学基础。

总之,当今中国存在行政道歉法治化的传统文化基础、现实思想基础、道德基础以及法学理论基础,更有着迫在眉睫的实践需要。因此,选择一条正确的法治化路径以追求并实现行政道歉法治化就显得切实而必要了。

首先,在立法方面,统一行政道歉规范,提高规范层次,制定统一的行政道歉法。

一要明确行政道歉的基本原则,应包括公开原则、主动原则、及时原则以及规范原则。行政道歉应以公开为原则,除非涉及国家秘密、商业秘密、个人隐私或者致歉对象主动要求不公开的情形。因为公开的行政道歉有利于恢复致歉对象的良好名誉或者声誉,有利于展现行政主体的责任形象。而如果要表现致歉主体的诚意,行政道歉就应当主动且及时进行。而且行政道歉的具体实施一定要按照规范去做,致歉主体应当严肃且严格地履行自己的道歉责任,最终实现行政道歉的规范和示范功能。

二要规划行政道歉的实体规范,确定行政道歉的致歉主体、致歉对象、道歉条件、道歉内容以及道歉的后续责任。行政道歉是以行政责任的确定为前提的,行政责任通常意味着相应行为违法或者不当。而这种违法或者不当行为虽然是具体工作人员作出的,但由于大多系职务行为,理应由所属机关作为直接的责任主体。而所属机关是由其负责人作为法定代表人的,对外代表所属机关承担责任,履行义务。因此,行政道歉的致歉主体应当是违法机关的负责人及其具体办事人员。这样不仅从法理关系上讲是顺畅的,也是易于理解和接受的;而且,负责人出面道歉,有利于督促违法机关日后行为的慎重与规范。同时,也是对相关行政主体负责人及具体办事人员一种行之有效的教育和惩戒。

引发行政道歉的违法或者不当行为直接侵害了行政相对人或者社会公众的利益,相应的行政相对人或者社会公众理所当然应该是赔礼道歉的对象。同时,行政相对人的近亲属也会因受害人所遭受到的损害而受到牵连或者是精神上、财产上受到损害,这种影响也属于"切肤之痛"。因此,除了受害人以外,受害人的近亲属及其他受牵连人都属于行政道歉的致歉对象。

行政道歉的条件,即行政道歉的门槛宜低不宜高,且不应以行政权为限。

行政主体及其工作人员违法行使行政权的行为,自然要导致行政责任的承担,其中最轻的责任方式即行政道歉。此外,与行政权无关,但损害了行政主体形象以及行政主体公信力的不当行为,亦应予以行政道歉。总之,行政违法或者不当行为均应引起行政道歉。

行政道歉的内容应完整,至少包括但不限于致歉原因、弥补措施等。有专家指出,一个完整的道歉应由五种语言组成——表达歉意、承认过错、弥补过失、真诚悔改和请求饶恕。① 也就是说,行政道歉的致歉主体应当首先表示自己的深深歉意,说声"对不起";然后承认己方的实际错误,并实事求是地分析并评价错误的原因;之后拿出行动和措施来,以弥补致歉对象的损失,挽救受损的行政主体形象,并承诺不会再犯类似错误;最后请求致歉对象的宽恕,取得其谅解,以达成双方的和解。

行政道歉只是承担行政责任的方式之一,而且是较轻的一种方式,并不能替代其他责任形式。因此道歉之后,还应当依法依规承担其他行政责任,甚至依法承担刑事责任。另外,对于应该道歉而不道歉或者道歉不规范的行为,应予进一步追究其责任,建立相应的责任制度以确保行政道歉的规范执行。

三要设计行政道歉的程序规范,包括行政道歉的时间、形式和场合等。古老的法谚告诉我们,迟到的正义非正义。道歉的时间宜早不宜迟,及时的道歉才能体现出致歉主体的诚意,拖延的道歉会使得致歉对象的失落感、不公平感更多更强,所以应当在责任明确之时,致歉主体就要放下"架子",基于真诚的悔悟,尽快履行行政道歉的法律责任。

行政道歉形式的选择要尊重受害人的主观愿望。正义不仅仅是一种法律价值,更是一种被老百姓广为接受和追求的目标,它直接决定着老百姓的心理感受。而"正义的客观标准是不存在的,因为说某些东西是公平的或不公平的,指的是对最后目的的'价值判断'而言;而这些'价值判断'就其性质来说,是主观的,它是建立在人们的思想、感觉和希望的情绪上面,既不能用事实来证明,又不能用逻辑来证明"。② 就受害人的主观感受而言,行政道歉致歉主体的致歉方式以及致歉内容与受害人的期望差距越小,受害人心理越易于接

---

① [美]盖瑞·查普曼、詹妮费·托马斯:《道歉的五种语言》,吕海霞译,中国电影出版社 2007 年版,第 2 页。

② 美国法哲学家凯尔逊语,转引自张文显:《二十世纪西方法哲学思潮研究》,法律出版社 1996 年版,第 574～589 页。

受,对所获赔偿的评价越高;反之,差距越大,评价越低,甚至会更加激化矛盾。① 因此,行政道歉的致歉主体在选择行政道歉方式时,"应当适当考虑受害人的主观诉求,以防止通过个案的叠加来积累社会的怨气"②。有学者认为,行政道歉原则上应当采取书面方式,同时可以口头、新闻或电视公告的方式予以补充。③亦有人强调,口头道歉更为便捷易行,但应将口头道歉的内容记录在案。如果只适用书面道歉的方式,或者受害人更乐于接受书面道歉的形式,则由行政道歉致歉主体将道歉内容以书面的形式送交受害人。④ 基于上述认识,笔者认为,口头道歉不宜作为行政道歉的独立形式存在,而应以正式的书面道歉或者书面加口头的方式进行,以彰显致歉主体对相关问题的重视程度和反省的诚意。受传统文化的影响,人们更加愿意接受"面对面"的赔礼道歉,它使人们能够直接感受到精神上的抚慰;而书面道歉更加正式,具有一定的留存价值,是对受害人一个比较稳定长久并固化的抚慰。而且,口头加书面的道歉,并没有过多地加重赔偿义务人的负担,社会成本也非常低廉,而效果却是更加能够体现行政主体"知错必改"的诚意,更加易于得到受害人的谅解,使行政道歉的功能得以淋漓尽致的发挥。

另外,泰州两级法院的做法也值得借鉴与学习:当地法院依据泰州中院出台的《关于民事审判运用善良习俗的若干意见》,在判案中载明以放鞭炮、请茶酒的方式作为赔礼道歉的形式。这种道歉的形式因为原被告都乐于接受,最终双方握手言和。因此,在实际工作中,可以适当地运用当地的善良习俗、生活习惯等可操作性强、民众乐于接受的方式,使得行政道歉更具个性化,以取得更好的效果。

湖南省桃江县大栗港镇花园楼农民肖志宏被诬嫖娼,遭到湖南省桃江县公安民警的毒打,并被收容 22 天。几经努力,1999 年 8 月益阳市公安局撤销了桃江县公安局的收容决定。在肖志宏所有的申诉请求中,他始终将核心放在"公安局的公开赔礼道歉"上,而这一要求始终没有得到满足。之后,肖志宏开始了漫漫的上访之路。肖志宏是一个有近 20 年党龄的老共产党员,他数年上访提出的条件只有一个:必须在桃江县公安局组织召开的、有花园楼全体共

---

① 当然也要对受害人的诉求与期望进行引导,力促合法并合理。
② 马怀德:《国家赔偿问题研究》,法律出版社 2006 年版,第 273 页。
③ 参见马怀德:《国家赔偿法学》,中国政法大学出版社 2007 年第 2 版,第 252 页。
④ 刘家琛:《国家赔偿法及配套规定新释新解》,人民法院出版社 2006 年版,第 881 页。

产党员和绝大部分群众参加的群众大会上,由桃江县公安局局长亲口说出 20 个字"肖志宏,我们错了,我代表桃江县公安局向你道歉!"[①]桃江县公安局并非不愿意赔礼道歉,而是将道歉的地点局限于公安机关,参加人也只限于肖志宏及其近亲属。但是我们都知道,在一个村里出了这样的事,其影响不仅限于一个家庭,至少是这个村的人全都知道了,甚至邻村也是家喻户晓。肖志宏要求在全村进行行政道歉,当着全村大多数村民的面,系没有超过公安机关违法行为的影响范围,实属合理,理应支持。因此,我们得出这样的结论:行政道歉原则上应该是公开进行的,在公众场合(除非涉及国家秘密、商业秘密、个人隐私或者受害人要求不公开),且必须是在侵权地,在侵权行为所影响到的合理范围内进行。这样做,也才更符合行政合理性原则和比例原则等行政法的基本原则。

其次,加大执法力度,严格执法程序,规范行政道歉行为。在行政道歉的操作层面,要求致歉主体严肃并严格地按照相关规范去做,加强行政监督和社会监督,并配以相关责任制度、救济制度,力戒任意性和随意性,以规范和控制行政道歉行为。

最后,建立切实完善的司法保障体系,进一步调整、理顺行政复议制度、行政诉讼制度以及行政赔偿制度,强化上述制度对行政道歉的监督和救济,将因行政道歉而引发的侵害行为纳入行政复议的可议范围、行政诉讼的受案范围以及行政赔偿的赔偿范围,对侵害结果予以物质和精神两方面的赔偿。

---

① 晚伍、何宇翔:《上访 3 年,要求公安局长公开道歉》,载《法律与生活》2002 年第 8 期。

附 录

逐步走向民主化
——新中国行政法六十年发展的基本路向

新中国的行政法制从起步到困境到恢复到快进,总体上经历了一动、二停、三起、四快的发展进程。① 新中国行政法制六十年发展进程大致可分为两个历史时期:前三十年的起步夭折、倒退停滞时期,后三十年的快速发展、全面推进时期;两个时期中,又有不同的阶段特点,以及若干亮点也即若干重大转折和里程碑事件。本章对此略陈管见,聊供批判。②

一、新中国成立至改革开放前的三十年行政法制发展脉络

新中国成立至改革开放前的三十年,我国在行政法制建设方面进行了初步探索,也制定了一些法律法规,这些法律法规主要集中在有关国家行政管理和制度建设方面,一部分行政法律制度有了一个开头,方向也大致正确,如行政组织规范、行政复议制度零星起步等等。但是,其制度化、法治化程度不足,具有管理行政、秩序行政、高权行政的品格,其中最大的问题在于旋即受到极"左"思想路线的禁锢,日益走向法律虚无主义的泥淖。特别是十年"文革",行政法制建设遭受严重破坏和倒退。新中国成立至改革开放前的行政法制建设历程,大致可划分为三个阶段:1949 年至 1957 年为行政法制建设奠基和初步发展阶段;1957 年至 1966 年为行政法制建设遭受挫折和停滞阶段;1966 至 1978 年为行政法制建设严重倒退和徘徊不前阶段。

---

① 本文提及的行政法制,在许多语境下包含行政法学的内容,也即行政法制(学)的含义。

② 限于资料、时间等方面原因,本章未对我国台港澳地区的行政法制情况一并进行考察,今后另作探讨。

1. 行政法制建设奠基和初步发展阶段(1949年至1957年)

新中国建立前夕,中国人民政治协商会议在北京召开,通过了《共同纲领》、《中央人民政府组织法》等,选举产生了中央人民政府委员会。《共同纲领》的颁布标志着新中国法制建设的开始。《共同纲领》确立建国方略和组成中央人民政府,反映了一个新政权建立之初的民主团结、蓬勃向上、富于包容的精神。

新中国成立后,废止了国民党政府的"六法全书",标志着行政法制建设进入一个新时代。① 为贯彻实施《共同纲领》所确立的建国精神和基本内容,新中国在许多方面进行了相应立法,其中行政法制建设方面做了一些工作,有关立法建制工作主要体现在创建行政机关体制和行政监察制度方面。

首先是制定行政组织法,规定各级国家行政机关的组织、职权、工作方式和责任。这些行政组织法包括中央人民政府及其组成部门、直属机构和办事机构以及地方人民政府的组织法,如《中央人民政府组织法》、《国务院组织法》、《大行政区人民政府委员会组织通则》、《省人民政府组织通则》、《市人民政府组织通则》、《县人民政府组织通则》和《地方各级人民政府组织法》等等。

其次是制定行政组织法以外的行政管理法规,规定国家行政机关对政治、经济、文化等各方面事务以及人、财、物各个领域的管理权限及方法。到1956年12月止,新中国共颁布行政管理法规829个,其中有关机构、人事编制管理的法规52个,有关财政、金融、税收管理的法规98个,有关公安、民政、司法、行政管理方面的法规97个,有关经济建设管理的法规261个,有关教育、科学、文化、卫生管理的法规149个。

第三是建立行政监察制度和公民控告国家机关及其工作人员违法失职行为的制度。早在1949年,《共同纲领》第19条就规定在县市以上各级人民政府内设人民监察机关,《中央人民政府组织法》更是明确规定政务院设人民监察委员会。1954年《宪法》第97条规定了公民对于各级国家机关的控告和求偿权,《国务院组织法》更是明确规定国务院设立监察部。宪法和法律还规定了检察机关对行政机关及其工作人员的一般监督,具体明确了检察机关的职

---

① 对于完全废止"六法全书"的做法,后来也有不同看法。其认为,当时如作选择性废止,效果或更好。

权和职责。① 不难看出,国家在这一阶段还比较重视行政法制建设,包括监督行政法制建设,开始迈出了走向行政法治的步子。

应该说,从新中国成立到1957年上半年,是我国法制建设大致正常发展时期,党和国家领导人在基本态度上均表示要推进法制,行政法制建设在国家建设中也占有一定地位,但对法制(包括行政法制)在整个国家治理和建设中的重要性还缺乏充分和稳定的认识。例如,由于认识上和体制上的多方面原因,党政不分、"人治"传统、否定权力分工制约的必要性等误区和弊端非常明显,在行政管理上还无法实行严格的权力约束、权责统一、越权无效等法治原则,公民的申告权、求偿权和诉讼权利(如"民告官")难以实现,远未妥善、有效地解决社会主义民主的法律化和制度化问题。因此,党的"八大"提出的一系列经济、政治和法制发展的正确方针政策,后来都如飓风横扫,被1957年开始的反"右"运动和由此膨胀起来的极"左"思想和诸多运动冲掉了,由此给中国的法制建设带来了巨大的灾难。

从行政法的教学和科研来看,这一阶段主要以介绍苏联行政法学理论为主,较多受到苏联模式的影响。1950年4月商务印书馆出版了维辛斯基的《苏联国家行政机关暨各加盟共和国及自治共和国国家行政机关》,此书对我国行政法学有相当影响。随后又有一系列苏联行政法译著出版,主要有:《苏维埃行政法概论》、《苏维埃行政法(总则)》、《苏维埃行政法提纲》、《苏维埃行政法及其基本原则和制度》、《国家法·行政法》、《苏维埃行政法(分则)》、《苏维埃行政法论文选译》(第1辑、第2辑)、《中华人民共和国行政法(总则)参考资料》(第1辑)。

1954年宪法的颁布,使我国行政法学研究获得新的机遇。主要表现为,从介绍苏联行政法理论为主,逐渐转向结合实践来探索我国行政法学理论的

---

① 1954年宪法是中国历史上第一部社会主义类型的宪法,它从我国的具体国情出发,规定了社会主义革命和建设的方向和道路,规定了我国人民民主政权的基本原则和各项政治制度。从1954年宪法创建人民代表大会制度到1957年上半年以前,全国人大及其常委会制定和批准法律、法令40多个,主要集中在推进社会主义改造、保障经济发展和加强国家政权组织建设方面。在社会主义改造和经济建设方面,全国人大及其常委会制定或批准国务院制定的法律法规较多一些,如《农业生产合作社示范章程》、《公私合营工业企业合作社示范章程》、《工商税务条例》,以及关于工业、商业、税务、财政、税收管理体制等方面的具有法律性质的决定数十个。在政权建设和行政法制方面的立法则主要是健全地方政权,完善国家机构和社会组织,如《兵役法》、《人民警察条例》、《公安派出所条例》、《城市街道办事处组织条例》等。

建构，《中华人民共和国行政法（总则）参考资料》的编印是一个初步尝试。当时国家在制定社会科学长期规划的过程中，也具体规定了要研究中华人民共和国国家管理的基本原则、法制保障、行政机关组织制度以及监督制度等问题。1955年8月15日，中国政法学会成立了国家法、行政法研究组，从组织措施上推动了我国行政法学研究的开展。一些学者也撰文呼吁加强行政法学的研究工作，解决中国行政法的体系、国家行政管理的基本原则、国家工作人员的权利义务和责任等一系列行政法学问题，以适应国家和社会管理的需要。当时在高校教师的科研计划中，已有若干个关于行政法方面的项目。从教学情况看，除了苏联专家培养法科学生的过程中涉及国家法和行政法的内容之外，在各综合大学的法学专业和几所政法院校中，有的已经、有的即将、有的准备开设行政法课程，如中国人民大学开设了"行政法"课程，东北人民大学也开设了"中国与苏维埃行政法"课程。高校使用的行政法教科书也纳入国家的社科规划中。由上可见，这一阶段我国行政法学虽然还落后于其他法律学科，但已有所行动和规划。

2.行政法制建设遭受挫折和停滞阶段（1957年至1966年）

1957年至1966年期间，我国的行政法制建设取得非常有限的成绩。主要表现在：一是各级行政机关逐步建立并常规运转；二是各种效力级别的行政管理法规被陆续制定出来并加以实施；三是多领域的行政活动被纳入法制轨道，例如，《户口登记条例》、《农业税条例》、《地方经济建设公债条例》、《工商统一税条例》、《商标管理条例》、《治安管理处罚条例》、《国境卫生检疫条例》、《警察条例》、《治安管理处罚条例》、《消防监督条例》、《国家建设征用土地办法》、《国务院任免行政人员办法》、《关于劳动教育问题的决定》等行政管理法律法规相继出台。

政治民主和行政法制的发展，要求政府以体现和反映人民利益和意志的法律法规为其行为准则。但由于1957年以后，"法律至上"、"尊重人权"等观点受到严厉批判，频繁、猛烈的政治运动接连不断，严重影响到行政管理工作，行政法制建设迅速走下坡路。当时，除极少量行政管理法律法规出台以外，行政组织法、行政管理活动法、行政法制监督法和行政救济法的制定工作及整个立法工作几乎都停顿下来，这实际上是对民主和法治的否定。具体表现在：一是全然否定法治,称赞人治;二是合并和撤销了一些机构;①三是以行政政策、指示、命令替代了行政管理的法规、规章(办法、条例、规则等)来进行行政管理。②

当然,这时国家并未宣布废止以前所颁布的有关法律、法规,继续存在的法律、法规数量不少,故此期间在行政领域还不能说完全是无法可依,更主要、更实质的问题是在强大的政治因素影响下有法不依。取消检察机关对行政机关及其工作人员的行政管理行为合法性的监督,取消监察机关对整个行政活动合法性以及对行政工作人员遵守法律和政纪情况的监督,这样的取消措施频频出台,正是行政法制建设严重受挫的重要表现。

3. 行政法制建设严重破坏和徘徊不前阶段(1966年至1978年)

1966至1976的"文化大革命"期间,行政法制建设受到严重破坏,甚至完全中断。十年"文革"是对行政法制建设最严重的破坏、摧残和践踏时期。这一时期的法律虚无主义思潮(实质上是关于社会主义的空想成分)表现尤为突出。首先,否定法制和法治的必要性,认为社会主义制度下不需要法制和法治,进而全盘否定西方思想家、法学家的一切法学理论,排斥西方法治国家的法制和法治实践经验。其次,将社会主义法制和无产阶级专政对立起来,片面地理解和援引列宁关于"无产阶级专政是不受任何法律约束的政权"的论述。再次,抹杀法律和政策的区别,夸大政策在调整社会关系中的作用,甚至提出"党的政策就是法"。"文革"期间,中央文革领导小组和各级革命委员会集党政军财文大权于一身,党政机构陷于瘫痪,行政法制建设无从谈起。总的来说,"文化大革命"期间,我国的个人崇拜和"人治"做法登峰造极,宪法和法律被束之高阁,不再具有权威性和适用性,对公民、企业和社会组织不再具有保障作用。由于法律的作用和地位受到动摇,谈不上权利保障,公民的人格尊严普遍受到践踏。

这个时期,原已薄弱的我国法制遭到急风骤雨般的空前摧残和破坏:宪法实际上被废除,公民的权利和自由毫无保障;刑法已无"法"可言,罪名可以随

---

① 例如,1958年,从县级开始,公检法三机关被合并成公安政法部。后来,中央政法三机关也合并办公。1959年4月,第二届全国人大代表大会第一次会议根据国务院提案,作出决定撤销司法部和监察部,司法部主管的工作由最高人民法院管理。1959年6月,撤销国务院法制局,地方法制部门也相应被撤销。1960年12月,国务院正式具文,决定撤销国务院政法办公室。

② 这种情况后来迅速恶化,连正式的行政政策、命令也越来越少,主要依靠会议决定和领导人的个别指示以及某些行政习惯来推动行政管理。

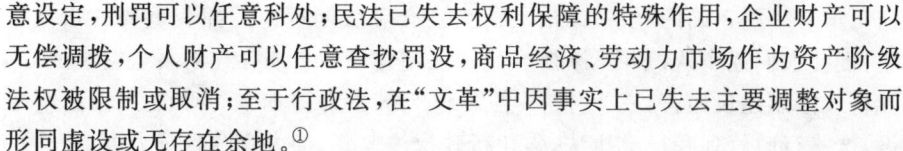

意设定,刑罚可以任意科处;民法已失去权利保障的特殊作用,企业财产可以无偿调拨,个人财产可以任意查抄罚没,商品经济、劳动力市场作为资产阶级法权被限制或取消;至于行政法,在"文革"中因事实上已失去主要调整对象而形同虚设或无存在余地。①

"文革"结束后至1978年的两年徘徊期,由于"左"的禁锢尚未解除,思想没有解放,决策者热衷于搞新的"大跃进"和"浮夸风",导致各方面工作走了弯路、大起大落、摇摆折腾,法制建设也迟迟没有进入健康发展的轨道(此时出台了存在明显缺陷的1978年宪法,可谓是在法制建设方面仍存在严重认识误区的突出表现),行政法制建设处于徘徊不前状态,行政法学研究工作尚未受到重视。

4.新中国前三十年行政法制建设的经验教训

回顾新中国成立至改革开放前的行政法制建设三十年历史,有过一些经验,更多的是沉痛教训,这构成了改革开放三十年行政法制发展的一个背景和基础。三十年间,我国在行政法制建设方面进行了初步探索,也制定了一些法律规范,这些法律规范主要集中在有关国家行政管理制度建设方面,体现了管理行政、秩序行政模式的要求。遗憾的是,极"左"的思想路线特别是十年"文革",使得我国的行政法制建设遭受严重破坏、急剧倒退和停滞不前。痛定思痛、拨乱反正,我国终于选择了改革开放的正确道路,迎来了法制建设的春天。自1978年党的十一届三中全会提出改革开放和"有法可依、有法必依、执法必严、违法必究"的法制建设方针以来,我国行政法制建设获得前所未有的快速发展,依法治国、依法行政、法治政府的理念逐渐为人们所接受,成为党和政府领导人民治理国家的新方略。

二、改革开放以来三十年的新中国行政法制发展脉络

经济、政治、行政、文化、社会与法制的互动关系非常特殊、极为密切。我国改革开放三十年,经济、政治、文化和社会发展取得很大成就,法制和行政法制建设也得到较为快速的推进,对经济、政治、文化和社会发展起到了特殊的推动和保障作用。这一过程中,虽然说战略上、方法论上还是"摸着石头过

---

① 由人民代表大会产生的政府在"文化大革命"中被作为"走资派机构"(走资本主义道路的当权派的组织机构)被造反派革了"命",取而代之的"革命委员会"并非由人民代表大会产生和赋予权力,不必遵守和服从反映和体现人民意志和利益、由人代会通过的法律,不可能要求政府机关依法行政。

河",但有一些正确的经济、政治、文化、社会和法制理论发挥着重要的指导作用,促使人们逐步认识并不断摒弃我国法制建设中长期存在的某些空想成分。就行政法制建设而言,三十年来,各级政府机关力图加强行政立法和制度建设,严格行政管理和行政执法,强化行政执法监督,加大行政救济力度,依法行政的能力和水平逐渐有所提高,走过了一条不断探索、艰难曲折、成果较丰的行政法制建设道路。认真总结和深入认识我国行政法制建设三十多年的经验教训和阶段特点,有助于我们在新形势下正确选择进一步深化改革、不断创新、切合实际、稳健发展的前进道路。以经济、政治、文化和社会发展作为参照体系,以某些标志性事件和里程碑文件作为观察角度,可将三十多年来我国行政法制建设进程划分为三个阶段:一是行政法制恢复发展阶段,时间跨度大致从 1978 年到 1989 年;二是行政法制规范发展阶段,时间跨度大致从 1989 年到 1998 年;三是行政法制全面发展时期,时间跨度大致从 1999 年至今。各阶段有其更具体的阶段特点,均值得分析研究。

1. 行政法制建设恢复发展阶段(1978 年至 1989 年)

(1)行政法制的重建。

从 1978 年 12 月 18 日中国共产党第十一届三中全会的召开至 1982 年宪法的颁布,是行政法制的重建时期。十一届三中全会《公报》指出,"为了保障人民民主,必须加强社会主义法制,使民主制度化,使这种制度和法律具有稳定性、连续性和极大的权威,做到有法可依,有法必依,执法必严,违法必究"。这是在民主与法制方面对过去几十年的经验教训特别是对十年"文革"教训的深刻总结。全国人大常委会于 1979 年作出决议,确定从中华人民共和国成立以来国家制定的法律、法令凡不与现行宪法、法律、法令相抵触者均继续有效,这就恢复和明确了一大批法律、法令的效力,包括调整行政关系的法律、法令的效力,部分地解决了行政领域无法可依的紧迫问题,使重建行政法制的工作迈出一大步。

重建行政法制的重点和难点,是制定出一系列适应新的形势和情况的调整行政关系的新的法律、法规,建立各种有关的行政管理制度,使行政管理逐渐走向法制化道路。首先,五届全国人大二次会议通过《地方组织法》,将地方各级革命委员会改为地方各级人民政府,明确规定了地方各级人民政府的组织、职权和工作方式;六届全国人大五次会议通过《国务院组织法》,将国务院的组织活动重新纳入法制轨道。其次,颁布了大量行政管理法律法规,涉及经济活动、财政税收、文教卫生、公安司法、资源环保、人事管理等方面,为依法行政提供了前提条件。其中,主要的如,《经济合同法》、《个人所得税法》、《中外合资经营企业所得税法》、《外国企业所得税法》、《商标法》、《文物保护法》、《食品卫生法(试行)》、《森林法(试行)》、《环境保护法(试行)》、《海洋环境保护法》、《学位条例》、《律师暂行条例》、《国家建设征用土地条例》、《关于老干部离职休养的暂行规定》等。

这一时期,1982年宪法的颁布开启了我国法制建设特别是宪政发展的新阶段,同时,对于我国行政法制建设也具有特殊意义,将行政法律制度建设向前大大推进了一步。主要表现在如下五个方面:一是重新确认和发展了作为行政法制基础的人民主权和民主管理原则;二是重新确认和发展了以宪法权威、法律至上、反对特权为核心的行政法治原则;三是重新确认和发展了代表机关、行政机关、司法机关之间实行一定的权力分工与监督制约的原则;四是重新规定了国家机关工作责任制和行政效率原则,反对各种官僚主义;五是重新确立了国务院和地方各级人民政府的性质、地位,规定了中央和地方各级人民政府的职权、职责。

(2)行政法制的推进。

1982年宪法颁行后,有力地推动我国行政法制建设在20世纪80年代中后期进入一个全面发展时期,主要表现在如下五个方面:一是改革和精简政府机构。1982年3月五届全国人大常委会第二十二次会议通过决议,决定对国务院和地方各级人民政府的机构进行全面改革。这次改革用了两年多时间,取得了一定成效,特别是在领导班子年轻化、知识化方面取得明显进展,但在精简机构方面取得的成效比较有限。因此,1988年3月七届全国人大一次会议通过决议,决定再对政府机构进行一次全面改革。尽管这次改革的目标定得比较高,但最终效果仍然不尽如人意。① 二是确立和规范行政立法程序。1982年宪法正式确认行政立法,规定国务院有权制定行政法规,国务院各部委有权制定行政规章。其后,《地方组织法》又规定省、自治区、直辖市人民政府,省、自治区人民政府所在地的市,经国务院批准的较大的市的人民政府也有权制定地方政府规章。为了保障人民主权和法制的统一,国务院于1987年4月颁布《行政法规制定程序暂行条例》,一些省市也相继颁布了有关制定地方政府规章的程序规定,将健全行政立法程序提上了重要议事日程。三是完善行政法律规范。这期间我国主要行政执法领域的法律、法规以及相关制度开始健全起来,在军事、公安、司法、民政、财政、税务、金融、审计、企业、商业、

---

① 一般认为,造成这种情况的原因主要有两条:一是没有严格的行政法制保障,二是机构改革没有抓住转变政府职能这个关键环节。

外贸、海关、农业、林业、水利、气象、环境、交通、物价、物资、科技、文化等方面出台了一系列行政管理法规,为依法行政创造了必要条件。四是加强和完善监督法制。这期间我国为加强对行政的法制监督,所采取的一个重要步骤是建立国家监察部和地方各级行政监察机关,由监察机关对各级国家行政机关及其工作人员以及国家行政机关任命的国营企事业单位的领导干部的行为进行监察。同时,根据1982年《宪法》的规定设立了国家审计机关,对国务院各部门和地方各级政府的财政收支以及国家财政金融机构和企事业组织的财务收支进行审计监督。五是建立行政诉讼制度。1982年《宪法》第41条规定,中华人民共和国公民……对于任何国家机关和国家工作人员的违法失职行为,有向有关国家机关提出申诉、控告或者检举的权利……由于国家机关和国家工作人员侵犯公民权利而受到损失的人,有依照法律规定取得赔偿的权利。这为建立我国行政诉讼制度提供了宪法根据。《民事诉讼法(试行)》第3条第2款规定:"法律规定由人民法院审理的行政案件,适用本法规定。"自此,从立法上正式确立了行政诉讼制度,这是我国行政法治发展史上的一个标志性事件。1986年颁行的《治安管理处罚条例》把公民不服治安处罚纳入了行政诉讼的轨道,促使在人民法院普遍设立行政审判庭。1989年4月4日,七届全国人大二次会议正式通过《行政诉讼法》(于1990年10月1日起施行),成为我国加强行政法制建设、正式建立司法审查制度的一个重要里程碑。

(3)行政法学的恢复与发展。

中共十一届三中全会着重提出了健全社会主义民主、加强社会主义法制的任务,也结束了长期以来行政法学科建设和研究工作停滞不前的状态。1979年3月21日至31日,在北京召开全国法学规划会议,讨论制定了《全国法学研究(1979—1985)发展规划纲要》,会议提出必须加强对行政法等法律学科的研究。1981年,司法部、教育部领导的法学教材编辑部决定在试编的高等学校试用教材中列入行政法学科目。1982年4月,西南政法学院法理教研室编印了《中华人民共和国行政法概论》作为校内教学用书;同年6月,北京政法学院编印了《行政法概要》作为校内教学用书。在此期间,一些政法院校陆续开设了行政法课程。1982年,安徽大学开始招收行政法研究生。与此同时,一批行政法学论文也在报刊陆续发表。1982年宪法颁布后,我国的行政法学科建设和研究工作走上了加快发展的轨道。1983年6月,我国第一部行政法学统编教材《行政法概要》出版,次年6月,与之配套的《行政法资料选编》出版。自1985年5月16日中国法学会行政法学研究会成立以后,我国行政法的学术团体及其活动得到健康迅速发展,标志着我国行政法学研究开始进入新的发展时期。在全国人大法工委和行政法学研究会的组织协调下,经过长期筹备之后,由在京各大法制工作和法学研究机构的专家学者组成的"行政立法研究组"于1986年10月4日在京成立。其主要任务是通过系统深入的研究工作,为立法部门制定重要行政法律提供具体方案和论证意见。这标志着我国行政法学理论研究工作与行政领域立法实践活动更紧密地结合起来。1988年3月,我国当时唯一的行政法学专业杂志——《行政法学研究》正式创刊,它对我国行政法学研究和行政法制实践发挥了重要指导作用。

2. 行政法制建设规范发展阶段(1989年至1998年)

(1)行政法制的进一步发展和完善。

这一时期我国行政领域的立法处于高潮,大量有关行政管理的法律法规出台,如,《集会游行示威法》、《环境保护法》、《城市规划法》、《社会团体登记管理条例》、《行政监察条例》(后上升为《行政监察法》)、《烟草专卖法》、《国有资产评估管理办法》、《税收征收管理法》、《城市绿化条例》、《反不正当竞争法》、《水土保持法实施条例》、《国家赔偿法》、《城市房地产管理法》、《人民警察法》、《行政复议条例》(后上升为《行政复议法》)、《国家公务员暂行条例》(后上升为《公务员法》)和《行政处罚法》等等。其中,长期酝酿、反复修改、易稿二十多次的《国家公务员暂行条例》于1993年8月14日由国务院正式颁布,为推行国家公务员制度提供了更有力的法律保障。其中,《行政处罚法》规定了比较严格和大量的行政程序条款,特别是正式设立了民主程度和行政成本都很高的听证程序,还启动了若干重要的行政执法制度创新(例如,迄今仍存在许多争议的相对集中行使行政处罚权的综合执法体制的推行),故被认为是树立了行政程序立法典范的一部重要法律,在我国走向行政法治的进程中具有里程碑意义。

(2)我国市场经济体制的确立对行政法制建设进程的影响和回应。

由于多方面原因,新中国成立后30年间一直实行高度集中集权的传统计划经济体制,尽管在一段时期内也起到了发展经济、保持稳定的作用,但其管制弊端日显严重,这种状况直到20世纪70年代末期实行改革开放以后才逐渐改变。现代市场经济是经过实践证明的迄今最为高效、民主的经济形态。经过十余年市场导向的改革开放实践的艰苦探索和曲折反复乃至激烈争论,人们的认识逐步深化,在经济运作和经济管理实践中有了越来越多的市场经济的要素和色彩,到1992年春邓小平同志及时发表视察南方重要讲话一锤定音,终于将产生严重偏误的我国改革和发展大船的航向加以纠正。是年秋天,中国共产党第十四次全国代表大会正式决定将建立社会主义市场经济体制作为我国经济体制改革的目标模式,次年春天,八届全国人大一次会议通过宪法修正案将"国家实行社会主义市场经济"正式载入现行宪法,我国社会从此进入发展社会主义市场经济的快车道。

社会的经济、政治、思想文化等诸要素是相互联系、相互影响的,其中经济是最根本、最具决定性的力量。过去,我国在形成高度集中的计划经济体制的同时,也相应地实行高度集权式政治体制和官本位式社会管理模式,以及管理型、秩序型和命令型的行政法制。从专制的传统计划经济转向民主的现代市场经济,其意义和影响并不局限于经济领域。在转型发展过程中,原先在计划经济条件下形成的某些传统的、僵化的思想观念、政治体制、法律制度等,也会受到经济转型发展的影响而相应地发生一系列日渐深刻的变化。对于行政法来说,这种影响同样是广泛、深刻和巨大的。对此,我国行政法学界已形成普遍的共识,并予以高度重视。例如,1992年10月召开的全国行政法学年会将"市场经济与行政法"作为一个重点议题加以讨论,1993年底召开的全国行政法学年会则以"市场经济与行政法"作为会议主题,《行政法学研究》以及许多法学核心报刊如《中国法学》、《法学研究》、《法制日报》等都特设了"市场经济与行政法"专栏,以推动有关市场经济与行政法的相互关系和影响的研究。学者们指出,在经济体制转换过程中,我国行政法的外部环境因素发生了经济方面、政治方面和社会方面的一系列重大变化,这种变化对我国行政法产生了一系列重大影响,总体而言就是发生了民主化、科学化、法治化的转型发展。其具体表现在,转型发展过程中必然要求我国市场经济体制下的行政法律制度应当具有如下四个方面的特征:一是具有更多的调节功能和更广的调整领域;二是在体现的意志和利益方面具有多元性、呈现多样化;三是具有更多、更强的监督和控权作用;四是在制度设计上应有更多的司法理念和司法保障。关于市场经济条件下行政法的改革与发展,学者们还提出了其他许多有价值的观点,如,在市场经济体制下,应当对政府与市场主体的关系重新定位,将政府的宏观调控职能纳入法治轨道;应加强和完善行政领域立法,认真清理与市场经济不相适应的行政法律和行政立法,制定和完善市场经济发展所迫切需要的行政法律规范;应注意规范行政许可、行政检查、行政处罚、行政强制、行政收费、行政合同、行政指导等行为;应以行政程序法为核心来优化构筑我国行政法体系;应建立健全与市场经济相适应的现代行政裁判和司法审查制度;应摒弃过时观念而重构适应我国市场经济发展和行政法制管理的新控权法等行政法理论基础;等等。①

(3)行政法学的发展、繁荣与完善。

正式确立社会主义市场经济体制之后,我国的行政立法活动与行政法学研究活动在转型发展的过程中逐步形成良性互动的局面。围绕行政法律制度建设的重大理论与实践问题开展了许多学术研讨活动,例如,就《行政诉讼法》的贯彻实施,行政法学的基础理论,行政行为的理论与实践,市场经济与行政法的关系,行政处罚法和立法法的制定,地方立法、行政执法的主体及其程序,依法行政与规范政府行为,行政许可、行政强制、行政指导、行政合同等行为,行政审判困境与改革思路,行政执法和机构改革,行政程序制度建设等诸多问题召开了一系列学术研讨会,取得了丰富的思想成果,大大推动了我国行政法学研究水平的提高。这一阶段,行政法学、行政诉讼法学方面的教材、论著的出版呈现空前繁荣的局面。例如,行政法学的专题性研究成果逐渐涌现,主要涵盖行政权力、行政组织、公务员制度、行政行为、行政处罚、行政合同、行政指导、行政程序、行政复议、国家赔偿、行政监督、行政法制史等领域,对外国行政法和比较行政法的研究成果也大大增加;行政法研究成果从总论开始拓展到分论,陆续出版了20余种关于部门行政法的著作。

3.行政法制建设全面发展阶段(1999年至今)

要而言之,进入20世纪90年代以来,随着经济体制改革目标的最终确立和政治体制改革的逐渐深入,我国行政法制建设取得了长足进步。与此前相比,这一时期行政法制建设发生了以下几个方面的重大变化:第一,法治观念逐步强化。改革开放以来,我国行政法制在反思传统人治观念的基础上逐步树立起法治观念,进入20世纪90年代之后,又把"依法治国"确立为基本治国方略,并且上升为宪法原则。第二,行政法权力结构从重权力、轻权利向权力和权利并重转变。《行政诉讼法》的颁布,使权力结构的重心开始发生偏转,20世纪90年代颁布的《国家赔偿法》、《行政处罚法》、《行政复议法》促进了这一调整,初步形成了权力和权利良性互动的制度架构局面。第三,政府职能从全能型政府向有限政府、从管制型政府向服务型政府转变。随着对政府与市场关系认识的不断深化,政府开始逐步转变职能,将部分职能让渡于社会。第

---

① 参见皮纯协、吴德星:《1994年行政法学研究的回顾与展望》,载《法学家》1995年第1期;崔卓兰:《市场经济与行政法制革新》,载《行政法学研究》1994年第1期;湛中乐:《市场经济条件下行政法制建设的若干问题》,载《中国行政管理》1993年第1期;学会秘书处:《市场经济与行政法制理论研讨会综述》,载《法学研究动态》1994年第9期;等等。

四,行政法机制从单纯的制约机制转变为制约和激励兼顾。第五,行政行为方式从纯粹的命令——服从模式发展成为强制与非强制手段并用的多样化局面。第六,在程序与实体的关系上,从重实体、轻程序,重结果、轻过程,发展到实体和程序并重,结果和过程并重。第七,在对行政的监督上,从单纯的权力监督,发展到权利救济和权力监督并重。① 这一阶段,可以分为两个时期来看:

(1)转变治国方略、强化依法行政制度建设的五年(1999年至2003年)。

在这个小的阶段,从宪法层面规定了我国由过去长期依靠领导人的聪明才智和政策文件治国,明确地转向实行依法治国的基本方略,这是一个具有战略意义的重大转变,由此带来依法行政各项具体制度的发展完善。

第一,宪法文本的再次修改。1999年3月,第九届全国人民代表大会第二次会议举行,通过了新的宪法修正案。这次修宪虽然只通过了6条修正案,但对我国经济、政治、文化和社会发展以及行政法制建设带来了巨大而深刻的影响。面临世纪之交,执政党系统地总结改革开放和现代化建设的新经验并根据跨世纪发展的客观要求,审时度势地作出了一系列重大战略决策和政策调整,包括将邓小平理论确定为党的指导思想,将依法治国确定为治国基本方略,将公有制为主体、多种所有制经济共同发展确定为初级阶段的基本经济制度,将按劳分配为主体、多种分配方式并存确定为初级阶段的分配制度,将非公有制经济确定为社会主义市场经济的重要组成部分而不再仅仅视为一种补充,将长期稳定以家庭承包经营为主的责任制和完善统分结合的双层经营体制确定为稳定农村基本政策、深化农村改革的重要方针等等。这是进一步解放思想、深化改革、开拓发展的伟大成果和经验总结,最终通过修正案加以固定化、规范化和制度化。这次修宪还将发展社会主义市场经济作为国家的一项基本任务写进宪法,以表明我国坚决走现代市场经济道路、与国际经济接轨的坚强决心。

第二,1999年国务院颁布了《关于全面推进依法行政的决定》(国发[1999]23号文件,以下简称《决定》)。全面推进依法行政,是实施依法治国方略、推进社会主义民主法制的重要环节,是适应社会主义市场经济发展,建设廉洁、勤政、务实、高效政府的必然要求,是坚持党的领导、全心全意为人民服务的根本保证,是保持社会稳定、推动经济和社会全面进步的客观需要。认

---

① 参见罗豪才:《我国行政法制和行政法学的继承与超越》,载《法学家》2003年第5期。

真学习、深刻领会、认真贯彻《决定》,更新观念、增强自觉、加强领导,采取切实有效的措施,把各项行政管理工作纳入法制轨道,这对于促进行政机关依法行政,提高行政执法水平,落实依法治国基本方略,具有重要的现实意义。

第三,有关行政的立法活动频繁,行政立法行为受到严格规范。2000年3月,九届全国人大三次会议通过了《立法法》,于同年7月1日起施行。该法对我国法律、行政法规、地方性法规、规章等法律文件的制定主体、程序等问题加以明确规范,对于规范人大立法和行政立法行为,从源头上推进我国行政法制建设,具有极其重大而深远的意义。随后,国务院于2001年颁布、2002年1月1日起施行了关于行政立法行为监督控制的三个行政法规《行政法规制定程序条例》、《规章制定程序条例》、《法规规章备案条例》,大大推动了我国行政法规、规章制定工作的规范化和法治化,促进了我国行政法制建设的发展。

第四,完善公共应急法制。2003年春,在许多地方发生的流行性疾病"非典型性肺炎",以及一些政府机关和专业机构的不当应对举措,引发了关于应急法制建设的反思。为有效预防、及时控制和消除突发公共卫生事件的危害,保障公众身体健康与生命安全,维护正常的社会秩序,国务院依照《传染病防治法》和其他有关法律的规定,在总结防治"非典型性肺炎"工作经验的基础上,于2003年5月紧急制定并颁布施行了《突发公共卫生事件应急条例》,随后加强了突发事件应急预案体系建设,加快建立"信息畅通、反应快捷、指挥有力、责任明确"的处理突发公共卫生事件的应急管理机制、法制和具体制度。这些经验后来在汶川大地震的抗震救灾和恢复重建过程中得到运用并产生显著成效(如迅速出台《汶川地震灾后恢复重建条例》)。

第五,完善社会保障法制。2003年6月,国务院颁布施行了《城市生活无着的流浪乞讨人员救助管理办法》。该行政法规共18条,内容包括对在城市生活无着的流浪乞讨人员实施救助的原则,救助站设立和管理,为求助人员提供的救助范围,救助站工作人员的行为,以及责任追究等,标志着我国对城市流浪乞讨人员的救助工作进一步纳入法治轨道。

第六,规范行政行为的法律进一步完善。2003年8月,十届全国人大常委会第四次会议通过了《行政许可法》。该法对我国行政机关的行政许可和行政审批行为的主体、权限、程序、法律责任等问题作出明确规范,进一步完善了我国的行政程序立法,同时将政府机关的行政许可行为纳入法治轨道。这部法律对于从根本上解决"审批经济"现象,建构新型的政企关系,完善市场经济体制,发挥着重要的法律调整作用,推动了我国行政法制建设的发展。

第七,2003年8月,国务院法制办举办的全国依法行政理论研讨会在呼和浩特召开。这是我国行政法制建设历史上的一次重要会议,来自政府机关和学术界的150多名代表与会。时任国务委员兼国务院秘书长华建敏在讲话中指出:国务院高度重视依法行政,温家宝总理曾在国务院全体会议上明确把依法行政作为政府工作的三项基本准则之一,对全面推行依法行政提出了具体要求;不断发展的依法行政实践迫切要求我们以马克思主义的理论勇气,总结新经验,借鉴新成果,作出新概括,提出新观点,形成科学理论并以此指导新的实践;在依法行政的实践基础上推进理论的继承、发展和创新,这是一项重要任务。时任全国政协副主席罗豪才到会发表了重要讲话。时任国务院法制办主任曹康泰以《进一步加强依法行政理论研究,更好地为全面推进依法行政服务》为题,在会上对依法行政理论研讨提出了具体要求。他指出:"从依法行政实践看,当前和今后一段时期需要加强研究的主要问题有:对包括依法行政的含义、本质、原则等内容在内的依法行政基本原理进行研究;分析当前依法行政实践中存在的难点、重点问题以及存在问题的主要原因,研究依法行政所必需的外部环境保障,提出推进依法行政的长远目标、近期目标与推进依法行政的体制、机制、制度保障措施;认真研究如何提高政府立法质量;抓紧研究行政执法的内容、范围、原则,研究行政执法存在的主要问题并提出对策;下大力气认真研究改革现行行政执法体制;研究提高行政监督的质量与效果,大力推进行政监督机制创新。"这次会议总结交流依法行政的实践经验,从理论上研究、探讨依法行政实践中带全局性、普遍性、规律性的问题,研究提出今后一段时期推进依法行政的目标、任务和措施,为国务院召开第二次全国依法行政工作会议作理论准备。

(2)注重人权保障、推进法治政府建设的五年(2004年至2009年)。

在这个小的阶段,也即最近几年,行政法制发展的特点是:突出了人权保障、法治政府建设,在更高的层次来全面推进依法行政。主要表现在如下方面:

第一,进一步修改完善现行宪法。2004年3月,十届全国人大二次会议通过了新的14条宪法修正案,是采用修正案方式进行修宪以来幅度最大的一次。与历次修宪相比,这次修宪特别关注对人权和公民基本权利的宪法保护,高调地宣示了我国宪法的人权关怀,及时反映了政治文明建设的要求,突出强调了现代宪法的核心价值理念——保障公民权利,规范国家权力。例如,将国家尊重和保障人权、国家依照法律规定保护公民的私有财产权和继承权、国家对征收征用私有财产和土地给予补偿、国家建立健全同经济发展水平相适应的社会保障体系、将戒严修改扩展为紧急状态(以确保在紧急状态下公民权利

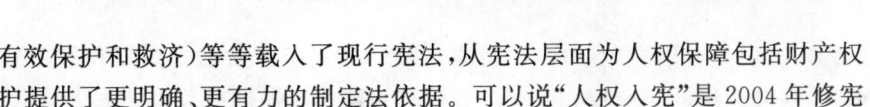

的有效保护和救济)等等载入了现行宪法,从宪法层面为人权保障包括财产权保护提供了更明确、更有力的制定法依据。可以说"人权入宪"是2004年修宪的最大亮点,对我国行政法制建设带来广泛、深刻影响。

第二,确立法治政府建设目标。2004年3月,为适应全面建设小康社会的新形势和依法治国、依法行政的进程,国务院颁布了《全面推进依法行政实施纲要》(国发[2004]10号文件),明确提出了经过十年左右坚持不懈的努力,基本实现建设法治政府的目标,明确规定了全面推进依法行政的指导思想、具体目标、基本原则、基本要求、主要任务和保障措施。《实施纲要》强调地方各级人民政府和各部门的主要负责同志要加强领导,切实担负起全面推进依法行政第一责任人的责任,加强对贯彻执行情况的监督检查,对贯彻执行不力的要严肃追究责任。地方各级人民政府和各部门的法制机构要以高度的责任感和使命感,认真做好综合协调、督促指导、政策研究和情况交流工作,为本级政府和本部门全面推进依法行政,充分发挥参谋、助手和法律顾问的作用。

第三,行政执法程序获得进一步规范。2005年全国人大常委会修改了1986年出台的《治安管理处罚条例》,并根据《立法法》的要求将其更名为《治安管理处罚法》。为了适应我国市场经济发展以后的社会治安管理的需要,该法对很多新的违反治安管理的行为作出了规定,使得公安行政机关在实施治安管理时能够做到有法可依,但同时该法也对公安行政机关的执法活动程序作出了明确的规定,防止行政机关行使职权因缺少法律的明确规定而滥用行政裁量权。

第四,2007年4月,国务院颁布《中华人民共和国政府信息公开条例》(以下简称《公开条例》),于2008年5月1日起施行。这部重要的行政法规在我国行政法制建设进程中具有里程碑意义,在当今世界的政府信息公开法制建设历史上也具有重要地位和影响。《公开条例》确立了一系列基本原则,例如,公开原则,即及时、准确地公开政府信息的原则;平等原则,即公民有权平等寻求利用政府信息;服务原则,即政府信息服务于人民群众生产、生活和经济社会活动,这条原则是一个重大的创新亮点;便民原则,即政府信息公开制度要体现于民众受益和便利的原则;安全原则,即公共利益受到有效保障;法治原则,即约束公共权力、保障公民权利的原则。《公开条例》还确立了一系列重要制度,例如,政府信息的主动公开和依申请公开制度,政府信息的公开范围和豁免公开范围制度,政府信息的公开主体制度,政府信息的公开发布制度,政府信息的公开程序制度,政府信息可分割提供制度,政府信息的监督和保障制度。《公开条例》的颁行使得行政公开有了全国性的较高位阶的法律依据。

《公开条例》具有诸多创新内容,付诸实践后有利于建设阳光政府和服务型政府,为保障公民的知情权、参与权、表达权和监督权提供更有力的法律保障。

第五,我国出台了《突发事件应对法》。应急法制是和谐社会的保障因素,是原本非常薄弱但近些年来发展特快的一个行政法制领域;我国应急法制快速发展的共同认识和基本经验是:加强应急法制符合当今世界潮流,应急法制是法治国家的基础工程,应急法制建设要贯彻科学发展观,应急法制实践需要扩大公众参与,应急法制需要通过机制创新增强实效;我国应急法制进一步发展需要认真解决若干现实课题。在此基础上,我国《突发事件应对法》于 2007 年 8 月 30 日通过、同年 11 月 1 日起施行,该法系统地规定了应急法制的基本方面,是我国应急法律体系中起着总体指导作用的龙头性法律,成为我国应急法制快速发展、趋向完备的一个里程碑,它与其他的应急法律规范一道,在我国的社会生活中(例如抗击雪灾、抗震救灾的斗争中)发挥出越来越重要的制度保障作用。

第六,国务院召开地市依法行政工作会议。2007 年 7 月 23 日至 24 日,全国市县政府依法行政工作会议在济南召开,时任国务委员兼国务院秘书长华建敏出席会议并讲话。他指出,近年来,在党中央、国务院的高度重视和正确领导下,各级政府依法行政取得了明显进展;同时,推进依法行政工作还存在一些不容忽视的问题,特别是市县政府依法行政存在不少薄弱环节,必须采取有效措施,切实加以改变。他还指出,推进市县政府依法行政是建设法治政府的基础和关键。市县政府是我国政权体系中的基础部分,处在政府工作的第一线,承担着经济、政治、文化、社会等各方面的管理职责,直接面向广大人民群众,需要直接处理各种具体、现实的利益关系和社会矛盾。推进市县政府依法行政是巩固党的执政基础的必然要求,是落实科学发展观的重要保障,是构建社会主义和谐社会的重要基础,是加强政府自身改革和建设的根本途径。各级政府要统一思想,提高认识,切实增强责任感和紧迫感,把推进市县政府依法行政作为一项基础性、全局性工作,切实抓紧抓好。各省、自治区、直辖市政府要切实加强对市县政府依法行政的组织协调和督促指导,为市县政府依法行政创造条件。各市县政府要对本行政区域,推进依法行政工作进行全面总结和认真分析,找准薄弱环节,抓住突出问题,明确具体措施,认真抓好落实,确保把依法行政贯穿到政府工作的各个方面、各个环节。国务院于 2008 年 5 月 12 日正式颁布《国务院关于加强市县政府依法行政的决定》。

第七,国务院颁布《汶川地震灾后恢复重建条例》。汶川地震灾后恢复重建的时间紧、任务重、要求高,涉及方方面面的因素,把灾后恢复重建工作纳入法制轨道十分必要。为保证汶川地震灾后恢复重建顺利进行，2008年6月，国务院颁布施行了《汶川地震灾后恢复重建条例》(以下简称《条例》)。这是非常及时、非常全面、非常重要的一个行政立法。《条例》明确规定，地震灾后恢复重建应当坚持以人为本、科学规划、统筹兼顾、分步实施、自力更生、国家支持、社会帮扶的方针，遵循受灾地区自力更生、生产自救与国家支持、对口支援相结合，政府主导与社会参与相结合，就地恢复重建与异地新建相结合，确保质量与注重效率相结合，立足当前与兼顾长远相结合，经济社会发展与生态环境资源保护相结合等原则。《条例》从七大方面对灾后恢复重建活动作了系统和明确的规定，这些法律规范对于明确各级政府机关在恢复重建中的责任，规范灾后恢复重建工作有力、有序、有效地进行，确保完成灾后恢复重建的艰巨任务，具有重大的现实意义。

要而言之，随着经济体制改革目标的确立和政治体制改革的展开，三十年来我国行政法治发展取得了长足进步。与改革开放以前相比，经过恢复发展、规范发展、全面发展这样三个发展阶段的我国行政法制，逐渐发生了以下几个方面的重大变化：第一，法治观念逐步强化。改革开放以来，在反思传统人治观念的基础上，我国行政法逐步确立起核心的法治观念，进入20世纪末期又把"依法治国"确立为基本治国方略，上升为宪法原则。第二，行政法的权力结构从重权力、轻权利向权力和权利并重转变。《行政诉讼法》的颁布，使权力结构的重心开始发生移转，《国家赔偿法》、《行政处罚法》、《行政复议法》、《行政许可法》的出台促进了这一调整，初步形成了权力和权利良性互动的局面。第三，政府职能从全能型政府向有限政府、从管制型政府向服务型政府转变。随着对政府与市场关系认识的不断深化，政府开始逐步转变职能，将部分职能让渡于社会，发生了行政事务民营化的转变，同时也增加了新职能，例如鼓励、支持非公有制经济发展的职能。第四，行政法机制从单纯的制约机制转变为制约和激励兼顾。第五，行政行为方式从纯粹的命令——服从模式发展成为强制与非强制手段并用的多样化局面。第六，在程序与实体的关系上，从重实体、轻程序，重结果、轻过程，发展到实体和程序并重，结果和过程并重。第七，在对行政的监督上，从单纯的权力监督，发展到权利救济和权力监督并重。这些变化是广泛和深刻的，对于行政法制建设具有革命性影响。在此基础上，国务院于2010年10月颁布了《关于加强法治政府建设的意见》，用29个条目概括了全面推进依法行政的创新成果，指出了建设法治政府的工作重点，这是进一步努力的前进方向。

我国行政法制获得的新近重要发展和面临的重大现实课题，从总体上反映了我国行政法文化革新、行政法制转型发展的成果和方向,适应了社会主义市场经济、民主政治和精神文明发展的客观要求,体现了我国行政法制追求民主化、科学化和法治化的趋势,也提出了我国行政法制在21世纪获得更稳健发展的新任务。可以说,这对于完善我国行政法制的具体制度和学科体系,全面实施依法治国方略,促进宪政和行政法治目标的实现,从而推动社会经济、政治和文化的稳健发展,使中国行政法制能以良好的形象和基础跨入21世纪并在新世纪获得更快、更健康的发展,具有重大的理论和实践意义。

4. 改革开放三十年来我国行政法制建设的经验教训

改革开放三十年来我国的行政法制建设,给予我们许多经验和启示,可以摘要概括为:(1)行政法制建设有系统且有重点和渐进式的推进策略;(2)不断完善我国行政法制建设的基础环节和运行环境;(3)从法律虚无主义到重视法律规范的功能,从单纯倚靠行政实体法到日益注重行政程序法的作用;(4)从单纯依赖刚性手段,到注重运用柔性手段,实行刚柔相济的行政管理方式;(5)从秩序为本、单纯管理、治理百姓,到以人为本、注重服务、治官治权;(6)从高度集权、无限政府、权责脱节,到公众参与、有限政府、责任政府;(7)从单纯依靠政策行政,到注重依法行政,再到建设法治政府、阳光政府和服务型政府;(8)日益重视行政法学理论研究对推进行政法制建设的作用。简言之,从集权型、管理型、秩序型、封闭型、随意型政府,转向民主型、指导型、服务型、开放型、责任型政府,这是改革开放三十年来我国行政法制建设的基本经验和总体趋势。

三十年来我国行政法制理论发展特别是方法论的演进,也表现出许多特点。具体表现为:(1)从简单拿来主义,到选择他山之石与挖掘本土资源、创新中国经验相结合;(2)从法律虚无主义到行政法治主义,从形式法治主义再到实质法治主义、功能法治主义;(3)从只注重实体法,到既注重实体法也注重程序法还重视条理法(法律原则)的作用;(4)从传统型的高度集权的行政法制理论,走向民主化、科学化、法治化的行政法制理论;(5)从不重诚信、不计成本、不讲效率,到注重正当基础、政府形象、成本效益。

我国行政法制建设三十年来也走过一些弯路、存在许多不足,其中最主要的教训是:(1)行政法制建设与经济、政治、行政体制改革的结合不够,行政法制与发展社会主义市场经济和民主政治的要求还有许多不完全适应之处,依法行政面临诸多体制性障碍;(2)行政法制建设的速度与质量未能做到充分协调一致,制度建设反映客观规律还不够充分,难以全面、高效、低成本地解决实际问题;(3)有法不依、执法不严、违法不究现象时有发生,人民群众反映比较强烈,特别是行政决策机制和程序不够完善,重大决策失误时有出现且难以追究责任、汲取教训;(4)对行政行为的监督制约机制不够健全,一些违法或不当的行政行为不易得到及时、有效的制止或者纠正,相对人的合法权益受到损害常常难以获得及时有力的救济;(5)行政法文化长期幼稚,一些行政公务人员的法治意识不强,依法行政的能力和水平有待进一步提高;等等。

三、新中国行政法制发展进程中的若干亮点

新中国六十年的行政法制发展进程中,特别是集中在改革开放三十年来的发展进程中,有一些具有重大历史意义的里程碑,它们是行政法制发展进程中的突出亮点和生长点,值得特别关注和深入推进。

1. 在一般法制基础方面

主要表现在:在共同纲领的文本基础上制定出1954年宪法和多次修宪及宪政安排;"依法治国,建设社会主义法治国家"于1999年载入宪法作为治国基本方略;人权条款于2004年载入宪法,"国家尊重和保障人权"成为基本国策和宪法原则;国务院在1999年颁布《全面推行依法行政的决定》的基础上,于2004年颁布了《全面推行依法行政实施纲要》这一重要指导性法律文件。

2. 在立法和行政立法制度建设方面

主要表现在:出台《立法法》;出台关于行政立法的三个条例。

3. 在行政组织法制建设方面

主要表现在:逐步实施公务员法律制度并最终出台《公务员法》;出台其他公务人员法(如《人民警察法》、《法官法》、《检察官法》等)。

4. 在规范行政行为和行政程序制度建设方面

主要表现在:纠正"三乱现象"与出台《行政处罚法》;行政审批制度改革和出台《行政许可法》;危机管理机制建设和加强以《突发事件应对法》为龙头、以各级各类突发事件应急预案体系为基础的应急法制;政务公开和通过"地方包围中央"而推出《政府信息公开条例》;程序法制发展和推动行政程序的地方立法(如湖南的专门地方政府规章)。

5. 在改善行政执法方面

主要表现在:正艰难地从多头执法到综合执法;正艰难地从随意执法到规范执法(如各地、各类行政机关出台的规范行政裁量权基准);正艰难地从野蛮执法到文明执法;正艰难地从刚性执法到刚柔相济、以柔性为主的行政执法。

6. 在监督救济制度建设方面

主要表现在:出台《行政监察法》;出台《行政复议法》;出台《行政诉讼法》;

出台《国家赔偿法》并于 2010 年作出修订;通过 2004 年修宪明确规定了行政补偿原则;出台并修改《信访条例》。

7. 在行政模式转型发展方面

主要表现在:逐步从集权行政转向民主行政(包括参与行政、合作行政);逐步从人治行政转向法治行政;逐步从管理行政转向服务行政;逐步从暗箱行政转向阳光行政。

四、新时期我国行政法制民主化发展趋势分析

从宪政建设和法治政府建设的角度看,笔者认为,21 世纪初期已经出现并将继续深刻表现出中国行政法制在增强民主性方面的如下一系列深刻变化(不仅仅是行政法制和行政法学,其他法律领域也同样发生着相关的深刻变化和影响):

1. 关于中国行政法基础理论的民主化发展

"人权入宪"以后,新时期行政法制的民主化趋势日益受到学界关注和研究,行政民主论应当成为 21 世纪我国行政法学的基础理论之一而发挥应有的指导作用。有关实务研究和理论创新的要点是:(1)从当今世界民主化潮流的角度审视现代行政法的民主性问题,分析民主化潮流对行政法治进程的影响;(2)探讨行政民主的基本概念、演进历程和各国特点,以及行政民主的理论构造、制度安排和制约因素,例如协商行政民主、行政服务的理念与制度;(3)探讨我国行政法制的民主走向和行政民主原则的确立,行政民主原则的含义、构成、成本和作用,及其在行政法制诸环节的运用和难题;(4)进而探索在民主精神引导下进一步推动我国行政法制的观念更新与制度创新。

2. 关于中国行政法主体理论与制度的民主化发展

新时期行政法制建设的基本趋势是行政主体的多元化、多样化、社会化。转型发展过程中出现的复杂多样化的行政管理组织形态,或者说公权力组织形态,亟须从理论和操作上得到廓清,更多的组织形态(例如社会行政主体)将会具备行政被告资格。涉及的理论问题和实务问题非常多,例如审议会、非政府组织的角色和职责等等,都涉及公民参与权利的实现。这方面的理论与实务发展,有赖于并有助于廓清公共行政与行政法的关系,也有赖于并有助于行政组织人员法的发展。

3. 关于中国行政法行为理论与制度的民主化发展

新时期行政法制建设的基本趋势是行为方式的多样化、柔软化、简便化、规范化、高效化,行政行为理念将增加现代性,形成并普遍接受广义的行政行

为概念。可以预料,行政机关制定规则(行政立法和制定行政规范)和执行规则(行政执法)等传统行政行为将民主改造继续发展以外,行政指导、行政契约、行政服务、行政资助(给付)、行政奖励、政府采购、公民参与、合作行政等柔软、互动的行政方式,将得到更多运用和规范化发展,特别是行政公开法制将得到更多关注、更大发展。

4.关于中国行政法监督救济理论与制度的民主化发展

行政法制体系中的监督救济要素和过程,将出现多元化、多样化、系统化、便民化、民主化的发展趋势。出现的创新制度如,更有效果的调解制度,规范化的行政怨情处理制度,人大监督专员制度,更有力的司法审查制度包括抽象行为司法审查制度,更加人性、公平、便民的行政赔偿制度和行政补偿制度。

中国大陆的行政法制建设已经并正在经历民主化、科学化、法治化的艰难行程,这是行政法制的民主精神、科学精神、法治精神日益增强、紧密联系、相互影响的交叉复合进程,其与经济、政治、社会和思想文化生活等各个方面以及宪政、刑事法治等其他公法领域有着强烈、深刻、持久的交互影响。《全面推进依法行政实施纲要》和《关于加强法治政府建设的意见》对此作出了很好的概括和方向提示。不断增强行政管理和行政法制的民主性、科学性和规范性,特别是行政法制的民主化趋势及其制度创新,逐步构建民主行政法,这是一个基本的发展脉络。我们应以宪政发展的眼光,根据行政法治发展的要求,从观念上、体制上、规范上和具体制度及方法技术上进行深入研究与思考,把握发展趋势,作出正确选择,积极推进观念更新和制度创新,努力推动新中国行政法制和行政法学在新时期获得更大的发展,促进宪政和行政法治目标的完整实现,促进经济与社会的快速、健康、和谐发展。

后 记

随着行政民主化潮流的推进,以管理行政、秩序行政、命令行政为标志的传统行政,正逐步转向注重给付行政、服务行政、指导行政的现代行政,一系列新型的行政管理方式(好似增量资产)被日益广泛地运用于行政实务中。这些新型行政方式不同于传统行政方式(好似存量资产)的特点,主要在于其非强制性和非单方性,或者说弱强制性和弱单方性,柔性行政方式在现代行政实务中被日益广泛运用且功用显著,代表着行政管理和行政法制的民主、科学、高效的发展方向和水平,是现代的给付行政、服务行政、指导行政的重要体现。

本书是我带领的年轻学术团队的一项最新研究成果。在行政民主化潮流之中,中国大陆的柔性行政方式获得了前所未有的快速发展,许多地方、领域的行政机关在推行行政管理改革创新进程中,以人为本、结合实际积极采用柔性管理机制、方式和方法,同时对传统行政方式的运行机制进行民主化改造,逐步形成了以人为本、刚柔相济的新型行政管理和行政法制模式,大大提升了行政管理、行政执法的人性化、科学化和法治化水平,受到当地党委、政府和民众的高度肯定,他们的经验值得总结。在行政民主化潮流的大背景下,如何有效推进柔性行政方式的稳健发展,由此实现建设法治政府和服务型政府的宏大目标,是一个具有重大现实意义和前瞻价值的课题,希望本书能够为此献计出力,希望学术界和实务界共同努力,对此开展更加系统、深入的研究和实践,促进柔性行政方式的高效化、规范化和法治化,也从一个特殊角度促进传统行政方式的民主化改造,从而加快建设服务型政府、法治政府、法治国家、和谐社会的进程。简言之,希望此努力有助于改变政府机关的机能和形象!有助于约束行政权力,保障公民权利,改善政民关系!

我在组织撰写本书以及修改统稿的过程中得到了许多行政机关、高等院校、科研机构和社会组织的关心支持,得到了中国人民大学法学院和宪政与行政法治研究中心师生们的大力支持,得到了厦门大学出版社和贾素文责任编辑的理解支持,得到了朱福惠教授、佘凌云教授、王宇飞博士生、康枫翔博士生等学友和学生们的鼎力相助，还承蒙应松年会长欣然为本书作序给予充分肯定，谨此一并表示衷心感谢！

在转型发展的中国，学习应当是人们的一种生活态度、生活方式与生活习惯！谨以此共勉。

谢谢好人，心存感念，快乐健康，社会和谐！

莫于川
2011年元旦于北京世纪城绿园

图书在版编目(CIP)数据

柔性行政方式法治化研究:从建设法治政府、服务型政府的视角/莫于川等著. —厦门:厦门大学出版社,2011.4
(厦门大学法学院公法系列)
ISBN 978-7-5615-3897-5

Ⅰ.①柔… Ⅱ.①莫… Ⅲ.①行政法学-研究-中国 Ⅳ.①D922.104

中国版本图书馆 CIP 数据核字(2011)第 061670 号

厦门大学出版社出版发行
(地址:厦门市软件园二期望海路 39 号 邮编:361008)
http://www.xmupress.com
xmup@public.xm.fj.cn
三明市华光印务有限公司印刷
2011 年 4 月第 1 版 2011 年 4 月第 1 次印刷
开本:787×960 1/16 印张:26.75 插页:2
字数:464 千字 印数:1~3 000 册
定价:42.00 元
本书如有印装质量问题请直接寄承印厂调换